W0181045

Eine Weltmacht zerbricht

Erhard Stölting

Eine Weltmacht
zerbricht

Nationalitäten und Religionen
in der UdSSR

Eichborn Verlag

Inhalt

Einleitung

Die Hiobsbotschaften aus der Sowjetunion häufen sich. Das Riesenreich scheint zu zerbrechen. Viele sehen Analogien zu den aufgelösten europäischen Kolonialreichen, andere zu Österreich-Ungarn oder dem osmanischen Reich, multinationalen und multikulturellen Großmächten also, die nach dem Ersten Weltkrieg in Nationalstaaten zerlegt wurden. Dennoch sollte man nicht vorschnell das Ende der Sowjetunion vorhersagen. Sicher ist bisher nur, daß die Sowjetunion an einigen Rändern zu bröckeln beginnt. Der Ablösungsprozeß der baltischen Staaten ist inzwischen wohl unumkehrbar. Auch Transkaukasien drängt aus dem sowjetischen Zwangszusammenhang; in Moldawien verstärken sich Wünsche nach einem Anschluß an Rumänien. Aber mit Ausnahme Aserbaidshans sind in den muslimischen Republiken die Unabhängigkeitsbewegungen noch nicht dominierend. Die»spontane« Gewalt von unten, die bislang vor allem in Mittelasien und in Transkaukasien ausbrach und sich sowohl gegen die sowjetischen Europäer wie gegen die muslimischen Nachbarn richtete, wird erst dann zur Sezessionsbewegung, wenn sie sich als solche formiert. Überall jedoch wächst in der Sowjetunion ein ethnisches Bewußtsein, das mehr Selbstvertrauen gibt, aber auch die interethnischen Beziehungen weitgehend vergiftet. Das in der sowjetischen Nationalhymne beschworene Bild einer unerschütterlichen Union freier Republiken hat der Realität offenbar nur ungenügend entsprochen. Es ist in der Tat ein heterogenes Reich, das die Zaren zusammenbrachten und dessen Teile die Sowjetmacht nach einer kurzen Phase der Desintegration wieder einsammelte.

Gorbatschow und seinen Mitstreitern wurde vorgeworfen, die Brisanz des Nationalitätenproblems nicht rechtzeitig erkannt zu haben. Es ist ihm Konzeptionslosigkeit und hilfloses Reagieren vorgeworfen worden. Die Vorwürfe sind ebenso richtig wie banal. Das Nationalitätenproblem wurde mit dem Einsatz aller staatlichen Machtmittel verdrängt – und Verdrängtes ist eben unsichtbar. Andere sehen die Probleme als Nachwirkungen der Politik Stalins an. Auch dieses Argument ist nicht von der Hand zu weisen. Stalin war in der Tat fürchterlich, aber nicht allmächtig. Selbst ein großer Verbrecher kann nicht an allem Unglück schuld sein.

Gorbatschows Liberalisierung hat einen scheinbar paradoxen Prozeß in Gang gesetzt. Nach einem kurzen Aufatmen schuf die bislang unbekannte Möglichkeit zu freierer politischer Rede und Betätigung Frustration, Ärger oder gar Haß. Das Bild Gorbatschow näherte sich immer mehr dem eines Tyrannen. Was im Blick von außen verrückt anmutet, zeigt nur, wie gespannt die Stimmung ist. Die Konflikte werden durch den rapide sinkenden Lebensstandard verstärkt. Zumindest Feindschaften sind damit jedoch nicht zu erklären. Selbst die Vorstellung einer in langer Unterdrückung angestauten Wut, die sich beim geringsten Nachlassen des Drucks entlädt, scheint anhand der Faktenlage nicht plausibel. In dieser Intensität ist die Wut neu.

In den Nationalbewegungen der nicht-russischen Republiken läßt sich ein Ablaufschema erkennen, das unter den je konkreten Bedingungen variiert. In den baltischen Staaten hat es sich nahezu vollendet. Andere Momente, wie die Gewaltsamkeit, treten in Transkaukasien und Mittelasien deutlicher hervor.

Die ersten Akteure der Bewegung sind in der Regel Geisteswissenschaftler, Historiker, Schriftsteller, Journalisten und z.T. Künstler. Wie oft in Krisensituationen wird die schöngeistige Intelligenz, die unter normalen Bedingungen in jedem System weit von der Macht entfernt ist, zu einem zentralen politischen Faktor. Gerade bei ihrer besonderen Verbundenheit mit Sprache und Geschichte ist ihr Engagement verständlich. Diese Intellektuellen gehören meist selbst zum Establishment und haben gute Kontakte zur reformgesinnten Reserve unterhalb der politischen Spitzen. Sie melden als erste Forderungen an, die zwar nicht sehr umstürzlerisch sind, aber die konservativen Führungen der Republiken in Harnisch bringen. Die Maßnahmen gegen diese Intellektuellen beschränken sich allerdings auf Schikanen; sie sind zu prominent. Ermutigt durch die von Moskau ausgehenden Signale initiieren oder unterstützen sie in der zweiten Phase die Bildung informeller Vereinigungen zu unterschiedlichen brennenden Themen. Nun engagiert sich auch ein neuer Personenkreis, meist jüngere Wissenschaftler und Studenten, die noch keinen Bonus für Prominenz besitzen. Auch sie werden von den Behörden schikaniert, aber die Zeit der Repression ist vorbei. Nun geht es immer grundsätzlicher um Demokratisierung, Liberalisierung des Kulturlebens und wirtschaftliche und politische Autonomie. Die in der Form informeller Gruppen wachsende Bewegung fordert letztlich eine schnellere und gründlichere Durchführung der Perestrojka in einem nationalen Rahmen.

In einer dritten Phase werden die Energien organisatorisch in »Volksfronten« gebündelt. Auch in ihnen dominiert die schöngeistige Intelligenz. Das ist zugleich jene Phase, in der Massendemonstrationen organisiert werden. Da die systematische Repression ausbleibt, schwellen sie rasch an. Selbst blutige Übergriffe der Armee oder Polizei verstärken nur die Erregung und Entschlossenheit. Sie flößen keine Angst mehr ein und verraten die Hilflosigkeit der Behörden. Noch immer sind die Führer der Bewegungen relativ gemäßigt, aber sie müssen nun mit den mobilisierten Bevölkerungen rechnen.

Die Massenmobilisierung setzt die Republikführungen unter Druck und untergräbt den Anschein ihrer Legitimität. Sie werden durch reformfreudigere Kräfte ersetzt, die auch den bis dahin geäußerten maßvollen nationalen Forderungen gegenüber offen sind. Für einen Augenblick nähern sich die Opposition und die neuen Parteiführungen einander an. Aber das ist nur eine kurze Zwischenphase. Denn gerade die Kooperation, die Durchsetzung der ursprünglichen Forderungen gefährdet die Bewegung. Die Demobilisierung der Bevölkerung würde sie ihrer Kraft berauben.

In dieser Situation werden zwei Tendenzen in der intellektuellen Opposition erkennbar. Die einen, die »Gemäßigten« halten an den ursprünglichen Zielen im großen und ganzen fest, die anderen radikalisieren sie. Es geht nicht mehr um Autonomie, sondern um die nationale Unabhängigkeit. Diese Radikalen sehen deutlicher, daß die Distanz auch zu den reformerischen offiziellen Führungen aufrechterhalten werden muß. Ohne daß die Intellektuellen aufhören, die untrennbare Einheit von Demokratie und nationaler Freiheit zu beschwören, verschiebt sich das Hauptgewicht nun auf die nationale Symbolik. Sie ist es, die die Menschen begeistert, Kerzen entflammt, Menschenketten zusammenführt und die Entschlossenheit steigert. Jeder Schritt auf dem Wege dieser Radikalisierung schränkt jedoch die Handlungsspielräume ein. Selbst für taktische Kompromisse wird der Spielraum enger. Jeder führende Intellektuelle steht vor der Alternative, sich von der Begeisterung mittragen zu lassen oder marginalisiert zu werden.

Auch die Reformkräfte innerhalb der Kommunistischen Parteien müssen sich radikalisieren, wenn sie Einfluß behalten wollen. Die von ihnen noch beherrschten Obersten Sowjets fassen Beschlüsse, die die Unabhängigkeit institutionell weitgehend schon herstellen, bevor sie offiziell verkündet wird. Damit setzen sie eine Spirale der weiteren Radikalisierung in Gang; denn auch weiterhin müssen die Führer der Opposition Distanz halten. Die Kommunistischen Parteien der Republiken tendieren zur Spaltung. Dennoch verlieren die Reformorientierten an Boden. Auch einen reformierten und nationalen Sozialismus empfindet die Bevölkerung nun als unerträglich. In freien Wahlen zu den republikanischen Institutionen werden die Reformer von den Nationalbewegungen hinweggefegt. Die neu besetzten Machtinstitutionen verkünden die Unabhängigkeit.

In diesem Schema sind Variationen möglich. Wenn sich die Bevölkerung nur schwer für nationale Ziele mobilisieren läßt, stockt der ganze Prozeß in einem frühen Stadium. Die Republikführungen bleiben sehr konservativ und schikanieren die nach sowjetischen Maßstäben noch sehr gemäßigte Nationalbewegung, wie in Turkmenistan oder in Belorußland. Aber nicht nur ob, sondern wie die Bevölkerung mobilisierbar ist, spielt eine Rolle. Wo die soziale Distanz zwischen Intellektuellen und Bevölkerung sehr groß ist, wird die Integration von demokratischen Zielsetzungen, für die alle intellektuellen Führer der sowjetischen Nationalbewegungen eintreten, und den nationalen Emotionen zum Problem. Entweder es kommt zu dieser Integration nicht, dann bleibt die Nationalbewegung eine von Intellektuellen, und die radikaleren, meist jugendlichen Teile der Bevölkerung lassen sich anders in Bewegung setzen – zum Krawall oder zum Pogrom. Oder die Intellektuellen müssen sich ihrerseits der Bevölkerung annähern. Das gelingt jedoch nur, wenn sie von ihren liberalen und demokratischen Ausgangspunkten erhebliche Abstriche machen. Auf jeden Fall jedoch bedeutet das Aufgehen großer Teile der Bevölkerung in der Nationalbewegung, daß auch das volkstümliche Ressentiment deutlicher in sie eingeht.

Daß das demokratische und das nationale Moment im Widerspruch zueinander stehen könnten, würden Vertreter der Nationalbewegungen selbst vehement bestreiten. Sie betonen im Gegenteil immer wieder deren unauflösliche Einheit. Aber Begriffe führen auch im Denken Wohlmeinender ein widerspenstiges Eigenleben. In der Französischen Revolution verband sich die Idee der bürgerlichen Freiheit zwar mit der der Nation. Aber »Nation« hieß Gesamtheit der Bürger der französischen Republik. Die Nation war frei, weil ihre

Bürger es waren. Dieser Satz wurde erst in der romantischen Tradition umgedreht – wo die Nation frei ist, sind es auch ihre Bürger. Für die französischen Revolutionäre war unbestritten,daß eine Nation nur eine Sprache spricht. Erst die französische Sprache konnte Pikarden, Gascogner, Savoyarden, Katalanen, Provenzalen, Elsässer, Flamen, Bretonen und Basken von ihrem merkwürdigen »Patois« weg und hin zu jener Zivilisation führen, die allein vernünftige Volksherrschaft möglich machte. Es gab keine »nationalen Minderheiten«, es gab nur freie französische Bürger. Diesen Vorstellungen standen die frühen Bolschewiki nahe, die auch sonst in den Analogien zur Französischen Revolution zu denken liebten.

Der von Herder ausgehende Begriff des Volkes war anders aufgebaut. Sein Ausgangspunkt war zunächst die Entdeckung, daß erstens das Denken nur im Medium von Begriffen möglich ist und daß zweitens die Begriffe Elemente konkreter Sprachen sind. Die Verschiedenheit der Sprachen bedingt danach eine Verschiedenheit des Denkens, Dichtens und Fühlens. Die Sprache aber gehört so zu einem Volk und prägt dessen Kultur und den Charakter aller, die an ihr teilhaben. Was immer der Angehörige eines Volkes an Neuem dichtet, er wirkt gleichsam als Partikel des Volkes an einem gemeinsamen Text, anders ausgedrückt: Es ist letztlich das Volk, das durch ihn hindurch wirkt. Von diesem Begriff aus lag es nahe, sich das Volk wie ein »kollektives Subjekt« vorzustellen, das denkt, empfindet, fühlt, sich erinnert oder vergißt. So läßt sich über Völker bzw. Nationen reden, als ob sie tatsächlich handelnde Personen und über wirkliche Personen, als ob sie nur Erscheinungsformen ihrer Nation seien. So wird es im Gegensatz zum Nationenbegriff der Französischen Revolution möglich, von einer Freiheit der Nation zu reden, und die Begründung ihrer inneren Verfaßtheit muß auf andere Argumentationszusammenhänge zurückgreifen.

Die weiteren Bestimmungen dieses romantischen Begriffes der Nation folgen schlüssig aus dem Ansatz. Wenn das Individuum primär Teil seiner Nation ist, darf es an deren Größe teilhaben. Wie der Deutsche stolz auf Bismarck sein kann, kann der Russe sich Puschkins oder der Kasache Dschingis Chans rühmen.

Auch die Periodisierung des Lebens verändert sich durch das Aufgehen in der höheren kollektiven Individualität. Bestimmend wird die mythische Periodisierung des Lebens der Nation. Das Schema ist stets das gleiche. Auf eine frühe Entstehungszeit folgt mindestens eine Zeit der Größe und ihr eine Periode der Unfreiheit und Selbstvergessenheit. Die Nationalbewegung markiert einen Aufstieg, ein Erwachen, eine Rückkehr zur alten Größe, die alten Symbole werden reaktiviert. Jede europäische Nationalbewegung seit dem 19. Jahrhundert war entsprechend eine »Wiedergeburt«. Dieser Rückweg zur alten Freiheit und Größe verlangt auch die Rückkehr des verlorenen Eigentums. Immer geht es daher auch um die Wiederherstellung alter Rechte. Zur wiedergeborenen Nation gehört alles Land, das von Menschen der gleichen Sprache bewohnt wird. Zu ihr gehören aber auch all jene Territorien, in denen einst Menschen dieser Sprache wohnten, aber durch fremde Völker assimiliert wurden. Schließlich gehört alles dazu, was in den Zeiten der Freiheit und Größe der Nation gehörte, gleichgültig, wer das fragliche Territorium bewohnt oder bewohnte. Kaum eine der sowjetischen Nationalbewegungen, die nicht territoriale Ansprüche stellt und dabei eine dieser drei Begründungsarten einsetzt.

Spätestens auf der volkstümlichen Ebene werden die Grenzen zum gewöhnlichen Vorurteil fließend. Die erhabene nationale Symbolik erscheint als moralische Rechtfertigung von Arroganz oder Aggression. Wenn Menschen nur noch als Verkörperungen ihrer sozialen Kategorie, also in diesem Fall der Nation, wahrgenommen werden, und wenn alles, was getan wird, dieser Kategorie als kollektivem Subjekt zugeschrieben wird – dann ist der Augenschein plausibler Beleg für aberwitzige Annahmen. Ihr Medium ist das anonyme Flugblatt und das Gerücht, welches glaubhaft ist, da es aus einer besonders verläßlichen Quelle stammt. Der verschwörerisch-paranoide Argumentationstypus setzt zwar stalinistische Wahrnehmungsformen mit umgekehrten Vorzeichen fort, aber er ist nicht nur sowjetisch. In einer Atmosphäre hoher ethnischer Spannungen wird er gefährlich.

So konnten die Umweltzerstörungen zunächst der Wirtschaftsplanung zugerechnet werden, weil aber Russen sie kommandierten, »den Russen«. Für diese Argumentationsform scheint der Augenschein zu sprechen. Es sind Russen, die Armee und KGB kommandieren. Also sind »die Russen« Unterdrücker, die Art ihrer Unterdrückung folgt aus ihrem asiatisch-tatarischen Charakter – oder, von Osten her gesehen, aus der kolonialistischen Arroganz der Europäer. Statt weiterer Präzisierungen, wie die, daß bestimmte Machtstrukturen existieren, bestimmte Personenkategorien sie aufgrund bestimmter Mechanismen leicht erklimmen, wird die zwar komplexe, aber beschreibbare Herrschaft zum absichtsvollen Wirken eines feindseligen und bösen kollektiven Subjekts. Das Unglück hat nun einen leicht identifizierbaren Urheber. Es sind die Russen, die ein Atomkraftwerk im Erdbebengebiet errichten, weil sie einen Genozid begehen wollen. Es sind die Russen oder ihre Zentrale in Moskau, Gorbatschow oder der KGB, die vergiftetes Fleisch in Kaufläden schmuggeln. Die Argumente klingen nicht mehr exotisch, sondern vertraut, bedenkt man die These einiger russischer Nationalisten von heute, daß die Oktoberrevolution Teil einer jüdischen Verschwörung war. Der Beweis liegt darin, daß unter den Führern Juden weit überrepräsentiert waren.

Diese nationalistische Denkform ist von Litauen bis Usbekistan die gleiche. Daß sie es mit einem unterschiedlichen Stoff zu tun hat, daß zum »Wesen« der einen Nation der Katholizismus, zu dem der anderen der Islam gehören, daß die Zeit der nationalen Blüte bei den einen das Reich von Mindaugas und Vytautas, das der anderen die zentralasiatische muslimische Hochkultur war, führt in die historischen Spezifika. Der nationalistische Typus greift historische Formen auf, transformiert sie und präsentiert sie in modernem Gewande neu. Gleichwohl bleibt dabei aber eine Geschichte präsent, die vor den nationalistischen Einebnungen geschah. Unter ihnen sind die politischen Formen − als Reiche verschiedener Konstruktion −, die Wirtschaftsformen, vor allem aber die Religionen wichtig. Die vorhandenen Gesellschaften werden mithin zwar in den modernen Kategorien wahrgenommen, entstanden sind sie jedoch im Rahmen ganz anderer Klassifikationen, die insofern präsent bleiben. So sind große historische Regionen noch immer bedeutsam, wie die orthodoxe Welt, die das Reich der Kiewer Rus beerbte, oder die muslimische Welt, deren interne Differenzierungen sich im Zerfall der Nachfolgereiche des mongolischen Imperiums bildeten. Der moderne Nationalismus ist demgegenüber eine Tendenz, die die alten Unterschiede nicht auslöscht, sondern neue hinzufügt.

Diesen Überlegungen folgt die Gliederung des Stoffes, die daher auf den ersten Blick ungleichgewichtig erscheinen könnte, deren Rechtfertigung aber im Material gesucht werden kann. Natürlich gab es Zweifelsfälle. Die historischen Regionen überschneiden sich auch. Aserbaidshan wurde Transkaukasien zugerechnet, obwohl es ebenfalls zum muslimisch-tatarischen Erbe gehört. Litauen war so wichtig für die Geschichte der Ukraine und Belorußlands, daß es ihnen hätte zugerechnet werden können. In diesem Fall schien aber die Religion trennschärfer zu sein.

Dieses Buch will einen knappen und raschen Überblick über die gegenwärtigen Entwicklungen in der Sowjetunion geben. Es wendet sich nicht an ein Fachpublikum, sondern an politisch Interessierte, die knappe Hinweise brauchen. Dabei gibt es Ungleichgewichte in der Darstellung, die auf den Relevanzsetzungen des Autors beruhen, Ungleichgewichte, die ihm aber vom Gegenstand her geboten erschienen. Natürlich konnte bei der ethnischen Vielfalt in der Sowjetunion nicht alles aufgegriffen werden. Die Auswahl folgte den Einschätzungen des Autors. Aber auch er weiß sich gegen Überraschungen nicht gefeit.

Ein Problem wird für viele der Umgang mit dem »Nationalen« und dem »Nationalistischen« sein. Wenn der Autor die Nation als eine recht neue gesellschaftliche Kategorie und nicht als überhistorische Wesenheit ansieht, so folgt daraus nicht, daß er die Existenz von Nationen in Abrede stellt. Ihr Entstehen und ihre Konstanz verdanken sich aber einem beschreibbaren sozialen Mechanismus. Sobald sich der Glaube, daß es die Nation gebe, verbreitet hat, sobald soziale Fremd- und Selbstidentifikationen national vorgehen, gibt es die Nation tatsächlich. Allerdings lassen sich aus dieser Perspektive die Begriffe »national« und »nationalistisch« nicht in jedem Falle scharf unterscheiden. Schwer unterscheidbar wird auch ein guter und ein schlechter Nationalismus. Es handelt sich um ein und dasselbe Phänomen – es sei denn, man unterscheidet gut leninistisch zwischen herrschenden und (noch) beherrschten Nationen.

Eine praktische Frage war die der Transkriptionen: Es wurde durchgängig eine nicht-slawistische deutsche Transkription verwendet. Zwischen einem stimmhaften und einem stimmlosen »s« kann daher nicht unterschieden werden. Die Buchstabenkombination »sh« bedeutet, einem in Deutschland inzwischen vielfach eingebürgerten Usus folgend, »J« wie in »Journal«. Ein eigenes Problem waren turksprachige Namen und Toponyme. Es hätte sich angeboten, sie der modernen türkische Orthographie entsprechend zu schreiben. Das hätte aber für den Leser eine zusätzliche Erschwernis bedeutet. Auch diese Wörter entsprechen daher ihrer Transkripition aus der kyrillischen Schrift.

Das Manuskript wurde Ende Juni 1990 abgeschlossen.

II. Sowjetische Nationalitätenpolitik

Die Sowjetunion war und ist ein Vielvölkerstaat. Sie besteht aus fünfzehn Sowjetrepubliken – der Russischen Sozialistischen Föderativen Sowjetrepublik (RSFSR) und den Sowjetrepubliken (SSR) Estland, Lettland, Litauen, Belorußland, Ukraine, Moldawien, Georgien, Armenien, Aserbaidshan, Turkmenistan, Tadshikistan, Usbekistan, Kasachstan und Kirgisien. Jede dieser Republiken hat ihre »Titularnation«, in Estland die Esten, in Lettland die Letten, in Kasachstan die Kasachen usw. Aber jede ist selbst wieder ein Vielvölkerstaat. Bei den Minoritäten handelt es sich teils um Nationalitäten, die seit Jahrhunderten hier leben, teils um solche, die zur Zeit Stalins zwangsweise umgesiedelt wurden, teils um Migranten, die bessere Arbeits- und Lebensverhältnisse suchten. Beträchtliche russische Minoritäten finden sich in allen Sowjetrepubliken. Zu den wanderfreudigen Nationen gehörten auch die Ukrainer, die Belorussen, die Balten und die Armenier. Zu den seßhafteren gehörten die mittelasiatischen Muslime, die Moldawier oder die Georgier. Insgesamt leben in der Sowjetunion etwa 140 Nationen, wovon einige allerdings sehr klein sind. Allein vierzig wohnen in Sibirien und im Fernen Osten, über 40 im Hohen Kaukasus, 25 im Wolgagebiet und im Ural. Überwiegend leben die kleineren Nationen mithin in der RSFSR.

Nicht alle Nationen verfügen über eigene Territorien, so z.B. die Polen und Deutschen. Den Juden wurde im Fernen Osten der RSFSR mit der Autonomen Sozialistischen Sowjetrepublik Birobidshan ein nationales Gebiet zugewiesen, das weder von Juden noch von Nichtjuden ernst genommen wird. Andererseits verfügen viele der größeren nationalen Minderheiten im Rahmen anderer Sowjetrepubliken über solche »autonome« Territorien, in denen sie Titularnation sind. Diese autonomen Territorien sind ihrerseits administrativ hierarchisiert. So gibt es Autonome Sowjetrepubliken (ASSR), Autonome Gebiete (autonome Oblasts) und Autonome Kreise. Formell genießen die dortigen Titularnationen definierte politische und kulturelle Vorrechte. Für Stellenbesetzungen im Leitungsapparat gibt es auch dort, wo die Titularnationen in der Minderheit sind, Quoten, so daß – mit Einschränkungen – sich diese nationalen Gruppen in ihrer Existenz geschützt glauben können. Der politische Status einer Nation richtet sich jedoch nicht nach ihrer Größe. Die 6,6 Millionen Wolga-Tataren verfügen nur über eine ASSR, die 1 Million Esten über eine eigene Sowjetrepublik (SSR).

Jede SSR ist formell ein souveräner Staat und besitzt eine eigene Verfassung und eigene Staatsorgane. Jede hat eine eigene Akademie der Wissenschaften. Da die besten Wissenschaftler jedoch von der Akademie der Wissenschaften der UdSSR abgezogen werden, sind die republikanischen Akademien wissenschaftlich meist bedeutungslos – sieht man von der Historik und den Sprach- und Literaturwissenschaften ab. Wie viele Ministerien in den Republiken haben sie eine eher symbolische Funktion. Die bisherige Dominanz der RSFSR äußerte sich umgekehrt gerade darin, daß sie über keine eigene Akademie, kein eigenes Innenministerium und keine eigene Untergliederung der Kommunistischen Partei verfügte. Ihre Angelegenheiten waren damit weitgehend unmittelbare Unionsangelegenheit. Gerade die formell vollausgebaute Staatlichkeit der Unionsrepubliken zeigte paradoxerweise ihre faktische Abhängigkeit. So blieb auch das Recht jeder Unionsrepublik, die Union verlassen zu dürfen, Verfassungsornament. Diesem Recht stand schon bislang die einheitliche zentralistische KPdSU, die einheitliche zentralistische Armee und der KGB entgegen. Erst seit 1985 wurde es überhaupt möglich, öffentlich über die Souveränität einer Republik nachzudenken. Dem Sezessionsrecht steht juristisch allerdings auch der Gummiartikel 14 der sowjetischen Verfassung entgegen, nach dem die Union für alles zuständig ist, was die Angelegenheiten der Union berührt; und kaum etwas berührt sie mehr als eine Sezession. Schließlich gilt, daß der Oberste Sowjet der Sowjetunion Entschlüsse der Repräsentativorgane der Einzelrepubliken aufheben darf. Ein erster Schritt zur Souveränität war es daher in vielen Republiken, den Vorrang der eigenen Gesetze vor denen der Union zu verkünden. Alle diese Beschlüsse wurden bislang von der Zentrale für ungültig erklärt, aber juristisch wie machtpolitisch ist diese Verfassungsfrage bislang noch nicht entschieden. Die Auflösung der Sowjetunion entwickelt sich über einander widersprechende Rechtsansprüche, die keine Instanz mehr verbindlich entscheiden kann.

Sowohl in der alten wie in der neuen sowjetischen Verfassung wird den nationalen Territorien ein besonderes Gewicht eingeräumt. Das gesetzgebende Organ, der Oberste Sowjet, besteht aus zwei Kammern. Die eine, der »Unionssowjet« repräsentiert das »Sowjetvolk«.

Seine Mitglieder werden von Deputierten des »Kongresses der Volksdeputierten« aus »territorialen« Wahlkreisen gewählt, die über die ganze Sowjetunion hin ungefähr jeweils gleich viele Wähler erfassen. Die zweite Kammer, der »Nationalitätensowjet« wird von Deputierten des Kongresses der Volksdeputierten aus »national-territorialen« Wahlkreisen gewählt. Jeder »Autonome Kreis« entsendet einen, jede »Autonome Oblast« zwei, jede »Autonome Republik« vier und jede SSR elf Abgeordnete. Abzüglich ihrer nationalen Territorien entsendet also die RSFSR ebensoviel Abgeordnete in den Nationalitätensowjet wie Estland.

Beide Kammern sind de jure vollkommen gleichberechtigt. Aber schon die Konstruktion zeigt Ungleichgewichte: Das Prinzip gleichberechtigter Nationen, das der »Nationalitätensowjet« repräsentieren soll, steht scheinbar gleichberechtigt dem »Unionssowjet« gegenüber, der das vereinheitlichende zentralistische Prinzip vertritt. Bis 1988 waren diese Repräsentationsmechanismen nur dekorative Symbolik. Die politischen Grundsatzentscheidungen wurden im Sekretariat der KPdSU vorbereitet und im Politbüro entschieden; die administrative Lenkung der Wirtschaft und der Innenpolitik oblag den zentralen Ministerien in Moskau; einen grundsätzlichen Unterschied zwischen Gesetzen, die anderswo von der Legislative gefaßt werden, und Verordnungen, die anderswo die Verwaltung auf der Grundlage von Gesetzen trifft, gab es nicht. Die Sowjetunion war nicht nur ein zentralistischer, sie war auch kein Rechtsstaat. Erst die Tendenzen zur Demokratisierung und zur Einrichtung des Rechtsstaates machten die Verfassungskonstruktion politisch bedeutsam. Das fortbestehende faktische Übergewicht des zentralistischen Prinzips führte dazu, daß die Autonomisierungs- und Unabhängigkeitsbestrebungen in den Einzelrepubliken sich vor allem gegen den Obersten Sowjet der Sowjetunion insgesamt richteten.

Die Zentrale hat die zentrifugalen Tendenzen unterschätzt, die mit dem politischen Umbau und der Liberalisierung an Intensität gewannen. Jeder Kompromißvorschlag kam etwa zwei Monate zu spät. Die Radikalisierung scheint kaum je einholbar zu sein. Es begann ab 1988 mit Forderungen nach größerer Dezentralisierung, nach Selbstverwaltung in den Sowjetrepubliken − was noch im Sinne der neuen politischen und wirtschaftlichen Reformer in der Zentrale lag. Bald aber radikalisierten sich die Forderungen. Für viele Sowjetrepubliken steht nun der Austritt aus der Sowjetunion auf der Tagesordnung und eine, Litauen, hat diesen Austritt bereits beschlossen, andere haben ihn angekündigt, ohne ihn jedoch de facto schon ganz durchsetzen zu können.

Daß diese Beschleunigung nicht vorhergesehen war, zeigte ein Verfassungsentwurf Gorbatschows 1988, der die Beziehungen zwischen Union und Republiken neu regeln sollte. Die Republiken sollten mehr Rechte und Verfügungsgewalt in ihrem eigenen Gebiet und gegenüber der Zentrale erhalten. Dabei wurden aber Paragraphen eliminiert, die keine sowjetische Regierung bislang ernst genommen hatte, vor allem das Recht jeder Unionsrepublik auf die Sezession. Die Empörung, die der Streichungsversuch hervorrief, machte deutlich, in welche Richtung das überall erwachende Nationalbewußtsein strebte. Sie zeigte auch eine neue Struktur des politischen Denkens: Der Entwurf Gorbatschows wurde allgemein nicht als Versuch einer Annäherung der Verfassungstexte an eine liberalisierte Verfassungsrealität verstanden, sondern als Versuch einer brutalen Knebelung nationaler Selbstbestimmungsrechte.

Hinter den Diskussionen um Autonomie oder Sezession steckt ein »nationales Erwachen«, das in sowjetischen Kontexten Besonderheiten hat. Eine teils geplante, teils spontan verlaufende Russifizierung nicht-russischer Bevölkerungen schien auf die auch ideologisch deklarierte Verschmelzung der Nationen hinzuweisen. Die verschiedenen Nationen – und innerhalb ihrer die verschiedenen sozialen Gruppen – russifizierten sich in unterschiedlichem Ausmaß. Das bedeutete keineswegs, daß die Russifizierten rechtlich zu Russen geworden wären.

Gleichgültig welcher Kultur sich jemand verbunden fühlt und welche Sprache er spricht, seine Personalpapiere zeigen, ob er Russe, Ukrainer, Kasache, Adyge oder Jude ist. Auf allen offiziellen Fragebögen ist unter Punkt fünf die Nationalität einzutragen. Es ist für einen Japaner einfacher, Franzose zu werden, als für einen Tataren oder Belorussen, Russe zu werden.

Die Registrierung der Nationalität war eine sowjetische Innovation. Das zaristische Rußland beschränkte sich darauf, die Religion zu notieren. Der Übertritt zur Orthodoxie und damit zum Russentum wurde nicht behindert, sondern gefördert. Die junge Sowjetmacht verzichtete ganz auf die Religion; ihr kam es zunächst auf die soziale Herkunft an. Erst 1932 beschloß die Sowjetische Regierung, die Nationalität zu registrieren. Das löste zunächst keine Besorgnisse aus. Wenn die Sowjetmacht in irgendeiner Hinsicht liberal war, dann in Nationalitätenfragen. Was jemand als Nationalität angab, wurde zunächst nicht überprüft, es genügte die einfache Angabe. Auch der Wechsel von einem die Herkunft verratenden Namen zu einem unverdächtigeren war noch einfach. So erschien der Nationalitätseintrag noch als freie Äußerung des ethnischen Bewußtseins. Mitte der dreißiger Jahre schon war aus dem unschuldig scheinenden Eintrag eine unauslöschliche Markierung geworden. Es wurde unmöglich, die Nationalität zu wechseln. Im Kontext der Stalinschen Repressionswellen, die sich zuweilen bestimmte Nationen zur Zielscheibe wählten, war das nur konsequent. Wie sollte man sonst dem NKWD Quoten für zu verhaftende Deutsche, Juden, Griechen oder Belorussen vorgeben? Die Eintragung wurde nun auch für die Zulassung bei der Universität, bei der Stellenvergabe, für die Karriere beim Militär oder bei der Vergabe sonstiger Vergünstigungen entscheidend.

Ein Problem waren die Kinder aus Mischehen zwischen Sowjetbürgern verschiedener Nationalität. Mischehen waren schon im Interesse einer Russifizierung erwünscht, da die Kinder sich meistens sprachlich und kulturell russifizierten. Das nützte ihnen rechtlich jedoch wenig. Von 1947 bis 1954 besaßen sie obligatorisch die Nationalität der Mutter, seither konnten sie sich mit 16 Jahren die Nationalität eines Elternteils wieder aussuchen. Heute kann das Kind einer ukrainischen Mutter und eines tatarischen Vaters mithin zwar Ukrainer oder Tatar werden, aber nicht Russe. Es gehört zu den sowjetischen Paradoxien, daß gerade dieses System trotz aller Russifizierung das jeweilige Nationalbewußtsein fördert.

Die Möglichkeit eines Nationalitätenproblems nach der Revolution hätten die alten Bolschewiki nicht angenommen. Sie waren, wie der linke Flügel der sozialistischen Bewegung überhaupt, antinationalistisch. Der Nationalismus galt ihnen als eine kleinbürgerliche Bewegung, die vom Befreiungskampf der internationalen Arbeiterklasse ablenkte. Der Sieg der Revolution würde die Aufspaltung der Menschheit in Nationen überflüssig machen. Auch Sprachfragen schienen daher als sekundär. Schließlich waren die Führer der Bolschewiki überwiegend polyglotte Intellektuelle. Besonders antinational in diesem Sinne waren Pjatakow, Dzershinskij und Bucharin: Die proletarische Revolution hebe die Klassenverhältnisse auf und löse damit auch die Nationen auf. Keine Form nationaler Unabhängigkeit oder Selbständigkeit mache damit irgendeinen Sinn.

Daß es jedoch nationalistische Unterdrückungen gab, war kaum zu leugnen. Es galt entsprechend, zwischen einem teilweise berechtigten Nationalismus der unterdrückten und einem prinzipiell abzulehnenden der unterdrückenden Völker zu unterscheiden. Insofern waren der »großrussische Chauvinismus« des Zarenreiches reaktionär und nationale Befreiungsbewegungen teilweise progressiv. Nationale Befreiungsbewegungen kämpften mithin zwar auf der Grundlage falscher Begriffe, aber zweifellos ging es ihnen um eine Befreiung. Nach der Befreiung von nationaler Unterdrückung jedoch könnten die Völker die fiktive Bedeutung der Nationalität erkennen und sie schrittweise relativieren. Was für eine Sprache die befreiten Volksmassen sprachen, war eine irgendwann pragmatisch zu entscheidende Frage ohne weltgeschichtliche Bedeutung.

Politisch implizierte diese Sicht ein taktisches Verhältnis zu nationalen Fragen – aber im Interesse der sozialistischen Revolution und nicht einer Russifizierung. Es galt zunächst, die nationalen Befreiungsbewegungen im russischen Reich als Bündnispartner zu gewinnen. So konnte Lenin kurz nach der Oktoberrevolution in seiner »Deklaration der Rechte der Völker Rußlands« vom 15. November 1917 den Völkern Rußlands ihr Recht auf Selbstbestimmung, auf Sezession, auf die Bildung eines eigenen Staates, auf freie Entwicklung versprechen und die Beseitigung aller nationalen und nationalreligiösen Privilegien und Benachteiligungen verfügen. Ein praktisches Problem war jedoch, daß Finnen, Esten, Letten und Litauer von diesem Recht Gebrauch machten. Spätestens 1920 wurde klar, daß Sowjetrußland das Prinzip des Selbstbestimmungsrechts nicht allzu radikal anwenden sollte. Angesichts dessen, daß es weder in Finnland, Estland, Lettland und Litauen zu Aufständen kam, noch die Arbeiterklasse der kapitalistischen Industrieländer sich zur Revolution durchringen konnte, wollten auch die Bolschewiki nicht auf das Korn und den Stahl der Ukraine, das Erdöl aus Baku oder die Baumwolle aus Mittelasien verzichten. Aber es gab ja auch keinen Grund, eine sozialdemokratische oder kleinbürgerliche Intelligenz, die man in Rußland entmachtet hatte, anderswo an der Macht zu lassen, wenn man es verhindern konnte. Soweit es dazu militärisch in der Lage war, sammelte Sowjetrußland die weggebrochenen Stücke des Imperiums wieder ein.

Das geschah aber nicht mehr über einfache Annexionen. In den zurückeroberten Ländern wurden vielmehr eigene bolschewikische

Regierungen installiert, die zunächst mit der RSFSR je einen bilateralen Vertrag schlossen. Der erste dieser Verträge war der vom 20. September 1920 mit Aserbaidshan, der schwächsten und ärmsten der neuen Sowjetrepubliken. Streitkäfte, Bahn- und Schiffstransport, Post, Telegraphie, Wirtschaft und Außenhandel waren nun Moskauer Angelegenheit. Die Ukraine, die ihren Vertrag im Dezember 1920 schloß, behielt immerhin das fiktive Recht auf eine eigene Außenpolitik. Wie die Bündnisse tatsächlich gemeint waren, zeigte sich schon daran, daß die Regierung der RSFSR alle Verhandlungen über die Außengrenzen der späteren UdSSR allein führte.

Daß der neue sozialistische Staat zentralistisch zu sein hatte, war für die Bolschewiki keine Frage. Dem entsprach die Konstruktion der wichtigsten Machtinstrumente, der Partei und der Armee. Es gab nur eine Kommunistische Partei, die zentralistisch geleitet wurde. Die Kommunistischen Parteien der Ukraine, Georgiens usw. waren Abteilungen, nicht selbständige Körperschaften. Es gab also keine Mitglieder einer ukrainischen KP, sondern nur Mitglieder der KPdSU, die in der Ukraine wohnten. Dieses Prinzip gilt bis in die Gegenwart. Es wurde erstmals im Dezember 1989 durchbrochen, als sich die litauische KP von der KPdSU abspaltete. Sinngemäß das gleiche galt für die Armee. Nationale Einheiten gab es nicht, und muslimische Versuche, eine eigene Revolutionsarmee aufzustellen, wurden abgebrochen. Da die Armee eine eindeutig russischsprachige Institution war, in der die Wehrpflichtigen der verschiedenen Regionen gemischt wurden, war sie von Anfang an − zunächst unwillentlich, dann willentlich − ein Instrument der Russifizierung. Eine pragmatisch zu entscheidende Frage war das Ausmaß der wirtschaftlichen Zentralisierung. Aber daß die Grundsatzentscheidungen politische Entscheidungen waren und nur durch die Parteispitze gefällt und den exekutiven Apparaten zur Durchführung mitgeteilt werden sollten, war unstrittig. Strittig war, in welcher staatlichen Form die eben noch hochschlagenden nationalen Gefühle dennoch befriedet werden konnten.

Der für die Nationalitätenfragen zuständige Volkskommissar Stalin schlug 1922 eine »Autonomisierung« vor. Alle Sowjetrepubliken sollten sich der RSFSR anschließen und in ihrem Rahmen als »Autonome Republiken« fortgestehen. Denn die Diktatur des Proletariats hieße auch Herrschaft der Industrie. Die ländliche Peripherie müsse sich daher der industrialisierten RSFSR unterordnen. Das ZK der georgischen Kommunistischen Partei lehnte 1922 Stalins Autonomisierungsprojekt ab. Stalin neutralisierte daraufhin das Problem durch die Schaffung der fügsameren Transkaukasischen Föderation, in der Georgien, Aserbaidshan und Armenien zusammengeschlossen wurden. Aber auch Lenin tadelte das Autonomisierungskonzept als offenkundigen Verstoß gegen das Recht der Nationen auf Selbstbestimmung und setzte dagegen die Idee einer Föderation formell unabhängiger Republiken durch.

Am 30. Dezember 1922 nahm der dritte Sowjetkongreß den Vertrag zwischen der RSFSR und den Sowjetrepubliken Ukraine, Belorußland und Transkaukasien über die Bildung der Sowjetunion an, der dann im wesentlichen in die erste sowjetische Verfassung von 1924 einging. Ihm schlossen sich die anderen Sowjetrepubliken an. Mit der Aufteilung Turkestans verschwanden zugunsten Usbekistans, Tadshikistans und Turkmenistans im September 1924 auch die Volksrepubliken Choresm und Buchara. Offiziell war die Sowjetunion nun ein Bund gleichberechtigter Republiken, aber mit jener Gleichberechtigung, die die bilateralen Verträge zwischen der RSFSR und den anderen sozialistischen Staaten vorgesehen hatten.

Die Form eines Staatenbundes anstelle der ursprünglich vorgesehenen Autonomien hatte Stalins Grundorientierung nicht umgestürzt: Jede Autonomie oder Selbständigkeit war für ihn gut, wenn sie unter zentraler Anleitung und Kontrolle stand. Aber wie in der RSFSR war auch in den anderen Republiken ein großes Problem der Sowjetmacht zunächst der Mangel an qualifizierten Kadern. Viele der alten Bolschewiki unterhalb der Führungsebene waren während des Bürgerkrieges umgekommen. Die jüngeren Parteimitglieder waren allzuoft politisch und fachlich ungebildet. Eine einigermaßen effektive Verwaltung und Wirtschaftsführung verlangte den Rückgriff auf die »bürgerlichen Spezialisten«. In den nichtrussischen Gebieten hieß das, daß auch die nationalen Eliten gebraucht wurden, soweit sie nicht aktive Feinde der Sowjetmacht waren. Eine gewisse Liberalität in nationalen Angelegenheiten war unumgänglich. Um die Sowjetmacht in den nichtrussischen Gebieten zu verankern, wurden darüber hinaus einheimische Kader bewußt geschult und in führenden Positionen plaziert. Auch diese Politik der »Korenisazija« (Einwurzelung) förderte die Festigung nationaler Besonderungen. Obwohl die zentralen Entscheidungen unbedingt befolgt werden sollten, hatten die Einheimischen vor allem in kulturellen Dingen relativ freie Hand. Die Modernisierung wurde von ihnen, die keinen kapitalistischen Hintergrund hatten und sich an westlichen Modernisierungsvorstellungen orientierten, auch dann unterstützt, wenn sie ihrer politischen Position nach eher liberale Nationalisten waren. Schließlich wurde das Nationalitätenprinzip in aller Konsequenz durchgeführt. In Belorußland und der Ukraine hieß das, daß viele Einheimische erst einmal die Schulbank drücken mußten, um ihre Nationalsprache zu erlernen. In den Schulen war der Gebrauch des Russischen oft gänzlich verboten. Da viele kleinere Nationen über keine Schriftsprache verfügten, mußten Linguisten ihnen eine erarbeiten. Wo es keine vorzeigbare Volksliteratur oder Volksmusik gab, wurden entsprechende Spezialisten beauftragt. Schließlich gab es in der Sowjetunion keine sowjetische Nation mehr, der eine nationale Identität fehlte; viele der kleinen Völker verdanken dieser Politik, daß sie trotz der sowjetischen Vereinheitlichung nicht verschwanden. Mit den gleichen Instrumenten ließen sich aber auch unliebsame Zusammenhänge auflösen. Linguisten wurden beauftragt, regionale oder stammestypische Dialekte in lehrbare Hochsprachen umzuwandeln. Das wurde vor allem in Mittelasien wichtig, wo panmuslimische und pantürkische Bewegungen bestanden hatten. Die türkischen Sprachen mußten so weit wie möglich auseinandergerückt werden. Den Tadshiken und Usbeken mußte verdeutlicht werden, daß sie außer ihrer sowjetischen Staatsbürgerschaft, nichts gemeinsam hatten, was an den Sprachunterschieden mühelos beweisbar war.

Die mit dem ersten Fünfjahresplan 1929 einsetzende gewaltsame Ummodelung der Gesellschaften traf auch die nichtrussischen Nationen. Nomaden wurden zur Seßhaftigkeit gezwungen, selbständige Bauern kollektiviert, wohlhabendere Bauern – »Kulaken« – liquidiert. Die Millionen Opfer, die diese Gewaltmaßnahmen kosteten, sind nur für die Ukraine gut dokumentiert. Ganz planvoll sollten mit der gewaltsamen Veränderung der Lebensbedingungen auch die widerspenstigen kulturellen Traditionen vernichtet werden. Daher wurde auch der kulturelle Föderalismus schrittweise beseitigt. Während der Terror in der RSFSR oft blind und willkürlich wütete, war er unter den Nationalitäten systematisch und planvoll. Die nationalen Eliten wurden in den dreißiger Jahren ausnahmslos umgebracht. Seinen symbolischen Abschluß hatte diese Entwicklung, als ab 1939 alle Sprachen der Sowjetunion mit kyrillischen Buchstaben zu schreiben waren. Nur die Georgier und die Armenier durften ihre alten Schriften beibehalten. Mit Stalinscher Raffinesse fand die Vormachtstellung des Russischen auch eine marxistisch-leninistische Begründung: Latein war die Sprache der Sklavenhaltergesellschaft gewesen, Französisch die des Feudalismus und Englisch die des Kapitalismus; Russisch war die Sprache des Sozialismus. Die anderen Sprachen waren zweitrangig und längerfristig zum Absterben verurteilt.

Auch die Bewertung der Geschichte wurde verändert. Während in den zwanziger Jahren die verschiedenen Nationen in der Geschichte Freiheitskämpfe gegen die Zarenherrschaft und den »großrussischen Chauvinismus« hatten führen dürfen, war die russische Herrschaft in den dreißiger Jahren nur noch ein relatives Übel. Denn wären die anderen Völker nicht von Rußland gewaltsam annektiert worden, wäre ihnen der direkte Weg vom Feudalismus in den Sozialismus ohne Umweg über die Schrecknisse des Kapitalismus versperrt geblieben.

Die auf dem Höhepunkt des Terrors 1936 verabschiedete Stalinsche Verfassung war äußerlich besonders demokratisch. Auch das Prinzip des schwesterlichen Bundes gleichberechtigter Nationen wurde in ihr nochmals bekräftigt. Um den Eindruck einer gewissen Unfreiwilligkeit zu vermeiden, wurde ausdrücklich fixiert, daß jede Sowjetrepublik das Recht habe, in freier Entscheidung die Union zu verlassen; dieses Recht hatte bislang nur die Ukraine besessen. Dieses Recht wurde in der neuen Verfassung Breshnews von 1972 übernommen und gilt noch heute. Vor 1985 erwog allerdings keine Sowjetrepublik den Austritt. Das lag wohl eher an der systemtypischen Einschüchterung als an der herzlichen gegenseitigen Freundschaft der Völker.

Die deutsche Besatzung während des Zweiten Weltkrieges war angesichts der Schrecknisse der dreißiger Jahre für den Bestand der Sowjetunion nicht ohne Risiken. Eine Bereitschaft zur Kollaboration war in den ersten Kriegswochen unter vielen nichtrussischen Nationen vorhanden. Der nationalsozialistische Ost-Spezialist Alfred Rosenberg plante sogar, die in der Sowjetunion vorhandenen antirussischen nationalen Einstellungen zu nutzen. Rußland sollte durch einen Kranz von unabhängigen Nationalstaaten, die de facto Satelliten Deutschlands wären, isoliert werden. Die Vernichtung der Juden würde bei den traditionell judenfeindlichen osteuropäischen Nationalisten auf keinen Widerstand stoßen. Rosenbergs Konzept wurde nur im Kaukasus umgesetzt. Anders als in Belorußland und der

Ukraine wurde dort die Kollektivierung bei mehreren Völkern rückgängig gemacht, und eine beschränkte politische Autonomie zugelassen. Für die dadurch hervorgerufene Kollaborationsbereitschaft rächte sich Stalin grausam. Nachdem bereits 1941 die Wolgadeutschen in den ersten Kriegswochen als Kriegsverbrecher deportiert worden waren, traf es 1944 die Inguschen, Tschetschenen und Karatschaier aus dem Kaukasus, die Kalmyken von der unteren Wolga und die Krimtataren. Sie wurden binnen weniger Stunden verladen und ohne Ausnahme nach Mittelasien und Sibirien deportiert. In der Ukraine und Belorußland konnte sich Rosenberg nicht gegen Hitler und seinen engeren Kreis durchsetzen, die im Interesse einer späteren deutschen Besiedelung eine Politik der Zerstörung und Vernichtung bevorzugten. So gewannen die Stalinschen Begriffe des »Großen Vaterländischen Krieges« und des »Sowjetpatriotismus« Plausibilität. Für eine kurze Zeitspanne rückten die sowjetischen Nationen tatsächlich zusammen.

Schon in seiner Siegesansprache hob Stalin jedoch das russische Volk als den heroischen und charakterfesten Führer aller anderen sowjetischen Nationen hervor. Während die bislang unabhängigen, vorgeblich freiwillig der Sowjetunion beigetretenen baltischen Staaten, Moldawien, die Westukraine und das westliche Belorußland die Kollektivierung, den Terror und die Vernichtung der nationalen Intelligenz nachholten, wurde das russische Volk zum »Großen Bruder«. Die Nationalgeschichten wurden verändert, die nationalen Epen der nichtrussischen Völker verboten. Die russische Eroberung war nicht mehr das relativ Gute, sondern das absolut Gute gewesen. Sie erst hatte den anderen Nationen das Licht der wahren Zivilisation gebracht. Die nationalen Besonderheiten wurden endgültig auf unterschiedliche Folkloren reduziert. Auch die Russifizierung wurde nun mit einer Radikalität vorangetrieben, die es selbst unter den Zaren Alexander III. und Nikolaus II. nicht gegeben hatte. Eine bis in die Gegenwart gültige Terminologie wurde nun festgelegt. »Nationalismus« war eine verwerfliche Erscheinung, die sich nur bei den nichtrussischen Völkern fand. Der »großrussische Chauvinismus«, den die Bolschewiki noch in den zwanziger Jahren bekämpft hatten, war verschwunden.

Nur aus außenpolitischem Kalkül, ohne innenpolitische Bedeutung, setzte Stalin nach dem Krieg durch, daß neben der Sowjetunion auch die Ukraine und Belorußland Mitglieder der UNO wurden.

Dafür mußte allerdings die Verfassung geändert werden. Nach Artikel 18a und 18b hatten beide nicht nur das Recht, aus der Sowjetunion auzutreten, sondern auch eigene diplomatische Beziehungen aufnehmen und eigene Streitkräfte unterhalten. Verständlicherweise taten sie weder das eine noch das andere.

Ein Wandel zeichnete sich erst mit dem 20. Parteitag der KPdSU 1956 ab, auf dem Chruschtschow einige Verbrechen Stalins geißelte. Chruschtschow kritisierte hier auch die Liquidierung der nationalen Eliten und die Bemühung, die nichtrussischen Völker gewaltsam zu russifizieren. Bis auf die Krimtataren und die Deutschen wurden daraufhin die von Stalin kollektiv bestraften Völker rehabilitiert. Auch insgesamt schien sich die sowjetische Nationalitätenpolitik zu verändern. Die nationalen Kulturen sollten sich wieder entfalten. Im Zuge einer allgemeinen Dezentralisierung erhielten ab Oktober 1957 die Sowjetrepubliken mehr Kompetenzen. 1956 erklärte der Oberste Sowjet Aserbaidshans das Aserbaidshanische zur Staatssprache. Auch die alten Epen wurden einigen Nationen wieder erlaubt. Chruschtschows Liberalisierung schuf eine Euphorie, in der sich Tendenzen abzeichneten, die heute unter Gorbatschow zum Ausbruch kommen. Überall entstanden nationale Gruppierungen, die nationale Rechte einforderten. Es war eine Aufbruchszeit für jene, die später die nationalistische Dissidenz führten, dafür Gefängnis und Lagerhaft in Kauf nahmen und nach 1985 als radikale Vertreter der Nationalbewegungen wieder auftauchten.

Das schon unter Chruschtschow begonnene, von Breshnew mit stark russisch-nationalistischer Akzentsetzung fortgesetzte Gegensteuern war angesichts des noch intakten Sicherheitsapparates möglich. Die Theorie der Annäherung und Verschmelzung der sowjetischen Nationen wurde zum polizeilich geschützten Dogma. Die einzelnen Nationalkulturen durchliefen nacheinander eine Phase der Entfaltung, eine der wechselseitigen Annäherung (sblishenije) und würden schließlich zu einer einheitlichen sowjetischen Nation verschmelzen (slijanije). 1972 wurde verkündet, daß eine neue Gemeinschaft von Menschen entstanden sei, das Sowjetvolk. Damit waren nicht nur der Klassenkampf beendet, sondern auch die nationalen Gegensätze aufgehoben. In der neuen Verfassung Breshnews von 1977 wurde allerdings auch der rein formale Artikel 72 beibehalten, der jeder Unionsrepublik das Recht auf einen Austritt zusicherte. Mitte der siebziger Jahre wurden die Zentralisierung und die Bestrebungen zur Ablösung der Landessprachen durch das Russische verstärkt. Nun wurde das Konzept der Zweisprachigkeit forciert vorangetrieben. Jeder Sowjetbürger sollte neben seiner Muttersprache das Russische beherrschen, um mit anderen Sowjetbürgern anderer Muttersprache kommunizieren zu können. Russisch sollte mithin Sprache der interethnischen Kommunikation, oder − altertümlich ausgedrückt − es sollte lingua franca werden. 1978 wurde in einem Dekret »Über Maßnahmen zur weiteren Verbesserung des russischen Sprachunterrichts in der Republiken der Union« eine Verstärkung des russischen Unterrichts beschlossen, der Unterricht in den einheimischen Sprachen eingeschränkt.

Implizit war damit die Russifizierungspolitik Stalins wiederaufgenommen. Dabei stellten sich mehrere zusammenwirkende Tendenzen her. Erstens war für die aufstrebenden Mittelschichten vor allem in den naturwissenschaftlich-technischen Bereichen die gesamte Sowjetunion Karrierefeld. In diesem Kontext war ein Aufstieg nur innerhalb der russischen Sprache denkbar. Um ihren Kindern Karrierechancen zu öffnen, bevorzugten es aufstiegsorientierte Eltern, ihre Kinder auf russischsprachige Schulen zu schicken, die in allen Sowjetrepubliken entstanden waren.

Zweitens wurde das öffentliche Leben, die Wirtschaft, die Verwaltung überwiegend russifiziert, d.h. in einen gesamtsowjetischen Kontext integriert. Es bedeutete schon viel, wenn in den nichtrussischen Gebieten zweisprachige Straßenschilder aufgestellt wurden. Drittens kam es innerhalb der Sowjetunion zu großräumigen Migrationen. Wer in die RSFSR wanderte, mußte sich dort des Russischen bedienen. Russen hingegen, die in andere Gebiete übersiedelten, fanden dort russische Schulen, russische Zeitung, russische Straßenschilder vor. Sie waren nicht gezwungen, die Sprachen der Gastgebiete zu lernen und lernten sie in der Regel auch nicht. Auch Angehörige anderer Nationalitäten gingen außerhalb ihrer Heimatgebiete leicht zum Russischen über. Ukrainer in Kasachstan oder Moldawier in Usbekistan wandten sich der russischen Sprache zu. So hatten die Migrationsprozesse, die teilweise auch bewußt gefördert wurden, einen russifizierenden Effekt.

Die seit der Stalinzeit bestehenden Geschichtslegenden wurden zwar gemildert, aber sie blieben im wesentlichen in Kraft. Für die anderen Sprachen bedeutete das eine allmähliche Reduktion zu bloßen Bauernsprachen, die dem modernen Leben nicht mehr angepaßt sind und ihr soziales Prestige verlieren. Diese Tendenz wirkte sich in verschiedenen Republiken unterschiedlich stark aus, am stärksten in den slawischen Republiken wie in Belorußland, am schwächsten bei Nationen mit sehr alter und selbständiger Kultur wie in Georgien.

Aber es gab schon in der Zeit Breshnews eine Gegentendenz. Die nationalen Historiker und Schriftsteller durften sich wieder der eigenen Geschichte zuwenden, sofern sie sich erstens an den Primat der russischen Kultur hielten, zweitens die offiziellen Dogmen der sowjetischen Geschichte nicht in Frage stellten und drittens die Gegenwart nicht unter nationalen Vorzeichen interpretierten. Das Nationalbewußtsein wurde auf diese Weise literarisch entmodernisiert und die nationalen Selbstheroisierungen auf mittelalterliche oder ältere Epochen gelenkt. Überdies nahm Breshnew Elemente der Korenisazija-Politik auf seine Weise wieder auf. So wie er generell den Kadern des Partei- und Staatsapparat Sicherheit gegen Loyalität garantierte, so unterstützte er die Tendenz, daß mehr und mehr Einheimische in den nichtrussischen Republiken führende Positionen einnahmen. Voraussetzung dafür war aber, daß sie die zentralen wirtschaftlichen Planungsziele unterstützten und unbedingte Loyalität gegenüber der sich russifizierenden Sowjetunion zeigten. So hatten diese nationalen Kader im Inneren freie Hand, was die Korruption selbst nach sowjetischen Maßstäben in oft erstaunlichem Maße förderte und die Etablierung engmaschiger Gefolgschaftsnetze ermöglichte. Die unter Andropow einsetzende und in den ersten Jahren der Regierungszeit Gorbatschows verstärkten Antikorruptionsmaßnahmen, die sich notwendigerweise gegen die korrupten Netze nationaler Kader richteten, konnten daher selbst mit nationalen Parolen bekämpft werden. Der Schlag gegen die »usbekische Mafia« 1984/85 etwa galt in Usbekistan selbst als Attentat auf die Würde der Nation. Breshnews »Korenisazija« bedeutete aber auch, daß die nationalen Kader als Wachhunde gegen nationalistische Entwicklungen fungierten. Mangelnde Wachsamkeit hätte das Ende ihrer Karriere und den Verlust ihrer Privilegien bedeutet. So wurden sie oft eifrigere Russifizierer als die ursprünglich als Aufpasser entsandten russischen Kader. Nicht selten wurden die eigenen Belange der Sowjetrepubliken von denen, die keine pro-russische Loyalität beweisen mußten, entschiedener und besser vertreten.

Das Jahr 1985 markierte einen Einschnitt. Das Versprechen und dann die schrittweise Realisierung politischer Veränderungen, die unter den Schlagworten »Glasnost« und »Perestrojka« auftraten, setzten erst vorsichtig, dann sich dynamisierend und ein Eigengewicht gewinnend auch die nationalistischen Bewegungen in Gang. Dabei ergab sich – mit einigen Besonderheiten – in allen nichtrussischen Sowjetrepubliken ein typisches Verlaufsmuster.

Es begann damit, daß nationale Schriftsteller und andere Intellektuelle schon seit den frühen achziger Jahren öffentlich über den Zustand der Nationalsprache Klage führten und Abhilfe forderten. Die Sprache und damit die nationale Identität seien in Gefahr. Der Ort, an dem diese Klagen auch unmittelbar nach dem Machtwechsel von 1985 vorgebracht wurden, waren meist die nationalen Schriftstellerverbände. Die konservativen Partei- und Staatsführungen der Breshnew-Zeit antworteten mit Beschimpfungen und Schikanen. Aber die nationalen Intellektuellen der ersten Stunde beteuerten, sich innerhalb des gesamtsowjetischen Reformprozesses zu halten und beriefen sich auf die Perestroika Gorbatschows. Außerdem gehörten sie in der Regel selbst zum kulturellen Establishment und verfügten über gute Kontakte zu den reformerisch gesonnenen Kräften innerhalb der Republikführungen. Repressionen, die über Schikanen hinausgingen, waren gerade ihnen gegenüber nicht mehr möglich. Zur gleichen Zeit entstanden teils tolerierte, teils administrativ bekämpfte »informelle« Gruppen mit jüngeren Mitgliedern, die sich um Fragen der Ökologie, der Menschenrechte, der Wirtschaft usw. kümmerten. Intellektuelle und informelle Gruppen bildeten trotz unterschiedlicher Thematiken eine verflochtene Einheit. Auch die Informellen übernahmen die nationale Thematik, teils aus nationalem Enthusiasmus, teils weil ein großer Teil der ökologischen und ökonomischen Probleme tatsächlich durch den übermäßige Zentralismus der Sowjetunion mitverursacht war. Es lag daher nahe, das Sprach- und Kulturproblem mit dem der Wirtschaft, Demokratie und Umwelt zu verbinden und möglichst weitgehende Autonomie für die eigene Republik zu verlangen. In dieser ersten Etappe ergab sich ein typischer Forderungskatalog: Demokratisierung, zunächst im Sinne der politischen Perestrojka, der Rechtsstaatlichkeit und wirtschaftlicher Autonomie. Die Bodenschätze und die Schlüsselindustrien sollten der Republik gehören, die Wirtschaftspolitik Angelegenheit der Republik sein. Schließlich sollte wie in einem richtigen Nationalstaat die Sprache der Titularnation dominierende Sprache der Republik werden. So wie in Frankreich Staatssprache das Französische und in Italien die Staatssprache das Italienische sind, sollte in Estland das Estnische, in der Ukraine das Ukrainische verbindlich sein. Zur Demokratisierung gehörte es auch, die nationale Geschichtsschreibung von jenen Entstellungen zu reinigen, die ihr in der sowjetischen Periode zugefügt worden waren. Besonders sorgfältig achteten die Nationalbewegungen vor allem in dieser Anfangsphase auf die Minderheitenrechte. Auch sie sollten, gleichsam im Zitat ursprünglicher sowjetischer Vorstellungen, ein Recht auf die Bewahrung und Entfaltung ihrer jeweiligen nationalen Identität erhalten. Hinter dieser Konzeption steckte meist nicht nur das taktische Kalkül, die Minderheiten für die Selbständigkeit der Republik zu gewinnen, sondern auch eine demokratische Überzeugung, die die intellektuellen Protagonisten dieser ersten Stufe der Nationalbewegungen durchdrang. Zugleich begannen informelle Gruppen vielfacher Thematiken aus dem Boden zu schießen. Auch sie waren ausdrücklich demokratisch und national zugleich.

Gegen ihre konservativen Republikführungen wandten sich die Reformbewegungen an die Bevölkerung und veranstalteten Demonstrationen. Diese Demonstrationen erwiesen sich in vielen Republiken als außerordentlich wirkungsvoll, sie schwollen rasch zu großen Massenbewegungen an, die ihrerseits einen erheblichen Druck auf die offizielle Politik ausübten und schließlich die Ablösung der alten Führungen beschleunigten. An deren Stelle traten reformorientierte Kräfte, die für die nationalen Forderungen offener waren. Wo sich konservative Führungen bis heute hielten, wie in Belorußland oder Turkmenistan, ist dies immer auch ein Hinweis auf eine Schwäche der Reformbewegungen von unten. Allerdings mehren sich selbst bei diesen konservativen Führungen Tendenzen zur Verselbständigung.

Der große Massenzulauf, der die Stärke der Nationalbewegungen ausmachte, setzte eine eigene Dynamik in Gang. Angesichts reformorientierter Republikführungen mußten sich die Nationalbewegungen radikalisieren, um erstens einen Unterschied zu den offiziellen politischen Institutionen zu markieren und zweitens die Massenmobilisierung aufrechtzuerhalten. Dabei traten Unterschiede in der Radikalität zutage. Überall gab es eine Tendenz zur Mäßigung, die die gesamtsowjetische Perestrojka nicht gefährden und realistische Programme entwickeln wollte. Radikaler waren die Jüngeren, die ehemaligen Dissidenten und vor allem die Bevölkerungen selbst. Die Gemäßigten mußten beweisen, daß sie nicht Knechte der Moskauer

Zentrale waren, oder sie gerieten ins politische Abseits. Auch die reformorientierten Parteiführungen gerieten in die Defensive und waren bei Strafe des eigenen Untergangs gezwungen, sich zu radikalisieren. So entwickelten sich innerhalb der Kommunistischen Parteien selbst Polarisierungen, die die Tendenz zur Spaltung in sich trugen. Während die reformorientierten Flügel nationalen Eifer zeigen mußten, ohne sich von dem Kollaborationsverdacht je ganz reinigen zu können, rechneten die konservativen Flügel auf eine Anhängerschaft unter der russischen Minorität bzw. anderen nationalen Minderheiten, die eine Dominanz der jeweiligen Titularnation fürchteten.

Die Wahlen zum Kongreß der Volksdeputierten im Frühjahr 1989 und die zu den Volksvertretungen in den Republiken im Frühjahr 1990 waren ein Gradmesser für die Entfaltung der Nationalbewegungen. Wo sie die zweite Stufe der Entwicklung erreicht hatten, waren die konservativen Parteiführer schon 1989 eliminiert worden. 1990 erlitten dort auch die Reformer aus den Kommunistischen Parteien überwiegend herbe Niederlagen. Die Nationalbewegungen formulierten sich längst antisowjetisch und antikommunistisch. Innerhalb der Volksfronten traten jene, die bislang noch Mitglieder der Kommunistischen Partei gewesen waren, aus.

Zur Radikalisierung hatte beigetragen, daß eine gewaltsame Unterdrückung aus Moskau ausblieb; wo sie doch versucht wurde, erschöpfte sie sich in einmaligen blutigen Gewaltakten, die eher Hilflosigkeit verrieten und die Erbitterung verschärften, ohne noch wirklich Furcht zu verbreiten. Aber auch die Erfolge der Nationalbewegungen trugen zur Radikalisierung bei. So wurde 1989 in vielen Republiken die wirtschaftliche Autonomisierung vorangetrieben, erste Schritte auf ein wirkliches Mehrparteiensystem eingeleitet und Sprachgesetze durchgesetzt. Fast in allen Sowjetrepubliken wurde die Sprache der Titularnation nun offizielle Staatssprache. Diese Maßnahmen wurden jedoch vielfach als Kosmetik getadelt, da Russisch überwiegend als Sprache der interethnischen Kommunikation festgeschrieben wurde. Aber je radikaler die Republikführungen agierten, desto weiter mußten die Unabhängigkeitsforderungen gehen, desto mehr wuchs die antisowjetische Erbitterung. Die Führungen der Nationalbewegungen standen damit tendenziell vor einem Dilemma. Sie waren zu einer weiteren Radikalisierung gezwungen, wollten sie nicht die Volksbewegungen demobilisieren und sich damit ihrer eigenen politischen Kraft berauben. Auf der anderen Seite waren gerade daher ihre politischen Spielräume eingeschränkt. Strategische oder gar taktische Überlegungen, die in Verhandlungen hätten eingebracht werden können, waren nicht mehr möglich; sie wären als »Verrat« erschienen.

Angesichts dieser Konstellation stand auch die sowjetische Führung vor einem Dilemma. Ein gewaltsames Einschreiten hätte auf internationaler Ebene alle neuen Ansätze blockiert und war damit nicht gangbar. Es hätte darüber hinaus den gesamten Reformprozeß zerstört. Je weiter die Entwicklungen vorangeschritten waren, desto unwahrscheinlicher wurde es, daß mit repressiven Maßnahmen noch eine Stabilisierung erreichbar war. 1920 hatte die Rote Armee noch überwiegend aus Soldaten bestanden, die sich in einer welthistorischen Mission glaubten und von der Richtigkeit ihres Handelns überzeugt waren. Zur Zeit Stalins war der Terror ein Instrument, das den Enthusiasmus teils ersetzte, teils durch Anpassung stabilisierte. 1990, nach dem mißglückten Afghanistan-Abenteuer, ist auch die sowjetische Armee so demoralisiert, daß sie einer großen Aufstandsbewegung kaum noch standhalten könnte.

Angesichts dessen wird auch die Vorgehensweise der sowjetschen Zentrale plausibel. Ein Gesamtkonzept bestand in der nationalen Frage ebensowenig wie in der Wirtschaft. Angesichts des Umfangs der Probleme und der jahrzehntelangen systematischen Verschleierung ihres Charakters ist das nicht erstaunlich. Zu Beginn konnten die Moskauer Reformer die Autonomisierungsbestrebungen unterstützen; sie paßten in das Konzept einer Dezentralisierung. Wo sie dazu in der Lage waren, unterstützten sie teilweise sogar den Sturz konservativer Parteiführungen. Unter dem Druck der Unabhängigkeitsbewegungen favorisierten die Reformer in der Zentrale dann einen neuen Unionsvertrag, der die Sowjetunion zunehmend in eine wirkliche Konföderation verwandeln sollte. Aber angesichts der Radikalität vieler Unabhängigkeitsbewegungen erscheint auch dieses Konzept überholt. Nun geht es offenbar nur noch darum, die allmähliche Auflösung der Sowjetunion geordnet zu vollziehen. In diesem Sinne ist das Gesetz zur Regelung der Sezessionen eine Reaktion auf die Unabhängigkeitserklärung Litauens vom 11. März 1990. Diesem Gesetz nach muß sich die Bevölkerung einer Sowjetrepublik in einer Volksabstimmung mit zwei Dritteln für die Sezession aussprechen. Innerhalb von fünf Jahren sollen dann die juristischen, administrativen und wirtschaftlichen Mechanismen der Ablösung in Verhandlungen geklärt werden. Nach dieser Übergangszeit soll der Oberste Sowjet der Sowjetunion der Sezession zustimmen. Autonome Gebiete haben allerdings das Recht, sich für einen Verbleib in der Sowjetunion zu entscheiden. Über Regionen, in denen nationale Minderheiten die Bevölkerungsmehrheit stellen, sei zu verhandeln. Auch sie sollten das Recht zur Sezession von der Unionsrepublik haben. Für die radikalen Nationalbewegungen, etwa im Baltikum und in Georgien, ist dieses Gesetz Makulatur. Es gefährdet in ihren Augen den Sezessionsprozeß, der durch einen einfachen Beschluß vollzogen werden kann. Im übrigen seien die Republiken gewaltsam von der Sowjetunion annektiert worden, ein formeller Austritt sei nicht nötig, da es keinen rechtsgültigen Eintritt gegeben habe.

Tatsächlich erschwert das Gesetz die Sezessionen oder macht sie fast unmöglich. Nur in Armenien, Aserbaidshan, Litauen, Belorußland, Turkmenistan, Usbekistan und Georgien haben die Titularnationen in der Gesamtbevölkerung auch die Zweidrittelmehrheit. Nordost-Estland, Ost-Lettland und Ostmoldawien haben eine slawische Bevölkerungsmajorität. Das gleiche gilt für einige Gebiete in Nord- und Ostkasachstan, wo die Kasachen eine Minderheit von nur zwölf Prozent sind; auf der Krim wohnen viel mehr Russen als Ukrainer. Immerhin wurde das Gesetz vom Obersten Sowjet mit nur 13 Gegenstimmen angenommen, die baltischen Delegierten nahmen an der Abstimmung allerdings nicht teil. Andererseits scheint die Zentrale nicht alle Hoffnungen aufgegeben zu haben. Während die baltischen Länder 1989 eigene Staatsbürgerschaftsgesetze beschlossen, die die sowjetische Staatsbürgerschaft aufhoben, beschloß der Oberste Sowjet der Sowjetunion noch am 22. Mai 1990 in einem eigenen Staatsbürgerschaftsgesetz, daß jeder Bürger einer SSR gleichzeitig Bürger der Sowjetunion sei und die gleichen Rechte in allen Republiken, in denen er wohnt, genieße. Neu war an diesem Gesetz nur, daß von nun an die Staatsbürgerschaft nur solchen Personen entzogen werden kann, die außerhalb der Sowjetunion wohnen.

Die Auflösung der Sowjetunion hätte möglicherweise folgende Konsequenzen: Die RSFSR würde weiterhin das territorial größte Land der Erde und eine Großmacht sein − selbst dann, wenn sich auch Belorußland und die Ukraine ablösen sollten. Andererseits sind auch die Industrien der sich ablösenden Republiken auf dem Weltmarkt nicht konkurrenzfähig, so sehr sie auch nach sowjetischen Standards effizient waren. Die Hoffnung auf eine gezielte westliche

Hilfe könnte sich als trügerisch herausstellen. Damit wären diese Länder, soweit sie nicht Rohstoffe oder andere Primärprodukte verkaufen, weiterhin auf den sowjetischen Markt angewiesen. Zumindest mittelfristig würde der sowjetische Zusammenhang de facto fortbestehen.

Ein innenpolitisches Problem werden die Massenmobilisierungen bleiben und mit ihnen ethnische Konflikte. Die intellektuellen Führer der Nationalbewegungen sind trotz ihrer nationalen Zielsetzungen überwiegend sehr demokratisch orientiert. Eine ausdrückliche Russophobie vermeiden alle – teils aus Überzeugung, teils aus Takt. Dennoch scheint Russophobie ein wesentlicher Mobilisierungsfaktor der Nationalbewegungen zu sein. Sie ist zu spüren, wo Russen nicht mehr in Geschäften bedient werden; sie wird erkennbar in immer wieder auftauchenden Gerüchten, nach denen der KGB oder die Russen vergiftetes Fleisch in den Handel brächten oder umweltschädliche chemische Fabriken errichtet hätten, um die Einheimischen zu ermorden. Auf einer gehobenen Stufe kommt die Russophobie dort zum Ausdruck, wo die dem System endemischen Nachlässigkeiten und Schlampereien mitsamt ihren schrecklichen Folgen den Russen angelastet werden – was eine gewisse Augenscheinlichkeit darin zu haben scheint, daß die Direktoren und das übrige technische Führungspersonal vielfach Russen sind. Aber auch auf einer hochkulturellen Ebene schlagen antirussische Ressentiments durch. Die westlichen Republiken von Estland bis Moldawien beanspruchen zu einem Europa zu gehören, das sich von dem halb asiatischen Rußland grundsätzlich unterscheide. Hinter dieser Argumentation steckt eine kolonialistische europäische Blickweise, für die »Asien« synonym mit Despotie, Brutalität, Rückständigkeit und Stumpfheit ist, obwohl diese Schrecklichkeiten nur unter bornierter Ausblendung der gesamten europäischen Geschichte als spezifisch asiatisch vorgebracht werden können. Es ist eine Sichtweise, die von Frankreich ausgehend die jeweils östliche Nachbarnation in eine kaum unterscheidbare »asiatische« Welt taucht. Von den muslimischen Völkern des Ostens her sieht das Bild anders aus. Europa erscheint hier als eine feindliche Kolonialmacht, und wenn sich die Abneigung auch vor allem gegen die Russen richtet, so sind sie doch von den anderen Slawen, den Balten, den Deutschen oder den christlichen Kaukasiern kaum unterscheidbar. Im antikolonialistischen Bewußtsein Mittelasiens ist Rußland nur Teil des imperialistischen Westens.

Aber nicht nur Russophobie könnte zu einem Problem werden. Entlang scharfer gesellschaftlicher Grenzziehungen bilden sich üblicherweise vorurteilsgeladene Aversionen. Wo diese Grenzziehungen dominant religiöse sind, entstehen Konflikte typischerweise zwischen Religionsgruppen. Im Zeitalter des modernen Nationalismus sind es primär die Sprachdifferenzen, die nur sekundär durch soziale oder religiöse Unterschiede verschärft werden. Diese Art nationaler Konflikte ist auch bisher in der Sowjetunion nie völlig stillgestellt worden, aber sie war unter einer repressiven Glocke teils verborgen, teils gemäßigt. In den muslimischen Regionen ist sie weitgehend erst in sowjetischer Zeit entstanden. Das Ende der Repression hat nun haßerfüllte Konflikte aufleben lassen, die teils dort anknüpfen, wo sie vor siebzig Jahren unterbrochen wurden, wie die zwischen Aserbaidshanern und Armeniern, teils auf Nationbildungen in der sowjetischen Zeit verweisen, wie die zwischen Usbeken, Tadshiken oder Kirgisen. Insgesamt hat sich das Nationalbewußtsein in der ganzen Sowjetunion heute so verschärft, daß eine Kommunikation zwischen Angehörigen verschiedener beieinanderwohnender Nationen kaum noch möglich scheint, sieht man von liberalen Intellektuellen ab.

Hier zeigt sich eine Nebenfolge des Nationalbewußtseins, die weder »den Russen« noch dem Kommunismus, noch dem sowjetischen System angelastet werden kann. Die Perspektiven für eine nachsowjetische Zeit sind unter diesem Aspekt wahrscheinlich alles andere als erfreulich.

III. Orthodoxe Zusammenhänge

Es ist nicht unmittelbar religiöses Bewußtsein, das in den modernen Formen des Nationalismus erscheint. Auch die viel beschworene »gemeinsame historische Erfahrung« ist mißverständlich. Erfahrungen macht jeder nur in seiner eigenen Lebenszeit. Was davor liegt, wird – gefiltert durch Begriffe und Normen der Gegenwart – vielleicht noch weitererzählt. Schon dann aber wird nur einiges in zurechtinterpretierter Form aufbewahrt. Weiter zurückliegende Epochen bedürfen der Vermittlung – der Erzählungen in Schulbüchern, historischen Romanen, gebildeten Essays oder der Bewahrung in Denkmälern und anderen Monumenten. Die »historische Erfahrung« in diesem Sinne ist eine sehr moderne Diskursform, in der die Geschichte als Arsenal zur Montage von »Traditionen« und »Identitäten« dient.

Auf der anderen Seite setzen sich hinterrücks die historischen Linien doch durch. Alle Entwicklungen gehen zwar von je gegenwärtigen Zuständen aus, aber auch die sind Resultate von Entwicklungen. So ist es nicht unwesentlich, daß Rußland, Belorußland und die Ukraine alle Erben der Kiewer Rus sind und lange in einem gemeinsamen religiösen Zusammenhang gestanden haben – dem der ostslawischen Orthodoxie. Sie haben eine gemeinsame Schrift, das Kyrillische, und die drei Hochsprachen – Russisch, Belorussisch und Ukrainisch – haben sich nicht nur aus einem nur Übergänge, nicht Grenzen kennenden großen Raum ostslawischer Dialekte gebildet, sie standen alle auch unter einem prägenden Einfluß des Kirchenslawischen.

Auch wenn die Mehrheit der Russen, Ukrainer und Belorussen heute alles andere als fromm sind, so wird doch eine wechselseitige Nähe deutlich, deren Außengrenzen auch die des Verbreitungsgebiets der orthodoxen Kirche sind. Im einem weiteren Zusammenhang gehört letztlich auch Moldawien in diesen orthodoxen Zusammenhang. Die rumänische Sprache und die darauf aufbauende Schärfung der nationalen Differenz hat es jedoch aus diesem Zusammenhang gelöst.

1. Russischer Nationalismus

Die RFSFR umfaßt 76% des gesamten Territoriums der Sowjetunion und 52% seiner Staatsbürger. 1970 gab es in der ganzen Sowjetunion 129,0 Mio. Russen, 1979 – 137,4 Mio., 1989 – 145,1 Mio.

Der Zerfallsprozeß der Sowjetunion erreicht inzwischen auch ihr hegemoniales Herzstück, die Russische Föderative Sowjetrepublik (RSFSR). Aus unterschiedlichen Motiven wollen inzwischen viele Konservative und viele Demokraten inzwischen ihre russische Autonomie gegenüber der Sowjetunion. Dabei spielen machttaktische Kalküle eine große Rolle. Die Stärkung der Unabhängigkeit der RSFSR würde die Zentralmacht schwächen und einen Umsturz der Machtverhältnisse – für oder gegen Demokratie und Markwirtschaft ermöglichen.

Der aus den Wahlen im März 1990 hervorgegangene Kongreß der Volksdeputierten wählte mit überwältigender Mehrheit den radikalen Reformer Boris Jelzin zum neuen Präsidenten Rußlands. Ebenso wurde problemlos im Juni 1990 eine Souveränität beschlossen, nach der die RSFSR künftig über ihre eigenen Bodenschätze bestimmen soll. Es gilt von nun an das in vielen anderen Sowjetrepubliken eingeführte Prinzip, daß das Recht der Republik das der Union bricht. Schließlich hat im gleichen Monat auch die RSFSR eine Kommunistische Partei bekommen, die allerdings vom konservativen Parteiflügel dominiert wird.

Die russischen Nationalisten sprechen nicht mit einer Stimme. Aber damit setzen sie nur die Vielfalt der Traditionen fort. Eine dieser Traditionen sieht Rußland in einer Kontinuität seit der Kiewer Rus, deren Rückgrat das orthodoxe Christentum ist. Die Zeit der staatlichen Zentralisierung und der imperialen Größe war danach eine Zeit der Selbstvergessenheit des alten Rußland. Diese Selbstvergessenheit kann mit der imperialen Politik Iwans III. und der Kirchenreform des 16. Jahrhunderts angesetzt werden, mit Peter dem Großen, mit der Oktoberrevolution, mit Stalin oder den Verwestlichungen seit dem Beginn der Perestrojka. Eine andere Traditionslinie beruft sich auf den Aufstieg Rußlands zur imperialen Macht, die nun auf dem Spiel stehe. Beide Argumentationslinien können sich mit Vorstellungen einer historischen Mission Rußlands verbinden.

Schließlich spielt seit dem 19. Jahrhundert und heute verstärkt die nationale Frustration eine Rolle. Nicht nur im alltäglichen Umgang erfahren die Russen in den westlichen Gebieten der Sowjetunion Verachtung. Auch die intellektuellen Diskurse in den Nationalbewegungen, die von einer »Rückkehr nach Europa« sprechen, sind letztlich ein Affront gegen das russische Nationalgefühl. Dabei setzt sich diese Haltung von Rußland nach Osten hin fort. Die muslimischen Völker galten russischen Vorurteilen nach ebenso als ununterscheidbare Barbaren wie die Russen selbst in den Vorurteilen ihrer westlichen Nachbarvölker. Kristallisiert hat sich dieses Vorurteil in dem historischen Topos des »Tatarenjochs«.

Der russische Nationalismus ist − wie alle anderen − ein Kind des 19. Jahrhunderts. Allerdings nahm er ältere Reichsideen auf und bewahrte sie damit. Diese Reichsideen setzen mit der Eroberung Konstantinopels durch die Osmanen ein. Nun beanspruchte das zur Großmacht im östlichen Europa aufsteigende Moskau Erbe des oströmischen Reiches zu sein. Die griechisch-orthodoxe Moskauer Metropolie wurde zum Patriarchat und damit auch juristisch unabhängig. Die Moskauer Großfürsten wurden zu Zaren (Caesaren) und verstanden sich als legitime Fortsetzer nicht nur der Rus, sondern auch des römischen Reiches. Der Terminus des »Heiligen Russischen Landes« wurde erstmals 1564 von Kurbskij in einem Brief verwendet, in dem er allerdings Klage über die unmoralischen Moskauer Zaren führte. Im gleichen Jahrhundert erfand der Mönch Filofej aus Pskow die Formel des »Dritten Rom«. Iwan IV., der Schreckliche, übernahm diese Formel als Anspruch auf den weltgeschichtlichen Rang Konstantinopels. Entsprechend ließ er auch die Genealogie der Dynastie verändern. Nicht mehr Rjurik, der Gründer der Kiewer Rus, galt nun als Stammvater der Moskauer Zaren, sondern Kaiser Augustus. Damit war auch das Gottesgnadentum in besonderer Weise definiert: wer sich gegen die Dekrete Iwans auflehnte, übte nicht einfach Verrat, er beging Häresie.

Eine Spaltung der russischen Selbstdefinition vollzog sich im 17. Jahrhundert. Nikon (1605-1681), der 1652 Patriarch wurde, ließ angesichts des beanspruchten byzantinischen Erbes die heiligen Texte und die kirchliche Liturgie anhand der griechischen Originale überprüfen und einschneidend korrigieren. Selbst das Kreuzeszeichen mußte nun mit drei anstelle von zwei Fingern geschlagen werden. Hiergegen lehnten sich vor allem die Mönche und viele adlige Familien auf.

Diese Abspalter (Raskolniki), die heute als »Altgläubige« bezeichnet werden, sahen die Kirchenreform als Abkehr vom alten Brauchtum und damit als häretisch an. Die offizielle Kirche, die immer enger mit dem Thron verbunden wurde, bekämpfte ihrerseits die Altgläubigen mit aller Gewalt, da sie in ihnen ihrerseits eine häretische Bewegung und eine Quelle der politischen Auflehnung sah. Die Altgläubigen lehnten die gottlosen Zaren und die gottlose offizielle Kirche radikal ab. So wurden sie zu einer Quelle des religiösen und politischen Anarchismus und der Staatsfeindschaft und gewannen immer wieder Einfluß auf die russischen Bauern und Handwerker. Die große Frömmigkeit, mit der die »Altgläubigen« den Verfolgungen begegneten, verlieh diesem religiösen Anarchismus zugleich ein Moment der Widerstandsfähigkeit und der Leidensfähigkeit, die in das tradierte Stereotyp des »russischen Charakters« mit eingehen sollte. Da diese Altgläubigen nicht mehr unter Kontrolle einer kirchlichen Hierarchie standen, setzte sich unter ihnen die natürliche Tendenz aller religiösen Volksbewegungen durch. Sie spalteten sich in eine Vielzahl von Sekten. Es gab solche ohne eigene Priester und solche mit Priestern (Popowzy). Es spalteten sich »Begunen« ab, die beständig durch die Welt wanderten; vergeistigte »Duchoborzen«; sich geißelnde »Chlysten«; »Skopzen«, die sich kastrierten; »Molokane«, die nur Milchprodukte zu sich nahmen, oder »Stundisten«, die unter dem Einfluß pietistischer deutscher Einwanderer selbst die Bibel lasen und die religiösen Riten verachteten. Die in Rußland weitverbreiteten und bis vor kurzem in einen legalen und einen illegalen Flügel gespaltenen Baptisten stehen ebenfalls in einer ursprünglich altgläubigen Traditionslinie.

Die Mehrheit der russischen Bevölkerung allerdings blieb im Rahmen der orthodoxen Kirche, auch wenn – wie überall – die Volksreligion eigene Wege ging und eigene Traditionen und Praktiken entwickelte. Das Volk definierte sich selbst nicht als »russisch« sondern als »rechtgläubig«. Ausländer zu sein, hieß »ungläubig«, also katholisch, protestantisch, muslimisch oder sonstwie heidnisch zu sein. Die Gottlosen verehrten keine Ikonen, sie bekreuzigten sich falsch oder gar nicht, sie aßen an Festtagen Butter und Eier. Kein Wunder, daß die Gottlosen auch eine unverständliche Sprache sprechen mußten.

Von dieser Selbstdefinition aus mußten die Reformen Peters des Großen als besonders schwerer Traditionsbruch erscheinen. Peter vollendete die Unterordnung der Kirche unter den Staat, er schaffte das Patriarchat ab und ersetzte es durch den Heiligen Synod, der einem hohen weltlichen Staatsbeamten, dem Prokuror, unterstand. Die Kirche wurde zum geistlichen Arm der weltlichen Herrschaft. Damit spaltete sich die russische Selbstdefinition noch einmal. Die Unterordnung der Kirche konnte als Zeichen des Untergangs des alten Rußlands gewertet werden, die mit der staatlichen Zentralisierung unter der Allmacht des »Imperators« einherging; diese Sicht wurde im 19. Jahrhundert vor allem von den intellektuellen Nationalisten aufgegriffen. Es war andererseits auch möglich, Rußland und mit ihr die Kirche unmittelbar mit der Autokratie zu identifizieren. Das war die Konzeption der konservativen Staatsmänner in der zweiten Hälfte des 19. Jahrhunderts, als sich die Reichsidee mit dem modernen Nationalismus auflud.

Nicht nur im Selbstbild, auch sozial hatte sich Rußland durch die modernisierenden Reformen seit Peter I. gespalten. Während die kleinbürgerlichen und vor allem die bäuerlichen Bevölkerungen in ihrer volksreligiösen Welt verharrten – teilweise bis ins 20. Jahrhundert – verwestlichte sich der Adel und das gehobene Bürgertum. Es waren gleichsam zwei russische Gesellschaften entstanden, deren Trennung erst Stalin gewaltsam beendete. Diese Trennung war nicht nur für die russische Geschichte überhaupt, sondern auch für den sich bei adligen und bürgerlichen Intellektuellen herausbildenden Nationalismus bestimmend. Das »wahre Rußland« konnte romantisch in die bäuerliche Welt projiziert werden. Gegen dieses Rußland konnte allerdings auch ein Bild des Fortschritts mobilisiert werden, das dann zu modernisierenden Reformen oder Revolutionen aufforderte. In jedem Falle wurde das Verhältnis zum Westen, zum sich industriell entwickelnden und intellektuell modernisierenden Europa Zentrum des Denkens über die eigene Nation.

Das Denken der »Westler« kreiste um die russische Rückständigkeit und um die Wege, sie aufzuheben. Je schärfer die Rückständigkeit gesehen wurde, desto eher äußerte sie sich entweder in pessimistischer Verzweiflung, wie bei Pjotr Tschaadajew, oder in einem revolutionären Radikalismus, der den Sprung aus der Rückständigkeit an die Spitze des historischen Fortschritts plante. Die Bolschewiki setzten insofern eine genuin russische Tradition fort. Allerdings konnten auch Themen, die zunächst im nationalistischen Kontext entwickelt worden waren, über die politischen Grenzziehungen hin und her wandern. Die eigentlich Konservativen konnten einen scheinbar staatsfeindlichen Anarchismus vertreten, die radikalen Westler sich für die Idee der altrussischen Dorfgemeinschaft begeistern. Der moderne Nationalismus entwickelte sich in größerem Umfang seit den zwanziger Jahren des 19. Jahrhunderts. Einen wesentlichen Einfluß hatten dabei die deutsche Romantik und die idealistische Philosophie, vor allem Schellings und Hegels. Viele russische Intellektuelle hatten in Deutschland studiert. Die »Slawophilen«, die eigentlich eher »Russophile« waren, transformierten das romantische Geschichtsbild im russisch-nationalen Sinne. Die deutsche Romantik hatte die moderne bürgerliche Gesellschaft, mit ihrem Individualismus, ihrer Amoralität, ihrem Geldverkehr, ihrem Rationalismus usw. dem Bild eines organischen, einheitlichen, durchgeistigten und religiös gebundenen Mittelalter gegenübergestellt. Die Slawophilen identifizierten nun die bürgerliche Gesellschaft der Romantiker mit dem Westen und übertrugen die Züge des idealisierten Mittelalters auf das russische Volk. Das echte Rußland war für sie dabei das vorpetrinische oder das dörfliche Rußland. Die klassische Fassung dieses slawophilen Nationalismus formulierten Schriftsteller wie Aleksej Chomjakow (1804-1860), Iwan Kirejewskij (1806-1856), Konstantin Aksakow (1817-1860) oder Jurij Samarin (1819-1876). Bei allen Unterschieden gingen sie von gemeinsamen Voraussetzungen aus: Rußland habe eine eigene geistige Eigenart, eine vom Westen verschiedene historische Mission. Der russische Weg sei jedoch durch Peter I. – nach anderen durch Iwan den Schrecklichen – unterbrochen worden. Wo Europa abstrakt rational denke, egoistisch und hochmütig sei, dächten die Russen ganzheitlich, fügten sich in die Gemeinschaft ein und seien voll selbstbewußter Demut. Das wirke sich auch politisch aus. Während in Europa die verschiedenen Stände einander feindselig gegenüberstünden, die Gesellschaft durch gewaltsame Umwälzungen erschüttert würden, eine äußere Gerechtigkeit durch künstliche Gesetze hergestellt werde, beruhe das politische Leben des »echten« Rußland auf einer einstimmigen Einheit des Volkes, die Gesetze fußten in dessen Lebensweise (byt). Wie Chomjakow führten viele Slawophile die einigende Kraft der Kirche (sobornost') gegen die Zerrissenheit des westlichen Rationalismus ins Feld. Die Kirche stifte eine mystische (überbewußte) Gemeinschaft. Allerdings konnte es sich dabei nicht um die empirische, sondern nur um die »wahre« russische Kirche handeln.

Innerhalb dieser Konzeption spielte die vorgeblich altrussische eigentumslose und solidarische Dorfgemeinschaft, der »mir«, eine besondere Rolle. Sie war 1847 von dem Baron Haxthausen in einem Reisebericht beschrieben und durch Konstantin Aksakow, einen Verehrer Schillers und Hegels, verallgemeinert worden. Aksakow nahm dabei sogar eine altgläubige Perspektive auf. Dem westlichen Staat als Zwangsinstitution und Inbegriff des Bösen und der Lüge stellte er den Geist des russischen Volkes gegenüber, das Herrschaft freiwillig und aufrichtig anerkenne, insofern sie sich nicht aus hierarchischer Gemeinschaft gelöst habe. Herrsche im Westen das willkürlich gemachte Recht (prawo), so in Rußland – eigentlich – eine harmonische Ordnung, in der Gerechtigkeit und Wahrheit eines, Prawda, sei. In diesem Sinne wurde der Mir Orientierungspunkt sowohl der Nationalisten wie der Volkstümler (Narodniki), und später der Sozialisten.

Dieser kommenden, von einem westlichen Staat nur geknebelten, zur hierarchischen Gemeinschaft und Eigentumslosigkeit sich wieder entfalten wollenden Gesellschaft gegenüber erschien der Westen nicht nur unnatürlich, sondern auch krank. Von dem französischen Romantiker Lamennais konnte daher der Topos des »verfaulenden Westens« übernommen werden. Die Marxisten übertrugen ihn später auf den westlichen Kapitalismus.

Die welthistorische Mission Rußlands als Erlöser der Menschheit ließ sich von dieser gedanklichen Figur her formulieren. Rußland könnte zum Erlöser der Menschheit schlechthin werden. Fjodor Dostojewskij, der in seiner Jugend der Gruppe der »Bodenständigen« (potschwenniki) angehört hatte, setzte der Aufklärung, dem Individualismus und der Säkularisierung des Westens seine russische Idee entgegen, die die allmenschliche Idee sein solle. Sie könne zunächst das russische Volk sittlich vertiefen und von ihm ausgehend auch andere. Auch entsprechend der »russischen Idee« von Wladimir Solowjow (1853-1900) war die orthodoxe Kirche zwar nicht als politische Kraft, aber als geistiges Prinzip der Nation gestaltende Kraft der Gesellschaft. Ohne ihre Instrumentalisierung durch den Staat könne ihr Wertsystem so stark werden, daß auch nichtorthodoxe und nichtchristliche Nationen sich ihr anschlössen.

Aber auch eine andere Konsequenz ließ sich ziehen. In seiner Schrift »Rußland und Europa« (1869) nahm Nikolaj Danilewskij (1822-1885), der später als Vorläufer Spenglers galt, die Vorstellung auf, daß Rußland Europa in der Weltgeschichte ablösen, daß Europa als kulturelles Gebilde verschwinden bzw. absterben werde. Wie Spengler interpretierte er die Geschichte als Abfolge von Kulturtypen, Kultursphären, Kulturkreisen, die wie lebende Organismen entstehen, wachsen, heranreifen, altern und sterben. Europa sei Rußland gegenüber nicht nur fremd, sondern auch feindselig. Die slawische Idee hingegen gründe auf der Orthodoxie und dem Mir-Gedanken. Seiner utopischen Momente wegen stand der russische Staat diesem intellektuellen Konservatismus meist feindselig gegenüber. Schon Nikolaus I. hielt die Slawophilen für gefährliche Träumer. Ihre Schriften wurden wie die der Westler und Demokraten zensiert und unterdrückt. Das galt sogar für konservative Monarchisten, wie Iwan Aksakow, dessen Zeitung von der Zensur behelligt und zeitweilig verboten wurde.

Der staatliche konservative Nationalismus hingegen orientierte sich grundsätzlich an der Staatsräson des Reiches. Seine bedeutendste historische Gestalt war Konstantin Pobedonoszew (1827-1907), der 1881 bis 1905 Oberprokuror des Heiligen Synod war und für Dostojewskij zum Vorbild des »Großinquisitors« wurde. Pobedonoszew übte einen entscheidenden Einfluß auf die letzten Zaren Alexander III. und Nikolaus II. aus. Für ihn waren die Autokratie des Zaren, die Kirche und Rußland eines. Jede religiöse Bewegung außerhalb der orthodoxen Staatskirche galt ihm als staatsfeindlich und gefährlich. Jede Kritik an der Autokratie rüttelte an den Grundfesten auch der Religion. Das Mittel, das intellektuelle Leben entsprechend zu steuern, war die Zensur und die Verbannung nach Sibirien. Wenn überdies die rechtgläubige Religion Fundament des Reiches war, stellten andere Religionen – Judentum, Protestantismus, Katholizismus, Islam – eine Gefahr dar. Wenn das orthodoxe Reich ein russisches war, sollten auch alle seine Untertanen zu Russen werden. Damit inspirierte Pobedonoszew auch die Russifizierungspolitik, die nach der Thronbesteigung Alexanders III. 1881 mit aller Macht einsetzte und von Nikolaus II. bis zur Revolution von 1905 fortgesetzt wurde.

Auf einer populären Ebene reicherte sich dieser Nationalismus mit gewalttätigen chauvinistischen Momenten an, die ihre soziale Basis teils im Adel, teils im städtischen Kleinbürgertum und der Beamtenschaft hatten. Der Adel sah sich zum Ende der Zarenzeit durch ein aufstrebendes kapitalistisches und liberales Bürgertum auch politisch bedroht, das Kleinbürgertum war wie in allen europäischen Ländern ein Reservoir für einen besonders aggressiven Nationalismus. Obwohl seit 1881 eine Fülle gewalttätiger nationalistischer Organisationen entstanden waren, die durch die von ihnen initiierten Pogrome eine Blutspur in die letzten Jahrzehnte der Geschichte des zaristischen Rußland legten, blieben sie politisch relativ schwach. Die Bauern hatten zwar viel gegen die Juden, aber sie verstanden sich noch überwiegend als »Rechtgläubige« und nicht als »Russen«. In der russischen Arbeiterschaft hatte der Sozialismus in seinen unterschiedlichen Spielarten festen Fuß gefaßt. Die nationale Euphorie, die der Ausbruch des Ersten Weltkrieges in den Städten auslöste, verging rasch wieder. Die nationalen Unterdrückungen, die sich zugleich gegen das liberale Industriekapital und gegen die sozialistischen Revolutionäre richtete, führten den Revolutionären viele nichtrussische Vertreter zu.

Mit dem Bolschewiken kam in der Oktoberrevolution eine politische Richtung an die Macht, die ausdrücklich antinationalistisch war. Für Lenin und die meisten seiner Mitstreiter war die Geschichte eine von Klassenkämpfen. Der Nationalismus, der ein Instrument war, den wirklichen Klassenantagonismus zu verschleiern, würde nach der Revolution gegenstandslos, die Unterschiede der Religion würden mit dieser verschwinden, die der Sprache zweitrangig werden. Für die polyglotten und kosmopolitisch orientierten bolschewikischen Intellektuellen war es gleichgültig, welche Sprache die Revolution verwendete.

Im nationalen Kontext bedeutete das, daß auch die russische Geschichte eine von Klassenkämpfen gewesen war. Den Fortschritt repräsentierten die rebellischen Volksmassen und ihre Führer, wie Stepan Rasin oder Jemeljan Pugatschow. Das gleiche galt für die Rebellionen aller Völker und Bewegungen, die sich gegen die russische Eroberung zur Wehr gesetzt hatten. Sofern sie sich religiös oder − seit dem 19. Jahrhundert − national formulierten, kam es auf den Klassengehalt dieser Rebellionen an. Er würde nun, da Religion und Nation theoretisch überwunden waren, in bewußter Form hervortreten können.

Der siegreiche Bürgerkrieg und das Ausbleiben der erwarteten Revolutionen im Westen veränderten jedoch seit den zwanziger Jahren allmählich auch den historischen Blick. Während die intellektuelle Führung der Bolschewiki ihre kosmopolitische Haltung beibehielt, entwickelten sich nationale Einstellungen gerade unter den Kommunisten von der Basis her. Sie waren es schließlich, die die Revolution gemacht hatten und den Sozialismus aufzubauen begannen.

Auf diesen Einstellungen konnte der Volkskommissar, der für die Nationalitäten zuständig war und der das Amt des Generalsekretärs der Kommunistischen Partei allmählich zum Kern seiner Diktatur machte, aufbauen. Schon der sich an den Bürgerkrieg anschließende Krieg mit Polen hatte patriotische Gefühle geweckt. Stalins in den zwanziger Jahren wachsendes Konzept von Sowjetrußland als dem Zentrum und der belagerten Festung der Weltrevolution, in dem der Sozialismus aufzubauen sei, entsprach einem an der Parteibasis vorhandenen Bedürfnis. Obwohl Stalin selbst in jener Zeit noch nicht als russischer Nationalist auftrat, sondern nur einen radikalen staatlichen Zentralismus vertrat, konnte sich nationalistisches Denken an seiner Position bereits früh festmachen.

Im Herbst 1920 hatte der konservative Emigrant Ustrjalow seine Schrift »Im Kampf für Rußland« veröffentlicht. Unter seiner Initiative erschien im Juli 1921 in Prag der Sammelband »Wechsel der Wegzeichen« (Smena Wech), der Ausgangspunkt und Namensgeber einer eigenen Bewegung wurde. In ihr versöhnten sich nationalistische Emigranten und »bürgerliche Spezialisten«, die im Lande geblieben waren, mit Sowjetrußland. These der Smena Wech war, daß die russische Revolution ihre Wurzeln im Slawophilentum habe und daß nach der Einführung der »Neuen Ökonomischen Politik« (NEP) die Bolschewiken einen starken Staat aufbauen würden. Sie würden – des russischen Charakters der Revolution wegen – die russische Großmacht selbst dann wieder herstellen, wenn 90% ihrer Führer Juden seien. Rußland könne nun wieder mächtig werden, und irgendwann werde es auch die fremdartige marxistische Ideologie abstreifen. Es waren charakteristischerweise die konservativen und nicht die liberalen oder die sozialistischen Emigranten, unter denen die Smena Wech ihre Anhänger fand. 1921-1931 wanderten fast 20% der Emigrierten nach Rußland zurück, insgesamt fast 181 500 Personen. Im Lande selbst fanden viele »bürgerliche Spezialisten« und im Amt gebliebene Beamte eine Legitimation dafür, daß sie der neuen Führung eine gewisse Loyalität entgegenbrachten. Die Kommunistische Partei und Stalin erwiderten die Liebe allerdings nur halbherzig, obwohl angesichts der innerparteilichen Kämpfe Ustrjalow 1926 konsequenterweise für Stalin öffentlich Position bezog.

1929 kam das Ende der NEP, der erste Fünfjahresplan mit seinem gigantischen Industrialisierungsprogramm, die Kollektivierung mit Millionen Opfern und der Beginn des aberwitzigen Kultes um die Person Stalins. Auch das Geschichtsbild wurde verändert. Die bisherige Geschichtsschreibung, die methodisch von dem marxistischen Historiker Pokrowskij dominiert worden war, wurde umorientiert. Die bestimmenden Kräfte der Geschichte waren nun nicht mehr nur die Klassen, sondern auch große Persönlichkeiten wie Lenin oder Stalin selbst. Zum fortschrittlichen Moment in der Geschichte wurde zunehmend die Herausbildung des starken und zentralistischen russischen Staates. Ende der dreißiger Jahre waren die Helden der russischen Geschichte nicht mehr Rasin oder Pugatschow, sondern Aleksander Newskij und Iwan der Schreckliche, die filmisch von Sergej Eisenstein gefeiert wurden, oder Peter I., dem Aleksej Tolstoj einen umfangreichen historischen Roman widmete. Nun gab es, anders als in den zwanziger Jahren, fortschrittliche Fürsten und reaktionäre Volksaufstände.

Einen neuerlichen Wandel des Geschichtsbildes brachte der Zweite Weltkrieg, der die offizielle Bezeichnung »Großer Vaterländischer Krieg der Sowjetunion« erhielt. Der geschichtliche Fortschritt hin auf einen starken, zentralistischen und diktatorischen Staat erhielt einen kollektiven Träger, das russische Volk. Die Geschichte dieses Volkes war aber ohne die russische Kirche nicht mehr zu schreiben.

Mit der Februarrevolution von 1917 war die Kirche aus der staatlichen Klammer entlassen worden. Sie begann sich selbständig zu organisieren. In den Tagen der Oktoberrevolution hielt die Kirche gerade ihre erste unabhängige Synode ab, auf der Metropolit Tichon zum Patriarchen gewählt wurde, dem ersten seit Peter dem Großen. Aber die Kirche war zu sehr mit der alten Gesellschaft identifiziert, als daß sie von einer revolutionären atheistischen Bewegung, die sich aufgemacht hatte, die ganze Macht an sich zu reißen, auf Schonung hätte rechnen können. Am zwanzigsten Januar 1918 verkündete ein Dekret der neuen Regierung die Trennung der Kirche vom Staat und die Konfiszierung des Kirchenbesitzes. Daraufhin warf Tichon seinen Bann gegen die offenen und geheimen Feinde der Kirche und rief die Gläubigen zur Verteidigung auf. Im März 1918 verurteilte er den Friedensvertrag von Brest-Litowsk mit Deutschland als Verrat an Rußland. Die massiven Verfolgungen setzten im Herbst 1918 ein. Obwohl Tichon die Weißen nicht offen unterstützte, war es klar, wo die Sympathien des Klerus lagen. Im Mai 1922 wurde Tichon vor Gericht gestellt. Die wirtschaftliche und kulturelle Liberalisierung der NEP-Zeit der zwanziger Jahre brachte keine Liberalisierung in religiösen Fragen. Ab 22. Mai 1929 wurde schließlich jede religiöse Propaganda zum Staatsverbrechen. Von den 50 000 Kirchen, die es vor 1917 gegeben hatte, waren 1940 nur noch wenige Hundert in Funktion; anstelle der 163 Bischöfen vor 1917 gab es nun nur noch drei.

Der Zweite Weltkrieg brachte eine partielle Versöhnung der Nationalkirche und des immer nationalistischer werdenden Neurussen Stalin. Schon als die Deutschen 1941 die Sowjetunion überfallen hatten, richtete das amtierende Oberhaupt der Kirche, Metropolit Sergij, einen Aufruf an das russische Volk zur Verteidigung des Vaterlandes. Eine Sammlung unter den Gläubigen ermöglichte die Aufstellung einer eigenen Panzerkolonne »Dmitrij Donskoj«, die Stalin huldvoll akzeptierte. Am 4. September 1943 empfing Stalin Sergij, vier Tage später war Sergij zum »Patriarchen von Moskau und ganz Rußland« gewählt. Stalin ließ nun wieder den Kampf gegen die Sekten verstärken; in innertheologischen Angelegenheiten galt von nun an die Generallinie der orthodoxen Kirche. Die hohen Geistlichen erhielten die Privilegien und damit den Rang hoher Staats- und Parteifunktionäre. Völlige Freiheit erhielt die Kirche damit zwar nicht. Doch durfte sie das Gewonnene auch nach dem Kriege behalten. 1946 übernahm sie die Unierte Kirche der neu zur Sowjetunion gekommenen Westukraine. Die Orthodoxe Kirche war nun, wie nach Peter dem Großen wieder dem Staat unterstellt. Sie vertrat die sowjetische Politik auf dem Parkett der internationalen Kirchendiplomatie und in der von Moskau aus orchestrierten Weltfriedensbewegung. Und sie war ein, wenn auch etwas altmodisches, Symbol Rußlands.

Rußland war nach dem Krieg auch dem offiziellen Geschichtsbild nach zum positiven Zentrum geworden. In seiner Siegesbotschaft hatte Stalin die russische Nation besonders gelobt und ihr Klarheit des Geistes, Charakterstärke und Geduld zugesprochen. Als großer Bruder fühle sie sich für alle verantwortlich und sei die Führerin von allen. Die russische Herrschaft, wo immer sie seit dem 9. Jahrhundert vorgedrungen war, wurde zum absoluten Guten in der Geschichte. Alle anderen Nationen der Sowjetunion – aber eigentlich nicht nur sie – hatten das wahre Licht der Zivilisation erst von Rußland empfangen.

Chruschtschow, der sich um einen besseren Ausgleich zwischen den Nationen bemühte und in vielem auch die utopischen Gehalte des Kommunismus wiederzubeleben versuchte, milderte den russischen Nationalismus wieder ab. In diesem Sinne setzte er jedoch 1958 auch eine neue antireligiöse Kampagne in Gang; wieder wurden neben Moscheen und Synagogen auch Kirchen geschlossen und säkularisiert. Die staatliche Kontrolle über die religiösen Aktivitäten und die antireligiöse Propaganda wurden verstärkt. Erst die scheinbar ruhigen Zeiten unter Breshnew brachten eine neue Stabilität auf niedrigem Niveau.

Die Ära Breshnews war zugleich jene, in der heranreifte, was nach 1985 in vielerlei Gestalt ausbrach. Einen russischen Nationalismus konnte es definitionsgemäß nicht geben. Der hieß in sowjetischer Terminologie seit den zwanziger Jahren »großrussischer Chauvinismus« und war längst ausgemerzt. »Patriotismus« hingegen war eine gute Sache. Nur bei den nichtrussischen Nationen konnte es zu Manifestationen des Nationalismus kommen, und die mußten bekämpft werden. Auch Antisemitismus konnte es in der Sowjetunion nicht geben, der Antizionismus dagegen war etwas Fortschrittliches, selbst gegenüber jüdischen Bürgern der Sowjetunion. Natürlich waren die Abgrenzungen nicht immer leicht. Auch unter den Dissidenten gab es extreme Nationalisten, die verfolgt wurden. Das erste Organ des neuen russischen Nationalismus in der Sowjetunion etwa, das 1972 von Wladimir Osipow redigierte »Wetsche«, erschien als Samisdat. Osipow wurde 1974 verhaftet. Aber dennoch war in Umrissen alles bereits erkennbar, was nach 1985 überdeutlich hervortreten würde: vom Antisemitismus, vom Neostalinismus bis zu nationalistischen Ideologien in ihren vielfältigen Ausprägungen.

Heute kennzeichnet eine nationale Rückbesinnung viele Strömungen, die teilweise über das ganze politische Spektrum reichen, von demokratisch-liberalen bis zu faschistischen Gruppen. Gemeinsame Basis des gesamten nationalen Spektrums ist eine Unzufriedenheit mit der Situation Rußlands. Rußland sei von der Sowjetunion gleichsam aufgesaugt worden und habe seine Besonderheit eingebüßt. Mit den historischen Monumenten und der einst großartigen und unerschöpflich scheinenden russischen Natur habe Rußland gleichsam seine Identität verloren. Während die anderen ihre nationalen Traditionen pflegen durften, seien sie, die Russen, nur noch Sowjetbürger. Sie müßten die wirtschaftliche Entwicklung der anderen mit ihren

Rohstoffen bezahlen. Sie hätten als einzige keine vollgültige Republik. Auch die Klage über verfallene Kulturdenkmäler und die zerstörte Natur sind allen nationalen Strömungen gemeinsam. Selbst die inzwischen weltberüchtigte nationalistische Bewegung »Pamjat« begann ihre Tätigkeit mit diesen Themen. Die politischen Unterschiede treten erst in der Frage der politischen Lösungen scharf zutage. Einige setzen auf die eigentlich »westliche« Tradition einer Demokratisierung und einer mehr oder weniger gemäßigten Marktwirtschaft. Andere ziehen autoritäre oder totalitäre Lösungen vor, und bedienen sich dabei der romantischen Traditionen des Nationalismus oder konservativ-etatistischer Modelle in der Art Ustrjalows.

Von dieser gemeinsamen Basis aus strebt der russische Nationalismus in zwei Richtungen auseinander. Die einen, die teilweise auf seiten der Demokraten stehen, stützen sich auf die »russische Idee« Solowjows und auf Solshenizyn. Meist sehen sie bereits Peter den Großen als ersten Auslöser der nationalen Katastrophe Rußlands. Seit ihm werde die russische Identität durch ein kosmopolitisches Imperium unterdrückt. Ein Imperium sei aber mit der Idee der Nation inkompatibel. Diese drücke Einheit, Organizität und Spiritualität aus, Imperien hingegen seien Konglomerate, die Heterogenes gewaltsam zusammenhalten. Seinen Höhepunkt habe die Entnationalisierung in der sowjetischen Phase und mit dem Marxismus erreicht, wo die Kirche und die christlichen Werte systematisch negiert worden seien. Das habe alle im Imperium zusammengezwungen Nationen schlimm getroffen, ganz besonders schlimm jedoch die orthodoxen Ostslawen, und unter ihnen am schlimmsten die Russen. Zu diesen »Potschwenniki« (Bodenständigen) gehören der Sozialhistoriker Sergej Stankewitsch, der Spezialist für altrussische Literatur und Kultur, Dmitrij Lichatschow, der Philosophiehistoriker Arsen Gulyga oder die Journalistin Alla Latynina. Von ihrer Position aus ist sogar eine Solidarisierung mit den Unabhängigkeitsbewegungen in den nichtrussischen Sowjetrepubliken möglich. Sie hoffen zwar, daß wenigstens die orthodoxen ostslawischen Nationen zusammenbleiben − also Russen, Belorussen und Ukrainer − aber eine Trennung von den anderen, den Muslimen, Kaukasiern und Balten wäre ihnen als Selbstfindung recht. Auf populärer Ebene findet sich diese Sicht auch in Gestalt eines Ressentiments. Angesichts der Unwahrscheinlichkeit, daß sich das sowjetische Imperium noch lange aufrechterhalten läßt und angesichts des Hasses und der Verachtung, mit der sich die Russen außerhalb Rußlands immer wieder konfrontiert sehen, können isolationistische Gefühle die Oberhand gewinnen: Sollen die anderen doch sehen, wo sie bleiben.

Die eher konservativen Tendenzen lassen sich in der Kritik an der Perestrojka zusammenfassen, die der Schriftsteller Aleksandr Prochanow im Februar 1990 in der Wochenzeitung des Schriftstellerverbandes der RSFSR »Literaturnaja Rossija« (Literarisches Rußland) veröffentlichte. Prochanow, der schon in den siebziger Jahren den totalitären Machtstaat idealisierte, ohne sich noch mit marxistisch-leninistischem Firlefanz abzugeben, und der die Spottnamen »sowjetischer Kipling« bzw. »Nachtigall des Generalstabs« trägt, beklagte hier den Zerfall des Ostblocks, der Partei, der Armee, der monolithischen ideologischen Kontrolle und der zentralen Planung als integrativer Kräfte des Reichs. Die Wiederherstellung des Privateigentums führe zu Ungleichheit und Konflikt, zu Streiks, Anarchie und Chaos. Daß Prochanow nicht aus Marx oder Lenin schöpfte, sondern aus Ustrjalow, offenbarte sich darin, daß er die Oktoberrevolution als »Tragödie« sah. Zu verschleudern, was Generationen geschaffen hätten, sei eben nationaler Verrat. Diese nationalistische Denkform ist schon in den siebziger Jahren aufgetreten und wurde vor allem von den Propagandaeinrichtungen der Armee gefördert.

Die Schuldzuschreibungen für den Niedergang und die Selbstvergessenheit Rußlands sind jedoch unterschiedlich. Die einen lasten die Schuld Stalin und Breshnew an, andere der Oktoberrevolution und der Geschichte, die mit ihr begann; wieder andere lokalisieren die Schuld bei Peter dem Großen oder Iwan dem Schrecklichen. Eine kleine Gruppe läßt das Elend gar mit der Christianisierung im 9. Jahrhundert beginnen. Das Besondere der neuen russischen Rechten sind jedoch die vielfältigen Kombinationen. Immer wieder kommt es zu Bündnisen zwischen Antisemiten, nationalistischen Umweltschützern, Antikommunisten, Monarchisten und Stalinisten. Das sozialistische Moment beschränkt sich, sofern es nicht rundheraus als westliche oder jüdisch-freimaurerische Verschwörung verdammt wird, auf das Lob des Zentralismus oder auf den Versuch, Arbeiter gegen Intellektuelle, Juden oder andere Minderheiten aufzuhetzen, oder die heldenhaften Zeiten Stalins zu preisen. Ein Manifest dieses Eklektizismus war der Brief, den die Leningrader Dozentin Nina Andrejewa 1988 in der »Sowjetskaja Rossija« veröffentlichte und der die demokratischen Kräfte in der Sowjetunion zum bisher letzten Male in Angst vereinte.

Die diffuse Koalition von Neostalinisten, russischen Nationalisten, Antisemiten usw. hat vielfältigen institutionellen Rückhalt, so im militärischen Establishment, in einigen wissenschaftlichen Instituten, im Schriftstellerverband der RSFSR, in den offiziellen Gewerkschaften und an vielen Stellen im Partei- und Staatsapparat. Eine besondere Rolle spielen die »Interfronten«, »Interbewegungen« usw. in jenen nichtrussischen Sowjetrepubliken, in denen starke nationale Bewegungen aktiv sind. Hier sind die Organisatoren vor allem die russischen Funktionäre, Betriebsleiter und Militärs, die versuchen, die russischsprachige Bevölkerung gegen die Nationalbewegungen zu mobilisieren. Journalistische Organe dieses Netzes sind Zeitungen wie »Molodaja Gwardija« (Junge Garde, die Tageszeitung des Komsomol), »Sowjetskaja Rossija« (Sowjetrußland) oder die literarisch-politische Zeitschrift »Nasch Sowremennik« (Unser Zeitgenosse). Prominente »Kulturschaffende« dieses Netzes sind u.a. Schriftsteller wie Walentin Rasputin, Jurij Bondarjow, Pjotr Proskurin, Wladimir Solouchin, Wassilij Below, Wiktor Astafjew, Wladimir Kuprin oder Stanislaw Kunajew, Kritiker wie Jurij Loschtschiz, Michail Lobanow oder Wadim Koshinow, Historiker wie Apollon Kusmin und Maler wie Ilja Glasunow. Sie tauchen in immer neuen Zusammenhängen auf. Dabei ist dieses Netz weitgespannt und durchdringt auch außerordentlich seriöse Institutionen.

Die weltweit bekannteste Organisation ist die »National-Patriotische Front Pamjat«, die seit 1986 von sich reden machte. Sie wurde von Kim Andrejew gegründet und kämpfte anfangs vor allem gegen die Zerstörung und für den Wiederaufbau russischer historischer Monumente. Rasch aber wurde ihr radikaler Nationalismus und Antisemitismus deutlich. Obwohl sich ihre Sympathisanten bis in den oberen Parteiapparat finden, stellte Pamjat' den Stalinisten einige Probleme. Denn unter ihren Mitgliedern finden sich auch orthodoxe Christen oder gar Monarchisten und andere, die die Oktoberrevolution und die Februarrevolution von 1917 verdammen. Seit 1989 ist Dmitrij Wassiljew Vorsitzender, ein ehemaliger Chauffeur, Schauspieler und Fotograf. Wassiljew erstrebt, eigenen Aussagen nach, eine russische autokratische Monarchie wie vor 1905 und die Wiedererstehung der orthodoxen Staatskirche. Es solle wieder freie Marktwirtschaft geben, die Bauern hätten ein Recht auf eigenes Land. Der Sozialismus hingegen sei eine zionistisch-freimaurerische Verschwörung gewesen, was sich daran zeige, daß Trotzkij Jude, Lenin Halbjude und Bucharin zwar kein Jude, aber doch zionistischer Verschwörer gewesen sei. Außerdem seien alle Leiter der Straflager Juden gewesen. Die Motive der Verschwörung seien in den »Protokollen der Weisen von Zion« belegt. Trotz einer allgemeinen Sympathie könne man doch nicht für Hitler sein, weil er gegen das Christentum und gegen Rußland gekämpft habe.

Neben dieser Pamjat' gibt es auch andere. Hinter einer Pamjat'-2, die sich 1987 von der Mutterorganisation abspaltete, steckt, nach Auskunft Wassiljews, die Propagandaabteilung des Moskauer Parteikomitees. Unter ihrem Vorsitzenden Igor Sytschew, einem notorischen Antisemiten und Prostalinisten, ist sie allerdings eine Splittergruppe geblieben. Anläßlich des 36. Todestages Stalins hatte Sytschew versucht, unter der Parole »Nieder mit den jüdischen Nazis« am Grab des Diktators eine Feierstunde abzuhalten. Ein Leningrader Mitglied, Jurij Riwerow, war derart fanatischer Antisemit, daß er aus der russischen Pamjat' ausgeschlossen wurde. Er gründete eine eigene Splittergruppe. Wieder eine andere Pamjat' bzw. »Rus« wird von Walerij Jemeljanow geleitet, der in einem auch in Paris verlegten Buch nachzuweisen versuchte, daß Jesus erster Führer einer Freimaurerloge war.

In die gleiche Richtung wie Pamjat', und teilweise verflochten mit ihr, betätigt sich auch die patriotische Gesellschaft »Otetschestwo« (Vaterland), die im März 1989 gegründet und im April offiziell registriert wurde. In ihr sammeln sich konservative und promilitärische Nationalisten, an ihrer Gründung waren Kulturzeitschriften wie »Moskwa« und »Nasch Sowremennik«, die Zeitung »Molodaja Gwardija«, der »Wissenschaftliche Rat für Probleme der Russischen Kultur« bei der Akademie der Wissenschaften der UdSSR und der Moskauer Zweig der »Allrussischen Gesellschaft zur Erhaltung historischer und kultureller Monumente« beteiligt. Bei der Gründung anwesend waren auch Militärs wie General Ruzkoj, der als Kandidat bei den Wahlen zum Kongreß der Volksdeputierten im Frühjahr 1989 durchgefallen war, und der orthodoxe Metropolit Filaret. Vorsitzender ist der Professor für Russische Geschichte Apollon Kusmin. »Otetschestwo« will das patriotische Bewußtsein aller Sowjetbürger stärken und die Sowjetunion erhalten. Das gerechte Gleichgewicht der Nationalitäten in der Sowjetunion könne nur von den Russen aufrechterhalten werden, wie eine tausendjährige Geschichte beweise. Das setze eine kulturelle, politische und wirtschaftliche Verteidigung gegen zersetzende westliche Einflüsse voraus. Andere Vereinigungen mit dem Namen»Otetschestwo« gibt es in Rjasan, Krasnojarsk, Swerdlowsk. Die in Swerdlowsk wurde bereits 1987 bekannt, als sie am städtischen Operntheater eine zionistisch-freimaurerische Verschwörung gegen die russischen Klassiker»aufdeckte«. Bei der Gründung der neuen»Otetschestwo« war auch die Swerdlowsker Gruppe dabei.

Auch die konservativ-nationalistischen »Kulturschaffenden« organisierten sich. Im November 1988 wurde die»Gesellschaft Russischer Künstler« u.a. von den Schriftstellern Rasputin, Below, Astafjew, Bondarjow, Kunajew und den Kritikern Loschtschiz, Lobanow, Koshinow gegründet. Auch sie wollen nun das nationale Selbstbewußtsein und die geistigen Kräfte des russischen Volkes wecken. Hilfreich dafür seien eine Förderung des ökologischen Bewußtseins, die militär-patriotische Erziehung der Jugend, eine gezielte Vermehrung russischer Themen in den Medien und die Bekämpfung westlicher Musikmoden durch Volkslieder. Zugleich gelte es, nationale Separatismen zu bekämpfen, die die harmonische Einheit der Völker in der Sowjetunion zerstören. In gleicher Richtung arbeitet der im September 1989 gegründete»Vereinigte Rat von Rußland«, dessen prominente Vertreter wiederum Bondarjow, Proskurin, Glasunow, Koshinow und der Historiker Apollon Kusmin sind.

Eine eher panslawische Orientierung hingegen hat die im März 1989 gegründete»Stiftung slawischen Schrifttums und slawischer Kulturen«, an der sich achtzig Organisationen beteiligten, darunter die Schriftstellerverbände der RSFSR, Belorußlands, der Ukraine, die Wissenschaftliche Rat für Probleme der russischen Kultur der Akademie der Wissenschaften der UdSSR, die Allrussische Kulturstiftung, die Russisch-orthodoxe Kirche, die Russisch-orthodoxe Kirche der Altgläubigen. Vorsitzender wurde das Akademiemitglied N.N. Tolstoj, seine Stellvertreter der Russe Walentin Rasputin, der Ukrainer Boris Olejnik und der Belorusse Nil Gilewitsch. Im Rat der Stiftung sitzen die schon aus anderen Zusammenhängen Vertrauten Bondarjow, Kuprin und Loschtschiz.

Wie stark die Vernetzungen des nationalistisch-konservativen Milieus sind, zeigt auch die»Union für geistiges Überleben des Vaterlandes«. Ihr Vorsitzender ist Michail Antonow, Abteilungsleiter im»Institut für Weltwirtschaft und Internationale Beziehungen« der Akademie der Wissenschaften der Sowjetunion. Antonow gehörte schon in den sechziger Jahren als Dissident extrem nationalistischen Gruppen an und war durch entsprechende offizielle und Samisdat-Publikationen hervorgetreten. Ab 1962 war er mehrere Jahre in psychiatrischen Anstalten inhaftiert. Seit 1971 hatte er die Rückkehr zu den Slawophilen gepredigt. Er behauptet, daß Rußland unter westlichem Einfluß und dem seiner Helfershelfer – verwestlichten Intellektuellen und Juden – von seinem wahren Weg abgewichen und wurzellos geworden sei. Auch dieser »Union« geht es um Umweltschutz, die Erhaltung und Restaurierung historischer Monumente, den Kampf gegen moralischen Niedergang, Alkoholismus, Drogen-Mißbrauch, Prostitution und Verbrechen. All diesen Übelständen müsse ein neuer Patriotismus entgegengesetzt werden. Weniger das Programm dieser »Union«, das denen anderer Organisationen entspricht, als die Beteiligten sind hier bemerkenswert. Mitglieder sind nämlich nicht nur patriotische Gruppen aus der RSFSR, Belorußland, der Ukraine, Kasachstan, der Verlag »Sowjetskaja Rossija«, sondern auch die Lenin-Bibliothek, der »Wissenschaftliche Rat für Probleme der Russischen Kultur der Akademie der Wissenschaften«, die »Allrussische Gesellschaft», die »Palästinagesellschaft der Akademie der Wissenschaften der UdSSR«, die Zeitung »Molodaja Gwardija«. Führungsmitglied der »Union« ist u.a.. Metropolit Pitirim von Wolokalamsk und Jurjew, der auch Mitglied des Kongreß der Volksdeputierten und Mitglied des sowjetischen Kulturfonds ist.

Eher in stalinistischen Traditionen steht dagegen die im Mai 1989 in Leningrad gegründete informelle Gesellschaft »Patriot«. Ihr Vorsitzender Aleksandr Romanenko ist Autor bekannter antisemitischer Bücher. Während in Leningrad Organisationen wie »Memorial«, die sich um die Aufarbeitung der stalinistischen Verbrechen bemüht, bislang nicht offiziell zugelassen wurden, wurde »Patriot« sofort registriert. »Patriot« steht aber auch der alten »Generallinie« näher und vertritt in einer Art leninistisch-faschistischer Mischung die Position Nina Andrejewas. Bei Wahlen fielen die Kandidaten von »Patriot« allerdings regelmäßig durch.

Angesichts der vor allem in den Großstädten noch vorhandenen Dominanz der demokratischen Kräfte schlugen die Konservativen eine neue Strategie ein. Sie versuchten, direkt an die Arbeiter zu appellieren. Sie beschwören den Abstieg, der ihnen mit der politischen und ökonomischen Reform droht, empfehlen die Rückkehr zum alten System und verbinden dies alles mit einer zugleich nationalistischen, antisemitischen und antiintellektuellen Agitation. So hatte sich im Juni 1989 eine »Vereinigte Arbeiterfront« Leningrads in Anwesenheit Nina Andrejewas gegründet. Ende 1989 hatte diese Organisation eigenen Angaben zufolge 350 000 Mitglieder. Ihr Ziel war es, die vorgeblich privilegierte Position der Arbeiter zu sichern und den Markt und die privaten Kooperativen zu bekämpfen. Die »Arbeiterfront« nimmt die Bestrebungen der »Interfronten« bzw. der »Interbewegungen« in den nichtrussischen Sowjetrepubliken auf, in denen vor allem die russischsprachige Bevölkerung gegen die Unabhängigkeitsbewegungen mobilisiert wird.

Als Dachorganisation dieser Bewegungen wurde im September 1989 eine »Einheitsfront der Arbeiter Rußlands« gegründet. An ihrem Gründungskongreß nahmen 110 Delegierte aus 29 russischen Städten und Vertreter der Interfronten Moldawiens, Tadshikistans und der baltischen Länder teil. Die »Einheitsfront« wendet sich gegen die Wiederherstellung von Marktwirtschaft, Ausbeutung, Verarmung und Versklavung, gegen den Raubbau und den Export von Bodenschätzen in kapitalistische Länder und gegen die Nationalbewegungen und fordert eine höhere Repräsentation der Arbeiter im Obersten Sowjet. Vor allem aber will die Arbeiterfront eine gegenüber der Sowjetunion autonome RSFSR erreichen.

Im Dezember 1989 formierte sich schließlich der »Block der Russischen öffentlich-patriotischen Bewegungen«, der die zwölf wichtigsten nationalistischen Organisationen zusammenfassen will. Das breite Koalitionsnetz führt zu merkwürdigen programmatischen Widersprüchen. Der Block setzte sich einerseits für Umweltschutz, für eine Ausweitung regionaler Autonomie, die regionale Kontrolle der natürlichen Ressourcen ein. Zugleich soll die Sowjetunion als Einheitsstaat und Weltmacht erhalten bleiben. Die Bauern sollen die Kontrolle über jenen Grund und Boden erhalten, den sie bearbeiten; aber insgesamt soll das Privateigentum eingeschränkt bleiben. Vor allem jedoch gelte es, das russische Volk zu spiritualisieren und seine Identität wiederherzustellen. Die Heterogenität ist kaum zu verdecken. Viele Mitglieder des Blocks verurteilen die Oktoberrevolution oder sind sogar Monarchisten, wie Walentin Rasputin. Noch andere verlangen eine Kanonisierung des letzten Zaren und seiner Familie durch das orthodoxe Patriarchat. Und doch führen sie zugleich Klage über den aufgekommenen Pluralismus und den Autoritätsverlust der Kommunistischen Partei.

Sowohl bei den Wahlen zum Kongreß der Volksdeputierten der Sowjetunion im Frühjahr 1989 wie bei den kommunalen und Republikwahlen im März 1990 zeigte sich, daß die konservativen Nationalisten in der RSFSR noch keine Mehrheiten erringen können. Die Parteispitze der KPdSU unter Gorbatschow versucht zwar, die Extreme auszubalancieren, hält aber, wenn auch zunehmend vorsichtig, den Reformkurs ein. Angesichts einer Putschgefahr aus dem Parteiapparat hat Gorbatschow überdies die bisherigen Machtzentralen, das Politbüro und das Sekretariat des Zentralkomitees der KPdSU, entscheidend geschwächt und sich selbst über die Neukonstruktion eines demokratisch gewählten Obersten Sowjet und des Präsidentenamts eine stabile Machtbasis geschaffen.

In dieser Situation spielen die Konservativen die russische Karte. Die größte Sowjetrepublik ist zugleich jene, die am wenigsten als eigener Staat ausgebildet ist. Sie verfügte bisher über keine eigene Parteiorganisation wie die anderen Sowjetrepubliken, sie hatte keinen eigenen Komsomol, sie hatte keine eigene Akademie der Wissenschaften und kein eigenes Innenministerium. Dieses Fehlen republikanischer Institutionen war einer der Pfeiler der russischen Dominanz. Die Angelegenheiten der RSFSR und der Sowjetunion schienen weitgehend identisch zu sein, die anderen Republiken standen unter Sonderbedingungen, die gewisse Autonomien erheischten. Aber die Identifikation des Russischen mit dem Sowjetischen konnte einer gewichtigen Strömung des russischen Nationalismus entsprechend auch als Entnationalisierung Rußlands interpretiert werden. So war es scheinbar folgerichtig, den Aufbau russischer Institutionen zu fordern.

Das betraf zunächst eine Russische Kommunistische Partei, der 57% der bisherigen Mitglieder der KPdSU angehören würden. Die Initiative zu ihrer Gründung kam aus dem besonders konservativen Parteiapparat Leningrads. Eine solche Organisation würde die zentralen Organe der KPdSU schwächen und damit auch die Gruppe um Gorbatschow. Wenn es zunächst auch nicht gelang, eine solche Partei aufzubauen, so war Gorbatschow doch gezwungen einen Kompromiß einzugehen und ein russisches (rossijskoje) Büro beim ZK der KPdSU zu schaffen, zu dessen Vorsitzenden er sich selbst machte. Die Konservativen gaben nicht auf. Im Dezember 1989 gründete der Leningrader Parteichef Boris Gidaspow ein Komitee zur Bildung einer russischen (rossijskaja) Kommunistischen Partei, das vor allem durch Parteifunktionäre aus Leningrader Betrieben unterstützt wurde. Am 21./22 April 1990 versammelten sich in Leningrad auf einem Kongreß, zu dem nur konservative Zeitungen zugelassen waren, Vertreter der KPdSU, der Armee, der offiziellen Gewerkschaften und von Pamjat'. Nina Andrejewa war Ehrengast. Auf diesem Kongreß, der sich vor allem gegen die »Renegaten« Gorbatschow, Schewardnadse, Jegor Jakowlew richtete, wurde wieder die Gründung der russischen Kommunistischen Partei gefordert. Ende Juni 1990 war es soweit. Die russische Partei wurde gegründet; sie hat – wie erwartet – eine konservative Mehrheit und mit Iwan Poloskow einen konservativen Ersten Sekretär.

Die Bewegung zur Autonomisierung Rußlands scheint nun unaufhaltsam. So begann der Aufbau einer Russischen Akademie der Wissenschaften (Rossijskaja Akademija Nauk – RAN) im Januar 1990. Die Initiative wurde durch nationalistische Schriftsteller wie Jurij Bondarjow und Pjotr Proskurin unterstützt. Mitte März 1990 wurden die Wahlen zum Obersten Sowjet und den Kommunalvertretungen der RSFSR abgehalten. Vor allem in den Großstädten schlossen dabei die Konservativen sehr schlecht ab, die liberalen Demokraten errangen einen großen Sieg. Der »Block der russischen patriotischen Bewegungen« fiel generell durch.

Am 27. Mai wurde der Radikalreformer Boris Jelzin zum Vorsitzenden des Obersten Sowjet der RSFSR, das heißt zu deren Präsidenten gewählt. Seine Fraktion »Demokratisches Rußland« verfügte allerdings nur über ein Drittel der Mandate. Mit den Wünschen nach einer Autonomisierung der RSFSR kam Jelzin jedoch mühelos zum Zuge. Erst spät hatten die liberalen Demokraten die nationale Frage aufgegriffen. Nun treten auch sie für eine Verselbständigung der RSFSR ein. Dahinter steckt teilweise eine Solidarität mit den Nationalbewegungen in den anderen Sowjetrepubliken. Jelzin will zu ihnen diplomatische Beziehungen herstellen und unterstützt die Unabhängigkeitsbestrebungen. Dahinter steckt aber auch ein machttechnisches Kalkül. Eine Schwächung der von Gorbatschow repräsentierten Zentralmacht könnte den radikalen Reformern ein größeres Gewicht verleihen. Dieses Kalkül funktioniert aber nur so lange, wie die radikalen Reformer tatsächlich ein Übergewicht in der RSFSR haben.

Immerhin hat eine überwältigende Mehrheit des neuen Kongresses der Volksdeputierten für die »Wiederherstellung der Souveränität

Rußlands« gestimmt, die blau-schwarz-weiße russische Nationalfahne wurde wieder eingeführt, die RFSFR soll von nun an über ihre
Bodenschätze selbst verfügen. Die Autonomisierungsbeschlüsse
waren problemlos, weil nationalistische Konservative und Liberale
scheinbar das gleiche wollten. Die Motive allerdings sind unterschiedlich. Die Machtfrage ist dadurch nicht entschieden, aber der
Rahmen verändert sich, in dem sie gestellt wird. Auf jeden Fall
jedoch wird die Verselbständigung der RSFSR den Desintegrations-
prozeß des Imperiums beschleunigen.

2. Belorußland (Weißrußland)

SSS Belorußland, Hauptstadt Minsk. Die Bevölkerung stieg von 7,9 Mil-
lionen Einwohnern 1979 auf 10,2 Millionen 1989 an. 1981 waren 79%
Belorussen, 11% Russen, 4% Polen. Kleinere Minderheiten sind Litauer,
Juden und Karaimen. In der Sowjetunion insgesamt gab es 1970 − 9,1
Mio., 1979 − 9,5 Mio., 1989 − 10,0 Mio. Belorussen.

Es gibt keine glänzende Geschichte, die sich mit dem Namen Belorußlands verbindet; nationale Mythen finden kaum Anknüpfungs-
punkte. Fast immer machte das Land die Geschichte der anderen mit.
Städtenamen wie Minsk, Polozk, Witebsk, Pinsk, Gomel oder
Orscha wecken eine Vielfalt von Assoziationen, aber kaum solche
einer belorussischen Nationalgeschichte. Besonders fruchtbar ist das
Land auch nicht. Im Süden gehen die dürren Böden in die Pripjet-
Sümpfe über, die das Gebiet nach Süden hin vom ukrainischen und
nach Westen hin vom polnischen Siedlungsgebiet scheiden. Diese
unzugänglichen Sümpfe boten stets Schutz vor feindlichen Invaso-
ren. Sonst aber war das Gebiet weitgehend Durchgangsland zum
Dnepr, der durch die Ukraine zum Schwarzen Meer fließt, und zu
Memel und Weichsel, die zur Ostsee führen. Leichtere Boote konnten
über die Wasserscheiden im Einzugsbereich beider Flüsse gehoben
werden. Aus dem Lande selbst wurden Holz und Honig seit dem Mittelalter nach Norden und Süden exportiert. Berühmt wurde der
Flachs, aus dem eine weiße Kleidung gewebt wurde, nach der die
Bewohner des Landes genannt wurden: »Weißrussen«.
    Im Mittelalter gehörte das Gebiet des heutigen Belorußland zur

Kiewer Rus. Die Nestorchronik aus jener Zeit berichtet von dem slawischen Stamm der Drewljanen (Waldbewohner), die im Gebiet des heutigen Belorußland, Polesiens, des nördlichen Waldlandes, und der Pripjet-Sümpfe arm und im Schmutz lebten. Der Kontrast zu dem reichen und urbanen Kiew war groß. Bedeutendere Städte waren Polozk, Brest, Witebsk und Minsk.

Mit dem Zerfall der Rus seit der 2. Hälfte des 11. Jahrhunderts wurden die Fürstentümer Kiew, Tschernigow, Wladimir, Wolhynien, Polozk, Smolensk und Nowgorod selbständig; sie teilten sich weiter in zahlreiche kleinere Fürstentümer. Deren charakteristische Labilität wirkte sich auch hier aus. Wurde das Zentrum schwach, emanzipierten sich die Kleineren; wurden diese schwach, emanzipierten sich die noch Kleineren. Das Land war offen für die Eroberung durch die Mächtigen. Nachdem Wladimir Monomach (1113-1125) ein letztes Mal die Einheit der Rus hergestellt hatte gehörte Pinsk zu Groß-Nowgorod, das Fürstentum Polozk schloß neben Polozk auch Minsk und Witebsk ein. Zum Fürstentum Wladimir-Wolhynien gehörte Brest. Andere Gebiete des heutigen Belorußland wurden von Turow-Pinsk und Smolensk beherrscht.

Seit dem Ende des 12. Jahrhunderts veränderten drei aufstrebende Großmächte den bislang eine Einheit bildenden ostslawischen Kulturraum. Im Norden versuchten die beiden voneinander zunächst unabhängigen Ritterorden, der deutsche und der livländische, die Ostseeküste zu beherrschen und weiter nach Osten vorzudringen. Im Westen wurden die Litauer zum Schrecken ihrer Nachbarn, von Osten her machten sich die Tataren ostslawische Fürsten tributpflichtig. Als 1242 der Feldherr Nowgorods Aleksandr Newskij die vordringenden livländischen Ritter auf dem zugefrorenen Peipus-See schlug, war diesen der weitere Weg in den russisch-tatarischen Raum versperrt.

Anstelle der deutschen Ritter eroberten die Litauer allmählich den westlichen Teil der untergegangenen Kiewer Rus. Eheverbindungen zwischen litauischen und altrussischen Adelsfamilien häuften sich. Ein Teil des litauischen Adels übernahm ostslawische Gebräuche oder trat gar zum orthodoxen Christentum über. Im gleichen Zuge veränderte sich auch die litauische Sozialstruktur. Aus den ursprünglichen Stammesstrukturen entwickelte sich eine herausgehobene Schicht von kleinen und größeren Herren, die auf befestigten Burgen lebten. Mitte des 13. Jahrhunderts wurden die kleineren und größeren Herrschaften und Kleinfürstentümer im heutigen Litauen und Belorußland durch den litauischen Fürsten Mindaugas zusammengefaßt. Hauptstadt wurde Wilna. Die schrittweise Eroberung der ostslawischen Gebiete ging weiter.

Ab 1307 nahm der litauische Fürst Vytenis die Eroberungspolitik gegen Polozk und andere östliche Fürstentümer auf. Er besiegte die letzten selbständigen ostslawischen Teilfürsten und vereinigte sie mit dem litauischen Stammland. Gediminas (1316-1345) schließlich machte Litauen zur Großmacht. Zu seiner Zeit veränderten sich die Machtstrukturen des Raums weiter. Iwan I. Kalita legte die Grundlagen für den Aufstieg Moskaus. Herzog Wladyslaw Lokietek einigte das zerfallene polnische Reich wieder und wurde 1320 König. Der Deutsche Ritterorden, der fest im Besitz Preußens (später »Ostpreußens«) war, erwarb Pomerellen und Danzig und beherrschte damit fast die ganze Ostseeküste; das litauische Schemaiten allerdings blieb unbezähmbar. In Saraj an der Wolga erlebte die Goldene Horde unter Chan Usbek eine späte Hochblüte. Wie seine Rivalen verbündete sich Litauen mal mit den einen, mal mit den anderen, um dritte zu bekriegen. Dabei dehnte es sich weiter nach Süden aus. Das heutige Belorußland war längst fester Teil Litauens.

Gediminas verwandelte den litauischen Adelsverband in einen geordneten Feudalstaat und schuf eine Verwaltung. Brüder oder Söhne von Gediminas beherrschten als seine Statthalter die ostslawischen Fürstentümer. Auch dort, wo die Nachkommen Rjuriks, des Gründers der Kiewer Rus, weiterhin regierten, waren sie nur noch Statthalter des litauischen Großfürsten. Dessen Fürstenhaus blieb zwar selbst heidnisch, aber die ostslawischen Christen behielten die Freiheit ihres orthodoxen Kultus, und mehrere Brüder und Söhne von Gediminas traten zum orthodoxen Christentum über. Zeitweilig gelang es Gediminas sogar, beim Patriarchen in Konstantinopel eine eigene litauische Metropolie zu erwirken, nachdem der Metropolit von Kiew 1328 nach Moskau umgesiedelt worden war. Als Gediminas 1345 starb, war Litauen gefestigt. Von seinen beiden gemeinsam regierenden Nachfolgern machte Keistutis Westpolitik gegen und mit dem deutschen Orden wie mit Polen. Algirdas führte die Ostpolitik, die vom allmählichen Verfall der Goldenen Horde profitierte. 1368, 1370 und 1372 stand er im Krieg gegen Moskau, mit dem er vor allem um den Besitz der noch unabhängigen Handelsrepubliken Pskow und Nowgorod rang. Er verleibte − östlich der heutigen Grenzen

Belorußlands – dem litauischen Reich Smolensk ein, eroberte Tschernigow, Nowgorod-Sewersk, Brjansk und 1362/63 Kiew. Als Algirdas 1377 starb, beherrschte er drei Fünftel der einstigen Kiewer Rus.

Bis zu diesem Zeitpunkt war Litauen zu einem ostslawischen Reich mit einer litauischen, teilweise heidnischen Dynastie geworden, das mit Moskau um die Erbschaft des Gebiets der alten Rus kämpfte. Neun Zehntel der Bevölkerung des Reiches waren orthodoxe Slawen. Die Verwaltungs- und Hofsprache war ostslawisch. Die Herausbildung einer eigenen belorussischen Schriftsprache war mithin litauisches Verdienst. Dieses Belorussische blieb auch nach der Union mit Polen bis Ende des 16. Jahrhunderts die Sprache der Verwaltung Litauens.

1386 heiratete die polnische Königin Jadwiga den litauischen Großfürsten Jagiello, der sich dafür katholisch taufen ließ und auch seine bislang heidnischen Litauer christianisierte. Die Hauptstadt Wilna wurde zum katholischen Bistum. Obwohl Jagiellos Vetter Vytautas seine politische Orientierung nach Osten noch beibehielt, begann damit eine Umorientierung zum lateinischen Westen. Selbst Vytautas, der kurzfristig zur Orthodoxie übergetreten war und seine Tochter Sofija mit dem Großfürsten Wassilij von Moskau verheiratet hatte, schloß sich 1392 dem katholischen Glauben an. Nun begann die Polonisierung des litauischen Adels – und des belorussischen, soweit er fortbestanden hatte.

Damit hatte Litauen jedoch zwei Bevölkerungsteile, die unterschiedlichen Religionen und damit auch unterschiedlichen Kulturen angehörten. Der Unterschied, der bislang nur ein sprachlicher und für die damalige Zeit daher unwichtig gewesen war, wurde nun ein religiöser und damit unüberbrückbar. Die Trennung wurde dadurch betont, daß schon zur Zeit Jagiellos Mischehen verboten wurden, sofern der orthodoxe Partner nicht zur Konversion bereit war. Die Trennung der ostslawischen und der litauischen Untertanen wurde damit eindeutig fixiert. Die Rivalität zwischen Litauen und Moskau gewann damit eine andere Bedeutung. Moskau konnte beanspruchen, die ostslawischen Orthodoxen zu repräsentieren. Die Eroberung litauischer Gebiete war nun als Akt der Befreiung vom katholischen Joch interpretierbar. An der wirtschaftlichen Förderung des Reiches durch Vytautas nahmen allerdings die Städte der ostslawischen Gebiete weiterhin teil. In einem Vertrag mit der Hansestadt Riga wurde Polozk 1406 zu einem Zentrum des Warenumschlags.

Die Moskauer Eroberung der orthodoxen Gebiete begann unter den Moskauer Fürsten Iwan III. (1465-1505) und Wassilij III. (1505-1533). Iwan III. erwarb schrittweise die östlich des eigentlichen Litauen gelegenen Fürstentümer. Wassilij eroberte 1505 Pskow und machte dessen Selbständigkeit ein Ende. Angesichts der großen Zahl orthodoxer Untertanen wurde Moskau und seine orthodoxe Kirche jedoch zu einer über das militärische Kräfteverhältnis hinausgehenden politischen Gefahr für das polnisch-litauische Reich. Die katholische Ausrichtung der herrschenden Schichten hatte die Fremdheit gegenüber den orthodoxen Untertanen in besonderer Weise verstärkt; und in Moskau saß immerhin ein Patriarch, der beanspruchte, das geistliche Oberhaupt aller slawisch-orthodoxen Christen der ehemaligen Rus zu sein. Die Moskauer Kirche aber identifizierte sich mit dem Moskauer Staat und war dessen Instrument.

Angesichts dieses Loyalitätsproblems erschien eine Anbindung der orthodoxen Kirche im polnisch-litauischen Reich an den Westen als plausible Lösung. In der Kirchenunion von Brest 1596 unterstellte sich die Mehrzahl der orthodoxen Bischöfe dem Papst. In der unierten, »griechisch-katholischen« Kirche wurde der orthodoxe Ritus zwar beibehalten, die theologische Autorität jedoch saß in Rom. Nicht alle orthodoxen Bischöfe waren der Union beigetreten. Aber der Gegensatz zwischen Unierten und Orthodoxen hatte in dieser Region eine nur politisch-kirchliche Bedeutung. Soziale Gegensätze, die in scharfe Konflikte gemündet hätten, schuf er nicht. Scharf blieb jedoch die Grenzziehung nicht nur zwischen Katholiken und Orthodoxen, sondern auch zwischen Katholiken und Unierten. Auch wenn sie durch den Papst selbst oft in Schutz genommen wurden, standen die Unierten unter dem Konversionsdruck des polnischen Klerus; für ihn machte erst der lateinische Ritus den vollkommenen Christen aus. Den Gläubigen selbst fiel es leichter, die Theologie zu wechseln, von der sie eh nichts verstanden, als den Ritus, der zu ihrem vertrauten Leben gehörte.

Die religiöse Grenzziehung markierte in den weißrussischen Siedlungsgebieten auch eine soziale. Polnisch und katholisch war der Adel und das Stadtbürgertum, soweit es nicht jüdisch war. Orthodox und uniert waren vor allem die Bauern, die im Gebiet des heutigen Belorußland besonders armselig lebten. Orthodox oder uniert zu sein, hieß auch, verachtet zu sein. Die russische Eroberung bedeutete fast überall das Ende der unierten Kirche, die vom Moskauer Patriarchat nie anerkannt worden war. Nachdem mit den Teilungen Polens Ende des 18. Jahrhunderts alle belorussischen Gebiete zu Rußland gekommen waren, wurde Anfang des 19. Jahrhunderts auch in ihnen die unierte Kirche verboten. Belorussen, die sich dem Verbot nicht fügen wollten, gingen zum lateinischen Ritus über und besuchten von nun an die polnischen Kirchen.

Für die Selbstdefinition der Bevölkerung hatte diese soziale und religiöse Konstellation während des ganzen 19. und zum Teil noch im 20. Jahrhundert erhebliche Konsequenzen. Sprachlich war vor allem der Westen Belorußlands ein Gebiet, in dem die von den Bauern gesprochenen ostslawischen und polnischen Dialekte ineinander übergingen. Die religiöse Differenz blieb auf dieser Ebene entscheidend. Wer katholisch war, sah sich eher als Pole, auch wenn er Belorussisch sprach; wer orthodox war, sah sich eher in einem russischen Zusammenhang. Die Städte Belorußlands hingegen hatten eine überwiegend polnische, jüdische und allmählich auch russische Bevölkerung. Auch unter der russischen Herrschaft blieben damit die alten Differenzierungen und sozialen Schichtungen im wesentlichen erhalten. In allen russischen Gouvernements, die einst Teile Polen-Litauens gewesen waren, blieb jedoch auch nach 1815 das Polnische als Bildungssprache dominant. Wilna war auch weiterhin der kulturelle Mittelpunkt Belorußlands.

Ein eigenständiger belorussischer Nationalismus entstand Mitte des 19. Jahrhunderts. Der belorussischen Sozialstruktur entsprechend, ging das Thema der nationalen Befreiung mit dem der Bauernbefreiung einher und richtete sich daher sowohl gegen die polnischen Großgrundbesitzer wie gegen die russische Herrschaft. Die von dem belorussischen Revolutionär Kastus Kalinowskij (1838-1864) herausgegebene erste belorussische Zeitung, hieß entsprechend »Mushyzkaja Prauda« (Bäuerliche Wahrheit). Kalinowskij war in diesem Sinne am polnisch-litauischen Aufstand von 1863 führend beteiligt. Sein Ziel und das seiner Mitstreiter war es, den Bauern ihr Recht auf den Boden zurückzugeben; dafür kämpfte auch die erste belorussische Zeitschrift »Gomon«.

Der Sozialstruktur entsprechend, war die neu entstehende nationale belorussische Literatur und mit ihr das nationale Denken überwiegend agrarromantisch orientiert. Das gesellschaftliche Ideal, in das die nationale Identität projiziert wurde und das dessen Bild einer goldene Frühzeit imaginierte, war das harmonische, alte, bäuerliche

Leben. Es fand sich bei Jelskij, Orlowskij und Pschtschelka. Eine herausragende Gestalt unter jenen, die dieses bäuerliche Leben sentimental idealisierten, war Dunin-Marzinkewitsch (1807-1884). Im gleichen Sinne wirkte der romantische Dichter Janka Lutschina (1851-1897), der die erste belorussische Zeitung herausgab, den »Minskij Listok«. Bedeutendster Schüler und Nachfolger Kalinowskijs war in der zweiten Häfte des 19. Jahrhunderts Franzischak Bahutschewitsch (1840-1900). Er wandte sich gegen die geistige und kulturelle Unterdrückung des belorussischen Volkes und setzte sich für den Schutz seiner Sprache gegen das übermächtig vordringende Russische ein. Er sah auch in der großen Emigrationsbewegung in die USA, die wie Litauen auch Belorußland ergriffen hatte, eine Gefahr für die Nation.

Aus strukturellen Gründen verbreitete sich ein belorussischer Nationalismus noch mühsamer als etwa der litauische. Wie dort bestand die Nation, die erwachen sollte, zunächst überwiegend aus Bauern, die das Land, das sie bearbeiteten, gerne besessen hätten, denen aber ihre Nationalität meist noch herzlich gleichgültig war. Die bürgerlichen und die proletarischen Einwohner der Städte waren hauptsächlich Juden oder Polen, auch der politisch aktive verarmte Kleinadel war polnisch. Es fehlten damit jene Schichten, die sonst die geborenen Träger des nationalen Denkens waren. Überdies gab es, anders als in Litauen, keine religiöse Einheit. Die katholische Kirche war polnisch, die orthodoxe russisch, die unierte Kirche verschwunden. So blieb die nationale Selbstidentifikation weitgehend Angelegenheit einer dünnen Schicht von belorussischen Intellektuellen. In Abgrenzung zu den ebenfalls orthodoxen Russen, die ja doch anders sprachen, nannten sich die Belorussen allenfalls »Hiesige« (Tutejschyja). Die belorussisch-sprachigen Katholiken betrachteten sich meist als Polen.

Mit der Revolution von 1905 wurde zwar das Verbot der belorussischen Sprache aufgehoben. Aber ein politisches Leben entwickelte sich auch weiterhin − sieht man von der dünnen belorussischen Intellektuellenschicht ab − vor allem in russischen, polnischen und jüdischen Organisationen.

Wie zur Zeit der Invasion Napoleons wurde auch im Ersten Weltkrieg Belorußland zum Kriegsschauplatz. Als 1916 der größte Teil des Landes von den Deutschen besetzt wurde, war es keine Besetzung Belorußlands sondern eines Teiles Rußlands. Allerdings schien nun auch die Stunde der belorussischen Unabhängigkeitsbewegung gekommen. Ihr Vorkämpfer war der große belorussische Dichter Janka Kupala. Schon im März 1917 entstand ein »Belorussisches Nationalkomitee«, in dem alle ethnischen Gruppen und sozialen Schichten vertreten waren. Es forderte die Gründung einer Autonomen Belorussischen Volksrepublik. Dominierende Partei war die der belorussischen Agrarrevolutionäre, die »Hromada«, die ihr Vorbild in der Ukraine hatte. Gleichzeitig verstärkte sich jedoch bei den Soldaten der Einfluß der Bolschewiki. Im Juni 1917 enstand aus dem Belorussischen Nationalkomitee eine »Belorussische Rada (Sowjet)«, die von der Hromada dominiert wurde. Nach der Oktoberrevolution weigerte sich die Hromada, die Legitimität der neuen Petrograder Regierung anzuerkennen und berief im Dezember 1917 einen Belorussischen Nationalkongreß ein, der die Unabhängigkeit Belorußlands erklärte. Bis Dezember 1918 gab es nun einen unabhängigen belorussischen Staat.

Allerdings schien sich kaum jemand um ihn zu scheren. Auch weiterhin wurde in Belorußland vor allem polnische und russische Geschichte gemacht. Nach dem Sturz des Zaren im März 1917 hatte die Provisorische Regierung in Petrograd Polen die fast völlige Unabhängigkeit versprochen; nur militärisch sollte es mit Rußland verbunden bleiben. Die polnischen Soldaten in der russischen Armee wurden zu drei in Belorußland und der Ukraine stationierten Korps zusammengezogen. Nach der Oktoberrevolution blieben sie zusammen und unterstellten sich nicht dem Rat der Volkskommissare. Im Winter 1917/18 beherrschten sie das Gebiet von Minsk und Bobrujsk. Das war jedoch nur ein Vorspiel der sowjetisch-polnischen Auseinandersetzungen. Im Februar 1918 besetzte Deutschland mit der Ukraine auch Belorußland. Am 3. März beugte sich Sowjetrußland in Brest-Litowsk (Belorußland) dem deutschen Diktat, verzichtete auf Polen, Kurland und Litauen und erkannte die Ukraine und Litauen als selbständige Staaten an. In Polen jedoch sah man Litauen, Belorußland und einen großen Teil der Ukraine als altes polnisches Land an. Nach der Kapitulation der Deutschen am 9. November und der Ankunft Pilsudskis in Warschau am 11. November 1918 mußte es daher zu Auseinandersetzungen kommen, zumal die Grenzen des neuen Staates noch nirgendwo festlagen. Mit dem Abzug der deutschen Besatzung zur Jahreswende 1918/19 entstand ein Machtvakuum im litauisch-weißrussischen Raum. Pilsudski versuchte gegen Litauen vollendete Tatsachen zu schaffen. Während in Versailles noch über die Grenzen verhandelt wurde, eroberten halboffizielle polnische Truppen einen großen Teil der litauisch-belorussischen Gebiete. Allerdings half Pilsudski den Weißen nicht, als sie im Herbst 1919 von der Roten Armee geschlagen wurden. Da sie Rußland in seiner alten Größe wiederherstellen wollten, erschienen sie gefährlicher als die Sowjetmacht. Der Sieg der Bolschewiki löste in Polen ein Rüstungsfieber aus, da ein Angriff der Roten Armee erwartet wurde. Im Winter rückte die polnische Armee weiter vor und besetzte eine Linie, die von Wilna über Minsk nach Lwow reichte. In einem Präventivschlag griffen die Polen am 24. April an, besetzten am 7. Mai Kiew, wurden jedoch schon einen Monat später wieder vertrieben. Der sowjetische Gegenangriff endete am 18. August vor den Toren Warschaus mit einer vernichtenden Niederlage; die Rote Armee verließ Polen fluchtartig. Am 12. Oktober 1921 wurde in Riga ein polnisch-sowjetischer Friedensvertrag geschlossen, der die bis 1939 gültigen Grenzen festlegte. Polen erhielt u.a. große Gebiete mit überwiegend nichtpolnischer Bevölkerung, also den heute belorussischen Westen. Es war nun ein Vielvölkerstaat, zu dessen Bevölkerung neben vier Millionen Ukrainern, zwei Millionen Juden, einer Million Deutscher auch eine Million Belorussen gehörten.

Im sowjetischen Teil Belorußlands wurde 1922 die Belorussische SSR gegründet. Sie bestand allerdings nur aus einem schmalen Gebietsstreifen nördlich und südlich von Minsk. Ein großer Teil des belorussischen Sprachgebiets blieb innerhalb der RSFSR. Die Gründung dieser Sowjetrepublik war weniger durch eine strikte Beachtung des Nationalitätenprinzips motiviert als durch revisionistische Ansprüche gegenüber Polen. Entsprechend wurde die belorussische Nationalität und Sprache auf kulturellem Gebiet zunächst besonders akzentuiert. In diesem Sinne war auch die Gründung der belorussischen Universität Minsk im Jahre 1921 ganz bewußt gegen die alten Bindungen an das polnische und jüdische Wilna gerichtet.

Sowohl für polnische wie für die sowjetische Regierung war Belorußland in der Zwischenkriegszeit unsicheres Grenzgebiet. Weder der sowjetische noch der polnische Teil erfuhr eine größere Wirtschaftsförderung und Industrialisierung. Kleinere Industrien wurden zwar in Gomel, Witebsk und Mogilew aufgebaut, aber keine in Minsk. Polen legte das Schwergewicht seiner industriellen Entwicklung auf den polnischen Teil Oberschlesiens und den Hafen von Gdingen

(Gdynia), im Osten erfuhren nur die polnisch besiedelten Regionen einige Förderung. So blieben die belorussischen Gebiete beiderseits der polnisch-sowjetischen Grenze wirtschaftlich rückständig. Die antireligiöse Politik im sowjetischen Belorußland konnte bei der frommen bäuerlichen Bevölkerung nur Ablehnung hervorrufen. Die Kollektivierung traf das Land ebenso hart wie die Ukraine. Anfang der dreißiger Jahre deckte der NKWD ein angebliches »Nationales Zentrum« auf, das als Spionage- und Sabotageinstitution im polnischen und britischen Dienst stehen sollte. Der Terror hatte damit auch Belorußland erreicht. Diese Erfahrungen holten nach dem Hitler-Stalin-Pakt auch die übrigen Belorussen nach, als sich die sowjetische Grenze weit nach Westen verschob.

In Polen waren auch die Belorussen als nationale Minderheit einer restriktiven Minderheitenpolitik ausgesetzt. Das Minderheitenabkommen, das in Paris auf Druck jüdischer Organisationen zustande gekommen war, blieb weitgehend Papier. Gegen die Assimilationspolitik kämpfte in den belorussischen Gebieten vor allem die fortbestehende agrarrevolutionäre Hromada. Ihre Aktivitäten und die der Organisationen der ukrainischen und der deutschen Minderheiten verstärkten wiederum die gegen sie gerichtete Politik. Polen war dabei, auf seine Weise Fehler des zaristischen Rußland zu wiederholen. Am 12. Mai 1926 putschte Pilsudski die seit 1923 regierende Nationaldemokratische Partei (Endecja) von der Macht. Eine Entspannung in den Nationalitätenfragen ergab sich daraus nicht. Im Frühjahr 1928 wurde die Hromada zerschlagen. Am 13. September 1934 hob die polnische Regierung das Minderheitenabkommen auf. Auch das nach dem Tod Pilsudskis seit Mai 1935 regierende autoritäre Regime unter Rydz-Smigly und Moscicki veränderte die Minderheitenpolitik nicht.

Der Hitler-Stalin-Pakt von 1939 brachte eine Westverschiebung Belorußlands, das sich nun territorial verdoppelte. Mit Ausnahme des rein polnisch besiedelten Gebietes von Bialystok, das nach dem Zweiten Weltkrieg an Polen zurückkam, blieb die neue belorussisch-polnische Grenze auch nach dem Krieg bestehen. Sofort nach der sowjetischen Besetzung begannen die Deportationen und Erschießungen von polnischen Gutsbesitzern und »feindlichen Elementen«. Wie in den baltischen Staaten wurden auch im westlichen Belorußland Scheinwahlen abgehalten, denen eine Bitte um Aufnahme in die Sowjetunion folgte. Ihr wurde umgehend stattgegeben.

Von 1941 bis Juli 1944 war Belorußland von Deutschland besetzt. Wohl kein sowjetisches Gebiet hat unter dieser Besetzung so entsetzlich gelitten. Die gesamte jüdische Bevölkerung wurde ermordet, soweit die Deutschen ihrer habhaft wurden. Nirgendwo war zugleich die Partisanenkampf so intensiv. Ihn beantworteten die Deutschen nicht einfach mit jenen Greueln, die ihre Kriegs- und Ausrottungspolitik auch sonst kennzeichneten; sie zerstörten das Land systematisch. Das ließ andererseits ihren anfänglichen Versuch, eine Kollaboration zu stimulieren, scheitern. Obwohl auch in Belorußland die Stalinsche Kollektivierung gewütet hatte, und daher anfänglich eine Kollaboration möglich schien, gab es zu ihr kaum Ansätze. Nach dem Krieg waren Minsk, Gomel, Moglijow und Orscha nur noch Trümmerhaufen. Drei Millionen Belorussen war obdachlos.

Mit dem Ende des Zweiten Weltkriegs war Belorußland nicht nur erheblich vergrößert, es rückte auch aus seiner wirtschaftlichen Randlage. In Verbindung zu den neu entstehenden Industrien der baltischen Länder begann nun eine forcierte Industrialisierung. Obwohl das Land selbst über keine entsprechenden Bodenschätze verfügte, wurde eine Schwerindustrie zur Verarbeitung von Kohle und Eisen aus der Ukraine aufgebaut. Noch in den Jahren 1970 bis 1984 hatte Belorußland das rascheste Wachstum aller Sowjetrepubliken. Die Hauptstadt Minsk wurde in dieser Zeit mit 1,5 Millionen Einwohnern zu einer der größten Städte der Sowjetunion.

Die Nationalbewegung nach 1985 kam langsamer als in anderen Sowjetrepubliken in Gang. Auch hier waren es Schriftsteller und andere Intellektuelle, unter ihnen die berühmten Schriftsteller Wasyl Bykow und Ales Adamowitsch, die das nationale Thema als erste öffentlich vertraten und dann – 1988 – die Volksfront »Adradshen'ne« (Erneuerung) gründen halfen. Adradshen'ne knüpft vor allem an die nationalen, agrarromantischen Bestrebungen vom Ende des 19. Jahrhunderts an, an den belorussischen Revolutionär Kastus Kalinowski und den Dichter Janka Kupala. Einen entsprechenden Platz haben Forderungen nach einer Wiederherstellung des belorussischen Bauerntums.

Es liegt offenbar an dem geringeren Widerhall in der Bevölkerung, daß Belorußland ein Hort des sowjetischen Konservatismus geblieben ist. Noch im Oktober 1988 war das Überleben von Adradshen'ne zweifelhaft. Die Kommunistische Partei verkündete einen Unvereinbarkeitsbeschluß, woraufhin Adradshen'ne viele Aktive verlor. Liberale Redakteure wurden mit Entlassung bedroht, wenn sie die Glasnost auf Adradshen'ne ausdehnen wollten; die Medien berichteten fast nichts mehr über über die Opposition. Um so größeren Raum nahmen in der Berichterstattung die konservativen Interfronten in den baltischen Ländern ein. Versuche der Opposition, öffentliche Versammlungen abzuhalten, wurden immer wieder vereitelt. Unabhängige Veröffentlichungen und die Vorführung nationaler Embleme wurden verboten. So mußten sich die 400 Delegierten des offiziellen Gründungskongresses von Adradshen'ne im Juni 1989 auf einem »Kongreß im Exil« in Vilnius versammeln. Vorsitzender wurde Sjanon Pasnjak, ein Archäologe.

Ein Schlaglicht auf den Konservatismus der belorussischen Partei- und Staatsführung warfen zwei Affären um den 1985 gestorbenen großen jüdischen Maler Marc Chagall, der aus Witebsk stammte und in seinen Bildern jüdisch-belorussische Motive verwendete. Er war in den frühen zwanziger Jahren aus Sowjetrußland emigriert und offiziell bisher als Franzose definiert worden. Bei der Eröffnung einer Retrospektive zu seinem 100. Geburtstag wurde er 1987 in Moskau wieder als großer russischer Künstler geehrt. Es gab daraufhin Bestrebungen, das Geburtshaus in Witebsk zu einem Museum für Chagall zu machen. Hiergegen wurde in Belorußland selbst eine heftige Kampagne entfacht. Chagall tauge nichts als Maler, verkündete der notorische Antisemit Wladimir Begun, der seit den siebziger Jahren die These von einer jüdisch-freimaurerischen Verschwörung unermüdlich verbreitet. Der Konflikt hatte Weiterungen. Als die Kunsthistorikern Irina Schelenkowa einen lobenden Artikel über Chagall für die Belorussische Sowjetenzyklopädie schrieb, wurde sie entlassen, obwohl sich die Redaktion der Großen Sowjetenzyklopädie öffentlich für sie aussprach. Den Artikel übernahm Wladimir Begun selbst. Schelenkowa prozessierte dagegen und verlor. Ein Film über dem Prozeß von Arkadij Ruderman wurde in Belorußland verboten. Der Schriftsteller Ales Adamowitsch mußte ihn in Moskau vorführen.

Hinter der geringeren Breitenwirkung der nationalen Opposition stecken Strukturen, die in die Geschichte verweisen. Die Russifizierung begegnete hier weitaus geringerem Widerstand als anderswo, obwohl das Land ethnisch verhältnismäßig homogen ist. Entsprechend stärker bedroht ist die belorussische Sprache. Sie ist aus den Medien, den Büros, dem öffentlichen Leben weitgehend verschwunden. 1979 hatten noch 74,2% der Belorussen behauptet, Weißrussisch sei ihre Umgangssprache; 1989 waren es 70,9%. Vor allem in den Städten ist – ähnlich wie in der Ukraine – eine belorussischrussische Mischsprache entstanden: der Trasnjak. Die Zeitungen des Landes sind überwiegend russisch. Nur 27% der Bücher in der Republik erscheinen auf belorussisch. Nur 14% der Schulen sind noch belorussisch, und sie liegen meist auf dem Land. Aber auch in ihnen wird ein großer Teil des Unterrichts auf Russisch geführt.dem entspricht ein Mangel an Lehrern, die imstande wären, belorussischen Unterricht zu erteilen.

Ein Faktor, der historisch zur Schwäche des Nationalbewußtseins beitrug, ist das Fehlen einer Nationalkirche, die Träger des Nationalismus werden konnte – wie es etwa in Polen oder Litauen je auf ihre Weise die katholische Kirche ist. Unter den 10,2 Millionen Einwohnern Belorußlands befinden sich zwei Millionen Katholiken. Aber die katholische Kirche versteht sich noch immer weitgehend als polnisch, die Orthodoxie als russisch. In fast allen katholischen Gemeinden ist Polnisch die Sprache der Kirche und kirchliche Unterrichtssprache, in den orthodoxen Gemeinden gilt entsprechendes für das Russische. Noch immer sind also die Kirchensprachen Instrumente der Polonisierung bzw. der Russifizierung. Trotz belorussischer Muttersprache tendieren daher viele Katholiken dazu, sich als Polen, viele Orthodoxe, sich als Russen zu sehen.

In dieser Situation muß eine nationalistische Organisation vor allem die religiöse Toleranz betonen. Adradshen'ne versteht sich daher als eine Schirmorganisation für informelle Gruppen, die offen für Gläubige und Ungläubige sein soll und in der religiösen Vielfalt eine Tugend sieht. Aber die religiösen Kulte – mit Ausnahme derer der Juden und der muslimischen Karaimen – sollen sich nationalisieren.

Wie in der Sowjetunion allgemein, hat sich auch hier das Verhältnis von Staat und Kirche inzwischen entspannt. 1988 erhielt Belorußland mit Tadeusz Kondrasiewicz, einem Polen, seinen ersten katholischen Erzbischof seit sechzig Jahren. Aber noch immer steht Adradshen'ne in einem Gegensatz zur Majorität der katholischen Priester, die ihre belorussischen Schäflein als Polen ansehen, welche ihre Muttersprache vergessen haben. Auch der Gegensatz zur orthodoxen Kirche bleibt bestehen. Wie von Adradshen'ne verlangt, verwandelte das Moskauer Patriarchat im November 1988 das belorussische Eparchat zwar in ein Exarchat, die orthodoxen Diözesen von Polozk, Pinsk und Mogiljow wurden wiederhergestellt. Doch auch weiterhin wird auf russisch gepredigt. Der neue Exarch von Minsk, Filaret, ist Russe. Allerdings gibt es unter den Orthodoxen eine jüngere Generation nationalistischer Priester. Nach Wünschen der Adradshen'ne soll nun Belorussisch Kultsprache aller christlichen Kirchen in Belorußland werden. Alle kirchlichen Organisationen sollen jedoch volle Betätigungsfreiheit erhalten, sowohl in der Lehre und den Publikationen wie in der Caritas.

Neben der nationalen Thematik bestimmen aber auch die jüngere Geschichte und die Umweltproblematik die Arbeit der Adradshen'ne. 1988 wurden in Kuropaty vor den Toren Minsks Massengräber von ca. 30 000 Menschen gefunden, bei denen es sich um Opfer der Jahre 1937-1941 handelte. Es war der Vorsitzende der Adradshen'ne, Sjanon Pasnjak, der die Opfer entdeckt hatte. Pasnjak ist auch Vorsitzender der »Martyrologen Belorußlands«, die sich der Erinnerung an die belorussischen Opfer Stalins widmen. Kuropaty wurde nun in Belorußland zum Symbol für den Stalinismus überhaupt, der nach Angaben von Adradshen'ne bereits vor dem Einmarsch der Deutschen zur Ermordung von etwa zwei Millionen Personen in ganz Belorußland führte. Die in nationalen Fragen starre Partei- und Staatsführung zeigte im Falle von Kuropaty erstmals eine gewisse Flexibilität. Anders als 1988 wurde eine Massendemonstration in Kuropaty Ende Oktober 1989 nicht von Polizei und KGB zerstreut. Vertreter des orthodoxen, katholischen und protestantischen Klerus weihten den Ort. Unbehelligt wehte erstmals sogar die weiß-rot-weiße Nationalfahne.

Mehr als die Geschichte aber ist es der Zustand der Umwelt, der in Belorußland auf den Nägeln brennt. Neben den auch sonst für die Sowjetunion üblichen Mißständen hat das Land vor allem unter den Folgen der Atomkatastrophe von Tschernobyl zu leiden, die sich nur wenige Kilometer von der ukrainisch-belorussischen Grenze ereignete. Belorußland wurde von ihr noch schwerer betroffen als die Ukraine. Die durch eine miserable Informationspolitik der Regierung bedingte Sorglosigkeit ist längst einer allgemeinen Angst gewichen. Ende 1988 stellte sich heraus, daß fast 1/5 des bebaubaren Landes von Belorußland kontaminiert waren. Erst Anfang 1989 gab es Evakuierungen im belorussischen Gebiet der Zone von Tschernobyl. Im Oktober 1989 verkündete der Oberste Sowjet Belorußlands ein massives Hilfsprogramm für die Umsiedlung von 100 000 Menschen. Mitte 1990 steht die Umsiedlung von zwei Millionen Menschen, einem Fünftel der Bevölkerung an. Parteichef Nikolaj Sljunkow, Mitglied des Politbüros der KPdSU, sollte sich wegen seines Umgangs mit Tschernobyl vor Gericht verantworten, forderten Demonstranten im Herbst 1989 in Minsk. Selbst eine notdürftige Sanierung des Landes übersteigt die Wirtschaftskraft des Landes bei weitem. Immerhin kommt nun mit einiger Verzögerung auch Belorußland in Bewegung. Bei den Wahlen zum Kongreß der Volksdeputierten im Frühjahr 1989 fiel der Erste Sekretär des Minsker Parteikomitees durch. Die Schriftsteller Wasyl Bykow und Alex Adamowitsch wurden innerhalb der Organisationen der Kulturschaffenden als Deputierte des Kongresses der Volksdeputierten gewählt. Aber so sehr Tschernobyl die Bevölkerung mobilisiert, in nationalen Fragen bleibt sie großenteils skeptisch, obwohl die national-demokratische Bewegung auf baltische, vor allem litauische Unterstützung rechnen kann. Daher schwankt die Partei- und Staatsführung zwischen Härte und halben Kompromissen. So wollten sich Mitte 1989 unabhängige belorussische Jugendorganisationen in Minsk zu einem Kongreß treffen, aber die Stadt verweigerte Räume und drohte glaubhaft mit Repressionen. Die Jugendlichen waren gezwungen, nach Vilnius auszuweichen. Nur ein Scheinerfolg war der Beschluß des Obersten Sowjets Belorußlands vom Februar 1990, das Belorussische zur Sprache der Republik zu erheben; denn Russisch blieb Sprache der interethnischen Kommunikation; jeder Bürger habe das Recht Russisch zu sprechen und eine russisch-sprachige Erziehung zu erhalten.

Weniger unter nationaler als unter sozialer Thematik sind in Belorußland die Arbeiterorganisationen aktiv. Besonders aktiv sind in Belorußland autonome Arbeiterorganisationen. Im September 1989 gründeten zweihundert Arbeiter aus 72 Fabriken in Minsk ein »Komitee für Unabhängige Gewerkschaften«, das sich als Keimzelle für eine sozialdemokratische Arbeiterpartei versteht. Die Initiatoren sind Arbeiter, die in der Volksfront oder in ihren Unterstützergruppen organisiert sind. In Minsk gründeten Transportarbeiter eine unabhängige Gewerkschaft und ein Streikkomitee. In allen Fällen sind Marktwirtschaft, Management durch Arbeitskollektive und Mehrparteiensystem, bzw. eine Mischung aus direkter Demokratie, Räten und westlicher Demokratie die Ziele. Alle diese Arbeiterorganisationen beanspruchen, im Namen der Arbeiterklasse gegen die

Kommunistische Partei zu sprechen. Gegen diese Arbeiterbewegung von unten ließ die Partei- und Staatsführung einen »Verband der Arbeitskollektive« gründen.

Bei seiner Gründung waren der Erste Sekretär der Kommunistischen Partei Belorußlands, Jefrem Sokolow, und der Vorsitzende des Obersten Sowjets Belorußlands, Mikola Dsemjazej, anwesend. Vorbild ist die »Vereinigte Arbeiterfront« in Leningrad, die mit den baltischen Interfronten zusammenarbeitet und zu deren Theoretikern u.a. Nina Andrejewa gehört. Zur Strategie dieser Organisationen gehört es, die Ressentiments gegen jede Neuerung innerhalb der Sowjetunion zu wecken und die Arbeiter gegen die Intellektuellen zu mobilisieren.

Obwohl Adrashden'ne Mitte 1990 nach eigenen Angaben 100 000 Mitglieder hatte, ist sie noch immer relativ schwach und die konservative Partei- und Staatsführung entsprechend stark. Die beiden Zeitungen, die die Volksfront herausgibt, müssen noch immer in Litauen gedruckt werden, wo Sajudis hilfreich ist. Selbst bei den Wahlen zu den Repräsentativorganen im März 1990 blieben die Vertreter der Adrashden'ne verhältnismäßig erfolglos. Das Mitglied des sie leitenden Triumvirats, der Physikprofessor Jurij Chodyko fiel durch. Ihre Versammlungen in Minsk wurden verboten.

Eine besondere List ließ sich die Republikführung mit territorialen Forderungen an Litauen im Falle einer Sezession einfallen. Bisher habe man diese Forderungen nicht erhoben, da die fraglichen Gebiete ja zur Sowjetunion gehörten. Bei einer Sezession aber wolle Belo sein historisches Recht auf jene Gebietsstreifen anmelden, die Litauen bei seinem Anschluß an die Sowjetunion erhalten habe. In diesem Zusammenhang müsse auch über Wilna gesprochen werden, das von 1921 bis 1939 zu Polen gehörte und erst durch den Hitler-Stalin-Pakt Litauen zugeschlagen wurde.

Eine Realisierungschance haben diese auch juristisch auf dürren Beinen stehenden Forderungen kaum. Sie könnten Adrashden'ne aber in Schwierigkeiten bringen. Sajudis hat die Ansprüche der belorussischen Regierung zurückgewiesen; Adradshen'ne hat sich von ihnen ausdrücklich distanziert. Aber, so könnte das Kalkül der Parteiführung sein, eine Nationalbewegung, die sich den nationalistischen Schneid von ihren Gegnern abkaufen läßt, kann mit einer Massenmobilisierung kaum rechnen.

73

3. Ukraine

SSR Ukraine, Hauptstadt Kiew, Einwohner 1979 – 49,8 Mio., 1989 51,7 Mio., 74% Ukrainer, Russen 21%, je 1% Juden und Belorussen, daneben Polen, Moldawier, Bulgaren u.a. In der ganzen Sowjetunion gab es 1970 – 40,8 Mio. Ukrainer, 1979 – 42,3 Mio, 1989 – 44,1 Mio.

Es bedarf goldener Frühzeiten, um historische Identität und gegenwärtige Ansprüche einer Nation zu begründen. Unglücklicherweise beanspruchen der russische und der ukrainische Nationalismus die selben Ursprünge: die 989 christianisierte »Kiewer Rus«. Angesichts der glänzenden Kultur dieses mittelalterlichen Reiches ließe sich denken, daß es zwei oder mehrere Nachkommen mit Traditionen hätte versorgen können. Aber in diesem Falle schließen die Ansprüche einander tendenziell aus. Für den russischen Nationalismus ist Kiew die »Mutter der russischen Städte«, die Ukraine ein besonderer Teil Rußlands mit einer eigenen Folklore und das Ukrainische ein russischer Dialekt. Dem ukrainischen Nationalismus zufolge hat sich Rußland das symbolische Erbe der Rus ebenso unrechtmäßig angeeignet wie das Land; und einer der Beweise dafür, daß die ukrainische Nation ein Recht auf souveräne staatliche Existenz hat, ist ihre voll ausgebildete und literarisch erprobte Sprache.

Sowohl die ukrainische wie die russische Geschichte beginnen mit der sagenhaften Rus, einem Bund ostslawischer Stämme, die in regem Austausch und unter der Herrschaft der Waräger standen – Wikinger, die den Handel von der Ostsee quer durch das heutige Belorußland und die heutige Ukraine ins oströmische Reich organisierten. Mächtig war Kiew schon in der Zeit des Fürsten Oleg (879-912). Ihm gelang es 907, Byzanz einen Tribut aufzuerlegen. Mit der Legende, daß dieser Oleg zum Zeichen seines Erfolges seinen Schild an ein Stadttor von Byzanz genagelt habe, begründete noch während des Ersten Weltkrieges der russische Ministerpräsident Trepow die russischen Ansprüche auf Istanbul – russisch »Zargrad«. In der folgenden Zeit wuchs die Bedeutung Kiews. Fürstin Olga (945-957), die aus Pskow im heutigen Weißrußland stammte, intensivierte die Beziehungen nach Byzanz und ließ sich taufen – ohne allerdings auch die anderen Fürsten der Rus dazu überreden zu können.

Noch immer war die Ukraine, vor allem in ihren südlichen Teilen, ein Steppenland, und sie sollte es noch mehrere Jahrhunderte bleiben. Denn die fruchtbare schwarze Erde, auf der das Gras wuchs, war immer wieder Durchzugsgebiet für berittene und räuberische Nomadenvölker, die von Asien her auf dem Weg nach Westen waren. Sie verhinderten lange Zeit jede kontinuierliche Landwirtschaft. Nur an den Rändern der nördlichen Waldgebiete, die eine Rückzugsmöglichkeit boten, war daher überhaupt Ackerbau möglich. Olgas Sohn Swjatoslaw (957-972) beging daher einen verhängnisvollen Fehler, als er das Chasarenreich, dessen Hauptstadt Itil in der Nähe des heutigen Wolgograd lag, zerstörte. Denn dieses Reich war eine Barriere gewesen, die die sich nach Osten fortsetzenden Steppen unterbrach. Von dort aus gesehen, war nur der Weg nach Westen frei. Swjatoslaw selbst wurde auf dem Rückweg von einem Heerzug nach Konstantinopel von Petschenegen gestellt und erschlagen. Aber Wagemut und Heldentod sind der Stoff der alten Epen, die seit dem 19. Jahrhundert das Herz nationalgestimmter Jünglinge höher schlagen lassen. Ebenso legendär wie Swjatoslaw wurde auch Wladimir, der das Kerngebiet des späteren Rußland gewann. In den Sagen wurde er, inmitten seiner Recken Ilja Muromez, Dobrynja Nikitin und Aljoscha Popowitsch gefeiert. Nachdem er 980 mit List und Tücke Alleinherrscher der Rus geworden war, setzte er 988 die Christianisierung durch. Dafür bekam er, ein unerhörter Erfolg in dieser Zeit, die Schwester der beiden regierenden Kaiser Basilios II. und Konstantin VIII. zur Frau und wurde nach seinem Tode heiliggesprochen.

Mit Wladimir begann der große kulturelle Aufstieg Kiews, das seine materielle Kultur aus Konstantinopel und seine religiöse aus Bulgarien bezog. Sein Sohn Swjatopolk heiratete die Tochter des polnischen Königs Boleslaw Chrobry. Polen wußte nun, wo Kiew lag, und eroberte es 1017 zum ersten Mal. Aber noch war die polnische Anwesenheit nur eine Episode. Unter Jaroslaw dem Weisen (1019-1054) erreichte die Rus ihren politischen und kulturellen Höhepunkt. Ihm gelang es nicht nur, das Reich zu sichern und auszudehnen, durch geschickte Heiratspolitik machte er seine Töchter zu Königinnen von Norwegen, Ungarn und Frankreich, eine Enkelin sogar zur Gemahlin des römischen Kaisers Heinrich IV. Sohn Wsewolod heiratete eine byzantinische, die drei anderen Söhne deutsche Prinzessinnen. Kiew war somit sichtbar zu einer großen und anerkannten europäischen Macht geworden. Die Stadt selbst erhielt dank der die Pracht ihrer Kirchen, Klöster und Schulen den Beinamen »das goldene«.

Noch immer aber war die Rus eine Koalition von Stämmen. Der Großfürst war der ranghöchste, aber nicht der einzige Fürst. Da er alle seine Söhne in gleicher Weise liebte, mußten sie sich stets von neuem um das Erbe prügeln. Der Tod jedes großen Herrschers führte in die Anarchie. Den Steppenvölkern verhieß das fette Beute. Einen letzten Glanz für Kiew bedeutete die Herrschaft von Wladimir Monomach (1113-1125), dessen pelzbesetzte Krone der Sage nach ein Geschenk des byzantinischen Kaisers war. Sie haben die Zaren bis 1917 getragen, auch um ihre Ansprüche auf Konstantinopel zu demonstrieren. Mit Monomachs Tod begann wieder eine Zeit der Wirren. Für Kiews Fernhandel besonders verhängnisvoll wurde die Besetzung und Plünderung Konstantinopels durch die Kreuzritter.

Seit Mitte des 11. Jahrhunderts hatten die Polowzer (Kumanen) in der Steppe die Petschenegen verdrängt. Sie drangen weit ins Waldgebiet bis nach Smolensk hinauf vor und ließen sich bereitwillig in die internen Zwistigkeiten der ostslawischen Fürsten einbinden. Anders als die Petschenegen hatten die Polowzer über das Rauben hinaus einen neuen Erwerbszweig aufgetan: die systematische Menschenjagd. Sie sorgten nun auf den byzantinischen und persischen Sklavenmärkten für regelmäßigen Nachschub an Ostslawen. Aus Furcht vor ihnen begann die Bevölkerung allmählich teils nach Westen, nach Wolhynien und Galizien, teils in die russischen Waldgebiete abzuwandern, die bis dahin noch vorwiegend von finnischen Stämmen bewohnt waren. Es war eine Flucht aus der Zivilisation und dem Reichtum in die Kargheit und Armut.

Mit der Bevölkerung wanderten auch die Herren, und die ersten Trennungen zwischen Kiew und den nördlichen Gebieten »hinter dem Wald« (salesje) zeichneten sich ab. In diesen Gebieten waren es die Nachkommen von Monomach, die die Grundlagen Rußlands legten, so Jurij Dolgorukij, der Susdal gründete. Sein Sohn Andrej eroberte als erster Kiew, nicht mehr um es zu besitzen, sondern um es zu plündern und die Bevölkerung zu verschleppen (1169). Während der Norden durch die weitgehend republikanische Handelsstadt Nowgorod und das Fürstentum Wladimir-Susdal beherrscht wurde, entstanden im Westen, ebenfalls beherrscht durch Söhne Monomachs, die Fürstentümer Wolhynien und Galizien, die an die »lateinischen« Königreiche Polen und Ungarn grenzten und von ihnen kulturelle Impulse aufnahmen.

1235 fielen die Mongolen unter Batu in das Gebiet der Rus ein.

1236 besiegten sie die Bolgaren an der mittleren Wolga, 1237 und 1238 Rjasan und Susdal. 1238 drehten sie, aus Furcht vor dem Tauwetter, kurz vor Nowgorod um; dafür löschten sie 1240 Kiew aus, das für Jahrhunderte Ruinenstadt blieb. 1241 gelangten sie bis nach Liegnitz in Schlesien, drehten dort aber um, weil der Groß-Chan im fernen Karakorum gestorben war; Westeuropa war gerettet. Batu wurde Herrscher des westlichen Teilreiches, der »Goldenen Horde«, und schlug seine Residenz in Saraj, in der Gegend des heutigen Wolgograd auf. Fast die gesamte Rus war nun den Tataren tributpflichtig. Unter ihrer Herrschaft stieg zunächst in Konkurrenz zu Nowgorod, dann es erobernd, das Fürstentum Moskau auf. Immerhin unterwarfen die Mongolen auch die Polowzer. Einige von ihnen blieben in der Region und gingen in den Tataren auf. Andere wanderten nach Ungarn, wo sie sich 1350 christianisierten, aber bis ins 17. Jahrhundert einige Sonderrechte behielten. Erst im 18. Jahrhundert waren sie dort vollständig magyarisiert.

Im Westen stieg ein neuer Stammesverband zur Großmacht auf. Das noch überwiegend heidnische Litauen wurde im 13. Jahrhundert durch den Fürsten Mindaugas und im 14. Jahrhundert nochmals durch Gediminas geeint und eroberte jene Gebiete der Rus, die außerhalb der Tatarenherrschaft geblieben waren. Litauen nahm Alt-Kiewer Traditionen auf. Seine Hof- und Gerichtssprache war Slawisch. So wurde Litauen zunächst zu einem russischen Teilfürstentum unter litauischer Dynastie; soweit es schon christlich war, war es orthodox. Gerade Litauen förderte damit auch die hochsprachliche Differenzierung der Ostslawen. In der 2. Hälfte des 14. Jahrhunderts gehörten Wolhynien mit Kiew zu Litauen. Vytautas, der letzte »slawische« Herrscher Litauens, herrschte über einen Staat, der vom Schwarzen Meer bis zur Ostsee reichte, dessen Bevölkerung allerdings nur zu etwa 10 % aus Litauern bestand.

Eine Wende kam, als Vytautas von seinem Vetter Jagiello überspielt wurde. Jagiello heiratete 1386 Königin Jadwiga von Polen und wurde damit selbst polnischer König. Bis 1569 war Litauen nun mit Polen in einer konfliktreichen Personalunion verbunden, die nach dem Aussterben der Jagiellonen in eine Realunion verwandelt wurde. Während der litauische Adel politisch eine Sonderstellung behielt, veränderte er sich kulturell in wenigen Generationen. Er wurde polnisch und katholisch. Litauen schied damit aus der kulturellen Tradition der Rus aus. Die großen Herrschaftsgebiete orthodoxen Glaubens wurden so aber zu einer politischen Gefahr. Je mehr der Stern Moskaus aufstieg, desto mehr wurde die Loyalität der orthodoxen Herrschaftsgebiete zweifelhaft. Denn mehr und mehr trat das Fürstentum Moskau als Schutzmacht der Orthodoxie auf. Der Zerfall der Goldenen Horde und die osmanische Eroberung Konstantinopels im 15. Jahrhundert hatten diesen Aufstieg beschleunigt. Iwan III. übernahm mit der theokratischen byzantinischen Staatsauffassung und dem Hofzeremoniell auch den imperialen Anspruch. Die osmanische Eroberung Konstantinopels befreite die russische Kirche von byzantinischer Vorherrschaft. Der Moskauer Metropolit wurde Patriarch und damit Oberhaupt einer eigenständigen Kirche. Iwan IV. (1533-1584), der Schreckliche, schließlich ließ sich zum Zaren, also zum Nachfolger der byzantinischen Kaiser krönen. Moskau beanspruchte nun, das »Dritte Rom« und damit legitimer Herr aller rechtgläubigen Christen – wenn nicht der ganzen Welt – zu sein.

Auf die religiös-politische Gefahr reagierte Polen-Litauen mit einer religionspolitischen Maßnahme. Auf einem Konzil in Lublin gelang es 1596, eine Union der römisch-katholischen und der orthodoxen Kirche durchzusetzen. Die Mehrzahl der orthodoxen Bischöfe erkannte die päpstliche Oberherrschaft an, Ritus und Kirchensprache jedoch blieben slawisch-orthodox. Die religiöse und kulturelle Differenzierung der Ostslawen erfuhr damit einen neuen Schub. Gleichsam als Vorgriff auf den Konflikt der Nationalismen sah das Moskauer Patriarchat hierin natürlich einen Abfall vom rechten Glauben. Überall dort, wohin die Moskauer Macht vordrang, wurde die Union rückgängig gemacht.

Die unierte Kirche in Polen-Litauen stand von nun an immer wieder unter dem katholischen Druck, auch den lateinischen Ritus zu übernehmen. Klerus und Unterschichten widersetzten sich beharrlich. Allerdings wechselte der örtliche ostslawische Adel, der nach einer Gleichstellung mit dem polnischen strebte, ins katholische Lager über und polonisierte sich. Das ukrainische Ostslawisch wurde weitgehend zu einer Bauernsprache. Als im polnisch-litauischen Reich die Städte aufblühten, war ihre Bevölkerung überwiegend polnisch oder jüdisch. Soziale, religiöse und sprachliche Grenzen fielen damit weitgehend zusammen. Das ukrainische Sonderbewußtsein formulierte sich daher gegen die Polen, den Adel, die Katholiken und die Juden.

Diese Konstellation wirkte auf ukrainische Entwicklungen östlich der polnischen Grenze weiter. Dort wurden die Kosaken, Leibeigene, die in die Gebiete östlich des Dnepr geflohen waren und dort mit den benachbarten Völkern und Reichen rauften, für die Herausbildung eines ukrainischen Bewußtseins wichtig. Die Kosaken verstanden sich auch als Verteidiger der Orthodoxie. Ihre Feindschaft gegen die polnischen Herren hatte damit eine zusätzliche religiöse Begründung. Von ihrem großen Lager an den Stromschnellen des Dnepr, der »Sitsch« von Saporoshje aus, entfachte ihr Hetman Bohdan Chmelnizkyj 1648 einen antipolnischen Aufstand, der auch zum ersten großen antijüdischen Pogrom wurde. Die verbreitete und massive ukrainische Judenfeindschaft erklärt sich mit daraus, daß die polnischen Herren durch Juden die Steuern eintreiben ließen, um die Aggressionen der Bauern und Handwerker auf sie zu lenken. Für kurze Zeit entstand ein ukrainischer Ständestaat: Die Bauern waren frei, die Städte erhielten Selbstverwaltung, weitergehende politische Rechte hatten nur die Kosaken.

Angesichts der Gefahr einer polnisch-tatarischen Koalition bot Chmelnizkyj 1651 Moskau das Protektorat an. Nach russischer Interpretation kehrte die Ukraine damit 1654 zu Rußland zurück, nach ukrainischer handelte es sich nur um ein Militärbündnis. Auf jeden Fall mußten sich die Kosaken nun russischer Unterwerfungsversuche erwehren. 1667 kam der Ostteil der Ukraine an Rußland, der Westteil blieb bei Polen. Für das russische Geistesleben ist diese Annexion kaum zu unterschätzen. Das ehemals polnische Kiew, vor allem die dortige geistliche Akademie, exportierte lateinische Bildung und westliche Ideen ins Moskauer Reich. Nach der Schlacht von Poltawa, 1709, wurde die Ukraine rechtlich an Rußland angeglichen. Der Kosaken-Hetman Masepa hatte sich im großen Nordischen Krieg mit dem schwedischen König Karl XII. gegen Peter den Großen verbündet; dessen Niederlage bedeutete auch das Ende der kosakischen Unabhängigkeit. Das Hetmanat wurde abgeschafft. 1754 wurde die Zollgrenze zwischen der Ukraine und Rußland aufgehoben. Katharina II. beseitigte die Sitsch von Saporoshje und machte die Kosakentruppen zu regulären Kavallerieregimentern. Die Kosakenoffiziere wurden russische Adlige, die gewöhnlichen Kosaken blieben freie Bauern, die übrigen ukrainischen Bauern wurden Leibeigene. Die russische Ukraine wurde in drei Gouvernements (Kiew, Tschernigow, Nowgorod-Sewerskij) aufgeteilt. Zusammen bildeten sie nun das »Kleinrussische Generalgouvernement«.

Die kosakisch-ukrainische Autonomie war mit der Annexion der Krim und damit der Zerstörung des letzten tatarischen Chanats überflüssig geworden. Die Gefahr von Überfällen durch Tataren und Steppenvölker war beseitigt. Damit aber waren auch jene Gefahren gebannt, die bislang eine bäuerliche Besiedlung und Urbarmachung der Steppe unmöglich gemacht hatten. Jetzt wanderten ukrainische Bauern nach Süden und Osten, um die Steppen unter den Pflug zu nehmen. Die Ukraine, das »Grenzland«, wurde zur Kornkammer Rußlands. In russischen Augen war die Ukraine von nun an ein Teil Rußlands: »Kleinrußland«. Die ukrainischen Führungsschichten sahen das zumeist nicht anders. Der Dichter Nikolaj Gogol aus Mirgorod bei Poltawa würzte viele seiner Geschichten zwar mit »kleinrussischen« Redensarten, um seinen Schilderungen bäuerlicher Milieus Lokalkolorit zu geben; aber nie zweifelte er daran, Russe zu sein.

Ganz anders war die Situation in der Westukraine, d.h. Galizien und Wolhynien, die nach den polnischen Teilungen Ende des 18. Jahrhunderts zu Österreich gekommen waren. Hier blieb die Sozialstruktur des polnisch-litauischen Reiches im wesentlichen erhalten und mit ihr das zugleich religiöse, sprachliche und soziale Konfliktpotential. Galizien mit der Hauptstadt Lemberg (Lwow) war mit seiner polnischen Universität ein Zentrum des polnischen Nationalismus. Nun wurde es zur Wiege des ukrainischen Nationalismus. War für den polnischen Nationalismus die katholische Kirche institutioneller Kristallisationskern, so für den ukrainischen Nationalismus die unierte Kirche. Wie fast überall in Mittel- und Osteuropa war auch diese »Wiedergeburt« von der Romantik und dem Studium der Sprache, der Folklore und der Geschichte inspiriert.

Von Galizien aus griffen seit Mitte des 19. Jahrhunderts nationalistische Strömungen auch auf die intellektuellen Milieus der russischen Ukraine über. In den vierziger Jahren des 19. Jahrhunderts entstand die Geheimgesellschaft der »Ukrainischen Brüder«, seit 1846 die »Kyrill-und-Method-Gesellschaft«, deren prominentes Mitglied der Nationaldichter Taras Schewtschenko wurde. Ihr politisches Ziel war ein Bund gleichberechtigter slawischer Republiken, in denen neben den Großrussen, den Polen und den Tschechen auch die Ukrainer ihren eigenen Staat haben sollten. Es entstanden vor allem in Kiew Geheimgesellschaften, die »hromadas«. Moskau, das schon 1838 mit einer Russifizierung begonnen hatte, unterdrückte die nationalen Strebungen mit aller Schärfe. 1876 wurde das Ukrainische als Schriftsprache verboten. Nun konnte sich der ukrainische Nationalismus von der antizaristischen Opposition nähren. Zu einer – städtischen – Massenbewegung wurde er allerdings erst mit der Revolution von 1905.

Am 13. Juni 1917 wurde eine »Zentrale Rada« (Sowjet) gegründet, die von gemäßigten Sozialisten geführt wurde und zunächst eine Selbstbestimmung innerhalb Rußlands anstrebte. Die Bolschewiki hingegen hatten ihr Zentrum in den Industrieregionen, in Charkow, Jekaterinoslaw (heute Dnepropetrowsk) und im ostukrainischen Donbass. Zunächst arbeiteten Rada und Bolschewiki gemeinsam gegen die Provisorische Regierung in Petrograd. Noch am 29. Oktober 1917 verjagten sie deren Vertreter in Kiew. Die Oktoberrevolution machte sie zu Feinden. Die Rada erkannte den Rat der Volkskommissare in Petrograd nicht als legitime Regierung Rußlands an; sie wollte eine repräsentative Demokratie. Da die Anhänger der Rada in Kiew in der Mehrheit waren, bildeten die Bolschewiki gemeinsam mit anderen sozialistischen Parteien in Charkow eine eigene Regierung, die sie zur einzig legitimen der Ukraine erklärten. In einem Telegramm nach Petrograd erkannten sie den Rat der Volkskommissare an. Schon am 12. Dezember 1917 trieben die ukrainischen Bolschewiki alle im Charkower Zentralexekutivkomitee vertretenen sozialistischen Parteien auseinander und beanspruchten die alleinige Führung. Und im Januar 1918, kaum daß die Rada die Unabhängigkeit der Ukraine proklamiert hatte, nahmen Rotgardisten Kiew ein. Es begann eine Zeit, in der Deutsche, Polen, Weißgardisten, Rote Armee und selbsternannte Heerführer, wie Hetman Skoropadskyj, Simen Petljura oder der Anarchist Nestor Machno darin wetteiferten, das Land zu verwüsten. Wie einst die zaristische Geheimpolizei, so nutzte vor allem Petljura den ukrainischen Judenhaß, um große Pogrome zu anzuzetteln. Kaum war der Bürgerkrieg zu Ende, griff am 24. April 1920 das wiedererstandene Polen an und besetzte bereits am 7. Mai Kiew. Einen Monat später war Kiew wieder in der Hand der Roten Armee. Der Gegenangriff der Tuchatschewskijs wurde am 18. August vor den Toren Warschaus gestoppt. Die geschlagene Rote Armee räumte Polen fluchtartig, die Grenzen der Zwischenkriegszeit wurden stabilisiert. Der größte Teil der Ukraine war nun sowjetisch. Die Westukraine, also Galizien und Wolhynien blieben polnisch. Dort formierten sich die Nationalisten in der »Organisation Ukrainischer Nationalisten« (OUN), die sich gegen die Polonisierung zur Wehr setzte und für eine unabhängige Ukraine kämpfte. Im Juli 1930 begann die OUN einen Partisanenkrieg gegen die polnischen Behörden, der im Oktober 1930 wieder erstickt war. Die OUN blieb aber auch weiterhin die politisch bestimmende Kraft unter der ukrainischen Bevölkerung Galiziens.

1921 wurde die sowjetische Ukraine Sowjetrepublik und 1922 Teil der Sowjetunion. Die zwanziger Jahre standen in der Ukraine unter dem Zeichen der Ukrainisierung und der Förderung nationaler Kader, der »Korensazija«. Während die sowjetische Ukraine wirtschaftlich und politisch von Moskau verwaltet und kontrolliert wurde, ermöglichte die Nationalitätenpolitik der zwanziger Jahre eine national-kulturelle Blütezeit. Unterrichssprache der Schulen wurde Ukrainisch. Bei dieser »Ukrainisierung« spielte der alte Revolutionär Nikolaj Skrypnik eine führende Rolle. Skrypnik hatte seit 1900 teils in Petersburg, teils in sibirischer Verbannung gelebt und sich 1903 der Bolschewiki um Lenin angeschlossen. 1918 ging er auf Lenins Wunsch für die Tscheka in die Ukraine und war dann zunächst Volkskommissar für Inneres. In der Nationalitätenpolitik war er Opponent Stalins und kritisierte bereits 1922/23 die russifizierende Wirkung der sowjetischen Armee bzw. den »großrussischen Chauvinismus« überhaupt. Das Ende dieser friedlichen Zeit im Jahre 1929 konnte er nicht verhindern.

Die Kollektivierung traf das Bauernland Ukraine besonders hart. Sie verfolgte hier den Nebenzweck, alle ukrainischen Besonderungen und Traditionen auszulöschen. 1932 ließ Stalin den Bauern das Saatgut konfiszieren und im Winter alle Lebensmitteltransporte von außerhalb unterbinden. Der ukrainische Schriftsteller Jurij Schtscherbak beziffert die Zahl der Hungertoten und Getöteten auf fünf bis sechs Millionen. Schließlich wurden in den dreißiger Jahren die ukrainische Intelligenz und die Kader der ukrainischen Partei liquidiert. Skrypnik wurde 1933 angeklagt, die ukrainische Sprache von der russischen trennen und sie an die polnische, die deutsche und andere westliche Sprachen verkaufen zu wollen. Am 7. Juli 1933 beging er Selbstmord. Sein Nachfolger Kossior, der sich einen eigenen Personenkult nach dem Muster Stalins geleistet hatte, wurde 1938 hingerichtet, das Land durch Kaganowitsch und Chruschtschow »gesäubert«.

Der zweiten Weltkrieg machte die Ukraine wieder zum Schlachtfeld. Die Deutschen ermordeten die jüdische Bevölkerung, hausten unter der ukrainischen und hinterließen ein zerstörtes Land. Galizien und Wolhynien, die bislang zu Polen, und die Karpato-Ukraine, die bis 1918 zu Ungarn und dann zur Slowakei gehört hatten, kamen nun in den sowjetischen Herrschaftsbereich. Hier aber hatte sich der ukrainische Nationalismus, der sich ebenso gegen Polen wie gegen Rußland richtete, kräftig behaupten können. Hier war auch die unierte Kirche als institutioneller Kristallisationskern des ukrainischen Nationalismus noch lebendig. So wurde mit Beginn des deutschen Überfalls auf die Sowjetunion auch die OUN wieder aktiv. Sie proklamierte am 30. Juni 1941 in Lwow und Kiew einen unabhängigen ukrainischen Staat − einerseits um die Deutschen vor vollendete Tatsachen zu stellen, andererseits um mit ihnen gemeinsam gegen die sowjetische Armee zu kämpfen; viele OUN-Mitglieder zeigten ihre Bereitschaft zum Eintritt in die SS und zur Beteiligung an den Judenverfolgungen. Die Deutschen hatten allerdings andere Pläne; sie verhafteten die OUN-Führer Stezko und Bandera. Nun beschloß die OUN, einen Zweifrontenkrieg gegen die Deutschen und die sowjetische Armee zu führen. Ihr Hauptziel aber blieb die sowjetische Armee. Angesichts der sich von Osten her nähernden sowjetischen Truppen gründete die OUN 1944 die »Ukrainische Aufstandsarmee« (UPA), die in der Westukraine einen großen Rückhalt in der Bevölkerung genoß. Der OUN-Führer Roman Schuchewitsch nannte sich von nun an General Taras Tschuprinko. 1945 befanden sich weite Gebiete unter ihrer Kontrolle. Wie schwer es die sowjetische Regierung hatte, diesen Partisanenkrieg zu beenden, zeigt sich daran, daß sie den Mitgliedern der UPA zwischen 1944 und 1947 in insgesamt sechs Aufrufen Amnestie versprach, falls sie die Waffen niederlegten. Im Februar 1946 boykottierte die Mehrheit der westukrainischen Bevölkerung die ersten Nachkriegswahlen. Die UPA operierte jedoch auch in den ukrainisch bewohnten Gebieten des jetzigen Ostpolens und der Slowakei und drang sogar in die Ostukraine vor. Mit sowjetischem Einverständnis siedelte daraufhin die polnische Regierung die Mehrheit ihrer ukrainischen Bewohner in die neu gewonnenen Westgebiete um. In die gleichen Regionen vertrieb die sowjetische Regierung den größten Teil der polnischen Bevölkerung des nun sowjetischen Galiziens.

Auch in der sowjetischen Westukraine sollten Massendeportationen die rebellische Bevölkerung zur Ruhe bringen. Stalin hatte auch nicht vergessen, daß die ukrainischen Bauern die Deutschen anfänglich freundlich begrüßt hatten. Ganze Dörfer wurden in die Ostukraine umgesiedelt und umgekehrt. Die unierte Kirche wurde 1946 altrussischen Traditionen folgend auf einem Konzil in Lwow mit der russisch-orthodoxen Kirche zwangsweise vereinigt; sie war bei der ersten Besetzung nach Abschluß des Hitler-Stalin-Paktes 1939 noch ausgespart worden. Viele unierte Gläubige pflegten ihre Religion im Untergrund weiter. Aber die Westukraine war schwer zu zähmen. Sporadisch flackern Kämpfe noch bis Mitte der fünfziger Jahre auf. 1959 wird der OUN-Führer Bandera in Westdeutschland, wo er im Exil lebte, ermordet.

Eine kleine Entspannung in das seit Stalin mit eiserner Hand herrschende Regime brachten erst die sechziger Jahre unter Parteichef Pjotr Schelest. An ihn richtete 1965 der junge Schriftsteller Iwan Dsiuba einen Brief, in dem er sich über die Unterdrückung der ukrainischen Nation beschwerte. Ihm schlossen sich andere Schriftsteller an, wie Wjascheslaw Tschornowil. Bei Schelest fanden die Protestierenden offene Ohren. Er selbst hatte zwar ursprünglich in dem Ruf gestanden, »Russifizierer« zu sein, und war 1963 anstelle Nikolaj Podgornyjs Erster Sekretär der ukrainischen KP geworden. Aber von Anfang an hatte er versucht, eine eigene »Korenisazija«-Politik zu verfolgen, also ukrainische Kader im Lande zu halten, und die Entsendung russischer zu verhindern. An der Russifizierung des Schulwesens konnte er nichts ändern. In seinem 1970 veröffentlichten Buch »Unsere sowjetische Ukraine« schließlich, zeigte sich Schelest als überzeugter Unterstützer national-ukrainischer Interessen. 1972 mußte er wegen »nationalistischer Abweichung« seinen Posten für Schtscherbizkij freimachen, der das Land bis 1989 regierte.

Die Russifizierung hatte inzwischen bedeutende Fortschritte gemacht. Erleichtert wurde sie nicht nur durch die Verwandtschaft der beiden Sprachen. Ukrainisch zu sprechen galt seit 1945 als nationalistisch, also reaktionär; russisch zu sprechen als internationalistisch, also fortschrittlich. Das Ukrainische verschwand weitgehend aus dem Unterrichtswesen. Schulen oder Klassen ukrainischer Unterrichtssprache gab es fast nur noch auf dem Land. Das Russische dominierte aber nicht nur die öffentliche Sphäre. Aufstiegsbewußte Eltern bevorzugten russische Schulen und sprachen mit ihren Kinder russisch, um ihnen den Weg ins Leben zu ebnen. In den

Unterschichten der Großstädte entstand wie in Weißrußland eine ukrainisch-russische Mischsprache, das »Surshyk«. So stand das Ukrainische in der Gefahr, wieder zu einer Bauernsprache zu werden. Noch 1985 beschloß das ältesten Theater in Saporoshje, künftig nur noch auf russisch zu spielen. Selbst die pro-ukrainische reformerische Zeitung »Wetschirnij Kjiw« hatte seit 1985 ihre Auflage zwar verdoppelt, aber ihre russische Ausgabe wurde noch 1989 von 330 000 Personen abonniert, die ukrainische nur von 130 000 – allerdings findet eine Tendenzwende statt.

Die neuen Tendenzen regten sich zunächst im ukrainischen Schriftstellerverband, wo schon in den frühen achtziger Jahren – aus verständlichen Gründen – Alarm geschlagen und zur Rettung der ukrainischen Sprache aufgerufen wurde. Ihm schlossen sich seit 1985 mehr und mehr auch die Bildungsschichten an. Ukrainische Studenten begannen wieder die Nationalsprache zu erlernen. Es wurde »chic«, Ukrainisch zu sprechen, bzw. zu erlernen. Unter den Studenten der Kiewer Universität entstand eine nationalistische Gruppierung, die »Hromada«, die zunächst Gegenstand von Repressionsmaßnahmen wurde.

Die sprachpolitischen Ziele wurden über den Schriftstellerverband hinaus von der im Juni 1988 gegründeten und nach dem Nationaldichter Taras Schewtschenko (1814-1861) benannten »Gesellschaft für ukrainische Sprache« verfolgt. Ihre Initiatoren kamen aus dem Schriftstellerverband und aus akademischen Geschichts- und Literaturinstituten. Ihre Anhänger in der Provinz rekrutierten sich vor allem aus den intellektuellen Mittelschichten, aus Lehrern, Journalisten usw. Nach Angaben des Vorsitzenden der Schewtschenko-Gesellschaft, des Dichters Dmytro Pawlytschko, hatte sie Mitte 1989 ca. 70 000 Mitglieder. Ziel dieser Gesellschaft war und ist es, das Ukrainische wieder zu einer dominierenden Nationalsprache zu machen. Es soll vom Kindergarten bis zur Universität obligatorische Unterrichtssprache sein. Partei und Staat, Gerichte und Unternehmensverwaltungen sollen Ukrainisch sprechen. Straßenschilder und Ortsbezeichnungen seien zu ändern. Kiew würde zu Kjiw, Lwow zu Lwiw, der Dnepr zum Dnipro. Pawlytschko, der neben Borys Olijnyk und Iwan Dratsch zu den populärsten ukrainischen Schriftstellern zählt, war es auch, der im Dezember 1989 im sowjetischen Kongreß der Volksdeputierten gegen den ausschließlichen Gebrauch der russischen Sprache protestierte. Sein Antrag auf Simultanübersetzung wurde mit dem Argument abgeschmettert, daß derartiges bei 130 anwesenden Nationalsprachen technisch undurchführbar sei.

Schließlich gehört zur Neudefinition der nationalen Identität auch die Aufarbeitung der jüngeren, vor allem der stalinistischen Vergangenheit, die in der Ukraine besonders furchtbar war. Damit beschäftigt sich seit März 1989 besonders die ukrainische Gesellschaft »Memorial«. Es geht ihr etwa um die Aufklärung der Massengräber von Katyn, Winniza und Bykownja, die bislang den Deutschen angelastet worden waren, aber auch um die Hungersnot von 1932/33. Es geht ihr aber auch um eine Neubewertung der ukrainischen Geschichte überhaupt. Gegen den Willen der damaligen Parteiführung wurde schon 1988 der einstige Vorsitzende der Zentralen Rada von 1917, Myhajlo Hruschewskyj, rehabilitiert, der neben Taras Schewtschenko und Iwan Franko zu den Vätern des ukrainischen Nationalismus zählt. Mit seinem Werk »Geschichte der Ukraine und der Rus« hatte er zu Beginn des Jahrhunderts die Fundamente der nationalen Geschichtsschreibung gelegt. Zum öffentlichen Ärger von Parteichef Schtscherbizkij wurden seit Februar 1988 die Werke dieses »konterrevolutionären Spions« wieder öffentlich zugänglich und eine Neuauflage vorbereitet.

Die Herausbildung demokratischer und nationalistischer Bewegungen kam in der Ukraine etwas langsamer in Gang als in den baltischen Ländern. Das konservative Parteiestablishment konnte lange alle Initiativen von unten abblocken oder denunzieren. Allerdings spielte auch die historisch gewachsene Heterogenität des Landes eines bedeutende Rolle. Die Westukraine mit der Hauptstadt Lwow ist noch immer das Zentrum der nationalen Agitation. Hier sind die religiösen Traditionen der unierten Kirche noch besonders stark. Aus dieser Region kamen auch die meisten Dissidenten, die in der Zeit Breshnews ihren Kampf für nationale Selbstbehauptung und die unierte Kirche mit schweren Verfolgungen bezahlten. Diese Dissidenten organisierten sich vor allem in der ukrainischen »Helsinki-Union«, die von Anfang an kompromißlos den Austritt aus der Sowjetunion forderte. Bei den Demonstrationen am 1. Mai 1989 zeigten sie in Lwow erstmals wieder die blau-gelbe ukrainische Nationalfahne. Inzwischen gehört diese Fahne zum festen Bestand jeder nationalistischen Demonstration. Seit Anfang 1990 hat sich die Helsinki-Union als ukrainische Demokratische Partei« konstituiert.

Wiederum war die unierte Kirche in der Westukraine Kristallisationspunkt der Nationalbewegung. Die Forderungen nach ihrer Wiederzulassung, die besonders energisch von der Helsinki-Gesellschaft vorgebracht wurden, ließen eine alte Konfliktkonstellation aufbrechen. Die russisch-orthodoxe Kirche, die sich selbst erst aus der staatlichen Umklammerung löste, war zunächst keineswegs bereit, das wieder herzugeben, was ihr Stalin 1946 zugeschanzt hatte. Immerhin befanden sich 1987 von den 10 000 orthodoxen Gemeinden 60% in der Ukraine, und die meisten davon in der Westukraine. Ebenfalls in der Westukraine lagen die meisten 1988 und 1989 wiedereröffneten Kirchen. Das Gebiet war fromm geblieben. Ende 1989 konnte die unierte Kirche zwar als inoffiziell wieder zugelassen gelten, aber nun kämpfte sie um die Rückgabe des Kirchengutes, das sie 1946 an die orthodoxe Kirche verloren hatte. Die Orthodoxen, für die die informelle Wiederzulassung der Unierten selbst schon ein schwerer Schlag war, wollten jedoch die Kirchen, vor allem aber den Dom von Lwow, behalten. So kam es zwischen demonstrierenden Christen beider Richtungen Ende 1989 und Anfang 1990 mehrfach zu Prügeleien.

Wenig Verständnis hat das Moskauer Patriarchat, dessen eigene Bedrückung erst seit 1987 nachließ, auch für Forderungen ukrainischer Orthodoxer nach einer unabhängigen,»autokephalen« Ukrainischen Orthodoxen Kirche. Immerhin hatte es eine autokephale ukrainische Kirche nach 1917 gegeben, bis sie durch Stalin mit dem Moskauer Patriarchat zwangsvereinigt wurde. Kein Wunder, daß sich das Moskauer Patriarchat nun immer enger den russisch-nationalistischen bzw. den neu entstehenden pan-slawistischen Tendenzen anschließt.

Gegenüber der leidenschaftlichen religiös-nationalen Atmosphäre in der Westukraine war die Majorität der Opposition in Kiew und in der zentralen Ukraine gemäßigter. Ihr ging es zunächst mehr um Demokratisierung, Umweltpolitik, um wirtschaftliche und politische Autonomie. Viele Schriftsteller waren noch Mitglieder der Kommunistischen Partei und gehörten zur kulturellen Prominenz. Das erschwerte dem politischen Establishment die Verfolgung. Es führte auch dazu, daß die Opposition selbst in den Apparaten mit Sympathien rechnen konnte.

Vor allem aber die katastrophale Umweltsituation forcierte den Widerstand. Der Rückgang der landwirtschaftlichen Erträge ist auch durch das verschuldet, was aus Fabrik- und Kraftswerksschloten aufsteigt und dann vom Himmel regnet. Und schließlich sitzt der Schock über das Desaster von Tschernobyl, nördlich von Kiew, tief. Je weiter 1986 zurückliegt, desto mehr Schäden werden sichtbar. Zwölf Dörfer im Norden des Gebietes Shitomir wurden 1990 evakuiert, viel zu wenig angesichts der inzwischen auch offiziell festgestellten Verseuchung, und immer wieder werden Strahlenschäden entdeckt, ohne daß ein Ende abzusehen ist. Die informellen Gruppen fordern daher den Ausstieg aus der Kernenergie. Aber auch die gigantischen Wasserkraftwerke, die veraltete Chemie- und Stahlindustrie, die ehemaligen Flüsse, die jetzt Kloaken sind, die ruinierten landwirtschaftlichen Böden und der bevorstehende Kollaps des Asowschen und des Schwarzen Meeres zeigen, daß eine radikale Veränderung überfällig ist. Die bedeutendste gegen Umweltzerstörung und AKWs kämpfende Organisation ist die Ende 1987 entstandene »Selenyj Swit« (Grüne Welt), die im Oktober 1989 ihren offiziellen Gründungskongreß abhielt. Ihr Vorsitzender, der Schriftsteller Jurij Schtscherbak, hat das bisher wichtigste Buch zu Tschernobyl verfaßt. Selenyij Swit steht einerseits in dem Netz der informellen Oppositionsgruppen, sie kooperiert andererseits mit den offiziellen Stellen bei der Aufklärung und Folgenabwicklung des Atomunglücks von Tschernobyl.

Als Dachorganisation der informellen Bewegungen entstand 1988 die »Volksfront für Demokratisierung und Perestrojka Ruch«. Sie faßte einerseits fast das gesamte Spektrum der Oppositionsbewegung zusammen, von den wirtschaftlichen über die ökologischen bis zu den nationalen Bestrebungen. Allerdings war sie bis Ende 1989 nicht für die Sezession, sondern strebte noch eine Selbständigkeit der Ukraine innerhalb der Sowjetunion an. Erste große Erfolge erzielte sie schon bei den Wahlen zum Kongreß der Volksdeputierten im Frühjahr 1989 gegen das konservative Parteiestablishment, das ihr bisher einen hinhaltenden und hinterhältigen Widerstand entgegengesetzt hatte. Ende September 1989 endlich wurde der seit 17 Jahren als Erster Sekretär der ukrainischen KP amtierende Wladimir Schtscherbizkij abgelöst. Sein Nachfolger Wladimir Iwaschko ist zwar kein stürmischer Neuerer, aber er vertritt eine vorsichtige Öffnung. Überdies arbeiten, gegen den Willen der Obrigkeit in Kiew, die örtlichen Partei- und Regierungsstellen vielerorts mit den informellen Organisationen zusammen, vor allem dort, wo es um wirtschaftliche und ökologische Fragen geht. Gestoppt wurde der Bau mehrerer, längst nicht aller, Atomkraftwerke. Geändert wurde nach heftigen Auseinandersetzungen auch das Wahlgesetz. Die oppositionelle

Bewegung setzte sich zwar mit ihrer Forderung nach einer Direktwahl des Vorsitzenden des ukrainischen Obersten Sowjet nicht durch, auch werden in den Wahlkreisen nicht »zwei oder mehr« Kandidaten aufgestellt, sondern »eine beliebige Anzahl«, was bedeutet, daß es auch ein einziger sein kann. Durchgesetzt hat sich die Opposition hingegen mit der Forderung nach Abschaffung der Quoten für die gesellschaftlichen Organisationen. Auch einen ukrainischen Kongreß der Volksdeputierten gibt es nicht, die Abgeordneten des Obersten Sowjet werden direkt gewählt. Der hat nun das Recht, Entscheidungen des Ministerrats der Sowjetunion zu suspendieren, wenn sie mit der Verfassung oder Gesetzen der Ukraine kollidieren. Selbst der Oberste Sowjet tritt nun für eine unabhängige Ukraine ein, wenn auch innerhalb einer erneuerten sowjetischen Föderation. Unter Iwaschko hat sich schließlich das Verhältnis der Republikführung zur Nationalbewegung entspannt. Die Sprachgesetze sind durchgesetzt, auch wenn das in der Folge schier unüberwindliche finanzielle Probleme aufwirft. Seit dem ersten Januar 1990 ist Ukrainisch zwar Staatssprache, aber Russisch bleibt offizielles Verständigungsmittel zwischen den Nationalitäten.

Die spezifische Dynamik der sowjetischen Unabhängigkeitsbewegungen tritt auch hier zutage. Der teilweise oder gänzliche Erfolg könnte die Anhänger demobilisieren und die Bewegung schwächen. So setzen gerade reformorientierte, gemäßigt nationalistische Republikführungen die Nationalbewegungen unter einen Radikalisierungsdruck. Im Falle der Ruch haben zu dieser Radikalisierung auch die baltischen Entwicklungen beigertagen. Vor allem die Unabhängigkeitserklärung Litauens vom 11. März 1990 hat in der Ukraine trotz aller Moskauer Blockaden euphorisierend gewirkt. Ruch und die anderen nationalen Gruppierungen demonstrierten für Sajudis und die litauische Unabhängigkeit. Entgegen früherer Beschlüsse bildete sich Ruch zu einer politischen Partei um, die gegen die Kommunistische Partei kämpft. Nun will auch Ruch die ganze Unabhängigkeit. Die Erfolge bleiben nicht aus. Bei den Wahlen zu den Volksvertretungen auf kommunaler und Republikebene im März 1990 errang die Nationalbewegung vor allem in der Westukraine einen großen Erfolg. Einer der nationalen Dissidenten aus den frühen sechziger Jahren, Wjatscheslaw Tschornowil, wurde sogar zum Vorsitzenden des Gebietssowjets von Lwow.

Gerade die Radikalisierung der nationalen Forderungen deckte aber die historischen Unterschiede des Landes wieder auf, und mit ihr einerseits den Gegensatz von unierten und orthodoxen Christen und andererseits den zwischen dem Westen und dem Osten des Landes. Zentrum der nationalen Bestrebungen ist nach wie vor die Westukraine. Von hier kamen 50% der 1.109 Delegierten des offiziellen Gründungskongresses der Ruch, nur 6% kamen aus der Ostukraine. Das westukrainische Übergewicht könnte aber die oppositionelle Bewegung auch spalten. Anders als in Vilnius wurde in Kiew die Parole »Besatzer raus« von der Bevölkerung mit gemischten Gefühlen aufgenommen. In den Großstädten der mittleren Ukraine hat die Nationalbewegung vor allem unter den Intellektuellen und Studenten Anhänger. Aber bereits in dieser Region hat sie mit einem nationalen Desinteresse zu kämpfen, das von den Nationalisten als »kleinrussischer Geist« bezeichnet wird. In der Ostukraine hingegen finden sich kaum nationalistische Gruppen, und auch das nationale Interesse scheint gering.

Die Unruhe wird hier nicht von Christen oder nationalgestimmten Mittelschichten, sondern von russischen oder russifizierten ukrainischen Arbeitern getragen. Die Radikalität richtet sich eher auf Dezentralisierung, mehr Demokratie und bessere Versorgung. Nach den Streiks vom Juli 1989 lösten sich die Streikkomitees in den Kohlerevieren des Donbass gegen Aufforderungen von oben nicht auf, sondern nahmen der Partei die Macht aus den Händen. Die Komitees von Woroschilowgrad, Dnepropetrowsk, Donezk und Rostow (RSFSR) schlossen sich sogar grenzüberschreitend zu einer Regionalen Union (RSSKD) zusammen. Daß diesen Arbeitern der ukrainische Nationalismus fremd ist, liegt nahe. Einige Komitees schickten zwar Delegierte zum offiziellen Gründungskongreß der Ruch im September 1989 nach Kiew. Aber diese blieben der Nationalbewegung gegenüber reserviert. Je mehr die nationalen Forderungen in den Vordergrund treten, desto schwieriger wird eine politische Kooperation.

IV. Die rumänische Nähe: Moldawien

Heute umfaßt das traditionell multinationale Gebiet 64% Moldawier bei einer Gesamtbevölkerung von 3,36 Millionen (1979: 2,97 Mio.) 14% Ukrainer, 13% Russen, 3% Gagausen, 2% Bulgaren und 2% Juden. Der ehemals große jüdische Bevölkerungteil ist von den Deutschen 1941 bis 1944 ermordet worden. 91,6% der Moldawier gaben 1989 Moldawisch als Muttersprache an, 1979 waren es noch 93,2 % gewesen. 53,8 behaupteten, gute Russischkenntnisse als Zweitsprache zu haben, 1979 waren es 47,4% gewesen. Insgesamt Moldawier in der Sowjetunion: 1970 – 2,7 Mio., 1979 – 3,0, 1989 – 3,6 Mio.

Die kleine Sowjetrepublik Moldawien entspricht weitgehend der historischen Landschaft Bessarabien. Einer Anekdote nach wunderte sich der US-Präsident Roosevelt auf der Konferenz von Jalta 1944 sehr, als Stalin auf dieses Gebiet Anspruch erhob. Er vermutete es irgendwo zwischen Palästina, Syrien und Saudi-Arabien. Bessarabien war jedoch nicht nur für Amerikaner terra incognita.

Im 11. und 12. Jahrhundert gehörte das Land zwischen Pruth und Dnestr – als Teil des weiter nach Westen reichenden Fürstentums Moldau mit der Hauptstadt Jassy – zur Kiewer Rus, dann zu Galizien-Wolhynien. Anders als Galizien aber gelangte es nur kurzzeitig an Litauen, sondern stand meist unter ungarischer Herrschaft. 1359 unternahm der moldauische Wojewod Bogdan einen Aufstand gegen den ungarischen König. Das Fürstentum Moldau wurde unabhängig und erlebte eine wirtschaftliche und kulturelle Blüte. Damals gehörte auch die heute ukrainische Region am unteren Dnestr und die nördlich des heutigen Moldawien gelegene Bukowina zur Moldau. Bis in die Mitte des 16. Jahrhunderts war das Fürstentum ein stabiles und mächtiges Staatswesen. Im 15. Jahrhundert, auf dem Höhepunkt der Macht, wirkte der Einfluß der moldauischen Kultur bis in die Ukraine. Es war dies die Zeit Alexanders des Guten (1400-1431) und Stefans des Großen (1457-1504), jene goldene Zeit, auf die sich der moldawische Nationalismus heute zurückbesinnt. Stefan brach im Bündnis mit dem niederen Bojarenadel und den Freibauern die Macht der Großbojaren und schuf ein schlagkräftiges Heer – obwohl er selbst nominell unter polnischer Oberherrschaft stand. Im

Krieg gegen den ungarischen König gelang es ihm, auch die Grenze gegen Siebenbürgen zu sichern. Er verteidigte das Land 1476 erfolgreich gegen die begehrlichen Türken und 1497 gegen die begehrlichen Polen. Obwohl das Fürstentum 1538 für mehrere Jahrhunderte ein türkischer Vasallenstaat wurde, behielt es noch lange seine administrative und kulturelle Autonomie – während andere balkanische Fürstentümer in Paschaliks verwandelt, also von der Pforte in Istanbul direkt beherrscht wurden. Der moldauische Handel orientierte sich zunehmend nach Süden, also zum osmanischen Reich hin, aber die innergesellschaftliche Struktur blieb noch lange die alte.

Die Gleichsetzung des dynastischen Glanzes mit einer Nationalgeschichte im Sinne des 19. Jahrhunderts hat wie üblich auch in diesem Falle einige Tücken. Die Rumänen der Fürstentümer Moldau und Walachei, aber auch Siebenbürgens, Serbiens oder Makedoniens waren seit dem 10. Jahrhundert orthodoxe Christen des slawischen Ritus. Die Kirche und die Klöster schrieben altslawisch; und gerade die rumänischen Klöster spielten eine wichtige Vermittlerrolle zwischen der Kirchen- und Staatskultur von Byzanz und den Ostslawen.

Auch in den rumänischen Fürstentümern wurden Regierungsverordnungen und Gesetze, Kaufmannsprivilegien, Grundakten, Chroniken und Geschichtsbücher jahrhundertelang auf altslawisch verfaßt. Erste rumänischsprachige Chroniken erschienen Ende des 16. Jahrhunderts in der Walachei. Auch sie wurden zunächst in kyrillischer Schrift geschrieben. Die lateinische Schrift setzte sich im rumänischen Sprachgebiet erst im Verlauf des 19. Jahrhunderts durch.

Die »Wiederentdeckung« der rumänischen Sprache hatte wie die vieler europäischer Sprachen religiöse Gründe. Um die Reformation zu verbreiten, ließen im 16. Jahrhundert sächsische und ungarische Mäzene in Siebenbürgen religiöse Bücher in der rumänischen Volkssprache drucken. Ein erster lutherischer Katechismus auf Rumänisch erschien 1544 in Hermannstadt. Von Siebenbürgen aus drang auch das Lateinische als Sprache der Gelehrsamkeit allmählich in die Moldau vor. Unter dem Einfluß von Johannes Honterus aus Kronstadt (Brasov) gründete etwa der moldauische Despot Voda (1561-1563) die erste Lateinschule in Cotnar. Aber noch im 17. Jahrhundert stand das Fürstentum Moldau eher unter griechischem Einfluß als unter lateinischem. Der Aufstieg seines Schulwesens in dieser Zeit hatte griechische Vorzeichen.

Auch Vorformen des rumänischen Nationalismus wurden in Siebenbürgen geboren. Sein Wegbereiter war der unierte Bischof Micu (Klein) (1728-1751), der sich für die kulturellen und sozialen Interessen der unterdrückten rumänischen Majorität Siebenbürgens und ihre Befreiung aus der Leibeigenschaft einsetzte. Micu war es auch, der als erster nicht nur auf den lateinischen Charakter der rumänischen Sprache hinwies, sondern eine historische Kontinuität des »walachischen« Volkes seit dakischen, also vorrömischen Zeiten behauptete. Die in Siebenbürgen langsam entstehende kleine rumänische Mittelschicht forderte bereits Ende des 18. Jahrunderts eine Gleichberechtigung mit den Siebenbürgen beherrschenden »nationes«, den Magyaren, den Szeklern und den Sachsen. Politisch wirksam wurde dieser Nationalismus weiter östlich noch nicht, obwohl die Gesellschaft der Fürstentümer sich in dieser Zeit grundlegend veränderte.

Die militärtechnische Entwicklung und der beginnende Verfall der altosmanischen Sozialordnung verstärkten seit der zweiten Hälfte des 16. Jahrhunderts den Geldbedarf der Pforte. Das Auspressen der heimischen Bevölkerungen oblag den einheimischen Bojaren. Schon Ende des 16. Jahrhunderts waren die Bauern weitgehend ruiniert, die meisten gerieten in Leibeigenschaft. Viele flohen − sei es zu den einheimischen aufrührerischen Hajduken, sei es zu den Kosaken nach Osten, sei es nach Siebenbürgen. Aber immer noch war das Land so reich, daß es Begehrlichkeiten in Österreich, Siebenbürgen oder Polen weckte, sobald die osmanischen Herren mit ihren südlichen Erbfeinden, den Persern, kämpfen mußten. Immer hatten die äußeren Mächte dabei innere Verbündete. Im 17. Jahrhundert stritten sich in der Moldau die Bojarensippen der Costinesti und der Rusetesti um die Hegemonie, die einen auf seiten Polens, anderen auf seiten der Osmanen. Anfang des 18. Jahrhunderts drang Rußland als selbsternannte und teilweise akzeptierte Schutzmacht aller Orthodoxen in den Raum ein. Der Fürst Antioch Cantemir (1700-1744) schloß mit dem Zaren Peter I., dem Großen, einen Allianzvertrag gegen die Türken. Rußland sollte danach das Protektorat über das Fürstentum Moldau erhalten und dafür dessen Autonomie und die dynastische Erbfolge der Familie Cantemir anerkennen. Unglücklicherweise wurde Peter I. bei Stanilesti an der Pruth von den Türken geschlagen. Cantemir, nun Kantemir, lebte von da an in Petersburg und wurde zu einem bedeutenden russischen Schriftsteller.

In Reaktion auf den »Verrat« Cantemirs übergaben die Osmanen die unmittelbare Herrschaft in der Moldau und der Walachei einer griechischen Herrenschicht, den Phanarioten (1711-1828), genannt nach dem Istanbuler Stadtteil Fener. Die Kirche wurde nun gräzisiert, es herrschten griechische Hof- und Lebensart. Allerdings waren diese griechischen Einflüsse in der Walachei stärker als in der Moldau. Dort stützte die Nähe Rußlands vor allem in der Provinz die kirchenslawischen Einflüsse. Entsprechend verlagerte sich das kulturelle Zentrum vom moldawischen Jassy auf das walachische Bukarest. Aber Rußland war im Konflikt um die beiden rumänischen Fürstentümer zum stärksten Gegenspieler Istanbuls geworden. Nach einem sechsjährigen Krieg mußte der Sultan im Frieden von Kütschük Kainardschi die Zaren als Beschützer aller orthodoxen Bewohner des osmanischen Reiches anerkennen. Seit Katharina hatte Rußland damit eine Handhabe für ständige Interventionen in der Walachei und der Moldau. Der russisch-osmanische Krieg 1806-1812 machte Rußland vollends zur dominierenden Macht dieser Region. Es hielt ein nominelles Kondominat mit der Pforte, aber de facto herrschte es allein. 1812 gliederte es Bessarabien an, den östlichen Teil des Fürstentums Moldau. Von jetzt an nahm Bessarabien an der weiteren Geschichte Rumäniens nur dann teil, wenn russisch unterstützte Aufständische oder die russische Armee selbst nach Westen über den Pruth zogen.

Schon zuvor war das Gebiet auch für moldauische Verhältnisse tiefste Provinz gewesen. Erst die Russen machten Kischinjow (Chisinau), das bislang eher ein großes Bauerndorf gewesen war, zur Hauptstadt. 1824 wurde Bessarabien endgültig eingegliedert und einem Generalgouverneur unterstellt. Die rumänische Sprache blieb im Schulwesen als fakultative Sprache neben dem Russischen zwar eine Weile noch zugelassen. Als der rumänische Nationalismus allerdings auf Bessarabien überzugreifen drohte, wurde 1867 mit dem Dekret des Erziehungsministeriums »Über die Russifizierung der Minoritäten« der rumänische Unterricht abgeschafft. Kein Buch in rumänischer Sprache durfte mehr erscheinen, und 1870 wurden auch Gottesdienste in rumänischer Sprache verboten.

Die zaristische Polizei konnte die Herausbildung eines intellektuellen Nationalismus allerdings nur erschweren, nicht verhindern. Die Februarrevolution von 1917 bedeutete seinen politischen Durchbruch. 1918 konstituierte sich das Land als unabhängige Republik, deren nach Ständen und Nationen gegliedertes Parlament nach zwei

Monaten den Anschluß an Rumänien beschloß. Dieses Parlament zeigte auch die damals bestehende ethnische Vielfalt. Unter den 105 Abgeordneten befanden sich 15 Ukrainer, 14 Juden, sieben Russen, zwei Deutsche, zwei Gagausen, ein Armenier und ein Grieche. Bessarabien wurde nun aus einer halb vergessenen Ecke Rußlands zu einer halb vergessenen Ecke Rumäniens. Selbst die Massaker, die die rumänische Armee unter den nationalen Minoritäten anrichtete, erreichten die Weltöffentlichkeit kaum. Die enttäuschte Stimme Panaït Istratis, der den Unabhängigkeitskrieg eines edlen und gerechten künftigen Rumäniens besungen hatte, verhallte ungehört. Die sowjetische Regierung protestierte gegen den Anschluß und erkannte ihn nie an. Als Symbol ihrer Ansprüche gründete sie 1924 auf dem Ostufer des Dnestr eine »Moldauische Autonome Sowjetrepublik«, deren Bevölkerung allerdings zu 50% aus Ukrainern und nur zu 30% aus Moldawiern bestand. Aufgrund des Hitler-Stalin-Paktes okkupierte die Sowjetunion 1940 Bessarabien von neuem. 1941 folgte eine rumänische und deutsche Besetzung. Die zahlreiche jüdische Bevölkerung wurde ermordet — die Bevölkerung Kischinjows war bis 1939 zu 40% jüdisch gewesen. 1944 kam Bessarabien endgültig wieder zur Sowjetunion.

Von nun an hatten die Moldawier eine eigene Nation zu sein. Stalin bemühte sich, alle Reste rumänischer Erinnerungen in der »Sowjetrepublik Moldawien« zu tilgen. Die moldawische Sprache mußte mit kyrillischen Buchstaben geschrieben werden, obwohl die kleine Autonome Moldauische Republik der Zwischenkriegszeit das lateinische Alphabet verwendet hatte. Eine Armada von Philologen wies nach, daß das Moldauische zwar gewisse Ähnlichkeiten mit dem Rumänischen habe, aber doch eine ganz eigenständige Sprache sei. Bis 1987 blieben Zeitschriften, Zeitungen, Filme oder Musikstücke aus Rumänien verboten. Um den bäuerlichen Widerstand zu brechen, wurden Kirchen und Klöster in Lagerhallen, Ställe usw. verwandelt. Ikonen verschwanden, seltene Fresken wurden nicht selten mit dem Hammer abgeschlagen, die historischen Denkmäler dem Verfall preisgegeben. Selbstverständlich wurde die Kollektivierung der Landwirtschaft nachgeholt. Der Gemüse- und Obstgarten Moldawien wurde mit allen ökologischen Konsequenzen modernen Agrotechniken und moderner Chemie ausgesetzt.

Wie ganz Südosteuropa war auch Bessarabien nie ethnisch homogen gewesen. Nun wurde die Russifizierung indirekt und direkt betrieben. Indirekt durch eine Industrialisierung, die russische und ukrainische Arbeiter und Führungskräfte ins Land zog, direkt durch die staatliche Bevorzugung des Russischen, die das Moldawische tendenziell zu einer Bauernsprache machte. Auf Russisch wurden die Staatsgeschäfte geführt, Russisch war die Sprache der Wirtschaft und der Technik. Russisch war offizielle Amtssprache. Wer außerhalb der schöngeistigen Kultur seinen Aufstieg plante und auf eine Karriere außerhalb Kischinjows hoffte, tat dies auf russisch. Die 8 % der als solche registrierten Moldawier, die 1989 als Muttersprache »russisch« angaben, gehörten nicht zu den Absteigern. Der Fortschritt der Russifizierung war im sowjetischen Kontext nur mit dem in der Ukraine und in Weißrußland vergleichbar. Die Russifizierung war aber auch Folge einer ungesteuerten Homogenisierung, wie sie in vielen Staaten zum Verschwinden von Sprachen und Dialekten führt. 1988 bestand die Bevölkerung Kischinjows zu 42 % aus Moldawiern. Die Schulen waren überwiegend russischsprachig. Unter den 198 Kindergärten in Kischinjow waren 1988 nur 18 moldawische. Moldawisch hingegen sprach vor allem die in diesem Agrarland gewichtige Landbevölkerung und die kulturelle Intelligenz. Deren Existenz und nicht nur die der Nation war bedroht, wenn die Muttersprache zum Bauernidiom absank.

Die Partei- und Staatsführung der Republik bestand seit der Annexion von 1944 entweder aus Russen oder russifizierten Moldawiern. In Kischinjow begann Breshnew als Erster Sekretär der moldawischen Kommunistischen Partei seinen Aufstieg an die Spitze der Sowjetunion. Sein dortiger Sekretär für Ideologie Tschernenko wurde einer seiner Nachfolger an der Spitze der KPdSU. Breshnews Nachfolger in Kischinjow, Iwan Bodjul, wurde für die Vertreter der Nationalbewegung ein besonders schreckliches Symbol der Russifizierung. Aber auch dessen Nachfolger Semjon Grossu, der von 1980 bis 1989 regierte, war Repräsentant der konservativen Ära Breshnews.

Noch zur Zeit Grossus und unter vielfachen Schikanen und offizieller Geißelung des »Extremismus« begann seit 1987 in Moldawien eine sich rasch verbreiternde Oppositionsbewegung die neuen Freiheiten zu nutzen. Auch hier wurde die Oppositionsbewegung zunächst von der kulturellen Elite − von Schriftstellern, Sprachwissenschaftlern, Journalisten, Historikern und Künstlern − in Gang gesetzt. Sie gründeten im Juni 1988 das Organisationskomitee für eine Volksfront. Der Programmentwurf dieses Komitees konnte angesichts der fortbestehenden Schikanen zunächst nur maschinenschriftlich zirkulieren. Überall im Lande bildeten sich jedoch Unterstützungskomitees. Dank ihrer Hilfe entstand eine Fülle informeller Gruppen, die Demokratisierung, wirtschaftlichen Umbau und Autonomie anstrebten. Von Anbeginn war es die Literaturzeitschrift »Literatura si arta« gewesen, die zum Sprachrohr der nationalen Intelligenz wurde. Einer der wichtigsten Sprecher wurde Ion Druta, der schon seit den frühen siebziger Jahren nationale Ziele vertreten hatte und immer wieder in Konflikt mit der Obrigkeit geraten war.

Heute stehen drei Organisationen im Vordergrund der Opposition: die Grüne Bewegung, die »Demokratische Bewegung zur Unterstützung der Perestrojka« und die »Literarisch-Musikalische Gesellschaft Alexe Mateevici«, deren Mitgliedschaft sich überschneidet. Die Grüne Bewegung, die »Miscarea Verzilor«, formierte sich seit November 1988. Sie unternahm viele konkrete Initiativen zur Aufklärung der Luft- und Flußverschmutzungen und der Vergiftungen durch Landwirtschaftschemie. Das landwirtschaftliche Profil des Landes solle erhalten, die ungehemmte Industrialisierung eingedämmt werden – auch weil sie Immigranten aus der übrigen Sowjetunion anziehe. Im Interesse der Produktivtät sei der »Pluralismus der Eigentumsformen« zu fördern und das Land an die Bauern zurückzugeben. Initiator der Grünen Bewegung war der Journalist Vasile Nastase, der zugleich Gründungsmitglied der nationaldemokratischen Bewegung war.

Der »Demokratischen Bewegung« (Miscarea Democratica Moldovaneasca intra Sustinerea Restructuratii) geht es vordringlich um politische, ökonomische und soziale Reformen. Sie wollte von Anbeginn ein Vetorecht bei der Übertragung von Unionsgesetzen auf die Republik geben und eine weitgehende Rücknahme der Kollektivierung. Der dominant bäuerlichen Struktur der im engeren Sinne moldawischen Bevölkerung entsprechend, war sie stark landwirtschaftlich orientiert. Die Landwirtschaft sollte bei der wirtschaftlichen Entwicklung Priorität behalten. Die nationalen Ziele erscheinen bei dieser Gruppe entsprechend als Forderungen nach dem Besitz der Bodenschätze, der Infrastruktur und der Produktionsmittel durch die Republik, einer eigenen Staatsbürgerschaft, dem Vorrang von Gesetzen der Republik gegen über denen der Union, aber auch nach einer rigorosen Kontrolle von Immigration und – wohlgemerkt – Emigration.

Vor allem die Sprachpolitik wurde Gegenstand der im Frühjahr 1988 gegründeten»Mateevici-Gesellschaft«(Cenaclul Literar-Muzical Alexe Mateevici). Ihr ging es um die Förderung und historische Identifizierung der moldauischen Sprache und Geschichte. Der Dichter und orthodoxe Priester Mateevici (1888-1917) war zur Zarenzeit die herausragende Gestalt einer kulturellen moldauischen Erneuerung gewesen. Als Dichter der Hymne»Unsere Sprache«war er nun Symbolfigur für jene Forderungen, die von den anderen Gruppen übernommen wurden: das Moldauische sollte zur obligatorischen Staatssprache werden und zum lateinischen Alphabet zurückkehren, die offizielle Bevorzugung des Russischen aufhören. Schließlich sei die Identität der moldauischen mit der rumänischen Sprache offiziell anzuerkennen.

Als ein Vorgriff auf die neuen Sprachgesetze gab die Dichterin Leonida Lari gemeinsam mit dem Schriftsteller Ion Druta im März 1989 eine neue Monatszeitschrift»Glasul«(Stimme) heraus, die mit lateinischen Lettern gedruckt wurde. Da ihr Druck und Erscheinen in Moldawien noch verboten war, wurde sie in Riga in 60 000 Exemplaren hergestellt.»Glasul«war auch ein Manifest der nationalen Bestrebungen, die die oppositionelle Bewegung insgesamt durchdrangen. Das gesamte öffentliche Leben, so forderten ausgehend vom Mateevici-Klub auch alle anderen oppositionellen Gruppen, müsse einen sichtbar moldawischen Charakter erhalten; jeder Einwohner solle die Landessprache lernen müssen. Daher sollten auch die national gemischten Schulen aufgelöst werden und jede Nation eigene Schulen erhalten.

Eingang in die nationalen Forderungen fanden auch solche nach einer Wiederbelebung des kirchlichen Lebens. Die Kirche, die als konstitutiv für die sprachliche und kulturelle Identität des Landes gilt, solle autokephal, also vom Moskauer Patriarchat unabhängig werden. Nicht umsonst organisieren sich viele orthodoxe Priester in der Nationalbewegung. Schließlich ging es auch um die Restauration der sichtbaren Wahrzeichen der nationalen Tradition, also um die Rückgabe und Rekonstruktion der zerstörten, verfallenen oder umgewidmeten kirchlichen Bauwerke. Diese Sicherung des kulturellen Erbes steht im Kontext der Bemühung, eine nationale Identität zu rekonstruieren, deren Grenzen zu Rumänien fließend bleiben. Anders als im rumänischen Nationalismus sind es weniger die Urbevölkerung der Daker als vielmehr große mittelalterliche Gestalten wie Stefan der Große, die die Identifikation auf sich ziehen.

Auch die neuere Geschichte gelte es umzuschreiben und aufzuhellen. Nach bisheriger offizieller sowjetischer Lesart wurde Bessarabien 1812 vom türkischen Joch befreit, 1918 durch eine Verschwörung von Großgrundbesitzern und rumänischen Interventen losgerissen und 1944 wieder mit dem Vaterland vereint. Nach der moldawischen Sichtweise wurde Bessarabien 1812 dem Fürstentum Moldau entrissen, unterjocht und im 20. Jahrhundert nach einer kurzen Phase der Selbstbestimmung aufgrund des rechtsungültigen Hitler-Stalin-Paktes wieder annektiert. Die leidvolle Geschichte der Bevölkerung, vor allem die großen Deportationen nach 1944, sollten aufgearbeitet und bekannt gemacht, das historische Erbe renoviert und durch Besuchsmöglichkeiten im rumänischen Teil Moldawiens neu angeeignet werden. Der Rückblick auf die neuere Geschichte macht schließlich wie überall auch die aktuellen Grenzziehungen fraglich. Die Nationalbewegung beansprucht nun für Moldawien jene Teile Besarabiens, die 1940/44 an die Ukraine abgetreten worden waren, d.h. Teile im Süden, ferner die Nordbukowina und die Territorien jenseits des Dnestr, aus denen die ASSR Moldawien während der Zwischenkriegszeit bestanden hatte.

In der Konstruktion der nationalen Identität wirkt die Sozialstruktur des Landes fort. Bessarabien war traditionell ein Bauernland. Noch heute besteht der überwiegende Teil der ethnischen Moldawier aus Bauern – und sie sind die Basis der Nationalbewegung. Entsprechend wird in den literarischen und programmatischen Schriften der nationalen Intelligenz eine dominierende agrarromantische Tendenz deutlich. Als Ideal des sozialen Lebens erscheint das moldawische Dorf vor der Kollektivierung. Das Bauerntum erscheint als Lebensquell der moldawischen Nation überhaupt. Die selbstzugeschriebene Aufgabe der Intelligenz ist es dementsprechend, aufs Dorf zu gehen, die Bauern zum Bewußtsein ihrer selbst zu führen, von ihnen zu lernen und ihnen den Weg zu weisen. Der moldawische Nationalismus steht damit in der Tradition der europäischen Romantik, ebenso wie jener der russischen Narodniki.

Ihre ersten großen Erfolge erzielte die im Mai 1988 gegründete, die verschiedenen informellen Organisationen zusammenfassende Volksfront unter ihrem Vorsitzenden Gheorghe Ghimpu schon seit Winter 1988 und dem Frühjahr 1989. Es gelang ihr, Massenversammlungen mit zum Teil über 15 000 Teilnehmern zu organisieren. Die konservative Partei und Staatsführung geriet zunehmend in die

Defensive. Schließlich fand die Opposition auf den unteren Ebenen des Partei- und Staatsapparates bei moldawischen Funktionären Unterstützung. Selbst der Vorsitzende des Obersten Sowjet Moldawiens, Mircea Snegur, sympathisierte öffentlich mit den nationalen Forderungen. Leichtere Lockerungen hatte es allerdings schon 1988 gegeben. So wurde von sowjetischer Seite das Grenzregime zu Rumänien liberalisiert, um wieder grenzüberschreitende Kontakte in jenen Dörfern zu ermöglichen, die 1944 zerschnitten worden waren. Erstmals traten auch rumänische Künstler und Schriftsteller in Moldawien auf, so im September 1988 der Dichter Mircea Dinescu, der in Kischinjow öffentlich Gorbatschows Politik unterstützte. Vor allem aber wurde – noch unter Parteichef Grossu – eine Kommission eingesetzt, die die Sprachenfrage untersuchen sollte. Sie kam zu denselben Ergebnissen wie die Opposition.

Wie stark die Oppositionsbewegung geworden war, zeigte sich schon im Frühjahr 1989 bei den Wahlen zum sowjetischen Kongreß der Volksdeputierten. Trotz der damals noch üblichen Manipulationsversuche ging etwa ein Drittel der Sitze an reformerische und nationalistische Kräfte. Es unterlagen u.a. der KGB-Chef der Republik und der Innenminister; die Dichterin Leonida Lari schlug den Kulturminister.

Im Herbst 1989 schien einiges erreicht zu sein. Moldawisch wurde im September zur Staatssprache und – neben dem Russischen – zum offiziellen Verständigungsmittel zwischen den Völkern der Republik erklärt. Es darf seither auch wieder mit lateinischen Buchstaben geschrieben werden, d.h. das Moldawische ist wieder Rumänisch. Der konservative und russophile Parteichef Semjon Grossu wurde am 16. November 1989 gestürzt, nachdem es Demonstranten am 7. November gelungen war, eine Militärparade in Kischinjow, die die Oktoberrevolution feiern sollte, aufzulösen und am 10. November das Innenministerium zu stürmen. Grossus Nachfolger, der gemäßigt liberale Petru Lucinschi (Lutschinskij), ein Philologe und Historiker, der zuvor 2. Sekretär der KP Tadshikistans gewesen war, sympathisierte mit den moldauischen Forderungen. Er unterstützte die Forderungen nach einer moldauischen Staatssprache, aber sprach sich auch gegen »nationalistische Exzesse« aus, die nationale Konflikte anheizen könnten. Das allerdings brachte ihm auch das Mißtrauen der Nationalbewegung ein. Im Januar 1990, nach dem Sturz Ceausescus in Rumänien wurde der Grenzübertritt weiter erleichtert.

Die typische Eigendynamik der Nationalbewegungen wurde auch in Moldawien erkennbar. So forderte die Volksfront zunächst die Souveränität Moldawiens innerhalb eines sowjetischen Staatenbundes und das Recht, selbständig Beziehungen zu internationalen Organisationen und zu anderen Staaten, etwa zu Rumänien, aufzunehmen. Der innere Aufbau der Republik solle demokratisch werden, statt administrativer Willkür sollten Gesetze herrschen. Ein Vetorecht gegenüber Gesetzen der Zentrale sichere der Republik einen Spielraum für die Wahrnehmung ihrer spezifischen Interessen. Im Anbeginn wurde ein starker Akzent auch auf die Gewinnung der nationalen Minderheiten gelegt. So wurde kritisiert, daß auch in ukrainisch besiedelten Gebieten vielfach nationale Schulen fehlen und daß es für die Juden weder Erziehungs- noch Kulturinstitutionen gebe. Auch Ukrainer, Russen und Juden wurden daher zum Beitritt in die Volksfront eingeladen. Allerdings verschoben sich dann die Gewichte. Die Schärfung des ethnischen Bewußtseins schärfte auch die Gegensätze.

Bald traten die traditionellen nationalen Symbole in den Vordergrund. Schon seit März 1989 war auf den Demonstrationen in Moldawiens Hauptstadt Kischinjow (rum. Chisinau) die rot-gelb-blaue Trikolore mitgeführt worden, die sich von der Rumäniens nur durch den aufgesetzten Kopf eines Auerochsen unterscheidet. Der aber ist das Wappen des historischen rumänischen Fürstentums Moldau. Die Verlagerung des Schwergewichts auf nationale Forderungen ermöglichte es den Konservativen, die slawische Bevölkerung zu mobilisieren. Die eine Seite schimpfte nun über »Faschisten«, die andere über »Stalinisten«.

Wie in den baltischen Staaten bildete sich eine »internationalistische« Gegenbewegung, das »Jedinstwo« (Einheit), die vor allem von Ukrainern und Russen getragen wird. Ihre Initiatoren waren vor allem russische konservative Funktionäre und Wirtschaftsmanager. Angesichts der Furcht vor einer Romanisierung schlossen sich die ukrainischen und russischen Arbeiter dieser Gegenbewegung weitgehend an. In Tiraspol, das zu 90% russischsprachig ist, tauchten im Januar 1989 erste Forderungen nach einer autonomen Republik auf, was unter den nationalbewußten Moldawiern heftige Gegenreaktionen hervorrief. Als sich die Stadt im Februar 1990 für autonom erklärte, wurde dies vom Obersten Sowjet der Republik als verfassungswidrig gewertet. Ähnlich waren die Reaktionen auf Forderungen der Gagausen, einer christlich-orthodoxen aber türkischsprachigen Minderheit, die in ihrer Siedlungsregion um Komrat, Besch-Alma und Tschadyr-Lunga ein eigenes autonomes Gebiet forderte. Den ganzen Sommer über streikten die Jedinstwo-Anhänger für den Status quo unter der Parole:»Wir sind keine Gäste, wir sind hier zu Hause«. Ihre Streiks gingen von Tiraspol, der zweitgrößten Stadt des Landes, aus und griffen auf Bendery, Rybniza und schließlich Kischinjow über. Mehr als 100 000 Arbeiter und Angestellte beteiligten sich an ihnen. Gekontert wurden diese Streiks von Massenkundgebungen gegen die Annexion im Rahmen des Hitler-Stalin-Paktes und für die Rückgabe der an die Ukraine verlorenen Gebiete. Die Republikwahlen im Frühjahr 1990 veränderten das Klima nochmals. Die neue reformorientierte KP unter Lucinschi ist zwar für die Autonomisierung, aber auch für einen Verbleib in einer neuen sowjetischen Föderation. Aber die Volksfront dominiert nun den Obersten Sowjet. In ihm wurde Ende April 1990 Mircea Snegur, der die Unabhängigkeit schon zuvor öffentlich unterstützt hatte, gegen Lucinschi zum Vorsitzenden gewählt. Der Oberste Sowjet machte die ein Jahr zuvor noch bekämpfte Trikolore zum offiziellen Symbol der Republik; sie wurde sofort gehißt. Die russischsprachigen Organisationen der Republik protestierten vehement gegen die Fahne, da sie mit der Rumäniens identisch ist. Anfang Juni 1990 erkannte der Oberste Sowjet Moldawiens die litauische Unabhängigkeit an und beschloß, diplomatische, politische und kulturelle Beziehungen aufzunehmen. Auch hiergegen protestierte das »sowjetische Moldawien«.

Der Sturz Ceausescus hat die Situation nochmals verändert. Der Zusammenhang mit Rumänien legt den Gedanken an einen Anschluß an das großen Nachbarland wieder nahe. Acht neue Grenzübergänge wurden geöffnet. Anfang Mai 1990 kamen 300 000 Rumänen über den Pruth nach Moldawien, um gegen die Grenze selbst zu protestieren. Bis zum Sturz des rumänischen Tyrannen war für die Nationalbewegung ein Anschluß an Rumänien undenkbar. Nun aber ist die Barriere verschwunden. Angesichts der ethnischen Konstellation im Lande und des wachsenden Selbstbewußtseins der russischsprachigen Bevölkerung werden sich die Konflikte verschärfen.

V. Die baltischen Länder 1

1. Die Konstellation

Unter den »baltischen Ländern« werden hier die heutigen Republiken Litauen, Estland und Lettland verstanden. Noch in frühmittelalterlicher Zeit war diese Region von heidnischen Stämmen bewohnt, die zwei großen Sprachgruppen angehörten. Zur finno-ugrischen gehören noch heute das Finnische und das Estnische. Stämme dieser nicht-indogermanischen Sprachgruppe waren einst in ganz Nordrußland und Westsibirien verbreitet. Sie wurden im Zuge der slawischen Besiedlung großenteils verdrängt oder assimiliert.[1] Das sprachlich den Esten nahestehende Volk der Liven (»Livland«) ist bis auf geringe Reste durch die Letten assimiliert worden. Das Estnische ist so eng dem Finnischen verwandt, daß finnische Rundfunksendungen auch für estnische Hörer verständlich sind. Die »baltischen Sprachen« sind hingegen Teil einer eigenen indoeuropäischen Sprachfamilie und in diesem Sinne den slawischen, germanischen oder iranischen Sprachen vergleichbar. Zu ihnen gehören das Lettische und das Litauische. Zu ihnen gehörten auch das Semgallische und das Pruzzische, das im Gebiet Ostpreußens gesprochen wurde, bis es zu Beginn des 19. Jahrhunderts ausstarb.

Seit dem Mittelalter waren die baltischen Stämme einer Kolonisationsbewegung vom Westen her ausgesetzt. Im Gebiet des heutigen Estland und Lettland waren es vor allem niederdeutsche Kaufleute bzw. die Hanse und deutsche Ritter, die das ganze Gebiet jahrhundertelang beherrschten. Bis Mitte des 19. Jahrhunderts dominierte hier der grundbesitzende deutsche Adel das Land. Die autochthonen Bevölkerungen waren ausgebeutete Bauern. Der soziale Aufstieg setzte eine deutsche Assimilation voraus. Die einheimischen Sprachen blieben so bis ins 19. Jahrhundert weitgehend Bauernsprachen.

Litauen nahm eine andere Entwicklung. Es gelang den litauischen Stammesführern, sich frühzeitig durch Zusammenschluß gegen die

---

1 Zu dieser Gruppe gehören noch heute u. a. die Udmurten (714 000; ASSR, mit Hauptstadt Ischewsk), die Komi (327 000; ASSR, mit Hauptstadt Syktywkar), die Karelier (138 000; ASSR, mit Hauptstadt Petrosawodsk), die Mordwinen (1,2 Mio., ASSR, mit Hauptstadt Saransk), die Mari (20 000, ASSR, mit Hauptstadt Joskar-Ola) oder die Jaswa-Permjaken (unter 4000).

Kolonisierung zu wehren und selbst zu einer Großmacht zu werden. Allerdings war dieses litauische Reich kein Nationalstaat im modernen Sinne. Außerhalb der litauischen Siedlungsgebiete im engeren Sinne sprachen die meisten seiner Untertanen eine ostslawische Sprache, und die sich herausbildende Dynastie strebte zunächst das Erbe des großen mittelalterlichen Reichs der Kiewer Rus an. Eine Union mit Polen führte dann dazu, daß sich der litauische Adel polonisierte. Wie die anderen autochthonen Sprachen der Region blieb so auch das Litauische bis ins 19. Jahrhundert Bauernsprache. Der soziale Aufstieg setzte hier eine polnische Assimilation voraus.

Die historische Ausgangssituation für die Nationbildung im 19. Jahrhundert war insofern vergleichbar. Allerdings hatte die Dominanz des Deutschen bzw. des Polnischen wichtige kulturelle Auswirkungen. Die Esten und die Letten wurden überwiegend evangelischlutherisch, die Litauer katholisch. Da der Katholizismus gegenüber der säkularisierenden Moderne widerstandsfähiger ist, spielt die Religion bzw. die Kirche in Litauen eine ungleich wichtigere Rolle als in ihren baltischen Schwesterrepubliken. Auch die Geburtenrate unterscheidet sich entsprechend.

Gemeinsam ist den baltischen Staaten vor allem ihre moderne Geschichte. Ihr im 19. Jahrhundert entstehender Nationalismus richtete sich sowohl gegen die Herren im Lande – in Litauen die Polen, in Estland und Lettland die Deutschen – wie gegen jene Großmacht, der sie insgesamt unterworfen waren, das russische Reich. Alle drei Länder wurden nach dem Ersten Weltkrieg unabhängig. Während der Weltwirtschaftskrise wurden die demokratischen Verfassungen durch diktatorische Regimes abgelöst, die teils paternalistisch-autoritär wie in Estland, teils faschistisch waren wie in Litauen und Lettland – allerdings eher nach italienischem als nach deutschem Muster. Aufgrund des Hitler-Stalin-Paktes von 1939 und seiner geheimen Zusatzprotokolle wurden die baltischen Staaten von der Sowjetunion annektiert. 1941 bis 1944 standen die drei Länder unter deutscher Besatzung. Die jüdische Bevölkerung wurde wie überall im deutschen Herrschaftsbereich ermordet. Nach der sowjetischen Rückeroberung wurden etwa 100 000 Esten, 100 000 Letten und 250 000 Litauer deportiert und durch gezielt angesiedelte Russen und Ukrainer ersetzt. Die wirtschaftlichen, politischen und sozialen Strukturen glichen sich jenen der übrigen sowjetischen Gesellschaft an.

Gezielt wurde in der sowjetischen Nachkriegszeit auch die Industrialisierung und der Ausbau der Häfen vorangetrieben. Sie setzten eine neue Immigration sowjetischer Arbeiter und Wirtschaftskader in Gang, die die ethnische Zusammensetzung der baltischen Länder grundlegend veränderte. Sie wirkte sich im katholischen Litauen mit seiner vergleichsweise hohen Geburtenrate allerdings weniger schwerwiegend aus als in den protestantischen Ländern Estland und Lettland, den geburtenschwächsten Regionen der Sowjetunion. Hier besteht die Gefahr, daß die einheimischen Völker zur Minderheit werden, in besonderem Maße.

Nachdem Gorbatschow seit 1985 als Generalsekretär der KPdSU seine Reformpolitik eingeleitet hatte, waren die baltischen Republiken zunächst ihre wesentliche Stütze und Vorreiter. Seit 1988 strebten sie zunehmend nach Autonomie. 1989 wurde das Streben nach völliger Unabhängigkeit dominant. Alle baltischen Republiken haben inzwischen die Vorherrschaft der Kommunistischen Partei beseitigt, den Sozialismus verabschiedet und das Mehrparteiensystem eingeführt, obwohl de facto die nichtparteilichen Unabhängigkeitsbewegungen das politische Leben bestimmen. Mit dem Argument, sie seien aufgrund des Hitler-Stalin-Paktes illegal annektiert worden, de jure also nie Teil der Sowjetunion gewesen, beanspruchen alle drei Länder seit 1990 souverän und von der Sowjetunion unabhängig zu sein.

Stärker noch als in anderen Unabhängigkeitsbewegungen spielen »abendländische« Begründungen eine große Rolle: Das Baltikum gehöre zu Europa und nicht zu Asien. Dieser Topos ist nicht nur Teil des Begriffsapparats der Intellektuellen, er findet sich als verbreitetes Empfinden auch bei den Bevölkerungen. Wirtschaftlich allerdings sind die drei Länder eng mit der Sowjetunion verflochten. Die Produktivität ihrer Landwirtschaft, die Qualität ihrer Industrieerzeugnisse und ihr Lebensstandard liegen zwar weit über dem sowjetischen Durchschnitt. Auf westlichen Märkten wären sie gleichwohl noch nicht konkurrenzfähig. Eine Kooperation untereinander ist − trotz des guten Willens und der erklärten Absicht − dadurch erschwert, daß sich die Produktionsprofile zu ähnlich sind, sich also nicht ergänzen. Ein wesentlicher Teil der baltischen Industrie produziert überdies Rüstungsgüter. Die Sezession muß daher die sowjetische Regierung besonders schmerzen.

Auch wenn die Unabhängigkeit der baltischen Länder inzwischen nicht mehr aufhaltbar zu sein scheint, ein enger Zusammenhang zum sowjetischen Wirtschaftsraum wird wahrscheinlich erhalten bleiben. Besser als vor dem Kriege soll diesmal die innerbaltische politische Kooperation funktionieren. In der Zwischenkriegszeit war eine solche Kooperation trotz grundsätzlicher Sympathien steckengeblieben, weil Estland und Lettland im Konflikt zwischen Litauen und Polen nicht Partei beziehen wollten. Diesmal soll ein funktionierender »Baltischer Rat« diese Kooperation sicherstellen. Er war im Mai 1989 in Tallinn von den Volksfronten Lettlands und Estlands und der Sajudis Litauens gebildet worden und hatte am 23. August 1989 eine Menschenkette, die sich von Tallinn über Riga bis Vilnius erstreckte, organisiert.

2. Das katholische Litauen

Hauptstadt Vilnius (Wilna). 1989 (1979) waren von den 3,7 Mio. (3,4 Mio.)Einwohnern: 79,2% (87,2%) Litauer, 9,3% (8,9%) Russen und 7% (7%) Polen. Andere Minderheiten sind vor allem Belorussen und Ukrainer. Insgesamt gab es in der Sowjetunion 1970 – 1,3 Mio., 1979 – 1,4 Mio. und 1989 – 1,6 Mio. Litauer. Um 292 000 Personen nahm die Bevölkerung Litauens zwischen 1979 und 1989 zu. 193 000 davon waren Immigranten nach Litauen.

Gerade junge nationale Bewegungen stülpen der Geschichte oft die neuzeitlichen Kategorien über. Doch sie folgen damit nur, wenn auch in meist vergröbernder Form, jenem Muster, das die nationalistischen Geschichtsschreiber des 19. Jahrhunderts ersannen. Nicht nur archaische Stammeskulturen, auch mittelalterliche Dynastien werden so Teil einer scheinbar kontinuierlichen Geschichte, in der sich ein historisches Subjekt, die Nation, aus frühen Anfängen tätig und leidend, triumphierend und unglücklich entwickelt. Die Nation erscheint in alldem als eine unbezweifelbare Realität. Das Wissen, daß noch die Väter und Großväter sich nach anderen Kategorien richteten, wird als Selbstvergessenheit der Nation interpretiert. Überall, wo sich der Nationalismus als Oppositions- oder Befreiungsbewegung entwickelte, sah er sich selbst daher als »Wiedergeburt«. Gerade Litauen ist dafür ein gutes Beispiel. Die litauische Sprache, die die Bauern in den litauischen Siedlungsgebieten immer sprachen, wurde erst im 19. Jahrhundert Literatursprache und erst im 20. Jahrhundert Staatssprache. Darin ähnelt sie den anderen baltischen Sprachen, soweit sie überlebten.

Die litauischen Stämme gehörten zu den letzten in Europa, die zum Christentum bekehrt wurden. Noch im 12. Jahrhundert waren sie weitgehend heidnisch. Erstmals von Fürst Mindaugas im 13. Jahrhundert und dann nach einem letzten Auseinanderfallen nochmals durch Gediminas (1316-1345) geeint, wurde Litauen zu einer osteuropäischen Großmacht. Seine historische Chance war der Niedergang der Kiewer Rus und das Vordringen der Tataren. Litauen erbte jenen Raum der Rus, den die Tataren nicht unterworfen hatten. Gediminas eroberte Polozk, Smolensk, Tschernigow und Brjansk. Durch Heiratspolitik erwarb er Galizien und Wolhynien. Er und seine Nachfolger verbündeten sich und kämpften mit den anderen mächtigen Fürsten und Reichen seiner Zeit: mit Polen, Moskau, Nowgorod, den Hansestädten an der östlichen Ostsee, den Dänen, den Schweden, den Rittern des Deutschen Ordens und den Tataren. Die Bevölkerung des litauischen Reiches bestand auf dem Höhepunkt seiner Macht überwiegend aus orthodoxen Ostslawen. Wenn litauische Fürsten zum Christentum übertraten, dann zum orthodoxen. Die Sprache der litauischen Kanzleien war Weißrussisch.

Mit Gediminas setzte aber auch eine wesentliche gesellschaftliche Veränderung ein. Aus dem instabilen Bund litauischer Stämme entwickelte sich eine Adelsherrschaft. An ihrer Spitze stand ein Großfürst, der oberster Herr und nicht mehr Erster unter Gleichen war. Der letzte große ostslawisch-litauische Fürst war Vytautas (Witold), ein Enkel von Gediminas, der die östliche Grenze des Reiches bis auf neunzig Kilometer an Moskau heranschob. Er förderte vor allem die Städte systematisch und kooperierte mit den Hansestädten. Er verlieh Kaunas (Kowno) das Magdeburger Stadtrecht und holte, um städtisches Handwerk und Handel zu fördern, Deutsche, vor allem jedoch Juden ins Land, die wegen der Verfolgungen in Deutschland Zuflucht suchten. Die litauischen Gebiete, von Wilna bis nach Galizien, hatten von nun an eine dichte jüdische Bevölkerung, die ihre besondere Kultur und ihre Sprache, das Jiddische, ausbildete. Vytautas nahm auch tatarische Adlige und Soldaten in seinen Dienst. Sie, die sogenannten Karaimen, blieben bis ins 20. Jahrhundert eine kleine tolerierte muslimische Minderheit in Litauen.

Als Vytautas aus seinen Eroberungen den Anspruch auf eine

Königskrone ableitete, kam ihm sein Vetter Jagiello zuvor. Gegen den Willen von Vytautas, der eine Union mit Polen ablehnte, ließ sich Jagiello 1386 in Krakau taufen und heiratete die polnische Königin Jadwiga. Damit war er zugleich polnischer König und litauischer Großfürst. Zu seinem Unglück wurde Vytautas 1399 bei einer großen Schlacht an der Worskla am unteren Dnepr von den Tataren geschlagen. Damit verflüchtigten sich seine Hoffnungen auf eine Vorherrschaft in Litauen. Dennoch führte er die Politik des Landes nach Osten fort. 1404 fiel Smolensk ab und mußte zurückerobert werden; 1406 erhoben sich andere Teilfürsten, die von Moskau unterstützt wurden. Bis 1409 hatte Vytautas alle Gebiete wieder unterworfen, während Moskau durch einen Tatareneinfall gelähmt war. Noch in die Zeit von Jagiello und Vytautas fiel jenes Ereignis, das später die nationale Mythenbildung beflügelte. 1410 schlug ein polnisch-litauisches Heer die Ordensritter bei Tannenberg (Grunwald) in Ostpreußen. Es war Vytautas, der mit seinen Truppen die Entscheidung herbeiführte. Allerdings zog er sich nach dem Sieg rasch wieder zurück, ohne ihn zur vollständigen Vernichtung des Ordens zu nutzen. Das setzte ihn in Polen dem Verdacht aus, er habe die Ordensritter schonen wollen. Aber das Interesse von Vytautas ging nach Osten; dem Orden gegenüber hatte er erreicht, was er wollte. Das Gedenken an die Schlacht von Tannenberg (Grunwald) wurde seit dem 19. Jahrhundert mit großem symbolischen Aufwand zelebriert – polnischerseits als entscheidender Sieg über den deutschen »Drang nach Osten«, deutscherseits als tragische Niederlage der deutschen Kulturbringer gegenüber den slawischen Untermenschen. Wegen seiner Ablehnung einer Union Litauens mit Polen wurde Vytautas im litauischen Nationalismus zum Kronzeugen des ewigen Unabhängigkeitsstrebens des litauischen Volkes. Auch die litauischen Ansprüche auf Ostpreußen berufen sich auf ihn. Denn er hatte ein uraltes Recht auf Preußen (Ostpreußen) behauptet. Derartige Ansprüche sicherten schon in der Antike jede Eroberung juristisch ab. Iwan III. begründete mit einer gleichen Berufung auf uralte Rechte seinen Eroberungszug an die baltische Küste.

Für zwei Jahrhunderte stand Litauen von nun an in einer Personalunion mit Polen. Diese polnisch-litauische Union war nie konfliktfrei, aber sie wurde für vier Jahrhunderte zu einem bestimmenden Faktor in Osteuropa. Als die Jagiellonen ausstarben, wurde die Personalunion in eine Realunion umgewandelt. In Lublin trat Litauen

1569 alle Gebiete südlich des Pripjet an Polen ab. Der litauische Großfürst mußte nun nicht mehr gesondert vom litauischen Adel gewählt werden. Anders als frühere Urkunden hatte der Vertrag über die Lubliner Union auch keine belorussische Fassung mehr. Erst 1696 allerdings wurde das Polnische offiziell zur Kanzleisprache. Litauen, dessen Adel sich sprachlich und religiös vollständig polonisiert hatte, wurde immer stärker zu einer polnischen Provinz mit gewissen altehrwürdigen Sonderrechten. Wer sich Litauer nannte, berief sich nicht auf eine Sprache, sondern auf eine landschaftliche Herkunft und eine verfassungsmäßige Besonderung. Auch der damals in Polen und Litauen verwendete Begriff der »natio« ist mit dem modernen Begriff nicht identisch. Er bezeichnete den Adel des Reiches als Stand.

Wie in vielen anderen Ländern war auch in Litauen die Reformation im 16. Jahrhundert erster Anlaß, Schriften in der Volkssprache herauszugeben. Von Preußen (Ostpreußen) aus, entfalteten die Lutheraner ihre Propaganda. Anders als die Calvinisten publizierten sie nicht nur auf lateinisch und polnisch, denn auch das gewöhnliche Volk sollte ihrer Auffassung nach Zugang zu den religiösen Texten finden. So druckte Martin Moswid, der Pfarrer im preußischen Ragnit war, 1547 in Königsberg einen lutherischen Katechismus in litauischer Sprache. 1570 gab er eine erste Sammlung litauischer Kirchenlieder heraus. Eine Litauisierung bedeutet das noch nicht. Die meisten protestantischen Schriften in Litauen blieben trotz allem polnisch oder lateinisch. Auch der niedere Klerus sprach meist nur polnisch und verstand die litauischen Kirchenlieder nicht. Mit der Gegenreformation endete die litauische Publikationstätigkeit wieder.

Im 16. Jahrhundert wuchs die Gefahr seitens des aufstrebenden russischen Reiches. Nachdem sich der orthodoxe Metropolit von Moskau 1589 zum Patriarchen hatte ernennen lassen, wurden die religiösen Bindungen der ostslawischen Untertanen des polnisch-litauischen Reiches zu einem Risiko. Die Kirchenunion von Brest, in der sich die Mehrheit der orthodoxen Bischöfe 1596 dem Papst unterstellte und dafür den slawischen Ritus beibehalten durfte, wurde in Moskau nicht anerkannt. Wie das aufsteigende Brandenburg-Preußen sich zum Schutzherrn der Protestanten aufschwang, so Rußland zu dem der Orthodoxen.

Der Niedergang des polnisch-litauischen Reiches setzte im 17. Jahrhundert ein. Es war auch in Litauen von einer gegenüber Polen verspäteten religiösen Intoleranz begleitet. 1682 wurde die reformierte Kirche in Wilna zerstört. 1717 wurden alle protestantischen Kirchen zerstört. Auch die orthodoxen Bewohner des Reiches wurden bedrängt, sich der katholischen oder wenigstens der unierten Kirche anzuschließen. Die latente Unruhe, die diese Maßnahmen hervorriefen, destabilisierten das Reich allerdings weniger als die Schwächung der Position des Königs durch den Aufstieg der Adelsdemokratie. Schließlich begannen die Aufstände in der Ukraine. 1659 schlossen die bislang als Grenzwächter gegen die Tataren eingesetzten orthodoxen ukrainischen Kosaken in Perejaslaw ein Bündnis mit dem Zaren. Kiew ging verloren.

Das Ende kam mit den polnischen Teilungen 1772-1795. Litauen wurde zusammen mit großen Teilen Polens russisch. Aber der Verlust der staatlichen Eigenständigkeit bedeutete zunächst keine Veränderung der Sozialstruktur. Der grundbesitzende Adel, in dem Klein- und Hochadel deutlich unterschieden waren, blieb führend und polnisch. Das gleiche galt für den Klerus. Auch die Städte Litauens hatten kaum litauische Bevölkerung. Ihre Bewohner waren weiterhin überwiegend Polen und Juden. Litauisch sprachen die Bauern.

Die Bauernsprache nun wurde für die Romantik und für die Sprachwissenschaft Gegenstand eines besonderen Interesses. Gerade weil das Litauische als Bauernsprache der historischen Dynamik von Sprachen aktiver und differenzierter Gesellschaften entzogen war, wurde es für die Sprachwissenschaft wegen seines archaischen Zustandes bedeutsam. Es schien den Blick in einen längst vergangenen Entwicklungsstand der Sprache zu ermöglichen, also der vermuteten indogermanischen Ursprache näher zu sein als andere. Gerade wegen der vermuteten Archaik setzte seit Ende des 18. Jahrhunderts, wie in vielen Teilen Mittel- und Südosteuropas, das Sammeln litauischer Volksmärchen und Volkslieder ein. Auch das Fortspinnen des nachempfundenen Volkstümlichen in neuen Liedern war Teil dieser romantischen Bewegung. Zu den Förderern gehörte Fürst József Giedrojc (Giedraitis) (1754-1838), Bischof von Schemaiten, und Christian Donelaitis (1714-1780), Pfarrer in Tollmingkehnen (Ostpreußen). Er gab erste Periodica in Memel und Tilsit heraus. Im Sinne der Romantik entstanden nun auch erste litauische Nationalgeschichten, deren damals genretypische Heroisierung der Frühzeiten die Nationalbewegung später mit erhebenden Mythen und Symbolen versorgte. In der ersten Hälfte des 19. Jahrhundert blieb diese volks- und sprachkundliche Bewegung noch unpolitisch. Ihre Träger waren überwiegend begeisterte polnische und deutsche Gelehrte, die sich dem geschichtlich Besonderen und Volkstümlichen zuwandten, ohne gleich neue Nationen aufbauen zu wollen.

Noch schien freilich auch eine Differenzierung des polnischen und des litauischen Selbstbewußtseins in weiter Ferne zu liegen. Im ersten polnischen Aufstand kämpfte der Kleinadel Litauens auf polnischer Seite, der Hochadel hielt sich wie der gesamte polnische Hochadel zurück. Ein Bürgertum, das anderswo soziale Basis des Nationalismus war, gab es noch nicht. Es war zunächst die russische Regierung, die sich aus einer Trennung der Polen von den Litauern politische Vorteile erhoffte. Zunächst folgte sie der Vermutung, daß sich die litauische Bevölkerung leichter als die polnische zum orthodoxen Glauben hinführen, also russifizieren ließe. So drängte die orthodoxe Kirche die frommen katholischen Bauern zum Übertritt und rief damit Widerstand hervor. Die litauischen Bauern beteiligten sich daher am zweiten polnischen Aufstand von 1863/64 weitaus stärker als die ihrem Adel gegenüber mißtrauischen polnischen Bauern. Mit der Niederschlagung des Aufstandes nahm der russische Druck zur Konversion noch zu. Gleichzeitig wurde ein Druckverbot für litauische Publikationen mit lateinischer Schrift erlassen. Ein Mittel, diesem Druck zu entgehen, war die Emigration, die ab 1864 dramatisch anschwoll und meist über Ostpreußen in die USA führte. Den russischen Behörden war diese Emigration, obwohl sie illegal war, nicht unrecht. Sie siedelten gezielt russische Bauern – meist in Rußland selbst verfolgte Altgläubige – in der Hoffnung an, das Land von unten her russifizieren zu können.

Wirksamer aber wurde ein anderer Weg, die Litauer von den Polen abzusondern. Die russische Regierung vergab großzügige Stipendien an junge Litauer, die an russischen Universitäten studieren sollten. Diese Maßnahme war erfolgreich, hatte aber russischerseits unerwünschte Nebenfolgen. Gerade die russischen Universitäten wurden zu Orten, an denen die Studenten ihr litauisches Nationalbewußtsein erwarben. Durch den Kontakt mit nationalistischen Ukrainern und Letten wurden auch sie, die bislang untereinander meist polnisch sprachen und sich als Polen fühlten, zur litauischen Sprache geführt. Oft mußten sie das Litauische anhand der Grammatiken von Schleicher (1856) oder Kurschat (1876) erst lernen; aber sie taten es. Aus dieser Konstellation entwickelte sich eine liberale oder gar sozialistische Tendenz, die den litauischen Nationalismus zunächst dominierte. Allerdings blieb diese Intellektuellenschicht relativ klein und ohne Rückhalt in der bäuerlichen Bevölkerung. Als der Nationalismus breitere Bevölkerungskreise ergriff, wurde sie minoritär. Das Geburtsjahr dieses Nationalismus läßt sich einigermaßen genau datieren. 1883 gab Jonas Basanavicius seine Zeitschrift »Aušra« (Morgenröte) heraus. Sie setzte sofort einen zweiten Mechanismus in Gang, der den litauischen Nationalismus schärfte. Die polnischen Nationalisten sahen in den litauischen Bestrebungen die Gefahr einer Spaltung der polnischen Nation und warfen Basanavicius und seinen Gleichgesinnten nationalen Verrat vor. Bis in die dreißiger Jahre des 20. Jahrhunderts hinein erhitzte von nun an der polnisch-litauische Gegensatz das litauische Selbstgefühl und wurde so zum Geburtshelfer der litauischen Nation. Das war um so wichtiger, als die Differenz sich nur auf die Sprache bezog, denn Litauer wie Polen waren Katholiken – während die Abgrenzung zu den protestantischen Preußen/Deutschen und den orthodoxen Russen immerhin auf die älteren und vertrauten religiösen Unterschiede zurückgreifen konnte. Im Verhältnis zu den Polen wurde jedoch auch der soziale Gegensatz wichtig. Die Spannung zwischen Stadt und Land äußerte sich nicht nur im Haß auf die Juden, sondern zunehmend auch in dem auf die Polen. Schließlich waren die sich mit der Agrarreform des Zarenreiches in Großgrundbesitzer verwandelnden Adligen ebenfalls Polen. Der soziale Gegensatz wurde nun auch in den Priesterseminaren und den Lehrerbildungsstätten virulent. Der höhere Klerus war polnisch und stand den litauischen Bestrebungen feindselig gegenüber. Für Bauernsöhne, die in den Seminaren zu niederen Priestern ausgebildet wurden, erschien es immer plausibler, den sozialen Gegensatz als nationalen zu interpretieren. So wurden sie zum Träger der massenhaften Nationalisierung. Es waren nicht radikale Broschüren oder Parteischriften, die das Nationalbewußtsein verbreiteten, sondern das dörfliche Pfarrhaus, der Dorfschullehrer und der fromme Kalender. Die hieraus erwachsende nationale Tendenz war, ihrer sozialen Basis entsprechend, konservativ und religiös-katholisch. Sie sollte in der Zwischenkriegszeit die litauische Politik dominieren.

1895 bildete sich die sozialdemokratische Partei. Sie stand noch unter dem Einfluß der Sozialdemokratischen Partei Polens, die – anders als die polnische Sozialistische Partei – am Gedanken einer

Solidarität zwischen polnischem und russischem Proletariat festhielt. 1902 wurde die Litauische Demokratische Partei gegründet. Um die Jahrhundertwende verstärkte sich auch der radikale Nationalismus, der die Schaffung eines eigenständigen Staates allen anderen Zielen überordnete.

Die Liberalisierung und der nachlassende Druck seitens der orthodoxen Kirche eröffnete auch dem litauischen Nationalismus neue Möglichkeiten. 1904 wurde das Druckverbot für litauische Schriften in lateinischen Lettern aufgehoben, 1905 litauische Privatschulen zugelassen und die Vereins- und Versammlungsfreiheit gewährt. Der Vater des litauischen Nationalismus Jonas Basanavicius konnte aus dem bulgarischen Exil zurückkehren. Zugleich verbreiterte die Nationalbewegung ihre soziale Basis. Damit geriet seit 1906 die schmale Schicht der linken Intellektuellen in die Minderheit, und die sich auf das Land stützende konservativ-katholische Tendenz gewann die Oberhand. Die Nationalbewegung erweiterte nun ihre Forderungen. Sie verlangte die Einführung des Litauischen als Kirchen- und als Verwaltungssprache im ganzen litauischen Sprachgebiet. Auch die territorialen Ansprüche wurden präziser: Das künftige »Großlitauen« sollte die Gouvernements Wilna (Vilnius), Kowno (Kaunas), Suwalki und das östliche Ostpreußen umfassen. Die Pruzzen, die autochthone Bevölkerung Ostpreußens, hatten eine baltische, dem Litauischen nahestehende Sprache gesprochen. Daher galt Ostpreußen als litauisches, von Deutschland widerrechtlich okkupiertes Gebiet. Diese Forderungen setzten die Nationalbewegung in einen sich weiter verschärfenden Gegensatz zur polnischen Bevölkerung, die den Anschluß an ein unabhängiges Polen forderte. In Wilna kam es zu ersten, teilweise blutigen Zusammenstößen zwischen Litauern und Polen.

Nach der Revolution von 1917 bildete sich ein litauischer Landesrat (Lietuvos Taryba) unter Antanas Smetona. Er proklamierte am 16. 2. 1918 den souveränen litauischen Staat einschließlich Wilna. Ministerpräsident wurde Augustinas Voldemaras, der 1940 von Stalin deportiert werden sollte. Die Verfassung Litauens war, wie die der anderen baltischen Staaten, eine demokratisch-liberale Verfassung vom Reißbrett. Demokratische Traditionen bestanden nicht, und die politische Kultur und die Verfassung mußten sich erst auf den Weg der wechselseitigen Anpassung begeben. Politisch dominierte die christlich-demokratische Partei gegenüber den Sozialdemokraten und den Volkssozialisten. Die Kommunistische Partei wurde 1919 verboten. Das eher konservativ nationalistische Klima äußerte sich auch in antirussischen Maßnahmen. So wurden orthodoxe Kirchen abgerissen oder in katholische verwandelt. Politische Schwierigkeiten bestanden vor allem in ungelösten Territorialproblemen. Das als Hauptstadt vorgesehene Wilna mit seiner überwiegend polnischen Bevölkerung wurde zum Zankapfel. 1919 besetzte Polen die Stadt, die mitsamt ihrem Umland einen Sonderstatus erhielt. Litauen hingegen erklärte in seiner Verfassung von 1922 Vilnius (Wilna) zur Hauptstadt; vorläufiger Regierungssitz wurde Kaunas. Frankreich unterstützte die polnischen Ansprüche, die USA und England nicht die litauischen. Der Konflikt um Wilna führte zu einem Dauerstreit mit Polen, diplomatische Beziehungen wurden nicht aufgenommen. Selbst die diplomatischen Beziehungen zu den skandinavischen und den beiden anderen baltischen Staaten blieben kühl, da niemand in diesem Konflikt Partei ergreifen wollte. Ein zweiter Konfliktherd wurde das Memelgebiet mit seiner überwiegend deutschen Bevölkerung. 1923 wurde es mit aktiver französischer Unterstützung annektiert. Zu internationalen Verwicklungen führte diese Annexion zunächst nicht. Obwohl das Memelgebiet einen Sonderstatus erhielt und die Deutschen über lange Zeiten besondere Minderheitenrechte genossen, führten Bemühungen um die ethnische Assimilierung zu permanenten Konflikten, die seit den späten zwanziger Jahren eine irredentistische Bewegung verstärkten.

Im Gegensatz dazu gestalteten sich die Beziehungen zu Sowjetrußland trotz einer scharf antikommunistischen Innenpolitik vorzüglich. Schon im Juli 1920 kam es zu einem Friedensvertrag, in dem Sowjetrußland den litauischen Anspruch auf Wilna anerkannte. Dieser Anspruch wurde in einem Nichtangriffspakt 1926 wieder bestätigt. Aus dem Osten schien die Gefahr damals nicht zu kommen.

Ein wesentliches gesellschaftspolitisches Problem war die Umgestaltung der litauischen Gesellschaft. Der Großgrundbesitz wurde enteignet und damit eine polnische Macht im Inland beseitigt. Zugleich wurde, in Fortsetzung der Stolypinschen Reformen in Rußland, die traditionelle Dorfgemeinschaft aufgelöst. Das Dorf sollte wie in Westeuropa aus selbständigen und wirtschaftlich dynamischen bäuerlichen Einzelstellen bestehen. Damit wurde – als erwünschter Nebeneffekt – ein großer Teil der Landbevölkerung freigesetzt. Der litauische Anteil in der städtischen Bevölkerung stieg rasch und konstant an. Es entstand auch ein städtisches Litauen.

1926 übernahm eine Koalition von Volkssozialisten und Sozialdemokraten die Regierung, die die Politik gegenüber der Linken liberalisierte und einen Ausgleich mit Polen suchte. Die Folge waren heftige Demonstrationen, die schließlich zum Putsch überleiteten. Smetona wurde Präsident, Voldemaras Regierungschef. Im April 1927 löste Smetona den Landtag auf. Bis 1939 war Litauen nun eine Diktatur. Sie stützte sich auf die Partei der Tautininkai (Völkische), die sich ihrerseits an der faschistischen Partei Italiens orientierte. Analog den faschistischen Milizen und der Giovinezza wurde ein Schützenbund und eine Jugendorganisation, das »Junge Litauen«, aufgebaut. Wie in Italien vollzog sich allerdings auch in Litauen der Abbau der demokratischen Institutionen schrittweise. Erst 1935 wurden die anderen Parteien, die Schulen der nationalen Minderheiten und die Pressefreiheit beseitigt. Erst jetzt wurde Smetona zum »Volksführer«.

Allerdings wuchsen nun die außenpolitischen Bedrängnisse. Schon 1933 hatte sich im Memelgebiet die NSDAP gebildet und massenhafte Unterstützung gewonnen. Als das Polen Pilsudskis und das Deutschland Hitlers 1934 einen Nichtangriffspakt schlossen, nahm die Besorgnis vor einer gemeinsamen Front der feindlichen Nachbarn im Westen zu. 1938 stellte die deutsche Regierung ein Ultimatum, und der litauische Landtag sah sich gezwungen, der deutschen Annexion des Memelgebietes zuzustimmen. Dem folgte im gleichen Jahre auch ein polnisches Ultimatum: Litauen war gezwungen, diplomatische Beziehungen zu Polen aufzunehmen und gab damit seine Ansprüche auf Wilna faktisch auf.

Der Hitler-Stalin-Pakt von 1939 wurde zu einer Zeit geschlossen, als die Smetona-Diktatur innenpolitisch am Ende war und alle Zeichen auf Re-Demokratisierung standen. Im Oktober 1939 rückten litauische Truppen in das Gebiet von Wilna ein, während die Sowjetunion Militärstützpunkte in Litauen bezog. Von nun an bestimmte die sowjetische Regierung die litauische Politik. Am 15. Juli 1940 fanden Wahlen sowjetischen Typs statt, bei denen die »Liste des werktätigen Volkes« 99,2% der Stimmen errang. Das so gewählte Parlament ersuchte um die Aufnahme in die Sowjetunion, ein Antrag, dem umgehend stattgegeben wurde.

Es begann, was auch in den anderen annektierten Gebieten

geschah. Das Land wurde von »Schädlingen« und »Volksfeinden« gesäubert. Massendeportationen fanden statt. Diese Maßnahmen wurden von der deutschen Invasion 1941 unterbrochen. Die Hoffnungen auf ein wieder unabhängiges Litauen zerschlugen sich in den ersten Tagen, und der deutsche Terror wütete auch hier. Er bedeutete für die zahlreiche jüdische Bevölkerung des Landes den Tod. 1944 kam das Land wieder zur Sowjetunion. Wiederum kam es zu massenhaften Deportationen. Die Landwirtschaft wurde kollektiviert, die polnische Bevölkerung überwiegend ausgesiedelt, teilweise nach Polen, teilweise in den Gulag. Die katholische Kirche wurde nicht nur wegen der allgemein religionsfeindlichen Politik Stalins Gegenstand besonderer Repressionen, sondern auch weil sie wesentlicher Träger des litauischen Nationalismus gewesen war.

In der folgenden Zeit wurde wie überall in den baltischen Ländern verstärkt eine Industrie aufgebaut. Diese Industrialisierung hatte zwei wichtige Nebeneffekte. Sie verflocht das Land strukturell mit der Sowjetunion, und sie führte zum massenhaften Zuzug von Arbeitern aus anderen Teilen der Sowjetunion, vor allem den slawischen. Aber als katholisches Land mit einer vergleichsweise hohen Geburtenrate stand es unter einem geringeren Überfremdungsdruck als die anderen baltischen Länder.

Nach den langen Jahren sowjetischer Normalität führte die Machtübernahme Gorbatschows ab 1985 zunächst zu langsam wachsenden Hoffnungen auf Liberalisierung und Demokratisierung. Die nationale Renaissance begann 1988. Im Zuge der Perestrojka ging es den sich bildenden informellen Gruppen zunächst vor allem um eine innenpolitische Liberalisierung und größere wirtschaftliche und politische Autonomie. Im Juni 1988 gründete sich die »Demokratische Bewegung«, aus der dann die Volksfront »Sajudis« hervorging. Ihre Forderungen waren damals: ökonomische Unabhängigkeit, Litauisch als gleichberechtigte Staatssprache, eine unverzerrte nationale Geschichtsschreibung und der Schutz der Natur – alles Ziele, die noch im Rahmen der sowjetischen Perestrojka Platz fanden. In den baltischen Ländern schien Gorbatschow jene Unterstützung zu finden, um die er unter der russischen Bevölkerung noch kämpfte. Die nationalen Anliegen wurden vor allem von der für die bedrängte Sprache besonders sensiblen literarischen und künstlerischen Intelligenz vertreten. Das Litauische sollte zur vollgültigen dominierenden Staatssprache werden. Die zunächst konservative Parteiführung, die noch der Ära Breshnew entstammte, reagierte zunächst hinhaltend und mit Schikanen. Aber die Forderungen der kulturellen Elite hatten auch in den Machtapparaten Sympathisanten. So gerieten die Konservativen rasch in die Defensive. Die gewaltsame Auflösung einer Demonstration für Unabhängigkeit im September 1988 führte zur Entmachtung der Konservativen. Parteichef Songaila wurde von Algirdas Brazauskas abgelöst, der sich schon zuvor in den Kreisen der informellen demokratischen Gruppen hatte sehen lassen. Noch Mitte Oktober 1989 nahm Brazauskas unter großem Beifall am offiziellen Gründungskongreß der Sajudis teil.

In der nun entstehenden politischen Konstellation entwickelte das nationale Thema eine Eigendynamik. Die reformorientierte Parteiführung stand unter dem Druck der Sajudis und ihres Vorsitzenden Vytautas Landsbergis. Wollte die Kommunistische Partei als politische Organisation überleben, mußte auch sie sich dem nationalen Trend anschließen; auf der anderen Seite wollte sie zur Moskauer Zentrale hin kompromißfähig bleiben. Damit setzte sie sich tendenziell den Angriffen der Sajudis aus, die ihr Halbheit vorwerfen konnte. Die Sajudis-Führung selbst legte sich damit, auch um sich von der liberal und national orientierten Parteiführung abzugrenzen, auf eine radikalere Linie fest. Das wiederum zwang die Partei- und Staatsführung, sich ihrerseits zu radikalisieren, um nicht in die Isolation zu geraten. Aber auch die Sajudis stand unter politischem Druck. Je stärker die Bevölkerung mobilisiert wurde, desto radikaler wurde ihre Stimmung. Das ursprüngliche Ziel, alle Bewohner einschließlich der Russen und sonstigen Minoritäten zu vertreten, machte stärker einer ethnischen Polarisierung Platz. Radikalere Strömungen, wie die schon 1977 im Untergrund gegründete »Litauische Freiheitsliga«, in der vor allem ehemalige Dissidenten organisiert sind, gewannen die Oberhand.

Trotz ihres reformerischen Kurses schritt der Autoritäts- und Machtzerfall der Kommunistischen Partei fort. Neu gegründete Parteien knüpften an Vorkriegstraditionen an. So entstanden 1989 die sozialdemokratische und die christlich-demokratische Partei wieder. Eine besondere Rolle kam bei der Mobilisierung der Bevölkerung der katholischen Kirche zu. Religiöse Freiheit in diesem katholischen Lande hatte von Anfang an zu den zentralen Forderungen der Nationalbewegung gehört. Die innenpolitische Liberalisierung und außenpolitischen Rücksichten der sowjetischen Regierung gegenüber dem

Vatikan erweiterten ab 1988 die kirchliche Freiheit. Religiöse Erziehung, karitative Tätigkeit usw. wurden wieder zugelassen. Im Juni 1988 wurde Kardinal Vincentas Sladkevicius, der zuvor viele Jahre unter Hausarrest gestanden hatte, Bischof von Kaunas. Die Kathedrale von Vilnius, die als Ausstellungs- und Konzertgebäude gedient hatte, wurde im Oktober 1988 der Kirche zurückgegeben und Anfang Februar von Bischof Julionas Steponavicius geweiht. Steponavicius war selbst eben aus der Verbannung zurückgekehrt. Erstmals waren alle sechs Diözesen des Landes wieder mit Bischöfen besetzt. Die Kirchenführer sprachen sich sofort für einen Austritt aus der Sowjetunion aus. Auf einer Massendemonstration zum Unabhängigkeitstag am 17. Februar 1989 forderten in Kaunas Vertreter von Sajudis und Kardinal Sladkevicius die völlige Unabhängigkeit. Die litauische Fahne wurde nun zum zusammenfassenden Symbol aller Bestrebungen der Nationalbewegung.

Bei den Wahlen zum sowjetischen Kongreß der Volksdeputierten im März 1989 zeigte sich, daß Sajudis die stärkste politische Kraft geworden war. In 36 von 39 Wahlkreisen gewannen ihre Kandidaten. Die Partei- und Staatsführung erlitt eine vollkommene Niederlage. Nur der Erste Sekretär der Kommunistischen Partei, Brazauskas, und sein russischer Stellvertreter Wladimir Beresow, die als Sympathisanten der Nationalbewegung galten, waren erfolgreich. Um ihren Erfolg zu sichern, hatte Sajudis eigene Kandidaten zurückgezogen.

Der Erfolg von Sajudis wies auch der Partei- und Staatsführung den Weg. Noch im Sommer wurde der Oberste Sowjet zu einem arbeitenden Parlament, die führende Rolle der Kommunistischen Partei und die Zensur wurden abgeschafft, das Litauische Staatssprache. Obwohl die Parteiführung und eine gewichtige Strömung innerhalb von Sajudis noch 1989 nur eine Souveränität innerhalb der Sowjetunion wollte, war die Tendenz zu einem Austritt unaufhaltsam. Am 15. Mai 1989, sechs Monate nach der estnischen, wurde die litauische Souveränität verkündet. Sowjetische Gesetze mußten von nun an, um in Litauen rechtskräftig zu werden, vom Obersten Sowjet Litauens übernommen werden. Die Legitimität der Sezession war geklärt, als im August 1989 eine Kommission des litauischen Obersten Sowjet zu dem Schluß gekommen war, daß der Hitler-Stalin-Pakt mitsamt seinen Geheimprotokollen von Anfang an ungültig, der Anschluß an die Sowjetunion mithin illegal gewesen war. Wo die

Parteiführung zwar von der Unrechtmäßigkeit der Annexion, aber auch von inzwischen gewachsenen Zusammenhängen ausging, sah die nationale Opposition den Tatbestand einer fortdauernden und unrechtmäßigen Okkupation erfüllt. Litauen war nie Teil der Sowjetunion gewesen. Daher brauchte es letztlich seinen Austritt auch nicht zu erklären. Durch Verfassungsänderung wurde im November 1989 eine litauische Staatsbürgerschaft eingeführt. Litauische Staatsbürger waren nun nur jene, die vor dem 15. Juni 1940 in Litauen gewohnt hatten, und ihre Nachkommen, soweit sie ständig im Lande wohnten. Die anderen Einwohner sollten sich innerhalb von zwei Jahren entscheiden. Neueinwanderer konnten die Staatsbürgerschaft erwerben, wenn sie zwei Jahre im Land gewohnt hatten, die litauische Sprache beherrschten und die Verfassung der Republik kannten.

Auch die Kommunistische Partei Litauens löste sich aus ihrer sowjetischen Unterstellung. Auf ihrem 20. Parteitag vom 19.-23. Dezember 1989 erklärte sie sich von der KPdSU unabhängig. Nur eine − russisch dominierte − Splittergruppe verblieb in der KPdSU. Angesichts der politischen Stimmung war dieser Trennungsbeschluß unausweichlich. Eine von Moskau abhängige Partei würde in Litauen jeden Einfluß verlieren und aufhören, eine politisch bedeutsame Kraft zu sein. Schließlich waren viele Sajudis-Mitglieder zugleich Mitglieder der Kommunistischen Partei, viele Mitglieder in deren Zentralkomitee, sechs sogar in dessen Büro. So näherte sich auch die Argumentation der Kommunistischen Partei immer mehr dem Programm von Sajudis an.

Schon im Juni 1989 hatte der Komsomol seine Unabhängigkeit von der gesamtsowjetischen Organisation erklärt und auf sein Monopol verzichtet. Wie die Kommunistische Partei konnte auch er durch diese Maßnahme seinen Einflußverlust nur unwesentlich verlangsamen. Längst hatte er Konkurrenz von den Jugendorganisationen »Junges Litauen« und »Ateitis«, einer katholischen Organisation, erhalten.

Gegen die Nationalbewegung formierte sich auch in Litauen eine von den Konservativen getragene Gegenbewegung, die Anfang 1989 gegründete »Jedinstwo« (Einheit). Sie organisiert vor allem die im Lande lebenden Russen. Selbst ein Teil der polnischen Minderheit tendierte aus Angst vor einer möglichen Diskriminierung zu »Jedinstwo«. Versuche überwiegend polnisch bewohnter Rayons, sich »autonom« zu erklären, wurden von der litauischen Regierung sofort für verfassungswidrig erklärt. Eine Reise Gorbatschows nach Litauen Mitte Januar 1990 wurde zum Debakel. Die nun unabhängige litauische Kommunistische Partei wich von ihrem Trennungsbeschluß nicht ab. Riesige Massendemonstrationen zeigten Gorbatschow, daß er in Litauen unerwünscht war. Seine Zusicherung, daß ein juristischer Ausstiegsmechanismus erarbeitet werden würde, bezeichnete der Sajudis-Vorsitzende Landsbergis als eine »Propagandafalle für naive Leute hier in Litauen und im Ausland, die denken, daß die sowjetische Regierung fortschrittlich ist«.

Seit dem 1. Januar 1990 betrachtete Litauen alles Land, die Bodenschätze usw. als zu seinem Besitz gehörig. Am 15. Januar wählte der Oberste Sowjet Litauens den Ersten Sekretär der KP Litauens Brazauskas anstelle von Vytautas Astrauskas zu seinem Vorsitzenden, also zum Staatsoberhaupt, und beschloß, bei den anstehenden Wahlen zu den Repräsentativorganen der Republik das neue litauische Staatsbürgerrecht anzuwenden. Nur Personen, die diesem Gesetz entsprechend Bürger Litauens seien, hatten ein Stimmrecht. Bei diesen Wahlen stellten sich bereits mehrere Parteien zur Wahl: die Kommunistische Partei, die Demokratische Partei, die Sozialdemokratische Partei, die Grüne Partei, die Christlich Demokratische Partei. De facto jedoch handelte es sich um eine Wahl nur zwischen zwei Seiten. Alle Parteien außer zuweilen der Kommunistischen beriefen sich auf das Programm der Sajudis, die dezentral ihre Empfehlungen aussprach. Keine Chancen hatten diejenigen, von denen Sajudis abriet. Für sie wurde das Wahlergebnis wie erwartet zu einem überwältigenden Erfolg.

Das neue Parlament erklärte am 11. März 1990 mit 124 Ja-Stimmen, sechs Enthaltungen und ohne Gegenstimmen die Unabhängigkeit des Landes. Der Oberste Sowjet wurde in »Oberster Rat« umbenannt, der Name in »Republik Litauen« geändert. Zum Vorsitzenden und damit zum Staatsoberhaupt wurde der Vorsitzende von Sajudis, Landsbergis, gewählt; sein Stellvertreter wurde Brazauskas. Litauen würde von jetzt an souverän sein, eine eigene Landwehr aufstellen und die Kontrolle der Außengrenzen des Staates in die eigenen Hände nehmen. Ein formeller Austritt aus der Sowjetunion war überflüssig, da die Republik nie eingetreten war. Falls die Sowjetunion Schadenersatz fordere, werde man für die Okkupation Reparationen verlangen.

Angesichts der Anwesenheit sowjetischer Truppen im Lande erwiesen sich nicht alle beschlossenen Maßnahmen als sofort durchführbar; und schon vier Tage später erklärte der Kongreß der Volksdeputierten der Sowjetunion mit 463 Ja-, 94 Nein-Stimmen und 128 Enthaltungen die Unabhängigkeitserklärung für ungültig. Die sowjetische Regierung setzte teilweise jene Sanktionen in Gang, die sie angedroht hatte. Eine im April beginnende sich schrittweise verschärfende Wirtschaftsblockade ließ das Wirtschaftsleben Litauens langsam erlahmen, das seinerseits offiziell seine eigenen Lieferungen, vor allem die von Lebensmitteln, an die Sowjetunion einstellte. Beide Seiten betonten gleichzeitig immer wieder, keine Gewalt anwenden zu wollen und zu Verhandlungen bereit zu sein, falls die jeweils eigene zentrale Bedingung erfüllt werde. Für die litauische Seite hieß dies eine sowjetische Anerkennung der Unabhängigkeit, für die sowjetische zunächst den Widerruf der Unabhängigkeitserklärung, dann eine Anpassung an das neue, eine fünfjährige Ablösungsfrist vorsehende Austrittsgesetz. Schließlich schraubte Gorbatschow seine Bedingungen darauf zurück, daß Litauen die Unabhängigkeitserklärung während der Verhandlungen »einfriere«. Litauen könne auch schon nach zwei Jahren aus der Sowjetunion entlassen werden.

Bei den Nationalbewegungen in der Sowjetunion löste das litauische Vorgehen uneingeschränkte Zustimmung, wenn nicht Enthusiasmus aus, woran auch die Wirtschaftsblockade nichts änderte. Vor allem in den anderen baltischen Staaten schien damit die Richtung vorgegeben, obwohl sich der litauische Weg in ihnen wegen der anderen nationalen Zusammensetzung der Bevölkerung nicht umstandslos wiederholen ließ. Auch bei den demokratischen Bewegungen innerhalb der RSFSR wurde das litauische Vorgehen teils begrüßt, teils nicht abgelehnt. Auf jeden Fall wurden die Sanktionen getadelt. International waren die Reaktionen vorsichtiger. Die Ministerpräsidentin Kazimiera Prunskiene, die politisch klügste Persönlichkeit der neuen politischen Führung Litauens, bereiste die westlichen Industrieländer. Aber selbst in den USA, die die sowjetische Annexion der baltischen Staaten nie anerkannt hatten, stieß sie auf höfliche Herzlichkeit, nicht jedoch auf das erhoffte Versprechen tatkräftiger Unterstützung.

Die lange Blockade hatte Mitte Juni 1990 die Kompromißbereitschaft der bislang unerschütterlichen litauischen Regierung erhöht.

Problem aber blieb es, sie einem Parlament zu vermitteln, das von einer Massenbewegung gerade seiner Kompromißlosigkeit und siegesgewissen Entschlossenheit gewählt worden war.

VI. Die baltischen Länder 2: Der protestantische Raum

Die alten geographischen Bezeichnungen weichen teilweise von den heutigen Länderstrukturen ab. So lag »Estland« an der nördlichen Küste des heutigen um Reval. An der sich nach Süden hinabziehenden Küste bis zur Düna lag Livland. Es war von den finno-ugrischsprachigen Liven bewohnt, die schon vor der Kolonisierung von den Letten unterworfen worden waren und weitgehend verschwanden. Jenseits der Düna lag Kurland – genannt nach den baltischsprachigen Kuren – im Westen des heutigen Lettland. Seine Hauptstadt war bis 1918 Mitau (Jelgava), wichtige Häfen waren Libau (Liepaja) und Windau (Ventispils).

1. Estland und Lettland vor 1917

Die Eroberung der Gebiete des heutigen Lettland und Estland begann im 12. Jahrhundert. 1158 erkundeten Kaufleute die Düna; ihnen folgten Missionare. Mit ihren Stadtgründungen und Kirchenbauten beherrschte die Hanse bald wirtschaftlich und kulturell die östliche Ostsee. Das 1203 gegründete Riga wurde zur wichtigsten Hansestadt der Region. Aber auch die Dänen, in jener Zeit die Hegemonialmacht der Ostsee, waren aktiv. 1219 unternahmen sie einen Kreuzzug gegen die Esten. Sie unterwarfen und christianisierten sie und gründeten die Stadt Reval (Tallinn). In den lettischen und livischen Gebieten herrschte neben der Hanse der Mönchsorden der Schwertbrüder, der sich 1237 dem deutschen Ritterorden anschloß. Die Expansion des Ritterordens wurde 1242 von Alexander Newskij, dem Fürsten von Nowgorod, in der Schlacht auf dem Peipussee gestoppt. Dieses Ereignis spielte später als Symbol des Kampfes zwischen Russen und Deutschen in der russischen Geschichtsmythologie eine große Rolle. Alexander Newskij selbst sicherte durch seinen Sieg nicht nur das Gebiet der unabhängigen Stadt Nowgorod, die noch lange wichtigster östlicher Partner der Hanse blieb; als Lehnsmann der Tataren festigte er mit seinem Sieg auch die Grenze zwischen dem Reich der Goldenen Horde und der des lateinischen Europas.

Die Ordensritter waren ursprünglich durch den polnischen Fürsten

Konrad von Masowien gegen die heidnischen Pruzzen zu Hilfe gerufen worden. Sie nutzten die Gelegenheit zum Aufbau eines eigenen Reiches, indem sie von Kulm (Chelm) aus über Marienwerder und Elbing nach Osten vordrangen und 1255 Königsberg gründeten. 1309 verlegte der Hochmeister des Ritterordens seinen Sitz von Venedig nach Marienburg, eignete sich die Pomerellen und Danzig an und drang nach Kurland, Livland und Estland vor. Hierbei kam es immer wieder zu Kämpfen mit der konkurrierenden dänischen Monarchie und den erbitterten Widerstand leistenden Einheimischen. 1346 verkaufte der dänische König Estland an den Orden. Das vereinigte estnisch-lettische Gebiet trug von nun an den Namen »Livland«. Mitte des 14. Jahrhunderts wurde die südliche Ostseeküste damit einerseits vom Ritterorden, andererseits von einem Kranz reicher Hansestädte, wie Lübeck, Danzig (Gdansk), Elbing (Elblag), Thorn (Torun), Kulm (Chelm), Braunsberg (Braniewo), Königsberg (Kaliningrad), Riga und Reval (Tallinn), beherrscht.

Das Ende der Dominanz des Ritterordens begann zu Beginn des 15. Jahrhunderts. Ihm erwuchs eine große Gegenmacht in Gestalt des aufstrebenden litauischen Reiches. 1410 kam es bei Tannenberg (Grunwald) zur Schlacht gegen ein vereinigtes polnisch-litauisches Heer unter dem litauischen Fürsten Vytautas. Die Ritter wurden vernichtend geschlagen und unterstellten sich dem polnischen König als Lehnsabhängige. Auch wenn die politische Vormachtstellung des Ordens damit gebrochen war, als militärischer Machtfaktor blieb er bedeutsam. Das änderte sich, als auch der Niedergang der Hanse einsetzte. Dieser Niedergang hatte mehrere Ursachen: die Verlagerung des Welthandels durch die Entdeckung des Seeweges nach Indien und das Aufkommen der Seemächte Niederlande und England. 1494 wurde der wichtigste östliche Handelspartner der Hanse, Nowgorod, von Iwan III. annektiert und sank zur Bedeutungslosigkeit herab. Schließlich trug zur Verarmung bei, daß seit dem 16. Jahrhundert die großen Heringsschwärme, die bisher das schwedische Schonen angesteuert hatten, zur holländischen Küste zogen.

Nun wurde die Region zum Zankapfel dreier Großmächte: Polen-Litauens, Schwedens und Rußlands. Die Besitzverhältnisse wechselten immer wieder, und immer wieder trafen Kriege das Gebiet schwer. In der ersten Hälfte des 16. Jahrhunderts löste sich der Ordensstaat auf. Die zu Schweden bzw. zu den Resten des Ordens gehörenden Gebiete wurden reformiert und mit ihnen die unterworfenen Bevölkerungen. Obwohl die Reformation auch in Polen – in der kalvinistischen Variante – Fortschritte machte, setzte hier bald die Gegenreformation ein. Polen, Litauen und der polnische Teil Lettlands, Lettgallen, blieben katholisch. Als Iwan IV., der Schreckliche, seinen Besitzanspruch auf die baltischen Länder militärisch durchsetzen wollte, suchte der livländische Adel 1560 bei Litauen-Polen Schutz. So gelang es, die russische Übermacht zum letzten Mal zurückzudrängen. 1626 war das nördliche Livland einschließlich Riga schwedisch, Lettgallen litauisch, Kurland blieb als polnisches Lehen unabhängig.

Im 17. Jahrhundert war Schweden die Hegemonialmacht im gesamten Ostseeraum, so auch in den baltischen Ländern. Für den gesellschaftlich herrschenden deutschen Adel ergab sich daraus eine schwierige Situation. Denn Schweden kannte die Leibeigenschaft nicht und beschnitt in diesem Sinne adlige Vorrechte – obwohl es militärisch auf den baltischen Adel angewiesen blieb und seinen sozialen Gerechtigkeitssinn entsprechend mäßigte. Immerhin stand der deutschbaltische Adel aus diesem Grunde dem russischen Vordringen nicht unfreundlich gegenüber.

Unter Peter dem Großen (1689-1725) fielen Kurland und Livland als Resultat des Großen Nordischen Krieges im Frieden von Nystad 1721 an den Zaren. Allerdings sicherte sich Peter die Loyalität des baltischen Adels und der Städte, indem er die innere Struktur seiner neuen Provinzen weitgehend unangetastet ließ. Sie behielten die Dominanz des deutschen Rechts, der deutschen Verwaltung, der deutschen Sprache und der evangelisch-lutherischen Landeskirche. Der Adel behielt seine Doppelrolle als ausbeutender Herr und Richter zugleich. Die Baltendeutschen – Adel und Städter – waren von nun an, bis zur Zeit Alexanders III., der diese Vorrechte im Interesse einer Russifizierung einschränkte, besonders loyale russische Untertanen. Der deutschbaltische Adel spielte in der Armee und der Verwaltung Rußlands eine wichtige Rolle.

Die baltischen Gebiete standen zugleich unter dem wirtschaftlichen und kulturellen Einfluß Englands. Die Hafenstadt Riga war der wichtigste englische Handelsstützpunkt in Rußland. Das hatte auch auf die deutsche Geistesgeschichte bedeutsame Rückwirkungen. Hier wurde die englische Aufklärung zu einer Zeit rezipiert, als man im fernen Deutschland und im nahen Petersburg nur die französischen Philosophen las. Der Königsberger Immanuel Kant führte die von Berkeley, Hume und Locke entwickelten Denkansätze in das deutsche Geistesleben ein. Über Gelehrte aus Riga und Dorpat (Tartu) wurde Deutschland erstmals mit der von Briten wie Smith, Ricardo oder Malthus entwickelten liberalen politischen Ökonomie konfrontiert.

Der Niedergang der deutschbaltischen Dominanz begann mit den »estnischen Regulationen« Alexanders I., die eine Verbesserung der Lage der Bauern brachten. 1816-1819, also lange bevor dies auch im übrigen Rußland geschah, wurde die Leibeigenschaft abgeschafft. Der Adel eignete sich das Land als Privateigentum an. Das hatte zweierlei Folgen. Auf der einen Seite führte diese Entwicklung zur Verarmung der Mehrheit der Landbevölkerung und 1840 zu einer Hungersnot. In deren Folge kam es bis 1860 zu mehreren Aufständen, die sich allesamt gegen die deutschen Grundbesitzer richteten. Auf der anderen Seite füllten sich die Städte zunehmend mit lettischen bzw. estnischen Bewohnern. Der Ausbau der Häfen und der Beginn der Industrialisierung schuf ein einheimisches Industrieproletariat.

Allmählich bildete sich auch ein einheimisches Bürgertum, das zur sozialen Basis der entstehenden Nationalbewegungen wurde. Die russische Regierung förderte diese Entwicklung. Sie schuf die Fronarbeit endgültig ab, ermöglichte es den Bauern, Land zu pachten, und setzte der Justiz durch die Barone ein Ende. Es entwickelte sich eine wenn auch noch schmale Schicht einheimischer Großbauern, die ihren Kindern eine höhere Bildung ermöglichen konnte. Eine weitere Förderung der estnischen Städte brachte die Aufhebung des Zunftzwangs 1877. 1871 war die Bevölkerung Revals (Tallinn) schon zu 50% estnisch, 1897 zu fast 70%. Riga war 1871 zu 21% lettisch, 1897 bereits zu 42%. Die Urbanisierung und der Ausbau des Erziehungssystems führten dazu, daß Ende des 19. Jahrhunderts in beiden Ländern der Analphabetismus praktisch beseitigt war.

Die Ermordung Alexanders II. und der Regierungsantritt Alexanders III. 1881 veränderten die Situation nochmals. Wie in den anderen russischen Gebieten setzte nun eine scharfe Russifizierungspolitik ein. Russisch wurde offizielle Unterrichts-, Gerichts- und Verwaltungssprache, die deutsche Universität Dorpat wurde zur russischen Universität Jurjew. Auch dies förderte die Nationalbewegungen. Der estnische Journalist und Schriftsteller Jaan Tonisson etwa gab eigene Zeitschriften heraus, in denen er die ökonomische, soziale und politische Gleichheit von Deutschen und Esten verlangte und auch gegen die Russifizierung Stellung bezog.

Besonders Estland konnte von dieser Entwicklung profitieren. Die Reformation hatte im 16. Jahrhundert zwar den Druck religiöser Schriften in allen baltischen Sprachen gefördert. In den protestantischen Gebieten aber blieb, im Unterschied zu Litauen, die Volkssprache präsent. 1535 war als erstes estnisches Buch ein Katechismus erschienen, 1739 die erste estnische Bibel. Bis Anfang des 19. Jahrhunderts aber war diese Literatur überwiegend das Werk einer paternalistischen deutschen Geistlichkeit, die ihre Schäfchen missionierte. Erst die romantische Bewegung ließ eine Literatur entstehen, die nationale Stimmungen förderte. Der reiche Schatz an Volksliedern und Volksmärchen wurde nun gesammelt und veröffentlicht. F.R. Fählmann (1798-1850) und F.R. Kreutzwald (1803-1883) stellten aus gesammelten Volksepen und Eigendichtungen das Nationalepos Kalevipoeg. Es entstanden, analog den deutschen Entwicklungen, Gesangsvereine, die den Nationalgeist popularisierten und eine nationalbegeisterte Literatur, die sich gegen die Russen, vor allem aber gegen die Deutschen wandte. Ende des 19. Jahrhunderts hatte sich die estnische Intelligenz bereits soweit gefestigt, daß sie der nationalen Selbstbestätigung weniger bedurfte und Anschluß an die Weltliteratur fand.

In Lettland begann das »nationale Erwachen« Mitte des 19. Jahrhunderts. Als erste lettische Zeitung gründete Krisjanis Valdemaras 1862 die »Peterburgas Avizes« (Nachrichten aus Petersburg), in denen er den deutschen Adel angriff. Das erste Nationaltheater wurde gegründet. 1894 erschien der erste Band der Volksliedsammlung »Latvju Dainos«, 1900 wurde in Riga die »Lettische Gesellschaft« gegründet, die erste lettische Landwirtschaftsausstellung abgehalten und das erste Sängerfest, eine von nun an wiederkehrende große Manifestation der nationalen Folklore und des nationalen Bewußtseins.

Die nationale Umgestaltung der Sozialstruktur Lettlands entsprach im wesentlichen jener Estlands und hatte einen sozialen und politischen Machtverlust der Deutschen zur Folge. Esten und Letten gelang nun auch der Zugang zu Stadträten, Schulen und Banken. 1904 setzten die Esten in Reval erstmals einen estnischen Bürgermeister durch. Mit der Macht wuchs auch die Erbitterung. Die Revolution von 1905 hatte in Lettland und Estland besonders heftige Auswirkungen. In Dorpat (Tartu) hißten Studenten die rote Fahne und forderten Pressefreiheit. Überall in beiden Ländern fanden Bauernaufstände statt, die sich vor allem gegen die deutschen Gutsbesitzer richteten. Die estnische und die lettische Nationalbewegung forderten die Vereinigung ihrer nationalen Gebiete, die Einführung der eigenen Sprachen als Verwaltungssprachen und möglichst weitgehende Autonomie innerhalb Rußlands. Obwohl die Aufstände von 1905 unterdrückt wurden, machten die Nationalbewegungen weitere Fortschritte. In der Petersburger Duma von 1905 wurden Lettland und Estland bereits ausschließlich durch Letten und Esten repräsentiert. Hier erhielt die spätere politische Elite beider Länder ihre Schulung.

2. Lettland nach 1917

Aufgrund von Zuwanderung und einer niedrigen Geburtenrate stehen die Letten in der Gefahr, im eigenen Land minoritär zu werden. 1987 bestand seine Bevölkerung zu 54 % aus Letten, zu 33 % aus Russen. Hinzu kamen 5% Belorussen, 3% Ukrainer und 3% Polen. Die dramatische Veränderung der nationalen Zusammensetzung zeigt ein Vergleich mit der Zusammensetzung von 1935: Letten 65,5 %, Russen 12,6 %, Juden 5,2 %, Deutsche 3,8 %, Polen 2,8 %, Litauer 1,3 %, Esten 0,4 %. Die Gesamtzahl der Letten in der Sowjetunion war 1970 – 1,4 Mio., 1979 – 1,4 Mio., 1989 – 1,5 Mio.

Das XX. Russische Armeekorps, das 1914 Ostpreußen angriff, bestand überwiegend aus Letten. Die Deutschen eroberten im Gegenangriff Libau. Daraufhin gestattete Zar Nikolaus II. die Aufstellung einer Nationalarmee, der »Lettischen Schützen«. Als im September 1917 ganz Lettland von den Deutschen besetzt wurde, trat die Nationalarmee nach Rußland über, wo sie auf Seiten der Bolschewiki an der Oktoberrevolution teilnahm. Politisch waren die Schützen allerdings gespalten. Einigen von ihnen ging es vor allem um die Unabhängigkeit. Sie kehrten nach dem Ende des Krieges zurück. Andere identifizierten sich mit den Bolschewiki und blieben in Rußland.

1917 war Lettland stärker industrialisiert als Estland, entsprechend größer war die Arbeiterschaft und entsprechend mehr Sympathien genossen die Bolschewiki. Im Dezember 1917 wurde eine Räteherrschaft errichtet, die die Invasion der Roten Armee, an deren Spitze die Lettischen Schützen standen, unterstützte. Die Rote Armee wurde allerdings bald von den deutschen Truppen vertrieben. Aber die stärkere Position der Bolschewiki wirkte nach. Zum Zeitpunkt der sowjetischen Annexion 1940 hatte die Kommunistische Partei Lettlands immerhin 967 Mitglieder, also sieben mal mehr als die Estlands.

Mit dem Waffenstillstand vom November 1918 erkannte die Entente den schon 1917 gebildeten Nationalrat und damit die Unabhängigkeit Lettlands an. Angesichts einer drohenden Invasion der Bolschewiki zog sich die Regierung mit ihrem Chef Karlis Ulmanis (1877-1942) im Januar 1919 nach Libau zurück. Deutsche Freikorps unter General Rüdiger von der Goltz machten das Land unsicher und drohten mit einer Invasion in Estland. Im April versuchten die Baltendeutschen in Libau einen Aufstand gegen die Regierung, der aber scheiterte. Im Juni endlich gelang es der lettischen Armee mit Hilfe der estnischen, die deutschen Freikorps-Truppen zu schlagen. Auch gegen die Rote Armee blieb die lettische Armee – mit britischer Unterstützung – erfolgreich. Die Friedensschlüsse im Juli 1920 mit Deutschland und im August mit Sowjetrußland ermöglichten den Beginn einer wirtschaftlichen und politischen Stabilisierung.

Nur noch 41% der Bevölkerung lebte am Ende des ersten Weltkriegs von der Landwirtschaft. 77% des Landes gehörten 162 deutschen Adelsfamilien. Die Landreform von 1920 entmachtete diesen Adel mit einem Schlage. Umgekehrt läßt sich auch sagen, die radikale Landreform war gerade deshalb leicht und fast widerstandslos durchführbar, weil die Grundbesitzer als unerwünschte Fremde gelten konnten. Aus den Gütern mit mehr als 100 Hektar wurden mehr als 220 000 Kleinbauernwirtschaften geschaffen. Die Deutschen hatten nun nur noch das Gewicht, das ihnen als kleine nationale Minderheit zukam.

Die lettische Verfassung war rational und liberal konstruiert. Ein Verhältniswahlrecht ohne Sperrklauseln führte zu einer großen Zahl von Parteien, die immer neue Bündnisse eingehen konnten. Zusätzlich destabilisierend wirkte sich die vollständige Unterordnung der Exekutive unter die Legislative aus. Jede Änderung der Mehrheit im Parlament führte nun zum Sturz der Regierung. Angesichts der politischen Unerfahrenheit der Bevölkerung traten zusätzliche Gefährdungen durch rasch umschlagende Stimmungen auf. Das politische

Spektrum wurde auf der Rechten durch den Bauernbund, auf der Linken durch die Sozialdemokratie markiert. Diese Partei war 1904 gegründet worden und spaltete sich 1918. Die linke pro-bolschewikische Fraktion, die nach einem »freien Lettland in einem freien Rußland« strebte, konstituierte sich als im März 1919 als Kommunistische Partei. Viele lettische Kommunisten gingen nach Moskau, die Kommunistische Partei wurde verboten und schrumpfte wegen ihres pro-russischen Engagements. Der majoritäre sozialdemokratische Flügel setzte auf die lettische Unabhängigkeit.

Rechtsextremistische Uniformträger waren wie in Deutschland schon in den zwanziger Jahren immer wieder auf der Straße. 1933 tauchte die neue Partei »Ugankrusts« (Feuerkreuz) auf, die sofort verboten wurde. Sie erschien gleich darauf unter dem Namen »Perkonkrusts« (Donnerkreuz) wieder. Ihre Anhänger trugen graue Hemden, schwarze Mützen; auch sie hatten ihren besonderen Gruß. Unter dem Ruf »Lettland den Letten« kämpften sie gegen die Minoritäten, vor allem die Deutschen und die Juden. Aus diesen Kreisen rekrutierten sich später während der deutschen Besetzung die Kollaborateure. Im Mai 1933 kam es zur Krise. Der Präsident und Führer der Bauernpartei Karlis Ulmanis löste das Parlament auf und wurde Diktator. Vergleichbar den damaligen Bestrebungen in Österreich und Italien suchte er Lettland in einen Ständestaat umzubilden.

Nach dem Hitler-Stalin-Pakt und der »Heimholung« der Deutschen durch Hitler, erzwang die Sowjetunion 1939 einen Beistandspakt und errichtete Militärbasen für die Marine und die Luftwaffe. Im Juni 1940 wurde Lettland besetzt. Die Mitglieder der Lettischen Kommunistischen Partei wurden von der KPdSU übernommen. Neuwahlen nach sowjetischem Muster führten am 3. August 1940 zur Errichtung der Sowjetrepublik Lettland. Die deutsche Besetzung 1941-1944 fand unter den charakteristischen Greueln statt. Die jüdische Bevölkerung wurde -teilweise unter Beteiligung lettischer Freiwilliger − ermordet.

Auch in der Nachkriegszeit teilte Lettland das Schicksal seiner baltischen Schwesterrepubliken. Mehr als 150 000 Personen wurden deportiert, die Landwirtschaft kollektiviert, die Gesellschaftsordnung der sowjetischen angeglichen. Die forcierte Industrialisierung führte zur Einwanderung russischer Arbeitskräfte, die die ethnische Zusammensetzung der Bevölkerung veränderte. Die Hauptstadt Riga ist heute zu 60% russisch, einige Kreise im Norden der Republik zu 90%.

Der nationale Aufbruch begann 1987. Es waren zunächst Intellektuelle, die als erste Souveränität forderten, wie Janis Peters, der Vorsitzende des Schriftstellerverbandes, in der »Prawda« vom 16. September 1987. Am 18. November 1987 versammelten sich anläßlich des Nationalfeiertags 10 000 Demonstranten schweigend um die Freiheitsstatue in Riga. 1988 fanden anläßlich dieses Datums bereits im ganzen Lande Demonstrationen statt. Im Nationaltheater wurde eine Feierstunde abgehalten. Organisatorischer Mittelpunkt war die im Oktober 1988 unter Beteiligung zahlreicher Parteimitglieder gegründete »Volksfront«, deren Vorsitzender Dainis Ivans wurde.

Das Verhältnis zur Partei- und Staatsführung war zunächst gespannt. Anfang Januar 1989 wurde die im Dezember 1988 offiziell vorgenommene Registrierung der Volksfront widerrufen. Der Grund waren vor allem Spannungen innerhalb der Parteiführung. Obwohl der Parteivorsitzende Boriss Pugo wie auch sein Nachfolger Janis Vagris seit 1988 reformorientiert waren, bestand die Partei selbst nur zu 40% aus Letten. So gab es einen nach baltischen Maßstäben sehr mächtigen konservativen Flügel, die innerparteilichen Spannungen waren erheblich. Zunächst aber setzte sich die reformerische Linie durch. Hatte die Partei- und Staatsführung anfänglich noch den »nationalistischen Extremismus« verurteilt, so schloß sie sich schon bald den nationalen Forderungen an. Bei den Feiern zum Nationalfeiertag 1989, die von der Volksfront organisiert wurden, nahm auch der Vorsitzende des Obersten Sowjets Lettlands Anatoli Gorbunovs und Parteichef Janis Vagris teil, der zwei Jahre zuvor die Feier noch verdammt hatte.

Auch innerhalb der Volksfront gab es zunächst zwei Tendenzen, die sich vor allem in ihren Akzentsetzungen unterschieden. Der einen ging es vor allem um nationale Selbstbestimmung, das Überleben der Nation und eine Einschränkung der Immigration. Die zweite Tendenz betonte stärker eine Ausweitung der individuellen bürgerlichen Rechte. Vor allem dieser Richtung konnten sich auch Nicht-Letten anschließen, die zur Zeit der Gründung immerhin 14% der Mitglieder der Volksfront ausmachten.

Die Stärke der Volksfront zeigte sich erstmals im Frühjahr 1989 bei den Wahlen zum sowjetischen Kongreß der Volksdeputierten. Drei Viertel der gewählten Kandidaten standen auf seiten der Volksfront, die selbst keine eigenen Kandidaten aufgestellt hatte. Das Ergebnis wurde allgemein als Niederlage der Kommunistischen Partei interpretiert, obwohl die Mehrheit der Gewählten deren Mitglieder waren. Damit war die Kommunistische Partei Lettlands gezwungen, stärker die Forderungen der Volksfront aufzunehmen, wollte sie nicht im politischen Leben das Landes marginalisiert werden

Es waren die ursprünglichen Forderungen der Volksfront gewesen, denen der Oberste Sowjet Lettlands am 28. Juli 1989 nachkam, als er die Souveränität Lettlands – noch innerhalb der Sowjetunion – erklärte. Die Bodenschätze seien nun Besitz der Republik, deren Gesetze im Konfliktfalle die der Sowjetunion brächen. Kraft ihrer Souveränität sei die lettische Regierung befugt, selbständig mit anderen Ländern diplomatisch zu verhandeln. Zur Erinnerung an die Gründung der Republik im Jahre 1918 setzte der Oberste Sowjet Lettlands den 18. November als Nationalfeiertag fest. Die Volksfront war schon längst einen Schritt weiter gegangen. Seit Ende Mai 1989 ging es ihr bereits um die ganze Unabhängigkeit außerhalb der Sowjetunion. Aber wie die Volksfront die KP-Führung bedrängte, so wurde sie selbst durch radikalere Organisationen bedrängt.

Dazu gehörten neu entstandenen Parteien, wie die noch kleine Republikanische Partei, die Radikale Assoziation und die Grüne Partei. Anfang Dezember hielt die Lettische Sozialistische Arbeiterpartei als erste der wiederbelebten Vorkriegsparteien ihren 20. Parteitag in Jurmala ab. Vorsitzender wurde Voldis Steins, Professor an der Staatsuniversität Lettland. Der letzte Parteitag hatte 1934 kurz vor der Machtergreifung von Ulmanis stattgefunden. Nach der Annexion 1940 war die Leitung der Partei nach Schweden emigriert. Ihr damaliger Vorsitzender Bruno Kalnins, ein militanter Antikommunist, repräsentierte die lettische Sozialdemokratie seit 1953 in der Sozialistischen Internationale und war bis 1985 ein bevorzugter Angriffspunkt der offiziellen sowjetischen Propaganda gewesen. An diesem Parteitag konnten nicht nur Auslandsletten teilnehmen, auch der Vorsitzende des lettischen Ministerrates Vilnis Bresis folgte einer Einladung.

Einer radikaleren Tendenz geht es nicht nur um Unabhängigkeit des Landes, sondern um die Bestätigung der lettischen Dominanz. Sie wird unter anderem von früheren Dissidenten wie Juris Vidins, dem ehemaligen Vorsitzenden der lettischen Helsinkigruppe, vertreten. Treibender Faktor ist jedoch vor allem Lettlands »Nationale Unabhängigkeitsbewegung«. Ihr Ziel ist es, Nicht-Letten aus der lettischen Politik auszuschalten. So gründete die Unabhängigkeitsbewegung im März 1989 Bürgerkomitees, zu denen ausschließlich Letten Zugang haben. Das weckte bei der nichtlettischen Bevölkerung Unsicherheiten, die sich verstärkten, als am 31. Mai 1989 auch die Volksfront die volle Unabhängigkeit des Landes forderte. Aber der Konflikt setzte sich auch innerhalb der Volksfront in den Spannungen zwischen Nationalisten und Demokraten fort. So unterstützte die Volksfront die Bürgerkomitees zunächst nicht rückhaltlos und forderte eine stärkere Berücksichtigung auch der nichtlettischen Einwohner Lettlands.

Auch die evangelisch-lutherische Kirche steht auf der Seite der Unabhängigkeitsbewegung. Auf einer Synode im April 1989, auf der die gesamte bisherige, politisch kompromittierte Kirchenführung ausgetauscht wurde, wurde Karlis Gailitis zum neuen Bischof gewählt. Gailitis ist Mitglied der Nationalen Unabhängigkeitsbewegung und der Organisation für religiöse Rechte »Wiedergeburt und Erneuerung«, die im Juni 1987 gegründet wurde und der vor allem Pfarrer angehören. Auch diese unterstützt die Nationale Unabhängigkeitsbewegung. Mit ihrer Forderung nach einem Recht auf Kriegsdienstverweigerung aus Gewissensgründen hatte sie Erfolg. Im November 1989 schuf der Oberste Sowjet durch eine Verfassungsänderung einen Ersatzdienst für Gewissensverweigerer.

Angesichts der ethnischen Zusammensetzung Lettlands stand die Nationalbewegung vor einem doppelten Problem. Sie mußte einerseits radikal genug sein, um ihre Anhänger zu mobilisieren und um sich von der offiziellen Führung der Republik zu distanzieren; sie mußte andererseits eine ethnische Polarisierung zu verhindern. Das war um so wichtiger, als die Gegenseite eine solche Polarisierung in ihre Strategie einbaute. Russische Offiziere, Manager, Parteifunktionäre und Direktoren, die teilweise der nationalistischen russischen Pamjat' nahestanden, gründeten im Januar 1989 die »Internationalistische Arbeiterfront« (Interfront). Sie repräsentiert vor allem das russische Segment der Bevölkerung und hat weniger als 10% lettische Mitglieder. Die Führung der Volksfront versuchte dagegen die ethnische Konfrontation zu vermeiden und die liberal gesonnene russischsprachige Bevölkerung direkt anzusprechen. So erscheint ihre Wochenzeitung »Atmoda« auf lettisch (Aufl. 100 000) und russisch (Aufl. 65 000), wobei ein Drittel der Artikel der russischen Ausgabe »demokratische« russische Themen aufgreift, wie die Kirche, die progressive Intelligenz Moskaus und Leningrads oder Fragen der russischen Identität. Das strategische Ziel ist es, zugleich eine Loyalität zu Lettland und eine Bindung an das demokratische Rußland zu fördern.

Umfragen von Ende 1989 zeigten den Stand der (ausgebliebenen) Polarisierung. 92% der Letten und 45% der Nicht-Letten sprachen sich für die Unabhängigkeit aus; anders ausgedrückt, 70% der Bevölkerung Lettlands waren für und 30% gegen die Unabhängigkeit. In Riga, das als große Industriestadt einen höheren Anteil russischer Arbeiter hat, unterstützten bei den Kommunalwahlen vom November 1989 57% die Volksfront, 39% die Interfront. Da wie in allen gegenwärtigen und ehemaligen Gebieten der Sowjetunion ein Mehrheitswahlrecht in Kraft ist und da vor allem Russischsprachige, die in der Industrie beschäftigt sind, für die Interfront und gegen die Unabhängigkeit stimmen, hängt es weitgehend von der ethnischen Zusammensetzung und der Wirtschaftsstruktur ab, wie gewählt wird. So hatte in Daugavpils, das überwiegend russisch ist, die Interfront ihre größten Erfolge.

Die Volksfront ist keine Partei, sondern eine multinationale Koalition geblieben. In ihr vereint waren Anfang 1990 u.a. : Die Lettische Sozialdemokratische Arbeiterpartei, die Nationale Unabhängigkeitsbewegung, die Polnische Kulturgesellschaft, die Grüne Partei, die Liberale Partei, die Arbeitergesellschaft Lettlands − eine Gegengründung zur Interfront − und die im Februar 1990 gegründete »Unabhängige Kommunistische Partei Lettlands«, deren Mitglieder überwiegend Letten sind und die sich an den sozialistischen Parteien des Westens orientiert. In diesem Parteienspektrum war die wachsende Dynamik des Unabhängigkeitsstrebens unausweichlich.

Die kommunistische Führung der Republik versuchte ihren Popularitätsverlust durch eine Verstärkung des Unabhängigkeitskurses aufzufangen. Am 11. Januar 1990 wurde die führende Rolle der Kommunistischen Partei aus der Verfassung gestrichen, der Weg zu einem Mehrparteiensystem war offen. Dennoch errang die Volksfront Mitte März bei den Wahlen zu den Volksvertretungen der Kommunen und zum Obersten Sowjet einen großen Sieg; von den 170 gewählten Deputierten bekannten sich 120 zur Volksfront. Sie war es, die von nun an die Politik machte.

Der Sezessionsprozeß steht auch weiterhin unter dem Problem, daß die lettische Bevölkerung nur etwas mehr als die Hälfte der Bevölkerung ausmacht. Schon aus diesem Grunde mußte die Volksfront gegen die neuen Modalitäten zum Austritt aus der Sowjetunion sein. Denn die vorgeschriebene Zweidrittelmehrheit wäre schwer zu erreichen. Ein Erfolg war nur dadurch zu erzielen, daß die vorhandenen Institutionen genutzt werden. Während sich am 3. Mai vor dem Parlamentsgebäude Demonstranten der Interfront sammelten und versuchten, das Parlamentsgebäude zu besetzen, erklärte der Oberste Sowjet Lettlands, dessen Präsident wieder Anatoli Gorbunovs wurde, am 4. Mai 1990 die Unabhängigkeit. Die Annexion von 1940 sei illegal gewesen, es bedürfe jedoch einer Übergangszeit bis zur Erneuerung der staatlichen Institutionen der lettischen Republik. Bis dahin solle der Oberste Sowjet höchstens Organ im Lande bleiben. Schließlich beschloß der Oberste Sowjet eine teilweise Enteignung der Kommunistischen Partei. Er sprach sowohl der KPdSU wie der Kommunistischen Partei Lettlands das Recht auf ihre Druckerei und ihr Verlagshaus in Riga ab.

Diese Entwicklungen erschütterten die Kommunistische Partei. Im Verlaufe des Jahres 1989 hatte sie ständig an Autorität und Profil verloren. Die Mitgliederzahlen sanken. Die bloße Mitgliedschaft gab keinen Hinweis mehr auf die politische Position. Es gab eine Plattform, die sich vollständig mit der Volksfront und der Sezessionsbewegung identifizierte, die für ein Mehrparteiensystem, Privateigentum, Marktwirtschaft und eine Bodenreform eintraten; es gab die »Gemäßigten«, für die Parteichef Janis Vagris sprach und die die politische und wirtschaftliche Autonomie innerhalb der Sowjetunion anstrebten. Schließlich gab es die Konservativen, die der Interfront nahestanden. Anfang 1990 verließen die führenden Mitglieder der Volksfront, darunter deren Vorsitzender Dainis Ivans, die Kommunistische Partei. Auf ihrem 25. Parteitag am 7./8. April brach die Kommunistische Partei auseinander, obwohl sich der Vorsitzende Janis Vagris bemühte, sie zusammenzuhalten. 263 gemäßigte Delegierte verließen den Versammlungssaal, 518 blieben. Sie kürten den Konservativen Alfred Rubiks, der längst abgehalftert schien, anstelle des reformorientierten Vagris zum Parteichef. Nicht alle Gemäßigten haben damit die Kommunistische Partei verlassen, aber jene, die blieben, sind eine Minderheit.

3. Estland nach 1917

Die ethnischen Proportionen in Estland sind um weniges günstiger als in Lettland. 1987 waren 65% der Bevölkerung Esten, 28% Russen, 3% Ukrainer und 2% Belorussen. Der Vergleich mit den Zahlen von 1934 zeigt die dramatischen Veränderungen: Esten 88,6%, Russen 8,2%, Deutsche 1,7 %, Schweden 0,7 %, Juden 0,4 %. Die Gesamtzahl der Esten in der Sowjetunion betrug 1970 – 1 Mio. Die Zahl ist bis 1989 nur sehr unwesentlich angestiegen.

Nach der Februarrevolution von 1917 verlangten die estnischen Repräsentanten in Petrograd schon im März die Autonomie ihres Landes. In ihrer ersten Euphorie erlaubte die Provisorische Regierung in Petersburg die Bildung eines estnischen Landesrats und erkannte die Autonomie damit de facto an. Im Juli des gleichen Jahres ergriff dieser Landesrat (Maapäv) die ganze Macht und beschloß die Einberufung einer verfassungsgebenden Versammlung. Im Dezember 1917 schien jedoch die Oktoberrevolution auf Estland überzugreifen. An vielen Orten übernahmen Sowjets die Macht. Hiergegen erklärte der Landesrat am 24. Februar 1918 die Unabhängigkeit und bildete eine erste Regierung unter dem Heros der Nationalbewegung, Konstantin Päts. Zwei Tage später drangen deutsche Truppen ein; sie blieben bis zum deutschen Zusammenbruch im November 1918. Nach ihrem Abzug mußte sich das Land allerdings mit seiner neu aufgestellten Armee unter General Laidoner der Roten Armee erwehren. Mit finnischer und britischer Hilfe gelang es, die Rote Armee Anfang Januar 1919 wieder aus dem Land zu drängen. Hilfreich dabei war auch der »weiße« General Judenitsch, der plante, von Estland aus Petrograd zu erobern. Im Februar 1920, im Frieden von Tartu (Dorpat), konnte Estland seine Unabhängigkeit auch de jure sichern.

Noch 1919 vor der Verkündung seiner Verfassung führte Estland die Bodenreform durch. Estlands Bevölkerung war damals noch zu zwei Dritteln agrarisch; 58% des Landes befanden sich in Großgrundbesitz. Nun wurden alle Güter mit mehr als 165 ha, d.h. 96% aller Güter überhaupt, enteignet und daraus 40 000 Kleinbauernwirtschaften geschaffen. Die Aufhebung des Großgrundbesitzes brach auch die Macht der deutschen Barone. Wie in Lettland waren die Deutschen von nun an eine politisch wenig bedeutsame nationale Minderheit. In seiner Nationalitätenpolitik unterschied sich Estland von den anderen baltischen Staaten durch eine größere Liberalität. Eine bewußte Assimilationspolitik gab es nicht, und anders als in Litauen und Lettland war ein endemischer Antisemitismus schwach. Das politische Spektrum reichte vom Bund der Landwirte auf der Rechten, über die Volkspartei in der Mitte bis zur Sozialdemokratie auf der Linken. Die Verfassung konnte wie die der anderen baltischen Staaten auf keine historischen Erfahrungen zurückgreifen. Ein Verhältniswahlrecht ohne Sperrklauseln führte auch hier zu einer Vielzahl von Parteien und mit ihnen zu einer immer wieder drohenden Destabilisierung, die in Krisensituationen die Gefahr eines »starken Mannes« heraufbeschwören mußte. Diese Situation war durch einen kommunistischen Putschversuch im Dezember 1924 noch nicht gegeben. Er markierte eher das Ende der kommunistischen Bewegung; die estnische KP hatte 1940, zum Zeitpunkt der sowjetischen Invasion ganze 133 Mitglieder. Die Weltwirtschaftskrise 1929 führte aber auch in Estland zur Erschütterung der politischen Institutionen.

Anfang der dreißiger Jahre eroberte die als Bewegung der Veteranen der Unabhängigkeit gegründete Vabs-Partei, die nach faschistischem Muster mit Uniformen, einem besonderen Gruß und Paraden einzuschüchtern suchte, die Straßen. Sie forderte eine neue Verfassung mit uneingeschränkter Macht des Präsidenten. 1933 gelang es ihr, darüber ein Plebiszit durchzusetzen und in den folgenden Kommunalwahlen einen Sieg zu erringen. Die neue Verfassung machte sich der amtierende Präsident Päts zunutze. Er erklärte im März 1934 den Ausnahmezustand und verbot – die Vabs. Von nun an regierte er mit Hilfe des Ausnahmezustandes und über Dekrete. Von allen autoritären baltischen Regimes der dreißiger Jahre war das von Päts am zivilisiertesten.

Das Ende der Unabhängigkeit kam mit dem deutsch-sowjetischen Nichtangriffspakt vom August 1939. Ein Geheimprotokoll sprach die baltischen Staaten mit Finnland der Sowjetunion zu. Nachdem Hitler die Baltendeutschen »heim ins Reich« geholt hatte und die deutschen Truppen am 1. September 1939 in Polen einmarschiert waren, nahm der sowjetische Druck im September und Oktober 1939 zu. Estland wurde gezwungen, sowjetische Militärbasen aufzunehmen, von denen aus das politische Leben zunehmend erstickt wurde. »Spontane Aktionen der Arbeiterklasse« führten zu Neuwahlen nach sowjetischem Muster. Das neue Parlament stellte den Antrag zur Aufnahme in die Sowjetunion, die diesem Antrag bereitwillig stattgab. Nun folgte eine erste Welle der Repressionen und Deportationen, die erst mit dem deutschen Einmarsch 1941 endeten. Am 17. Juli 1941 kam auch Estland wie die anderen baltischen Republiken unter deutsche »Zivilverwaltung«, mit allen Schrecknissen, die das bedeutete.

Wie schon 1940 bemühte sich die Sowjetunion auch nach 1944 das zurückeroberte Estland zu sowjetisieren. Mehr als hunderttausend Personen wurden deportiert oder umgebracht, die Landwirtschaft kollektiviert. Eine forcierte Industrialisierung verklammerte das Land mit der übrigen Sowjetunion und brachte einen Zustrom von meist russischen Einwanderern ins Land.

Die nationale Oppositionsbewegung folgte im wesentlichen den Entwicklungsmustern der anderen baltischen Republiken. 1986 ging es den oppositionellen Kräften noch um die kulturelle Autonomie, 1987 zusätzlich um die wirtschaftliche, 1988 zusätzlich um die politische. 1989/90 ging es um den Austritt aus der Sowjetunion.

Die Demokratisierung des Landes und sich radikalisierende nationale Forderungen gingen dabei Hand in Hand. Orientierungspunkt wurde die unabhängige Republik der Zwischenkriegszeit. Als symbolische Geste verlangt die Estnische Historische Bewahrungsgesellschaft entsprechend eine Restauration nicht nur historischer Monumente, sondern auch des Denkmals für Konstantin Päts, das 1940 von der Sowjetunion demontiert worden war. Die Erinnerung an die Zeit der Unabhängigkeit schloß die an die Zeit ihrer Beendigung ein. Die offiziellen Gedenkveranstaltungen an die Massendeportationen von 1941 und 1949, das die Estnische Historische Bewahrungsgesellschaft gemeinsam mit der Volksfront veranstaltete, war immer auch ein Aufruf zur nationalen Selbstfindung.

Obwohl die Führung der Kommunistischen Partei – und mit ihr der Oberste Sowjet – die nationale Entwicklung unterstützte, verlor sie ständig an Autorität und Einfluß. Ihr erwuchs auch durch neu- oder wiedererstandene Parteien Konkurrenz. So gründete Marju Lauristin, die seit den 60er Jahren Dissidentin und auch Gründungsmitglied der Volksfront war, mit die Estnische Sozialdemokratische Unabhängigkeitspartei.

Im August 1989 beschloß der Oberste Sowjet ein neues estnisches Wahlgesetz. Wahlberechtigt war danach nur, wer seit zwei Jahren seinen Wohnsitz in Estland hatte. Daraufhin gab es einen zehntägigen

Streik der nichtestnischen Bevölkerung. Das Gesetz wurde daraufhin zurückgenommen. Aber es blieb dabei, daß das passive Wahlrecht nur bei jenen lag, die seit mindestens zehn Jahren im Lande lebten. Die Kandidaten mußten überdies in ihrem Bezirk wohnen oder arbeiten. Im November 1989 beschloß der estnische Komsomol seine Selbstauflösung bis zum 1. März 1990. Im selben Monat verdammte der Oberste Sowjet Estlands offiziell mit überwältigender Mehrheit die Annexion von 1940 und machte damit seine eigene Legitimität zweifelhaft. Noch jedoch sollte die Verurteilung keine Auswirkung auf die gegenwärtige Mitgliedschaft in der Sowjetunion haben. Auch die führende Rolle der Kommunistischen Partei wurde abgeschafft.

Die innenpolitische Konstellation zeigte ähnliche Mechanismen wie in Litauen. Auch in Estland stand die Kommunistische Partei unter dem Druck der Volksfront und die ihrerseits unter dem Druck einer noch radikaler die Unabhängigkeit anstrebenden Bewegung. Für die Unabhängigkeit waren schließlich nahezu alle politischen Kräfte des Landes. Kaum einer wollte der neuen Plattform der Volksfront im Oktober 1989 widersprechen, in der sie feststellte, daß Estland ein illegal besetztes Land sei. Die politischen Divergenzen gingen nur darum, ob die estnischen Freiheiten nur für die Esten, oder für alle Bewohner Estlands gelten sollten. Am 24. Februar 1989 hißten die Kommunistische Partei Estlands und die Volksfront anläßlich des Unabhängigkeitstages gemeinsam die blau-schwarz-weiße Nationalfahne am mittelalterlichen Herrmann-Turm in Tallinns Altstadt. Gleichzeitig fand im Opernhaus »Estonia« mit einer Festveranstaltung der Estnischen Nationalen Unabhängigkeitspartei, der Estnischen Christlichen Union und der Estnischen Historischen Bewahrungsgesellschaft die Gründung des »Estnischen Bürgerkomitees« statt.

Anders als die Volksfront bezog das »Bürgerkomitee« von Anbeginn gegen das sowjetische System frontal Stellung. Anders als die anderen Oppositionsgruppen appellierte es nicht an die Einwohner Estlands, sondern nur an die Esten, gleichgültig wo sie lebten: Estland sei, wie Frankreich während des Krieges, illegal besetzt, die unabhängige Republik der Zwischenkriegszeit existiere de jure weiter. Nur Bürger der Estnische Republik und ihre Nachkommen dürften daher über das Schicksal des Landes entscheiden. Das Bürgerkomitee rief Anfang 1989 die Esten dazu auf, örtliche Komitees zu bilden, um die Bürger der Estnischen Republik der Zwischenkriegszeit und ihre Nachkommen zu registrieren. Danach sollte ein Kongreß einberufen werden, der die Zukunft des Landes diskutiert. Nicht-Esten, die kein Wahlrecht besaßen, wurden ermutigt, um die Staatsbürgerschaft nachzusuchen. Sie sollten bei den Wahlen Beobachter ohne Stimmrecht wählen dürfen. Zwischen dem 24. Februar 1989 und dem 24. Februar 1990 ließen sich 850 000 Esten innerhalb und außerhalb der Republik – nach einer Schätzung des Bürgerkomitees etwa 93% der stimmberechtigten Esten überhaupt – und 66 000 Nicht-Esten registrieren. Die Aktion des Bürgerkomites wurde von den Grünen und der Estnischen Union der Arbeitskollektive unterstützt. Die Volksfront zögerte zunächst. Sie wollte die nichtestnische Bevölkerung nicht verprellen. Erst im Januar 1990 stellte auch sie sich hinter die Registrierung.

Auch in Estland waren konservative Organisationen der russischen Bevölkerung entstanden, die die Unabhängigkeit bekämpften. Eine »Interfront« die jenen in den anderen baltischen Staaten entspricht, und ein die Arbeiter organisierender »Vereinigter Rat der Arbeiterkollektive« schlossen sich im März 1989 zum »Interdwishenije« (Internationale Bewegung) zusammen. Als lettische Gegenorganisation bildete sich jedoch bereits im November 1988 eine Estnische Union der Arbeitskollektive. Die Schwäche von Interdwishenije zeigte sich anläßlich der Kommunalwahlen 1990. Ihr Boykottaufruf blieb folgenlos; nur in vier Wahlkreisen Tallinns mußte nochmals abgestimmt werden.

Eine Spaltung der politischen Landschaft in drei Tendenzen zeigte sich hier wie in Lettland. Zwischen der radikalen Unabhängigkeitsbewegung auf der einen Seite und den Konservativen (der Interfront) stand ein gemäßigtes Zentrum, das sich auf dem reformerischen Flügel der Kommunistische Partei und dem gemäßigten der Volksfront fand. So verkündete auch die reformorientierte Führung der Republik, daß es sich bei der Aktion des Bürgerkomitees um einen gefährlichen nationalistischen Radikalismus handle, und verhinderte dessen Publizität. Das Komitee hatte, anders als die Opposition sonst, bis Januar 1990 keinen Zugang zu den Medien.

Vom 24. Februar bis zum 1. März 1990 wurden die von den offiziellen sowjetischen und estnischen Stellen als illegal bezeichneten Wahlen des Bürgerkomitees abgehalten. 98% der Registrierten nahmen an ihnen teil. Am 11. März traten die 499 gewählten Delegierten, darunter 35 auswärtige, des neuen »Estnischen Kongresses« zusammen und verkündeten in einer Botschaft an den sowjetischen Kongreß der Volksdeputierten ihren Willen, die Unabhängigkeit des Landes wiederherzustellen.

Angesichts der bevorstehenden offiziellen Wahlen zu den kommunalen Vertretungen und dem Obersten Sowjet Estlands veränderte die Führung der Republik unter Präsident Arnold Rüütel ihre bisher ablehnende Haltung. Schon eine Woche vor den Wahlen hatte auch der Oberste Sowjet die Forderung des Komitees nach Unabhängigkeit und die Position, daß die Estnische Republik de jure fortbestehe, übernommen. Am 15. März sandte er dem neugewählten Estnischen Kongreß ein Glückwunschtelegramm und erkannte damit seine Legitimität an. Daraus ergab sich eine immerhin paradoxe rechtliche Situation: Eine sowjetische Institution erkennt eine nationale Institution an, die die Legitimität der sowjetischen bestreitet. Auch die Kommunistische Partei unter ihrem Ersten Sekretär Vaino Väljas zog nach. Am 25. März 1990 erklärte sie sich von der KPdSU unabhängig.

Am 18. März 1990 fanden die offiziellen Wahlen statt. Die Wahlbeteiligung lag diesmal nur bei 78%, bei den Wahlen zum Kongreß der Volksdeputierten 1989 waren es noch 98% gewesen. Nicht nur das neue Gewicht der Unabhängigkeitsbewegung − vierzig der 104 Abgeordneten waren zugleich Abgeordnete des Estnischen Kongresses −, sondern auch die Kräftekonstellation verhalf der Radikalisierung zum Durchbruch. Die Reformer innerhalb der Kommunistischen Partei konnten nur mit den Unabhängigen koalieren und nicht mit den Konservativen, auch wenn sie bei dem Weg in die Unabhängigkeit gern vorsichtiger gewesen wären. Nachdem der Estnische Kongreß seinerseits dem neuen Obersten Sowjet Estlands seine Unterstützung bei der Durchsetzung der Unabhängigkeit zugesagt hatte, verkündete dieser am 30. März die Unabhängigkeit. Die Republik der Zwischenkriegszeit bestehe fort, die sowjetische Herrschaft,d.h. die Estnische SSR sei illegal. Ausdrücklich handele es sich dabei nicht um eine »Unabhängigkeitserklärung der Estnischen SSR«, sondern um eine »Wiederherstellung der Republik Estland«. Für eine Übergangszeit, in der die neuen staatlichen Strukturen aufzubauen seien, würden die alten Strukturen jedoch beibehalten. Diese Deklaration wurde, nachdem die 27 russischen Vertreter ausgezogen waren, bei drei Enthaltungen einstimmig angenommen. Nun wurde die Kooperation zwischen Kongreß und Obersten Sowjet möglich. Neuer Premier wurde am 3. April der Vorsitzende der Volksfront Edgar Savisaar. Der ehemalige Chef der Staatlichen Plankommission war erst Anfang 1990 aus der Kommunistischen Partei ausgetreten. Am 4. Mai lehnte Estland auch den Sonderstatus innerhalb der Sowjetunion ab, den Gorbatschow den baltischen Ländern angeboten hatte. Seit dem 8. Mai war das Land keine »SSR« mehr, sondern »Republik Estland«. Mitte Mai folgte das Gesetz über eine provisorische Verwaltungsordnung. Gegen die Anhänger der Interfront, die gegen die Unabhängigkeitserklärung demonstrierten und versuchten, das Parlamentsgebäude zu besetzen, wurde erstmals eine – noch unbewaffnete – Heimat-Wehr aktiv, in der sich Tausende von Esten zuvor hatten registrieren lassen. Im November 1990 will Estland eine eigene Währung in Umlauf bringen, die vor der Annexion existierende »Eesti Kron«. Sie soll zunächst im Verhältnis eins zu eins den Rubel ersetzen.

Die Chancen für eine estnische Unabhängigkeit stehen insgesamt gut. Allerdings könnte es noch einige territoriale Dispute geben. Der Estnische Kongreß fordert von der RSFSR ein Gebietsstück um Petseri, das von 1918 bis 1940 zu Estland gehört hatte. Dort hatte die Bevölkerung 1922 zu 65% aus Russen und zu 35% aus einer russifizierten estnischen Bevölkerung bestanden. Die Interdwishenije hingegen forderte für den Fall einer Sezession schon im Januar 1990 die Loslösung des Nordostens des Landes, in dem die russischsprachige Bevölkerung in der Mehrheit ist.

VII. Dschingis Chans muslimische Erben 1: Die Goldene Horde

Im dreizehnten Jahrhundert entstand von Innerasien ausgehend das riesige Mongolenreich Dschingis Chans. Seine Armeen eroberten China und gründeten die Yüan-Dynastie. Sie überwältigten Mittelasien, Persien und vernichteten das Kalifat von Bagdad. Sie eroberten Anatolien und zerschlugen dort das Reich der türkischen Seldschuken. Sie zerstörten das Reich der Kiewer Rus und brachten das Gebiet des heutigen Rußland in ihre Botmäßigkeit. Die berüchtigte Grausamkeit Dschingis Chans war staatsmännisches Kalkül. Städte, die sich ergaben und zahlten, wurden geschont. Städte die Widerstand leisteten oder nachträglich rebellierten, wurden vernichtet. Der Tribut war die wirtschaftliche Lebensgrundlage des Mongolenreiches und seiner Nachfolgestaaten. Das politische Rückgrat war der Fernhandel auf der Strecke zwischen dem Mittelmeer und China. Die Kaufleute hatten Dschingis Chan von Anfang an mit Geld und Informationen unterstützt. Dafür mußten sie von nun an nur noch einmal bezahlen und nicht mehr hinter jeder Felsnase mit Raubüberfällen rechnen.

Die Erben Dschingis Chans teilten das Reich auf. Im Osten herrschten die Yüan über China, Tibet und Südostsibirien bis hinauf zum Baikal-See. Mittelasien bis zum Amu-Darja fiel an Tschagatai und seine Erben; Persien und Kaukasien an die Ilchane; das heutige Rußland mit Südwestsibirien an die Goldene Horde. Trotz innerer Kämpfe der Nachfolgereiche schwand das Bewußtsein ihres gemeinsamen Ursprungs nur langsam. Nationale Kategorien im modernen Sinne war der hierarchisierten Stammeskoalition, die das Reich Dschingis Chans politisch darstellte, fremd. Ein großer Teil der sich zusammenschließenden Stämme war turksprachig. Türkisch wurde in Mittelasien und im Reich der Goldenen Horde zu einer lingua franca. Die Übernahme des Islam schließlich, der bei vielen Stämmen Schamanismus und Buddhismus ablöste, schloß die »mongolischen« Reiche Mittelasiens, Osteuropas und Persiens der muslimischen Welt an.

Im Kontext der heutigen Sowjetunion ist der gesamte muslimische

Bereich eine Erbschaft Dschingis Chans. Das gemeinsame Bewußtsein dieser Welt hat damit Wurzeln, die sogar über die gemeinsame Religion hinausgehen.

Den alten Teilungen des Reiches folgend, lassen sich auch heute historische Regionen ausmachen: erstens das Gebiet der Tataren, der Erben der Goldenen Horde, die für die russische Geschichte die wichtigste Rolle gespielt haben. Zweitens Mittelasien, das Turkestan des 19. Jahrhunderts, das in seinem Kern die heutigen Sowjetrepubliken Turkmenistan, Tadshikistan, Usbekistan ausmacht, und dem gegenüber Kasachstan und Kirgisien eine Sonderposition einnehmen. Schließlich Aserbaidshan bzw. Kaukasien, soweit es muslimisch ist, das einst zu Persien gehörte.

Diese Gemeinsamkeiten und Trennungen zeigen sich auch in der neueren Geschichte. Eine erste moderne Einheitsbewegung ging seit dem 19. Jahrhundert von den Tataren aus, bei denen Ismail Gasprinsij (Ismail Gaspirali Bey) eine herausragende Rolle spielte. Es ging ihm um eine modernisierende Erneuerung des Islam und um die politische Einheit der muslimischen Völker, die überwiegend Turksprachen sprechen. Zu einem gemeinsamen Organisationsversuch kam es jedoch erst nach der Februarrevolution 1917. Unter Beteiligung von 1000 Delegierten, die für 16 Millionen Muslime sprachen, fand am 1. Mai 1917 in Moskau der Erste Gesamtrussische Muslimkongreß statt. Seine Ziele waren einerseits eine politische und kulturelle Selbstbestimmung der Muslime zu erreichen und zweitens die Modernisierung der islamischen Gesellschaft zu fördern. In diesem Sinne verlangte der Kongreß das Recht, die religiösen Oberhäupter, die Mufti, zu ernennen, die früher vom Zaren berufen wurden. Beschlossen wurde auch eine rechtliche Gleichstellung der Frauen. Aber auch die politische Spaltung wurde wieder deutlich. Eine Richtung, die vor allem von Wolga-Tataren getragen wurde, erstrebte die Erhaltung der administrativen Einheit des russischen Reiches, wollte darin aber eine nationale und kulturelle Autonomie der muslimischen Völker. Eine majoritäre Gegenrichtung, die vor allem durch Aserbaidshaner, Baschkiren und Krimtataren repräsentiert wurde, wollte ein föderatives System mit territorialer Selbstverwaltung für alle Völker. Die Schwäche der Regierung in Petrograd weckte den Mut. Auf dem Zweiten Muslim-Kongreß in Kasan im Juli 1917 wurde der sofortige Aufbau muslimischer Administrationen beschlossen. Angesichts der großen Entfernungen und der regionalen und historischen Besonderheiten, vor allem jedoch des beginnenden Bürgerkrieges, bedeutete dieser kühne Akt aber das Ende des politischen Zusammenhangs. Jede Region ging nun ihre eigenen Wege. Eine gemeinsame Widerstandsfront kam nicht mehr zustande.

1. Tataren

Tatarische ASSR, Hauptstadt Kasan, 26% der Bevölkerung Tataren, insgesamt lebten in der Sowjetunion 1989 − 6,6 Mio. Tataren, 1979 − 6,2 Mio., 1970 − 6,0 Mio. − ohne die Krimtataren.

Über die Herrschaft der Tataren ist viel Märchenhaftes geschrieben worden. In westeuropäischen Erzählungen erschienen sie als die verkörperte Grausamkeit schlechthin. Grausam waren sie in der Tat, aber ihre Grausamkeit überschritt das in Europa Übliche keineswegs. Daß das »Asiatische« im russischen Charakter Folge der Tatarenherrschaft sei − wobei »asiatisch« immer mit »Despotie« und »Unmenschlichkeit« konnotiert ist − gehört zum Grundbestand sowohl westeuropäischer wie russischer Geschichtslegenden. Zwar waren die Sitten in der Kiewer Rus im frühen Mittelalter vergleichsweise milde; es gab zwar heimtückischen Mord, aber keine Todesstrafe. Das Abschneiden von Nasen, das Ausstechen von Augen oder das Pfählen ist hingegen eine Erbschaft des byzantinischen Rechtes, und auch diese Strafen haben ihre europäischen Entsprechungen. Insgesamt erscheint die These vom »Tatarenjoch« eher als eine Legende. Allerdings wurde sie über Chroniken und historische Kompendien, über Dichtungen und Legenden zum historischen »Wissen«. Unter der kulturell-politischen Dominanz des Russischen mußte sie für die Tataren selbst zum Problem werden.

Mit sechs Millionen gehören die Tataren zu den eher großen Nationen der Sowjetunion. Aber sie verfügen nur an der Wolga über eine ASSR, während etwa die eine Million zählenden Esten eine eigene − fast schon unabhängige − Republik besitzen. Außerhalb ihrer ASSR sind die Tataren über die ganze Union verstreut.

Zwischen 1206 und 1227 eroberte Dschingis Chan Buchara (Chwarism), Samarkand, Urgentsch. Sein Enkel Batu drang weit nach Westen vor. 1240 zerstörte er das Reich der Kiewer Rus. 1241 erreichte er Liegnitz in Schlesien, von wo er sich überraschend zurückzog, um nach Karakorum zurückzukehren, wo nach dem Tode des Großchan die Erbschaft auszuhandeln war. Batu setzte sich dann an der Wolga in Saraj fest und gründete das Reich der »Goldenen Horde«. »Golden« war die Horde wegen ihres Reichtums; »Horde« bedeutet »Heer«, türkisch »ordu«.

Batu schuf ein System indirekter Herrschaft über die ostslawischen Stämme. Sie waren tributpflichtig, behielten jedoch ihre interne Autonomie. Denn die neuen Herren interessierte nur der Tribut, nicht jedoch, was die Untertanen glaubten oder sprachen. So genoß die orthodoxe Kirche weitgehende Privilegien und bald auch Steuerfreiheit. So konnte sie sich kulturell und politisch festigen. Die unterworfenen ostslawischen Stammesfürsten mußten dem Chan in Saraj huldigen und die Tribute abliefern; wer rebellierte oder nicht lieferte, wurde mitsamt seinen Untertanen vernichtet. Indirekt festigte dies die Macht der Stammesfürsten, die die Kunst, ihre Untertanen auszuquetschen, perfektionierten. Vor allem jener Fürst, der von Saraj zum Großfürsten ernannt wurde und die anderen zu überwachen hatte, konnte seine Macht ausbauen. An der Wiege des Aufstiegs Moskaus und damit Rußlands stand mithin die Huld der Chane der Goldenen Horde.

Mit der Niederlassung an der Wolga veränderten sich auch die Mongolen selbst. Sie assimilierten sich den dort wohnhaften türkischen Bolgaren, soweit sie nicht schon als Türken gekommen waren. Das tatarische Türkisch wurde Verkehrssprache im Herrschaftsbereich der Goldenen Horde. Batus Sohn Berke (1258-1267) trat zum Islam über und gründete eine neue Hauptstadt, Neu-Saraj. Da er gegen die in Persien herrschenden Ilchane, ebenfalls Nachfolger Dschingis Chans, um den Kaukasus rang, ging er eine Allianz mit den Mameluken Ägyptens ein. Politisch blieben diese Bemühungen Berkes erfolglos, kulturell aber waren sie fruchtbar. Handwerker und Gelehrte aus Ägypten trugen zum Glanz des Tatarenreiches bei.

Ihre Blütezeit hatte die Goldenen Horde in der ersten Hälfte des 14. Jahrhunderts. Die Scharia löste die Gesetzgebung Dschingis Chans, die Jasa, ab. Die Städte, unter ihnen Saraj, Neu-Saraj, Astrachan, Urgentsch und Kaffa auf der Krim blühten auf. Dann aber begann der tatarische Stern zu sinken. Chan Usbek verlieh 1332 Iwan I. von Moskau den Titel eines »Großfürsten«, mit dem Auftrag, unter seinen Nachbarn Ordnung zu schaffen, und ermöglichte damit jener Macht den Aufstieg, die der Goldenen Horde den Todesstoß versetzen sollte. 1349 starb die Linie Batus aus, und eine Zeit der Anarchie begann. 1380 griff General Mamaj den Großfürsten Dmitrij bei Kulikowo Polje an; erstmals wurde ein tatarisches Heer vernichtet. Gegen Mamaj gelang es Toktamisch, einem Schützling des mittelasiatischen Usurpators Timur (Tamerlan), die Macht an sich zu reißen. Als er sich aber in den Machtkampf in Mittelasien einmischte, zog er sich den Unwillen des schrecklichen Timur zu, der daraufhin die Städte der Goldenen Horde verwüstete. Der letzte große Chan der Tataren war Idika. Er besiegte 1399 den Großfürsten von Litauen, Vytautas, an der Worskla und stellte das Ansehen der Goldenen Horde noch einmal her. Im 15. Jahrhundert verfiel die Goldene Horde jedoch endgültig. Sie löste sich in die unabhängigen Chanate von Kasan, Astrachan und der Krim auf. Das so entstehende Machtvakuum machten sich die aufstrebenden neuen Mächte Moskau und Litauen zunutze; die Überwältigung der Tataren war nun möglich. 1522 eroberte Iwan IV., der Schreckliche, Kasan, wenig später auch Astrachan.

Nur das Chanat der Krim konnte sich länger halten. Am Hof von Chan Mengli Giraj (1466-1515) in Bachtschesaraj erlebte die tatarische Kultur eine letzte Hochblüte. Seine Armee plünderte 1571 zum letzten Mal Moskau und zwang Iwan den Schrecklichen, zum letzten Male den Tribut zu zahlen. Dann suchte Mengli Giraj den Schutz Istanbuls. Das Krim-Chanat wurde halbautonomes osmanisches Protektorat. So konnte es sich halten, bis es von Katharina der Großen erobert und 1783 dem russischen Reich einverleibt wurde.

Kasan wurde Moskau unter dem Namen »Reich von Kasan« angegliedert. Für Jahrhunderte wurden die Tataren nun drangsaliert, missioniert und russifiziert. Sie wurden aus den Städten vertrieben und durch Russen ersetzt. Auch die fruchtbaren Flußauen mußten sie verlassen, das frei gewordene Land wurde russischen Adligen und Klöstern übergeben. Die geistlichen Stiftungen, wuquf (Plural von wagf e. s.), wurden enteignet, Moscheen und Medresen zerstört; immer wieder versuchte die Kirche gewaltsam, Massentaufen durchzusetzen. Diese despotische Assimilationspolitik weckte erbitterten Widerstand. Immer wieder brachen, meist unter Führung des tatarischen Adels, Aufstände aus, die mit aller zur Verfügung stehenden Brutalität niedergeschlagen wurden. Auch an den großen russischen Volksaufständen Stepan Rasins (1641) und Jemelja Pugatschows

(1773/74) beteiligten sich – neben Baschkiren und Wolga-Finnen – die Tataren in großer Zahl. Die Vertreibung aus den Städten führte aber auch zu einer wesentlichen Veränderung der tatarischen Sozialstruktur. Während ein Teil der Bevölkerung zu ärmlich lebenden Bauern und Hirten wurde, entwickelte sich ein Teil der Handwerkerschaft und des Adels zu einer neuen Kaufmannsschicht, die zunehmend nach Osten vordrang. Außerhalb ihrer angestammten Wohnsitze wurden die Tataren so zu einem kaufmännischen Diaspora-Volk. Ihr strategischer Vorteil bestand darin, daß sie als Muslime Zutritt zu den Märkten Mittelasiens hatten, die den Christen bis weit ins 19. Jahrhundert versperrt blieben. Aber erst Katharina II. erkannte die damit gebotenen Chancen. Sie machte der Verfolgung der Tataren ein Ende und förderte den tatarischen Handel, der Rußland neue Absatzmärkte erschloß. In Orenburg ließ sie eine »Geistliche Versammlung für die Muslime Rußlands und Sibiriens« gründen und ermöglichte so eine neue Institutionalisierung der muslimischen Kultur. Die sich entfaltende tatarische Handelsbourgeoisie schuf im 19. Jahrhundert eine »tatarische Renaissance« und wurde zum Träger einer Reformbewegung, die auf alle muslimischen Völker Rußlands zurückwirkte. Der tatarische Adel wurde, soweit er überlebt hatte, dem russischen gleichgestellt. Viele russische Adelsnamen – z.B. Apraksin, Godunow, Jusupow, Naryschkin, Turgenew, Uwarow – sind tatarischen Ursprungs.

Dieser relativ günstigen Stellung der tatarischen Eliten wurde jedoch ein Ende bereitet, als im letzten Viertel des 19. Jahrhunderts Rußland Mittelasien in seine Gewalt brachte und dessen Märkte den russischen Kaufleuten öffnete. Die tatarischen Vermittler waren überflüssig geworden und wieder setzte, nun unter russisch-nationalistischen Kategorien, ein Assimilationsdruck ein, bei dem die Kirche ihre christliche Intoleranz wieder entfalten konnte.

Aufstände wären in dieser Situation aussichtslos gewesen. Die tatarischen Intellektuellen reagierten mit aktiver Modernisierung. Pädagogen, Linguisten und Theologen bemühten sich, den Islam mit der industriellen und rationalistischen Welt des Westens kompatibel zu machen. Eine der herausragenden Gestalten dieser Reformbewegung war der Krimtatar Ismail Gasprinskj (Gaspirali Bey Ismail), der eine klassisch-muslimische und eine europäisch-russische Erziehung genossen und lange in Paris und Istanbul gelebt hatte. Mit seiner pädagogischen Reform, »usul-ü dshedid« (neue Methode) sollte die muslimische Intelligenz die moderne Wissenschaft, Technik und Philologie mit einem ethisierten, von Aberglauben und Ritualismus gereinigten Islam verbinden. Dieser »Dshadidismus« wurde bis ins Osmanische Reich und ins muslimische Indien hinein einflußreich. Auch in einer zweiten Hinsicht war Gasprinskij Initiator einer Modernisierung. Analog dem Pan-Slawismus entwickelte er die Konzeption eines Pan-Türkismus (Turanismus), der eine kulturelle, sprachliche und schließlich auch politische Einheit aller Turkvölker vom Mittelmeer bis zum chinesichen Singkiang anstrebte. Verbreitet wurden diese Ideen durch die von Gasprinskij gegründete Zeitung »Terdshüman« (1882-1917), die die meistgelesene muslimische Zeitung ihrer Zeit wurde. Auch diese Variante des modernen Nationalismus blieb bis in sowjetische Zeiten unter den Turkvölkern Rußlands einflußreich.

Anfang des 20. Jahrhunderts waren Kasan, Orenburg, Troizk und Astrachan islamisch-tatarische Kulturzentren mit einer Presse, deren Einfluß auf das ganze muslimische Rußland ausstrahlte. Erst die inneren Erschütterungen des Zarenreiches aber ermöglichten eine politische Kristallisierung der von der tatarischen Intelligenz formulierten und von den anderen Muslimen Rußlands übernommenen politischen Hoffnungen. 1905/06 forderte ein Muslim-Kongreß in Nishnij Nowgorod und Petersburg politische Gleichstellung und religiöse und kulturelle Freiheit. Auf diesem Kongreß wurden jedoch auch politische Differenzierungen deutlich. Einer liberalen Partei, der Ittifak (Einheit), die den Konstitutionellen Demokraten (Kadetten) Rußlands entsprach, standen die »Tschantschylar« gegenüber, die der russischen sozialrevolutionären Partei nahestanden. Deren Führer, Ajas Ischaki (1878-1954), entstammte einer Mullah-Familie aus dem Gebiet Kasan und hatte wie Gasprinskij sowohl eine traditionelle wie eine moderne säkulare Ausbildung erhalten. Nachdem er die Zeit bis 1913 überwiegend im Gefängnis oder in der Verbannung verbracht hatte, nahm er seine muslimisch-revolutionären Aktivitäten wieder auf. Während des Bürgerkriegs emigrierte er und starb 1954 in Ankara.

Die linke Reformrichtung setzte sich auf dem Ersten Gesamtrussischen Kongreß der Muslime am 1. Mai 1917 durch. Beschlossen wurde die rechtliche Gleichstellung der Frauen, gefordert die religiöse Selbstbestimmung. Der aus der heutigen Situation vertraute Streit zwischen einer Tendenz, die das nationale Prinzip über das gesellschaftspolitische stellt, und einer, die die Gewichte umkehrt, gab es schon damals. Und wie heute betonten alle Richtungen die untrennbare Einheit beider Prinzipien. Auf dem Kongreß von Kasan siegten die Anhänger der sofortigen Sezession; aber die Sieger hatten vergessen, daß sie machtlos waren.

Es war die Linke, die sich nach der Oktoberrevolution den Bolschewiken anschloß. Dieser Anschluß aber bedeutete keine Absage an den Pantürkismus und den Dshadidismus. Ein sozialistisches »Turan« sollte die muslimischen Teile des Wolga-Ural-Gebietes, Kasachstan, Kirgisien und Turkestan, also insgesamt 20 Millionen Menschen, vereinen. Die Erneuerung des Islam war durch die Amalgamierung sozialistischen Denkens und sozialistischer Strategien zu beschleunigen. So trat 1918 ein großer Teil der muslimischen Intelligenz zur Kommunistischen Partei über, blieb aber zugleich nationalistisch und kämpfte gegen den Zentralismus. Führer dieser Bewegung waren Mir Sultan Galijew, Mulla-Nur Wachitow, Scherif Manatow und Gamiljan Ibragimow. Sultan Galijew war schon 1917 der Kommunistischen Partei beigetreten und hatte als Vorsitzender des Muslimischen Militär-Kollegiums während des Bürgerkrieges eigene muslimische Armee-Einheiten aufgebaut. Neben Manatow, Wachitow und Ibragimow war er führend im Zentralen Muslimischen Kommissariat tätig, das von Stalin Anfang 1918 eingerichtet worden war. Wachitow wurde 1918 von den Weißen hingerichtet. Sultan Galijew und Manatow gründeten im Mai 1920 die »Tatarische Sowjetrepublik« an der Wolga. Als kurzfristiges Ziel hatte Sultan Galijew eine tatarisch-baschkirische Republik angestrebt, statt der zwei kleineren Einheiten, die dann entstanden. Aber schon früh gerieten die tatarischen Kommunisten in Konflikt mit der Moskauer Zentrale. Sultan Galijew hatte im Herbst 1919 in einer Artikelserie (»Leben der Nationalitäten«) behauptet, daß das schwächste Kettenglied des Imperialismus nicht mehr der Westen, sondern der Osten sei. Da jedoch die östlichen Völker kein Industrieproletariat besäßen, sei es nötig, einen spezifisch muslimischen Kommunismus für die östlichen Völker zu entwickeln.

Entsprechend forderten die muslimischen Bolschewiki eine unabhängige muslimische KP, die eine Brücke zwischen Sozialismus und Islam bilden würde. Die Reaktionen der Zentrale, also des Nationalitätenkommissars Stalin, ließen nicht auf sich warten. Anfang 1919 wurde das Zentrale Muslimische Kommissariat durch ein Tatarisch-

Baschkirisches Kommissariat ersetzt, das dem von Stalin geführten Volkskommissariat für Nationalitäten (Narkomnaz) unterstand. Die pan-türkischen Zusammenhänge wurden so unterbrochen. Das Zentralbüro der muslimischen Organisationen der RKP(b) wurde in »Zentralbüro der kommunistischen Organisationen der Völker des Ostens« umbenannt. Es war also nicht mehr ausdrücklich muslimisch. Ab 1922 wurden auch die tatarischen Rechte zunehmend eingeschränkt. Es ist darüber spekuliert worden, ob Stalin als Georgier der Haß auf die Muslime gleichsam in Fleisch und Blut übergegangen war. Auf jeden Fall waren die Bestrebungen Sultan Galijews mit dem Zentralismus der russischen Kommunistischen Partei unvereinbar.

Als Sultan Galijew das »deutsche Modell« der Komintern als ungeeignet für die Kolonialvölker bezeichnete, als er sich für die Gründung zunächst einer »asiatischen« dann auch einer »kolonialen Internationale« aussprach, wurde seine Position prekär. In den Kolonialländern ging es nach Sultan Galijew um ein Bündnis von Arbeitern, Bauern, nationalem Kleinbürgertum mit progressiven Elementen der Großbourgeoisie. Es solle ein kommunistisch-islamischer Staat im mittleren Osten gegründet werden, in den zunächst die türkischen, dann auch die anderen muslimischen Völker der Region einzubeziehen seien. Letztes Ziel sei die politische Hegemonie der kolonialen und halbkolonialen Länder über die Industriemetropolen.

1923 wurde Sultan Galijew nationalistischer Abweichungen beschuldigt, aus der KP ausgeschlossen und 1924 zum ersten Mal verhaftet – allerdings bald wieder freigelassen. 1928 wurde er erneut verhaftet und dann samt seinen Genossen bzw. der Mehrzahl der tatarischen Intellektuellen liquidiert. Der »Sultangalijewismus« war von nun an eines der Gespenster, die vergleichbar dem Trotzkismus zur Begründung des Terrors gegen muslimische Intellektuelle und Politiker eingesetzt wurde. Sultan Galijew war von nun an »Nationalist«, »Werkzeug des Imperialismus« und »bourgeoiser Konterrevolutionär«.

Mit dem wachsenden russischen Nationalismus unter Stalin wurde eine zweite politisch-ideologische Unterdrückungsrichtung bedeutsam. Die Propagierung der national-russischen Geschichtsmythen seit Ende der dreißiger Jahre machte die Tataren wieder zu Nachkommen der Erbfeinde schlechthin. Die Umstellung der russischen Geschichtsschreibung, nach der nun nicht mehr der Klassenkampf von unten, sondern das Wachsen des zentralistischen Staates zum Maßstab des Fortschrittes wurde, machte die tatarischen Aufstände nach der russischen Eroberung zu konterrevolutionären Erscheinungen. Jede tatarische Selbstaffirmation, sofern sie den engen Rahmen der Volkstänze und Hirtentrachten verließ, war nun antisowjetisch. So wurde 1944 das alte tatarische Epos »Idegej« als »feindlich und nationalistisch« verboten.

Das war allerdings nur der erste Schlag gegen das türkische Erbe Rußlands. 1951 wurde auch in Aserbaidshan das in oghusischem Türkisch überlieferte mittelalterliche Epos »Dede Korkut« als pantürkisch und anti-volkstümlich verdammt. Im gleichen Jahr wurde in Turkmenistan dessen turkmenische Variante »Korkut Ata« und 1952 das usbekische Epos »Alpamysch«, das über den Kampf türkischer Stämme gegen die buddhistisch-mongolischen Kalmyken berichtet, untersagt. Die Kasachische KP verdammte nun die Epen »Schora Batyr«, »Koblandy Batyr« und »Er Schair«. Den Burjäten wurde das Epos »Gasar«, den Kalmyken das Epos »Shangir«, den Kirgisen ihr »Manas« untersagt, das den Krieg muslimischer Nomaden im 17. und 18. Jahrundert gegen die »Chinesen«, d.h. die Kalmyken erzählt.

Erst nach Stalin Tod wurden die Verbote wieder gelockert. Aber noch bis in die Zeit Breshnews galt die zensurbestimmende Doktrin, daß allein Rußland Lichtbringer für die Völker des Ostens gewesen sei. Die Tataren, denen als erste die nationalen Identifikationspunkte verboten worden waren, mußten am längsten warten. Während zwischen 1956 und 1970 schrittweise die Epen der anderen Völker rehabilitiert wurden, erschien das »Idegej« erst 1988 wieder in einer Neuausgabe in Kasan. Die späte Neuzulassung des Werkes wird teilweise aus dem Inhalt des Epos erklärlich: Idegej war Militärkommandant von Toktamysch, des Chans der Goldenen Horde, der den letzten Versuch unternommen hatte, die Gebiete der zerfallenden Horde zu einen, die Herrschaft über die russischen Fürstentümer wiederherzustellen, und 1408 Moskau verwüstete. Idegej war also für das nationalistische russische Geschichtsbewußtsein der historische Feind schlechthin. Das Lob der Herrschaft der Goldenen Horde über die Länder der Rus durch Tataren und Baschkiren mußte als anti-patriotisch und verräterisch schlechthin erscheinen.

Die Neuauflage des »Idegej« ist Indikator sowohl der größeren Toleranz der sowjetischen Behörden wie einer politischen Bewegung, die auch unter den Tataren zunahm. Seit 1989 wurden auch in der

Tatarischen ASSR weiße Flecke in der Geschichte beseitigt. Das galt vor allem für eine Neurezeption von Sultan Galijew. Aber auch »bürgerliche« Nationalisten wie Gasprinskij oder Ajas Ischaki wurden rehabilitiert. Angesichts der Tatsache, daß heute nur noch 49% der Bevölkerung der Tatarischen ASSR Tataren sind, und angesichts der geographischen Lage dieser Republik, die von allen Seiten durch der RSFSR eingeschlossen ist, würde ein Gedanke an völlige Selbständigkeit oder an eine Lösung aus der Sowjetunion utopisch erscheinen. Es geht daher der Nationalbewegung primär um einen Ausbau der nationalen Rechte.

Gegenüber einer eher bedeutungslosen Volksfront war es in der Tatarischen ASSR vor allem das im Juni 1988 gegründete und heute offiziell anerkannte »Tatarische Gesellschaftliche Zentrum« (TOZ), in dem sich die nationale Opposition sammelte. Initiatoren des TOZ waren vor allem Gelehrte von den Instituten für Sprachwissenschaft, Literatur und Geschichte der Universität Kasan, daneben Schriftsteller und Journalisten. Sein Vorsitzender ist M. Muljukow von der Universität Kasan. Auch das TOZ strebt eine weitergehende Demokratisierung an und kümmert sich um Umweltfragen, wie die Verhinderung des Atomkraftwerks in Neftekamsk. Die ASSR solle wirtschaftlich selbständig werden und in eine vollgültige Sowjetrepublik umgewandelt werden, so daß sie das Recht zur Aufnahme direkter Beziehungen zum Ausland habe. Auch sollten die Beziehungen zwischen der RSFSR und der Tatarischen ASSR wie die zwischen zwei unabhängigen Staaten geregelt werden. Schließlich soll Tatarisch zur offiziellen Sprache der ASSR werden. Auch die eigene Geschichte wird wieder thematisiert. Erstmals veranstaltete das TOZ am 10. Oktober 1989 eine Demonstration zum Gedenken an die Eroberung Kasans 1552, erstmals tauchten auch die grünen Fahnen des Islam wieder auf.

Daß dieses TOZ die Traditionen des Dshadidismus fortsetzt, zeigt das innerhalb des TOZ bestehende Komitee »Tatarische Mütter«, das die Zeitschrift »Iman« (Bekenntnis des Glaubens) herausgibt. Neben den allgemeinen politischen Zielen des TOZ wie dem, Tatarstan zu einer Unionsrepublik zu machen, geht es ihm vor allem um eine neue Bestimmung der Rolle der Frauen im Sinne eines modernisierten, erneuerten Islam. Bewußt vertreten die Intellektuellen des TOZ auch das Ziel einer völligen Gleichberechtigung der verschiedenen ethnischen und religiösen Gruppen in der ASSR. So fordern sie u.a. die

Herausgabe tschuwaschischer Zeitungen. Vor allem aber geht es ihnen um die Konsolidierung der tatarischen Nation, soweit sie über die Sowjetunion verstreut lebt. So ist die Russifizierung ein Problem, die sowohl durch fehlende muttersprachliche Erziehungseinrichtungen wie durch die Aufstiegsorientierung der Eltern gefördert wurde. Erst Anfang September 1989 wurde ein tatarischer Kindergarten in Kasan eingerichtet. Entsprechend uneinheitlich ist der Rückhalt der TOZ in der Bevölkerung. Nicht alle Tataren wollen, daß Tatarisch offizielle Sprache wird. Daher fürchten die tatarischen Intellektuellen, das Tatarische könne noch in dieser Generation verschwinden. Selbst das Streben, die ASSR in eine vollgültige Sowjetrepublik zu verwandeln, stößt nicht auf einhellige Zustimmung. Ähnlich schwer realisierbar erscheint das Bestreben, die Einwanderung nichttatarischer Bevölkerungen, die mit jedem neuen Industriekomplex zunimmt, zu stoppen oder die Rückwanderung von Tataren aus anderen Teilen der Union zu fördern. Allerdings hat eine solche Rückwanderung bereits eingesetzt. Die in Usbekistan wohnenden Tataren fürchten, das Schicksal der Mescheten, die 1988 Opfer eines usbekischen Pogroms wurden, zu teilen.

Die Minderheitenposition macht einen radikaleren Nationalismus unmöglich. Volksabstimmungen wären gefährlich. In der Regierung der ASSR haben die Tataren zwar eine verfassungsmäßig abgesicherte Position; die tatarischen Partei- und Regierungsvertreter wie Parteichef Gumer Usmanow (seit September 1989) sind jedoch außerordentlich zurückhaltend. Bei Wahlen ist das TOZ auf die Unterstützung durch Vertreter anderer Volksgruppen angewiesen. Schließlich benachteiligt das sowjetische Mehrheitswahlrecht zusätzlich Minderheiten, die nicht weitergehend abgesichert sind. Das wirkte sich im Frühjahr 1989 bei den Wahlen zum Kongreß der Volksdeputierten aus. Als ASSR hatte die tatarische Republik ein Anrecht auf nur 11 Abgeordnete, während Unionsrepubliken 32 entsenden dürfen. Die meisten Deputierten aus der Tatarischen ASSR waren jedoch Russen. Aber selbst die tatarischen Deputierten blieben in nationalen Belangen eher zurückhaltend. Der Deputierte Tufan Mingullin etwa vertrat jene Position, die der der meisten Führer der ASSR entspricht: Die ASSR solle nur dann zur SSR werden, wenn das auch andere ASSR werden.

Die Klagen allerdings sind gewichtig. Die Industrie und die Bodenschätze würden zentral kontrolliert. In tatarische Erziehung, Kultur, medizinische Versorgung und Soziales werde unterdurchschnittlich investiert. Es gebe keine ausreichende Versorgung mit tatarischen Radio- und Fernsehprogrammen. Es gebe weniger Mittel für Bücher, Zeitungen und Zeitschriften, ein tatarisches Filmstudio fehle. Im Widerspruch dazu stünden die großen ökonomischen und geistigen Ressourcen der Republik. Für die sozialökonomischen Bedürfnisse würden in Estland 1 308 Rubel pro Kopf ausgegeben, in der RSFSR immerhin noch 800 Rubel, in der Tatarischen ASSR hingegen nur 212 Rubel – und das, obwohl allein die Kama-Automobilwerke einen größeren Umsatz hätten als ganz Estland. Die tatarische Nation werde mithin auf den Status einer zweitklassigen Nation hinuntergedrückt.

Während die Majorität in der tatarischen Nationalbewegung sich an größeren Zusammenhängen und Solidaritäten des tatarischen Erbes orientiert – vor allem mit den Baschkiren und den Krimtataren – vertritt eine Minderheit, die »bolgarische Bewegung«, romantische Ziele, die die Zeiten vor der Goldenen Horde beschwören. Als die im Heer Batus vereinigten mongolisch-türkischen Stämme die Wolga erreichten, stießen sie hier nicht nur auf eine finnische Bevölkerung, die heutigen Tschuwaschen, sie vernichteten auch das Reich der Bolgaren mit seiner Hauptstadt Bolgary nahe dem heutigen Kasan. Diese Bolgaren waren, vor den Hunnen fliehend, an die mittlere Wolga gekommen, wo sie im siebten Jahrhundert ihr Reich errichteten, das in seiner Glanzzeit nicht nur bis zum Kaukasus, sondern bis Thrakien reichte. 679 besetzten sie das heutige Bulgarien. Der sich dort niederlassende Teil des Stammes wurde zweihundert Jahre später slawisch, der an der Wolga wohnende blieb türkisch.

Die 1989 entstandene nationalistische Vereinigung »Bolgar-i Dshedid« (Neues Bolgar) will nun, daß sich die Wolga-Tataren wie vor der mongolischen Invasion wieder als Bolgaren verstehen. Denn sie seien schließlich ethnisch (rassisch) rein geblieben; kein anderes Volk habe bei ihrer Ethnogenesis eine Rolle gespielt. Sie hätten nichts mit der Goldenen Horde zu tun, nichts mit den Krimtataren oder den Baschkiren.

Ein Vorteil dieser Geschichtsdeutung liegt darin, daß sie sich dem in der russischen Geschichtsmythologie verankerten Tatarenhaß entzieht. Die Bolgaren schmachteten ebenso unter dem »Tatarenjoch« wie die Russen. Ein zweiter Vorteil liegt darin, daß sie bestehende Gegensätze, die auch im Alltagsleben wirksam sind, zur Schärfung von Ressentiments und zur Bildung ethnischer Identität nutzen kann. Die Intellektuellen des TOZ versuchen, dieser populistischen Richtung ihre multikulturelle Vision entgegenzusetzen und betonen die Einheit aller Tataren. Ihr Symbol ist die Wolga selbst, der tatarische »Idel« – der gemeinsame historische Fluß von Tataren, Russen und Finnen. Zugleich aber akzentuieren auch sie die kulturellen Differenzen. Nur durch ihre Betonung und Abgrenzung könne die »nationale Identität« bewahrt werden. Vor Mischehen sei also zu warnen.

Eine dritte Richtung, die sich zu Wort meldet, ist der Islam selbst. Es bedeutet zwar noch keinen Panislamismus, wenn die Religion als konstitutiver Teil der nationalen Identität definiert wird. Aber seine stärkere Förderung übt eine Anziehungskraft gerade auf die ländliche Bevölkerung aus. Selbst wenn gegenwärtig noch der gegenseitige Respekt und die Toleranz zwischen orthodoxem Christentum und Islam betont wird, so trägt seine neue Akzentuierung den Keim des Dissenses in sich. Die Wiederherstellung der arabischen Schrift, für deren Verbreitung sich tatarische Zeitungen und einzelne Intellektuelle als Privatlehrer verwenden, stellt ganz bewußt historische Zusammenhänge und Differenzen wieder her.

2. Baschkiren

Baschkirische ASSR, Hauptstadt Ufa. Von den 1,4 Millionen Einwohnern, sind 24% Baschkiren und 44% Tataren. Insgesamt lebten in der Sowjetunion 1989 – 1,5 Mio. Baschkiren, 1979 – 1,4 Mio., 1970 – 1,2 Mio.

Die Baschkiren sind sunnitische Muslime und sprachlich den Wolga-Tataren eng verwandt. Gemeinsam wurden beide Völker im 16. Jahrhundert von Rußland unterworfen, gemeinsam waren ihnen die Verfolgungen und die Aufstände. Anders als die Tataren waren die Baschkiren jedoch überwiegend Hirten und bildeten keine der tatarischen vergleichbare modernisierende Elite heraus. Die ethnischen Unterschiede hatten damit auch eine politische Komponente.

Schon auf dem Moskauer Muslimischen Kongreß von 1917 war mit Unterstützung von Sultan Galijew der Vorschlag aufgekommen, alle Tataren und Baschkiren des Wolga-Ural-Gebietes in einem Staat zu vereinigen. Das wurde damals abgelehnt. Ebenso abgelehnt wurde jedoch auch eine klein-baschkirische Lösung, nach der sich der zu gründende baschkirische Staat auf die rein baschkirischen Siedlungsgebiete beschränken sollte. Die baschkirischen Vertreter hatten daraufhin den Kongreß verlassen. Dahinter steckte auch eine politische Abgrenzung gegenüber den eher linken tatarischen Intellektuellen. Als es während des Frühjahrs und Sommers 1917 wie in den Kasachensteppen und in Kirgisien auch in Baschkirien immer wieder zu Zusammenstößen mit russischen Siedlern kam, entschlossen sich die baschkirischen Führer, gemeinsam mit den Steppenvölkern Mittelasiens für ihre Autonomie zu kämpfen. Auf einer Zusammenkunft in Orenburg im Dezember 1917 proklamierten Baschkiren und Kirgisen (Kasachen) ihre Autonomie und nahmen Verbindungen zu den Orenburger Kosaken auf. So entstand unter deren Ataman eine antibolschewische Bewegung, die von konservativen muslimischen Politikern unterstützt wurde.

Baschkirien wurde im März 1919 zu einer ASSR. Die stalinistischen Verfolgungen trafen beide Völker. Allerdings sind die Baschkiren in ihrer ASSR heute mit 24% in einer noch deutlicheren Minderheitenposition. Dennoch entwickelt sich hier ein tatarisch-baschkirischer Konflikt. Tataren aus der baschkirischen ASSR berichten von einem Druck, der auf sie ausgeübt werde, sich zu Baschkiren zu erklären.

Umgekehrt bestehen die Tataren Baschkiriens, die sich ebenfalls am TOZ orientieren, auf ihrer Sonderstellung. Sie unterstützen zwar die Forderung der baschkirischen Nationalbewegung, die baschkirische ASSR in eine Sowjetrepublik zu verwandeln, aber unter der Bedingung, daß diese dann Baschkirisch-Tatarische SSR genannt würde. Die Position des TOZ ist hier, daß Baschkiren und Tataren zwei verschiedene einheimische Nationen der Baschkirischen ASSR seien.

3. Krimtataren

1944 gab es 250 000 Krimtataren, bei einer Gesamtbevölkerung der Krim von 780 000 Einwohnern. 1988 hatte die Krim 2,5 Millionen Einwohner, überwiegend Russen. Bis dahin waren 2 500 auf die Krim zurückgewandert. Insgesamt lebten in der Sowjetunion 1989 – 268 739 Krimtataren, 1979 – 132 272. Der starke Anstieg resultiert nicht aus einer überdurchschnittlichen Geburtenrate, sondern daraus, daß die Diskriminierung nachgelassen hat und mehr Personen bereit sind, sich bei Volkszählungen als Krimtataren zu bekennen.

Das Schicksal der Krimtataren unterschied sich in wesentlichen Punkten von dem der übrigen Tataren. Mit dem Vertrag von Kütschük Kainardschi zwischen Istanbul und Moskau endete 1774 das osmanische Protektorat über das Chanat der Krimtataren. 1783 gliederte Katharina II. die Krim Rußland ein. Im Gegensatz zu ihrer toleranten Haltung gegenüber den Wolga-Tataren begann sie sofort mit einer massiven Russifizierung. Ihr Günstling, Fürst Potjomkin, begann damit, das fruchtbare Land zugunsten des russischen Adels zu beschlagnahmen. Andere Gebiete wurden herbeigerufenen russischen, aber auch deutschen, griechischen, bulgarischen und baltischen Neusiedlern übergeben. So wurden die Tataren in das unfruchtbare Innere der Halbinsel verdrängt, wo sie materiell und kulturell verarmten. Starke, immer wieder auflebende Emigrationswellen in die Türkei führten bis 1893 dazu, daß die Tataren trotz einer höheren Geburtenrate in die Minderheit gerieten. Ende des 19. Jahrhndert befanden sich unter den 530 000 Einwohnern der Krim nur noch 187 000 Tataren.

Nicht zuletzt dank des Wirkens von Ismail Gasprinskij wirkte sich jedoch auch unter den Krimtataren die tatarische Renaissance politisch und kulturell aus. Gasprinskij war 1877 auf die Krim zurückgekehrt und baute Bachtschesaraj zu einem Zentrum des reformierenden Nationalismus und des Dshadidismus aus. Es waren Schüler Gasprinskijs, die im Sommer 1917 die »Nationalpartei« (Millî Fyrka) mit der Absicht gründeten, die Krim zu einem tatarischen Staat zu machen. Mit der Provisorischen Regierung in Petrograd, die es ablehnte, die muslimischen Schulen auf der Krim den Tataren in Selbstverwaltung zu überlassen, geriet die Millî Fyrka rasch in Konflikt. Eine Kooperation mit den Bolschewiki lag daher nahe. Als der Sowjet von Sewastopol, der von Sozialrevolutionären und Menschewiki dominiert wurde, im November 1917 den Sturz der Provisorischen Regierung durch die Bolschewiki verurteilte, verließen diese den Sowjet und gründeten ein Revolutionskomitee. Zu dessen Unterstützung wurden Teile der baltischen Flotte nach Sewastopol geschickt, die dort ein Massaker unter den Offizieren der Schwarzmeerflotte anrichteten, den Sowjet auseinandertrieben und die führenden Sozialrevolutionäre und Menschewiki erschossen.

Unterdessen gründete die Millî Fyrka in Bachtschesaraj eine eigene Regierung, den Kurultaj, der beanspruchte, die legitime Regierung der Krimtataren zu sein, und eine Verfassung nach westlich-demokratischem Vorbild erließ. Allerdings blieb die Millî Fyrka gegenüber der dynamischen russischen Majorität chancenlos. Überdies hielten die Armeen der Generäle Wrangel und Denikin das Gebiet bis zum Ende des Bürgerkriegs. Erst im November 1920 bestiegen die Reste der Weißen Armee Wrangels in Sewastopol englische und französische Schiffe, die sie nach Istanbul brachten.

Im Oktober 1921 wurde aufgrund eines Dekrets des Obersten Sowjets die Autonome Sowjetrepublik Krim geschaffen, die auch als ein revolutionäres Schaufenster gegenüber der Türkei gedacht war. Ihre Regierung war zunächst eine Koalition russischer und tatarischer Kommunisten, die sämtlich ehemalige Mitglieder der Millî Fyrka waren. Tatarisch wurde neben Russisch offzielle Sprache des Landes. Aber die krimtatarischen Kommunisten, die die Position Sultan Galijews mittrugen, teilten auch das Schicksal der wolgatatarischen Intelligenz. Mit ihrem Führer Veli Ibragimow wurde die gesamte krimtatarische Intelligenz in den dreißiger Jahren liquidiert.

Die russische Zuwanderung hielt unvermindert an. 1927 waren nur noch 23% der auf 875 000 angewachsenen Einwohnerschaft der Krim Tataren. Während des Zweiten Weltkrieges hofierte die deutsche Besatzungsmacht auf der Suche nach einheimischen Verbündeten die Krimtataren in besonderer Weise. Die Folge waren viele Fälle von Kollaboration. Auch an den Greueln beteiligten sich Krimtataren. Es entsprach dem nationalen Denken Stalins, dafür die Nation als Ganze wegen Kollaboration zu bestrafen. Am 18. Mai 1944, gleich nach der Rückeroberung der Halbinsel, wurde die gesamte krimtatarische Bevölkerung innerhalb weniger Stunden aus ihren Häusern getrieben und in Viehwagen nach Sibirien und Zentralasien deportiert. 18% starben schon auf dem Transport. Die Krimtataren standen in ihren neuen Siedlungen unter ständiger Bewachung, das

Schulwesen war darauf angelegt, alle Erinnerungen zu zerstören. Sie waren nun wie die anderen deportierten Völker – die Balkaren, Tschetschenen, Inguschen, Kalmyken und Deutschen – ein verfemtes Volk. Die Krim selbst verlor ihren Status als ASSR und wurde 1944 zunächst der RSFSR angeschlossen. Das von den Tataren geräumte Gebiet wurde mit russischen und ukrainischen Einwanderern neu besiedelt. Die meisten Toponyme wurden russifiziert, die Erinnerung an die Tataren gelöscht. 1954 – anläßlich des 300. Jahrestages der Wiedervereinigung der Ukraine mit Rußland – schenkte die sowjetische Regierung die Krim der Ukrainischen SSR.

In seiner Geheimrede vor dem 20. Parteitag der KPdSU 1956, auf dem Chruschtschow neben einigen anderen Verbrechen Stalins auch die Verschleppung ganzer Völker geißelte, zählte er neben den Deutschen die Krimtataren nicht unter den Opfern auf. Allerdings wurde 1956 ihre strenge Bewachung in den mittelasiatischen Wohnorten aufgehoben. Eine krimtatarische Presse begann ab 1957 wieder zu erscheinen. Rasch stellten die verstreuten Gemeinschaften der Krimtataren einen Zusammenhang auch untereinander wieder her. Zwischen 1957 und 1966 richteten ihre Vertreter sechs Petitionen an die sowjetische Führung, die alle ohne Antwort blieben. Die letzte von 1966 trug bereits 120 000 Unterschriften. Als die Krimtataren im Januar 1966 bei einer Demonstration auf dem Roten Platz in Moskau aus der Stadt vertrieben wurden, setzten sie ihre Demonstrationen in Taschkent fort. Schon damals fanden sie Unterstützung bei Dissidenten, deren internationales Ansehen auch das Anliegen der Krimtataren bekannt machte. Ex-General Pjotr Grigorenko, ein Held des Zweiten Weltkrieges, der später in eine psychiatrische Klinik eingewiesen wurde und dann in die USA emigrierte, ließ sich mit den Tataren gemeinsam verhaften. Der Physiker und Bürgerrechtler Andrej Sacharow sorgte durch seine demonstrative Anwesenheit dafür, daß der Prozeß gegen den Führer der Krimtataren, Mustafa Dshemilew, in Omsk nicht unbemerkt von der Weltöffentlichkeit abgewickelt wurde. Erst am 5. September 1967 jedoch wurden die Krimtataren offiziell rehabilitiert. Nun erhielten sie ihre Bürgerrechte zurück und galten nicht mehr schon ihrer Volkszugehörigkeit wegen als kriminell. In der Sowjetunion selbst wurde das jedoch kaum bekannt, die Presse schwieg sich aus. Offiziell rehabilitiert wurden die Krimtataren erst 1967, zehn Jahre nachdem mit Ausnahme der Wolgadeutschen die übrigen verschleppten Völker das

Rückkehrrecht und ihre neuerliche Autonomie erhalten hatten. Noch immer aber blieb es den Krimtataren verboten, in ihre Heimat zurückzukehren. Wer es versuchte, wurde wieder fortgeschafft. Es war in diesem Fall aber, wie sich heute zeigt, nicht nur die Harthörigkeit der Herrschenden, die eine Lösung erschwerte. Die Neubesiedelung machte eine Rückkehr fast unmöglich. Ohne den örtlichen Widerstand gewaltsam zu brechen, ließe sich die massenhafte Rücksiedelung auf die Krim nicht durchsetzen. Erst recht schwierig wären Versuche, die Autonomie wiederherzustellen. Eine Zentrale, die das versuchen wollte, käme nicht nur in Konflikt mit einer widerwilligen ukrainischen Führung, sondern auch mit der wachsenden ukrainischen Nationalbewegung.

Die Schwierigkeit der liberalen Führung Gorbatschows zeigt sich allerdings auch in diesem Falle. Seit Mitte 1988 dürfen die Krimtataren hinziehen, wohin sie wollen. Schließlich wurde im Mai 1990 in Moskau eine Regierungskommission gebildet, die sich mit Plänen für eine Rückwanderung in den Jahren 1991- 1996 beschäftigen soll. Die Konflikte werden nicht auf sich warten lassen.

VIII. Dschingis Chans muslimische Erben 2: Turkestan

Unter Turkestan, eine eher geographische als politische Bezeichnung, soll im Folgenden jenes Gebiet verstanden werden, das heute von den Sowjetrepubliken Usbekistan, Tadshikistan und Turkmenistan eingenommen wird. Im weiteren – mit historischen und geographischen Spezifika – gehören auch Kasachstan und Kirgisien zu diesem Raum.

Wichtig sowohl für die Geschichte wie für die gegenwärtige Problemlage sind geographische Gegebenheiten. Turkestan ist vor allem Wüstengebiet. Landwirtschaft und städtische Siedlungen waren nur in Oasen und Flußtälern möglich oder an den Ufern des Aralsees, in den, ohne weiteren Abfluß, die meisten Flüsse der Region münden. Diese geographische Lage hatte wichtige Folgen. Das Gebiet war für Nomaden, Reiterarmeen und Karawanen leicht zu durchqueren, während anderswo Wälder oder Gebirge schwer überwindbare Hindernisse darstellten. Immer wieder durchzogen es östliche Völker wie die Hunnen oder Mongolen auf ihrem Weg nach Westen. Der Fernhandel hielt weiträumige Verbindungen aufrecht und ermöglichte einen erheblichen materiellen und kulturellen Reichtum der Oasenstädte, die gleichzeitig immer wieder von fremden Reiterheeren bedroht waren. Das führte auch zu weiträumigen Vereinheitlichungen. Die meisten Völker dieser Region sind heute turksprachig, wobei die Unterschiede der Sprachen und Dialekte so gering sind, daß auch bei großen räumlichen Entfernungen eine Verständigung möglich ist.

Der zentrale soziale und politische Gegensatz war hier jahrhundertelang weniger der zwischen Sprachgruppen als der zwischen Nomaden, die sich als Hirten und Räuber betätigten einerseits, und den seßhaften Bevölkerungen der Oasenstädte andererseits. Die ummauerten Städte boten einigen Schutz und förderten den Aufbau differenzierter Kulturen. Sie waren der Kern aller Staatsbildungen in diesem Raum, und selbst Nomadenfürsten errichteten ihre Herrschaftszentren in ihnen, wenn sie erst einmal die Macht über ein Gebiet errungen hatten.

Ihre letzten Hochblüte erreichte diese Region im späten Mittelalter. Städte wie Chiwa, Buchara, Samarkand oder Taschkent waren nicht nur für ihren märchenhaften Reichtum und ihre Pracht berühmt. Sie waren auch Zentren der Kultur zu einer Zeit, als diese im Westen der muslimischen Welt an fundamentalistischer Engstirnigkeit bereits stagnierte. Obwohl die Mehrheit der Bevölkerung bereits aus Turkvölkern bestand, war die herrschende Kultursprache Persisch. Die seit der zweiten Hälfte des 19. Jahrhunderts einsetzende Türkisierung auch der Bildungsschichten, die ein Nebeneffekt der russischen Eroberung war, markierte auch das Ende einer kulturellen Tradition.

Aber längst vor der russischen Eroberung hatte ein allmählicher Niedergang eingesetzt. Indirekte Ursache dafür war der Aufstieg der europäischen Seemächte Portugal, Spanien, der Niederlande und Englands. Der Handel zwischen Ostasien und den christlichen und muslimischen Völkern des Westens verlagerte sich zunehmend auf die neu entdeckten Seewege. Der mittelasiatische Fernhandel verlor an Bedeutung und weder imperiale Armeen noch eine große Kultur waren mehr im alten Ausmaß finanzierbar.

Das vordringende Rußland hatte es dank seiner überlegenen Militärtechnik leicht mit den die Region beherrschenden Chanaten. In der Bevölkerung aber stieß es immer wieder auf erbitterten Widerstand, der ohne Schonung gebrochen wurde. Rußland brachte die Eisenbahn und in zunächst begrenztem Ausmaß die Industrie. Vor allem aber nahm es die fruchtbaren Oasen und Flußtäler in seine Regie. Wo zuvor eine angesichts der Wasserknappheit umsichtige und sparsame Bewässerungswirtschaft herrschte, führten russische Ingenieure die Technik großmaßstäblicher Bewässerung ein. Ihr Hauptinteresse richtete sich von Anfang an auf die Baumwolle, die den russischen Bedarf decken und Exporte ermöglichen sollte. Auch wenn die letztlich durch die Baumwolle verursachte Umweltkatastrophe erst heute in ihrem ganzen Ausmaß erkennbar wird, begonnen hat der »weiße Fluch« schon Ende des 19. Jahrhunderts.

Russen und andere Europäer siedelten sich vor allem in den Städten an, in denen es Industrien gab. Sie blieben Fremde. Noch heute zeigen die Städte Mittelasiens ein koloniales Muster: Den Altstädten, »Eingeborenenvierteln«, stehen die modernen europäischen Siedlungen unverbunden gegenüber. Der europäisch-mittelasiatische Gegensatz scheint unüberbrückbar. Eine Immigration von russischen und ukrainischen Bauern gab es in den Steppengebieten, vor allem

Kasachstans. Dort wurden die nomadisierenden, viehzüchtenden Stämme durch fremde Bauern zunehmend verdrängt – eine Konstellation, die aus Nordamerika vertraut ist.

Angesichts der Aussichtslosigkeit eines Widerstandes gegen das militärisch überlegene Rußland wandte sich ein großer Teil der einheimischen Eliten Turkestans nach der russischen Eroberung nationalistischen Strömungen zu. Aufgrund der geringen sprachlichen Differenzen und der religiösen Einheit, dem sunnitischen Islam, konnte der vor allem von den Tataren entwickelte Pantürkismus eine große Anhängerschaft finden. Auch unter sowjetischen Vorzeichen hätte ein modernisierter Nationalstaat Turkestan jedoch ein Gegengewicht oder eine Bedrohung für die russische Übermacht bedeutet. Stalin, der von Anbeginn für die Nationalitäten zuständig war, entwickelte dagegen ein Konzept der Teilungen. Er ließ als Sprachen bestimmen, was Dialekte hätten sein können, und paßte sie den zentral festgelegten Republiken an. Aus dem ehemals in sich differenzierten, aber nach außen einheitlichen Kulturraum wurde so eine Vielzahl von Staaten, deren Bevölkerungen zu Nationen im modernen Sinne werden sollten. Diese Rechnung Stalins ist weitgehend aufgegangen. Nicht erfüllt hat sich sein Ziel, die alten Zusammenhänge völlig zu löschen. Die Geschichte taucht, wenn auch jetzt in nationalisierter Form, wieder auf. Vor allem aber ist der Islam für jene Mittelasier, die keine praktizierenden Muslime sind, selbstverständlicher Teil ihrer Selbstidentifikation, die sie von den Europäern abhebt. Das mittelasiatische Erbe schärft jedoch das alltägliche Bewußtsein des Andersseins gegenüber anderen muslimischen Zuwanderern wie Tataren oder Kaukasiern. Der Schärfe des Unterschieds entspricht die Gefahr gewalttätiger Auseinandersetzungen.

1. Die historische Konstellation

Der Osten des ursprünglich persisch besiedelten Gebietes wurde im 4. Jahrhundert von dem chinesischen General Pan Tschao erobert. Er öffnete den Weg für den chinesischen Handel nach Indien und dem Westen und brachte den Buddhismus in die Region. Seit dem 6. Jahrhundert drangen vom Altai her türkische Nomaden ein. Im 8. Jahrhundert wurde das Gebiet von den Arabern erobert, die bei der noch meist schamanistischen oder buddhistischen Bevölkerung den Islam verbreiteten. Anfang des 13. Jahrhunderts wurde das Gebiet von den Armeen Dschingis Chans erobert. Sein zweiter Sohn Tschagatai (gest. 1241) herrschte von Sinkiang bis Samarkand, blieb jedoch der Herrschaft des mongolischen Groß-Chans in China noch unterstellt. Bis Mitte des 14. Jahrhunderts war seine Dynastie Herrscherin des Landes, bis sie durch den Usurpator Timur (1336-1405) vernichtet wurde. Nur im Ostteil des Chanats der Tschagatai überlebte die Dynastie. Timur, der sonst eher für maßlose Zerstörungen berüchtigt war, machte Samarkand zur prachtvollen Hauptstadt seines Reiches. Nach seinem Tod wurde Buchara ein eigenes Chanat zwischen dem Amu-darja, dem Pamir und dem Chanat Chiwa. Seine Hochblüte erlebte dieses Chanat im 16. und 17. Jahrhundert.

Die hohe Kultur Bucharas wie die ganz Transoxaniens war persisch. Die persischsprachigen Tadshiken stellten sozial die Händler, die Intellektuellen und die muslimische Geistlichkeit. Persisch sprachen darüber hinaus alle Oberschichten gleich welcher Herkunft. Die Mehrheit der Bevölkerung, die Handwerker, die Bauern und die Soldaten, waren das türkischsprachige Bevölkerungssubstrat, das sich heute als »Usbeken« bezeichnen würde.

Die Nachfolger Timurs wurden durch die Scheibaniden gestürzt, die sich von Dschingis Chan herleiteten und nun die Chanate Chiwa, Buchara und Kokand regierten. Die Scheibaniden waren es, die im 16. Jahrhundert den Stammesnamen »Usbeken« annahmen. Die Kasachen waren hingegen zunächst Usbeken, die nördlich des Syrdarja blieben, als Muhammad Scheibani den Fluß nach Süden überschritt und als Nomaden die Steppengebiete des heutigen Kasachstan bezogen. Die Reste der Timuriden zogen weiter nach Indien, wo der Urgroßenkel Timurs, Babur, 1526 das Reich der Moghuln (Mongolen) gründete, das seit dem 18. Jahrhundert schrittweise durch das sich in Indien ausdehnende britische Empire annektiert wurde.

Sieht man von den durch tatarische Händler vermittelten früheren Kontakten ab, so wird Mittelasien erst im späten 19. Jahrhundert zum Teil der russischen Geschichte und umgekehrt. Am Vorabend der russischen Eroberung ist das Land zwischen den Chanaten Chiwa, Buchara und Kokand aufgeteilt. 1855 eroberte General Tschernjajew Tschimkent, 1856 Taschkent, 1858 Samarkand. Im gleichen Jahr wurden in der Schlacht am Serebuldak die Truppen Bucharas vernichtet. Rußland erschien dank seiner modernen Kriegstechnik unbesiegbar. 1868 unterstellte der Emir von Buchara seinen Staat den Russen als Protektorat. Chiwa verlor 1873 seine Unabhängigkeit. Das Chanat Kokand wurde 1876 abgeschafft und dem Generalgouvernement Turkestan angegliedert. 1873-74 wurden die Gebiete der Turkmenen besetzt, 1879 die Oase Gök Tepe, 1884 Merw. Mit Ausnahme der Protektorate Buchara und Chiwa unterstand nun ganz Turkestan einer Militärverwaltung. Die russische Herrschaft festigte sich durch den Eisenbahnbau von Orenburg nach Taschkent. Nun konnten Soldaten, Beamte, Arbeiter und landhungrige russische Bauern einströmen.

Trotz der militärischen Oberverwaltung unter General Kaufmann wurde Turkestan zunächst indirekt regiert. Die Militärverwaltung war unmittelbar nur für die europäische Bevölkerung zuständig und kooperierte mit den extrem konservativen muslimischen Notabeln. Die herkömmliche Lokalverwaltung und das Scheriatsrecht blieben für die einheimische Bevölkerung in Kraft. Dabei galten die Turkestaner nicht als Bürger, sondern als Fremde (inostranzy). Der orthodoxen Kirche war es verboten, Missionare zu schicken. Zugleich unterbanden die Behörden soweit wie möglich alle Einflüsse modernitätsorientierten tatarischen Intelligenz. Diese Strategie war insofern erfolgreich, als sich nationalistische Strömungen in Turkestan zunächst erheblich langsamer entwickeln als bei den übrigen Turkvölkern Rußlands. Ganz unterbinden ließ sich dieser Einfluß jedoch nicht.

Der Widerstand gegen die neuen Herren entwickelte sich zunächst nicht unter den Führungsschichten, sondern in der Bevölkerung. Das urbare Land war knapp und schon ein − im Vergleich zu Kasachstan − geringer Zustrom fremder Siedler genügte, um erbitterte Aufstände hervorzurufen. Von Anfang an wurde dieser Widerstand auch unter religiösen Vorzeichen gegen die Ungläubigen geführt. So brach unter Führung eines Derwisch, der den heiligen Krieg (dshihad) ausrief, 1885 im Fergana-Tal ein Aufstand aus, der nach Namagan, Taschkent und Kokand übergriff. Erst 1892 wurden die Aufständischen endgültig geschlagen. 1898 rief der Sufi-Orden der Nakschibendi zum Dshihad auf. So schwer es der russischen Armee auch fiel, die Aufstände niederzuschlagen, alle scheiterten. Anfang des 20. Jahrhunderts erschien die russische Macht unerschütterlich und jeder gewaltsame Widerstand aussichtslos.

Das war die Situation, in der denkbar wurde, daß ein langfristig erfolgreicher Widerstand Modernisierung voraussetzt. Nun waren es nicht mehr nur konservative Sufis, die eine Opposition anführten, sondern auch reformorientierte Intellektuelle, die unter dem Einfluß des Dshadidismus Gasprinskijs und seit 1908 auch der osmanischen Jungtürken standen. Nach der russischen Niederlage gegen Japan 1904 bildeten sich pantürkische Geheimgesellschaften. Quantitativ blieb diese modernisierende nationalistische Intelligenz allerdings klein. Das traditionalistische Establishment hatte in Turkestan ein größeres Gewicht als unter den Tataren. Denn anders als etwa bei den nomadischen Kasachen gab es in Turkestan ein ausgebautes muslimisches Schulwesen, an das die russische Administration in seiner Orientierung an indirekte Herrschaft nicht rührte. In ihm aber hatte westliches Gedankengut keinen Platz. So entstanden nur wenige russisch-turkestanische Schulen, doch gerade aus ihnen rekrutierten sich die künftigen nationalistischen Rebellen. Am Vorabend der Revolution kämpften damit drei Richtungen um Einfluß: eine religiös-konservative, eine liberale prowestliche, die dshadidische, und eine sozialistische, die den russischen Sozialrevolutionären nahe stand, aber über wenig Einfluß verfügte. Auch diese war vom Dshadidismus beeinflußt.

Rückwirkungen auf die politische Konstellation hatten auch die wirtschaftlichen Strukturveränderungen, die die russische Eroberung mit sich brachte. Schon immer war in Turkestan Baumwolle angebaut worden. Der Gouverneur, General Kaufmann, führte jedoch hochwertige amerikanische Hochland-Baumwolle und amerikanische Anbaumethoden ein. Moderne Bewässerungsanlagen und Kanalsysteme wurden gebaut, die Anbaufläche erheblich ausgedehnt, und schon 1914 konnte Rußland die Hälfte seines Baumwollbedarfs selbst decken. Die 1905 vollendete Eisenbahnlinie von Orenburg nach Taschkent brachte billigen Weizen aus der Ukraine, so daß zusätzliches Land der Baumwolle gewidmet werden konnte. Dieser forcierte Weg in die Monokultur, der vor allem nach 1928 fortgesetzt wurde, machte das Land von russischen Lebensmittelzufuhren abhängig. Als im Revolutionsjahr 1917 diese Lebensmittelzufuhren unterbrochen wurden, brach eine Hungersnot aus.

Die Revolution sah in diesem Kolonialgebiet andere Konfliktfronten als Rußland. Der Kampf zwischen den Revolutionären und den alten Mächten wurde hier von dem zwischen Kolonisatoren und Kolonisierten durchkreuzt. Im April 1917 wurde bei einem Muslim-

Kongreß in Taschkent ein Zentralrat der Muslime von Turkestan (Türkistan Müslümanlar Merkesi Schurasy / Millî Merkes) unter Mustafa Tschokajew gegründet. Er versuchte nach der Oktoberrevolution, die Macht zu ergreifen und bildete in Kokand eine muslimische Regierung für Turkestan. Aber diese Regierung hatte weder Verwaltungskader noch Truppen. Sie war machtlos. Die Revolutionäre hatten ihren Rückhalt vor allem unter den Eisenbahnern. Russische Eisenbahner waren es, die im Oktober 1917 den Kosakenklub in Taschkent beschossen und einen Sowjet an die Macht brachten, den Sozialrevolutionäre und Bolschewiken dominierten. Mitte November 1917 verkündete dieser Sowjet von Taschkent die Sowjetmacht in ganz Turkestan und wies zugleich alle Ansprüche auf muslimische Selbstverwaltung zurück. Er blieb ein rein russisches bzw. europäisches Organ. Angesichts der Machtlosigkeit des Millî Merkes hatte der Taschkenter Sowjet ein leichtes Spiel. Im Februar 1918 nahmen seine Truppen Kokand ein und plünderten es. Die Dominanz des Taschkenter Sowjet wurde von seinen Mitgliedern durchaus auch als ethnische verstanden. Dabei handelte er vollkommen autonom, denn wegen des Bürgerkriegs war Turkestan bis Ende 1919 von Petrograd bzw. Moskau abgeschnitten. Erst dann gelang es der Roten Armee von der Wolga her nach Zentralasien vorzustoßen. 1920 wurde Buchara eingenommen. Die bisher fortbestehenden Chanate Chiwa und Buchara wurden nun zu den Volksrepubliken Choresm und Buchara.

Wie in der ersten Phase des Widerstandes gegen die russische Invasion kam der zugleich antikommunistische und antirussische Widerstand von unten. Wieder spielten die Volksreligion, die Sufis und die Idee der Dshihad eine entscheidende Rolle. Die Guerrilla der »Basmatschen« zog sich bis Mitte der zwanziger Jahre hin. Ihr schlossen sich auch Teile der nationalistischen Intelligenz an. Im Herbst 1921 schickte die Sowjetregierung den in der Türkei Kemal Atatürks zum Tode verurteilten Führer der ehemaligen osmanischen Jungtürken, Enver Pascha, nach Turkestan. Er sollte helfen. Kaum angekommen, wechselte er die Front und vereinigte alle Basmatschen unter seinem Kommando, um sie gegen die Sowjetmacht in den Kampf für ein großtürkisches Reich zu führen. Er starb bei einem Gefecht 1922.

Daß es aber nicht primär eine nationalistische, sondern eine religiöse Motivation war, die die Basmatschen trieb, zeigt eine erfolgreiche Kriegslist der sowjetischen Regierung. Sie stachelte auf der einen

Seite die internen Rivalitäten der Basmatschen-Führer an, die sich nun auch untereinander bekämpften. Sie gab andererseits den Moscheen ihre Waqf-Ländereien zurück, erlaubte die Öffnung von Religionsschulen und erkannte offiziell die Scharia als gültig für die Muslime an. Damit brach der Widerstand zusammen. Allerdings hielt er sich noch lange im Gebirgsland des östlichen Buchara, dem heutigen Tadshikistan. Dort wurde er erst 1925 gebrochen; die aktiven Kämpfer flüchteten nach Afghanistan. Gänzlich befriedet war dieses Gebiet erst um 1935.

Während die Basmatschen die streng konservative Religiosität und die traditionelle Gesellschaftsordnung verkörperten, unterstützten viele reformorientierte Anhänger des Dshadidismus die neue Regierung, auch wenn sie deren militanten Atheismus ablehnten. Mit ihnen rechnete Stalin später als »türkischen Spionen«, »bürgerlichen Nationalisten« usw. ab. Die Wiederherstellung der Verbindungen nach Moskau ermöglichte ihnen, wieder Kontakt zur reformorientierten muslimischen Intelligenz in anderen Landesteilen aufzunehmen. 1920 traten sie überwiegend der Kommunistischen Partei bei, ohne jedoch ihre pantürkischen Zielsetzungen aufzugeben. Wie der Wolga-Tatar Sultan Galijew wollten auch sie einen türkisch-sozialistischen Staat, der zumindest Turkestan, Kasachstan, Kirgisien, Baschkirien und Tatarstan umfassen sollte.

Um diesen Bestrebungen zuvorzukommen, begann die sowjetische Zentrale schon 1921 die Einheimischen aus verantwortungsvollen Positionen zu entfernen und durch Europäer zu ersetzen. Noch wirkungsvoller war die Neuaufteilung des Landes im Jahre 1924. Usbekistan erhielt den mittleren Teil des Chanats von Buchara, den südlichen von Chiwa, Teile von Samarkand, das Fergana-Tal. Turkmenistan erhielt die überwiegend von Turkmenen bewohnten Gebiete des westlichen Teils von Buchara, von Choresm und des ehemaligen transkaspischen Gebietes. Tadshikistan erhielt das Bergland des ehemaligen Buchara mit seiner überwiegend persischsprachigen Bevölkerung. Kara Kalpakien wurde zunächst der Autonomen Republik der Kasachen (Kirgisen) angeschlossen, dann Autonome Republik, 1932 kam es zur RSFSR und 1936 zu Usbekistan. Soweit wie möglich wurden auch die Beziehungen der neuen Republiken untereinander gekappt. Als 1936 der Wirtschaftsrat von Mittelasien und das mittelasiatische Büro der KPdSU aufgelöst wurden, verschwand Turkestan.

Die Aufsplitterung Turkestans richtete sich auch gegen die pantürkischen Bestrebungen der modernitätsorientierten Intelligenz. Zwar hatte auch diese mit der traditionellen Gesellschaft und Kultur aufräumen wollen, allerdings im Interesse eines großen Nationalstaats. Auf ihr Bestreben hin hatte die Volksrepublik Buchara 1920 das Persische zugunsten des Türkischen als Staatssprache abgeschafft. Als 1926 in den Nachfolgerepubliken Turkestans die arabische Schrift durch die lateinische ersetzt wurde, konnte dies als Modernisierung und als Erleichterung der Alphabetisierung der Bevölkerung verstanden werden. Als aber auch die Türkei die lateinische Schrift einführte, tauchte der pantürkische Zusammenhang als Gespenst wieder auf. Daher wurden ab 1938, zugleich mit der Einführung des obligatorischen Russischunterrichts, die türkischen Sprachen der Sowjetunion auf das kyrillische Alphabet verpflichtet. Die Vernichtung der Intelligenz Turkestans in den dreißiger Jahren zerbrach schließlich den letzten pantürkischen Zusammenhang.

Aber auch die Religion, die den Aufstand der Basmatschen motiviert hatte, mußte unterdrückt werden, um das in der Volkskultur lagernde Widerstandspotential zu vernichten. Nach jener kurzen Liberalisierung, die den Widerstand brechen half, ließ Stalin Moscheen und Waqf-Güter konfiszieren. Massenhinrichtungen von Mullahs und die Verfolgung auch einfacher Gläubiger sollten den Aufbau gemeinsowjetischer Mentalitäten fördern. Erst der Zweite Weltkrieg brachte eine gewisse Erleichterung. Um auch unter den Muslimen die Übernahme des Sowjetpatriotismus zu fördern und sie zum Kampf gegen den für sie fernen deutschen Feind zu motivieren, liberalisierte Stalin die Politik gegenüber dem Islam, wie er es auch gegenüber der orthodoxen Kirche getan hatte. Er ließ islamische Direktorate bilden, darunter ein islamisches »Direktorat für Zentralasien und Kasachstan« unter einem von der Regierung bestätigten Mufti in Taschkent.

Nach dem Krieg allerdings wurde die religiöse Verfolgung wieder aufgenommen. Nur die Direktorate blieben bestehen, einerseits, um mit ihrer Hilfe das religiöse Leben unter Kontrolle zu behalten, andererseits, um sie außenpolitisch einzusetzen. Der Erfolg dieser Strategie blieb zweideutig. Zwar trat die muslimische Geistlichkeit als Agent der sowjetischen Außenpolitik auf, wo sie gebraucht wurde. Andererseits diskreditierte sie sich angesichts der geschlossenen Moscheen und der Verfolgungen von praktizierenden Gläubigen auch im Inland. Das führte weniger zu einer Säkularisierung als dazu, daß die islamische Frömmigkeit gegen diesen staatsoffiziellen Islam in den Untergrund ging. Es entwickelte sich ein stark von Sufi-Sekten beeinflußter »paralleler Islam«, in dem die Volksreligion mit ihrer Heiligenverehrung, ihren Wunderheilern usw. die traditionelle religiöse Lehre überwucherte. Aber selbst in den säkularisierten Schichten blieb der Islam ein bestimmendes Moment der Selbstdefinition. Wesentliche Passagen des Lebenszyklus wurden religiös markiert, wie Hochzeiten oder Beerdigungen. Mehr oder weniger heimlich hielten sich hieran selbst hochrangige Partei- und Staatsfunktionäre.

In der nachstalinistischen Zeit nahm in den Herrschaftsapparaten die Zahl der einheimischen Kader wieder zu. Der sich etablierende Herrschaftsproporz, nach dem die ersten Sekretäre oder die Vorsitzenden Einheimische, ihre Stellvertreter Slawen zu sein hatten oder umgekehrt, ließ sich auf den ersten Blick so interpretieren, als ob die Moskauer Zentrale über alles eine Kontrolle ausübte. Spätestens seit Breshnew bildete sich jedoch eine andere Machtstruktur heraus. Unter der Bedingung, daß die einheimischen Kader die allgemeinen politischen und wirtschaftlichen Ziele der Zentrale loyal unterstützten, erhielten sie in inneren Angelegenheiten nahezu freie Hand. Stärker als in der übrigen Sowjetunion konnte auf diese Weise eine Korruption entstehen, die alle öffentlichen Bereiche durchdrang und teilweise Strukturen ausbildete, die im Wortsinne als mafios verstanden werden können. Der von der Zentrale unternommene Versuch, durch administrative Maßnahmen die exzessive Korruption zu brechen, ermöglichte es dem bisherigen Establishment zugleich, sich als Opfer eines imperialistischen Nationalismus darzustellen. Für die Zeit der Perestrojka mit ihrem überall wiedererstarkenden Nationalismus ergab sich damit eine paradoxe Konstellation. Die ethnischen Gegensätze zwischen den Zuwanderern und den Einheimischen, denen auch eine soziale Differenzierung entsprach, führte zu explosiven Stimmungen, die sich pogromartig entladen konnten. In dieser Situation begann eine Abwanderung der europäischen Bevölkerung. Die politischen Reformbewegungen wurden von einer zugleich nationalistischen und liberalen Intelligenz initiiert, die Programme formulierte, Massenveranstaltungen organisierte und auf diese Weise die konservativen politischen Führungen unter Druck setzte. Massenhaften Widerhall aber fanden ähnlich wie in vielen anderen

Sowjetrepubliken eher die nationalistischen als die liberalen Aussagen.

2. Usbekistan

SSR Usbekistan, Hauptstadt Taschkent (bis 1930 Samarkand), 20 Millionen, 69% Usbeken, 11% Russen, außerdem 4% Tataren, 4% Tadshiken, 4% Kasachen, außerdem Kara Kalpaken, Koreaner, Kirgisen, Ukrainer, Juden, Deutsche. Insgesamt lebten in der Sowjetunion 1970 – 9,2 Mio. Usbeken, 1979 – 12, 6 Mio., 1989 – 16,7 Mio.

Die zentralen Probleme des 1924 geschaffenen und 1925 in die Sowjetunion aufgenommenen Usbekistan sind die Baumwolle und das Bevölkerungswachstum. Begonnen hatte der extensive Anbau und die Monokultur bereits in vorrevolutionären Zeiten. Seit dem ersten Fünfjahresplan Stalins von 1929 wurde der Baumwollanbau weiter forciert. Auch für den Baumwolltransport wurde 1931 die Turkestan-Sibirische Eisenbahn (Turksib) mit der Transsibirischen (Transsib) verbunden. Ab 1930 wurde das Bewässerungssystem erheblich erweitert, 1939-1940 ein ausgedehntes Kanalsystem im Fergana-Tal gebaut. Auch eine entsprechende Verarbeitungsindustrie und die dafür notwendige Infrastruktur entstanden. Die Sowjetunion konnte so in der Baumwollproduktion nicht nur autark werden, sie versorgte auch Osteuropa und erzielte auf dem Weltmarkt Deviseneinnahmen.

Zwei Drittel der sowjetischen Baumwolle werden heute in Usbekistan produziert. Die Monokultur hat dem Land eine Fülle dramatischer Probleme beschert. Da ihr fast 75% des urbaren Landes gewidmet sind, produziert Usbekistan zu wenige Lebensmittel, und entsprechend schlecht ist die Versorgung. Der jährliche Pro-Kopf-Verbrauch an Fleisch lag 1988 in der Sowjetunion insgesamt bei 62 Kilo, in den ländlichen Gebieten Usbekistans bei acht Kilo. Der Pro-Kopf-Verbrauch von Milch, Fleisch, Gemüse, Obst überstieg kaum die Hälfte des Unionsdurchschnitts.

Die für die Baumwollplantagen notwendigen riesigen Bewässerungsanlagen saugen das Wasser der Zuflüsse des Aralsees auf, vor allem des Syr-darja und des Amu-darja. Vom ausgetrockneten Seeboden erheben sich salzige Sandstürme, die auch das bewässerte

Ackerland vernichten. Dieses Austrocknen hat auch das Klima in Mittelasien verändert. Der Aral-See funktioniert nicht mehr als Temperaturregler, die Wachstumsperioden der Pflanzen haben sich erheblich verkürzt. Die Baumwollkultur vernichtet aber nicht nur sich selbst, sondern auch die Menschen. Wie bei jeder Monokultur müssen extensiv Pestizide, Herbizide und Defolianten eingesetzt werden, die Wasser und Menschen vergiften. In der zu Usbekistan gehörenden ASSR Kara Kalpakien ist das Wasser, das in den Aralsee fließt, so toxisch, daß Mütter ihre Kinder nicht mehr nähren sollen, um sie nicht zu vergiften; aber anderes Wasser haben sie nicht. Auch in Usbekistan selbst ist der Gesundheitszustand der Bevölkerung schlecht. Dabei werden die Folgen von Umweltvergiftung und Unterernährung durch medizinische Unterversorgung verschlimmert. Der Landbevölkerung stehen nicht einmal die sonst in der Sowjetunion üblichen privaten Gemüsegärten zur Verfügung. Am schlimmsten betroffen sind die Frauen und Kinder, die auf den Baumwollfeldern schwere manuelle Arbeit verrichten und der Landwirtschaftschemie besonders intensiv ausgesetzt sind. Die in der Erntezeit übliche Kinderarbeit macht einen regelmäßigen Schulbesuch unmöglich.

Fast hoffnungslos erscheint die Lage, wenn man die Geburtenrate mitbedenkt, die das Niveau der Dritten Welt erreicht hat. Sie verschärft nicht nur den Mangel an Wohnraum, medizinischer Versorgung und Nahrungsmitteln. Sie steigert auch die drückende Arbeitslosigkeit. Auf diesem Hintergrund werden auch die ethnischen Konflikte teilweise erklärlich. Zumindest Ungeschicklichkeiten der sowjetischen Zentrale haben diese Konflikte verschärft. So begann sie eine Geburtenkontrolle mit dem Argument zu propagieren, daß viele Geburten der Gesundheit von Müttern und Kindern abträglich seien. Aber die Bevölkerung war sich sicher, daß viele Kinder ein Segen und keine Belastung seien. Deren schlechter Gesundheitszustand liege vor allem an der schlechten Ernährung, an der Umweltvergiftung und der katastrophalen medizinischen Versorgung. Da gleichzeitig die sowjetische Öffentlichkeit über sinkende Geburtenraten im europäischen Teil der Sowjetunion klagte, war die Situation klar: Die Geburtenkontrolle war ein rassistischer Angriff auf die Usbeken. Ebenso lenkte die Baumwollpolitik usbekischen Ärger auf die europäische Sowjetunion. Offenbar waren die Planziffern nur im Widerstand gegen die Zentrale in Moskau zu senken. So wurden die Planvorgaben im 12. Fünfjahresplan (1986-1990) nach Protesten nur von 6,25 Millionen auf 5,75 Millionen Tonnen gesenkt – eine Lappalie, die – bedenkt man die Bilanzfälschungen – gar keine Plansenkung ist. Mehrfach organisierte die usbekische Volksfront »Birlik« daher große Demonstrationen für eine echte Plansenkung zu höchstens vier Millionen Tonnen; sogar die usbekische Partei- und Staatsführung forderte eine Reduktion auf wenigstens fünf Millionen. Obwohl auch in Moskau die Probleme, die sich aus der Monokultur ergeben, inzwischen anerkannt sind, wird an eine grundlegende Veränderung der Baumwollpolitik nicht gedacht. Das »weiße Gold« wird dringend gebraucht.

An der Baumwolle hängt auch die legendäre usbekische Korruption. Die hohen Planvorgaben waren trotz aller Umweltvernichtung ohne Fälschungen der Ertragsmeldungen nicht zu erreichen. Sie ermöglichten es gleichzeitig, einen Teil der ergaunerten Gewinne auf Privatkonten umzuleiten. 1978 bis 1983 hatte der Staat, offiziellen Angaben nach, mehr als eine Milliarde Rubel für Baumwolle bezahlt, die nie produziert worden war. Das aber war bei der notwendigerweise hohen Zahl von Mitwissern nicht möglich, ohne nahezu den ganzen Planungs- und Leitungsapparat zu korrumpieren. Das Netz der Korruption erfaßte allerdings nicht nur die usbekischen Kader, sondern auch die russischen. Es spannte sich schließlich bis nach Moskau und ergriff selbst die Familie Breshnews – so seinen Schwiegersohn, den stellvertretenden sowjetischen Innenminister Tschurbanow. Es war der KGB und dessen ehemaliger Chef Andropow, der die »usbekische Affäre« dazu nutzte die »Stagnationsperiode« allmählich zu beenden. Der usbekische Parteichef Scharaf Raschidow beging 1983 in Moskau Selbstmord. Andropows Nachfolger als Generalsekretär der KPdSU, Tschernenko, konnte die Anti-Korruptionskampagne nicht mehr stoppen, und dessen Nachfolger, der Andropow-Protégé Gorbatschows setzte sie fort. Vor allem er und sein damaliger Stellvertreter Jegor Ligatschow drängten auf energische Maßnahmen. Der usbekische Staats- und Parteiapparat wurde gesäubert, Zehntausende aus der Partei ausgestoßen, 3000 Polizisten entlassen. Aber es war schwer, in Usbekistan überhaupt noch Kader zu finden, die nicht in das Korruptionsnetz verstrickt waren. Raschidows Nachfolger Inamshon Usmanchodshajew wurde 1988 verhaftet. Ende Dezember 1989 verurteilte ihn das Oberste Gericht der Sowjetunion zu zwölf Jahren Gefängnis. Das waren allerdings drei Jahre weniger, als sein ehemaliger Kollege aus der zu Usbekistan gehörigen ASSR Kara Kalpakien, Kallibek Kamalow, erhielt.

Die Korruption bescherte Usbekistan in der sowjetischen Öffentlichkeit ein außerordentlich negatives Image. Usbekistan wurde zum Symbol von Korruption schlechthin. Dieses negative Image weckte in Usbekistan selbst ein Gefühl kolonialer Diskriminierung. Gerade die konservative Parteiführung wehrte die Korruptionsvorwürfe als antiusbekische Hetze ab. Diese Interpretation erhielt später neue Nahrung, als sich 1989 herausstellte, daß die Strafverfolgungsbehörden zu forsch vorgegangen waren und mehr als 500 Verurteilte rehabilitiert werden mußten.

Auch andere Maßnahmen, die unter Gorbatschow ergriffen wurden, weckten das Gefühl kollektiver Diskriminierung. Als 1986 das gigantische Projekt einer Umleitung sibirischer Flüsse in das wasserhungrige Mittelasien aus ökologischen Gründen gestoppt wurde, konnte dies als ein Akt nationaler Arroganz und nationalen Egoismus der Russen dargestellt werden. Das schien um so leichter, als es einigen nationalistischen russischen Naturschützern offenbar primär um den identitätsstiftenden »russischen Wald« ging.

Ein im Frühjahr 1989 ausgebrochenes Pogrom im Fergana-Tal, bei dem über 100 Mescheten den Tod fanden, zeigte, daß Usbekistan ein soziales und ethnisches Pulverfaß geworden war. Die muslimischen Mescheten waren 1944 durch Stalin aus ihrem Heimatland Georgien nach Mittelasien deportiert worden. 16 000 von ihnen wurden nun evakuiert. Mitte Juli 1989 hatten etwa 50 000 das Land verlassen. Einige versuchten, in die alte Heimat zurückzukehren, wo sie jedoch von den Georgiern weitergetrieben wurden. Das Pogrom verstärkte die Abwanderung auch bei anderen nicht-usbekischen Bevölkerungsteilen, wie den Krimtataren und Russen.

Die Behörden standen diesem Pogrom und den auf ihn folgenden Gewaltakten machtlos gegenüber. Weder die Polizei noch die Truppen des Innenministeriums waren imstande, den Morden, Brandstiftungen und Vergewaltigungen Einhalt zu gebieten. Sie waren sogar hilflos, als Parteiführer gekidnappt wurden. Angesichts der Organisiertheit der Pogrome schien es plausibel, die leitende Hand des in Bedrängnis geratenen mafiosen Netzes zu vermuten, das aggressive Flugblätter herstellte und Gerüchte in Umlauf setzte. Sie erklärte aber nicht die Aggressivität der usbekischen Bevölkerung selbst. Auch sie hat historische und sozialstrukturelle Gründe.

Mit dem Eisenbahnbau und der Verarbeitungsindustrie für Baumwolle waren schon bis zum Zweiten Weltkrieg viele Europäer, vor allem Russen, zugewandert. Während und nach dem Krieg kamen Flüchtlinge und Evakuierte ins Land. Zum Ende des Krieges trafen zur Strafe umgesiedelte Völker ein: Deutsche, Krimtataren, Kaukasier (Mescheten) und Koreaner. So schlimm ihre Situation anfänglich war, die Entwurzelung kam ihnen doch zugute. Gelöst aus traditionellen Bindungen, waren ihr Aufstiegsstreben und ihre Findigkeit größer und damit mittelfristig auch ihr Lebensstandard erheblich höher als der der Einheimischen. Deren relativ niedriger Bildungsstand führte dazu, daß die Unternehmensleitungen es vorzogen, für qualifizierte Arbeitsplätze Zugewanderte einzustellen oder Arbeitskräfte in den westlichen Teilen der Sowjetunion anzuwerben. Die Usbeken sahen sich so in ihrem eigenen Land zurückgesetzt. Angesichts dieser Benachteiligung und einer sich rapide verschlechternden Wirtschaftslage bedurfte es nur eines Funkens um gewalttätige Auseinandersetzungen auszulösen. Das hat sich bis heute nicht geändert. Noch sind viele Stellen für Manager, Verwaltungsfachleute oder Facharbeiter Europäern reserviert. Etwa ein Zehntel der usbekischen Bevölkerung im arbeitsfähigen Alter dagegen ist arbeitslos; am schwersten betroffen sind die Jugendlichen.

Die ethnischen Spannungen haben eine Abwanderungsbewegung der Europäer aus Usbekistan ausgelöst. Allein zwischen 1979 und 1989 sind mehr als eine halbe Million abgewandert. Die Züge, die von Taschkent abgehen, sind voller Umzugsgut. Aber immer noch besteht die Bevölkerung Taschkents nur aus 42% Usbeken; vor dem Zweiten Weltkrieg waren es 90%.

Von der wachsend europäerfeindlichen Volksstimmung deutlich unterschieden ist die demokratische und nationale Bewegung, deren Träger nicht arbeitslose jugendliche Industrie- und Landarbeiter, sondern Intellektuelle sind. Mehr als in den übrigen asiatischen Republiken existiert in Usbekistan eine Vielzahl informeller Gruppen, die sich u.a. mit ökologischen, wirtschaftlichen, historischen und kulturellen Problemen beschäftigen. Die Partei- und Staatsführung unterscheidet bei diesen Organisationen zwischen den guten und den schlechten. Die guten sind jene, die sich mit den Folgen der Baumwollproduktion, dem Tod des Aralsees, der katastrophalen Gesundheitssituation usw. beschäftigen. Schlecht sind jene, die die nationale Thematik aufgreifen und damit − in den Augen der Parteiführung – den ethnischen Hader säen. Typischerweise mußte die usbekische Volksfront »Birlik« die Anschuldigung der Parteiführung zurückweisen, sie habe die Pogrome gegen die Mescheten und andere ethnische Konflikte gesteuert.

«Birlik« (Einheit) wurde im November 1988 von einer Gruppe von 18 liberalen Intellektuellen als »Bewegung zur Bewahrung der natürlichen, materiellen und geistigen Reichtümer Usbekistans« ins Leben gerufen. Die erste große Demonstration – mit 12 000 Teilnehmern – fand am 19. März 1989 statt. Die Medien, die sich in der Hand der Führung der Republik befanden, berichteten nichts. Ihren Gründungskongreß hielt Birlik mit 300 Delegierten am 28. Mai 1989 ab. Vorsitzender wurde das Mitglied der Akademie der Wissenschaften Abdurrahim Pulatow. Andere führende Mitglieder waren der Literaturkritiker Ahmad Asam und der Schriftsteller Muhammad Salih. Birlik faßte das ganze Spektrum der Oppositionsbewegungen zusammen und tendierte doch zu einer nationalen Interpretation. So kämpfte sie gegen die Baumwollmonokultur, gegen die Kriminalisierung des usbekischen Volkes – in der »usbekischen Affäre« – und für eine offizielle Anerkennung der usbekischen Sprache und Kultur. Schließlich ging es ihr zunächst um wirtschaftliche Souveränität und eine wirtschaftliche Liberalisierung, die auch eine Wiederherstellung von Privateigentum am Land einschloß.

Die sprachliche Situation Usbekistans gleicht zum Teil der anderer nicht-russischer Sowjetrepubliken. Russen und andere Europäer verstehen und sprechen das Usbekische in der Regel nicht; die Dominanz des Russischen macht seine Kenntnis auch überflüssig. Anders als in den europäischen Republiken ist in Usbekistan ebenso wie in den anderen mittelasiatischen Republiken die Kenntnis des Russischen unter der einheimischen Bevölkerung bis in die mittleren bürokratischen Ebenen niedrig. Europäer und Einheimische gehören zwei unterschiedlichen Welten an. Sprachpolitische Forderungen waren im Usbekischen Schriftstellerverband schon im Juli 1987 erhoben worden. Damals forderte der Dichter Muhammad Salih, daß Usbekisch zur dominierenden Sprache des Landes werden müsse. Es dürfe in den Schulen keine optionale Alternative zum Usbekischen mehr geben; jeder Bewohner Usbekistans solle das Usbekische beherrschen. Immer wieder wurde von nun an der unter Breshnew und Raschidow propagierte »ungerechte Bilingualismus« angegriffen, nachdem die Usbeken Russisch lernen sollten, die Russen aber kein

Usbekisch zu lernen brauchten. Innerhalb eines Jahres, so die Forderungen der Volksfront 1988, sollte Usbekisch zur Pflicht werden. Daß es 1989 Staatssprache wurde, sah Birlik jedoch nicht als Erfolg an, denn Russisch wurde als Sprache der »interethnischen Kommunikation« festgeschrieben. Gleich nach der Verkündung des Sprachgesetzes begannen vom 15. bis zum 20. Oktober 1989 neue Massendemonstrationen.

In der Frage der Sprache wurde aber auch ein weitergehender Nationalismus erkennbar, der den mittel- und osteuropäischen Mustern des 19. Jahrhunderts folgt. Danach soll eine richtige Nationalsprache so rein wie möglich sein, d.h. möglichst wenig Fremdwörter enthalten. Für die usbekische Nationalbewegung geht es entsprechend um die Eliminierung russischer Wörter. Statt »ministr« solle »nasir«, statt »territorija« »hudud« verwendet werden. Der Name des Landes wäre nicht mehr »Osbek Sowjetler Sozialistik Respublikasy«, sondern »Osbek Schoralar Sozialistik Dshumhurijeti«. Auch diskriminierende Symbole seien zu beseitigen. So forderte die Dichterin Gülschehra Nurullajewa, die Nationalhymne zu verändern. Statt des beleidigenden Spruches »Grüße dem russischen Volk, unserem älteren Bruder« solle nun der nationalen Symbolfiguren gedacht werden. Dazu gehörten Alister Nawoi, der »Vater der usbekischen Literatur« aus dem 15. Jahrhundert, Babur, der das Mogul-Reich in Indien begründete, aber auch Tomaris, die legendäre Königin der Messegeten, die nach Herodot in Mittelasien heldenhaft gegen die Perser kämpfte. Der usbekische Nationalismus enthält damit auch eine antipersische, bzw. antitadshikische Richtung. Schon ist der Kampf darum entbrannt, ob der mittelalterliche Philosoph Avicenna, der aus dem Gebiet des heutigen Usbekistan stammte und arabisch und persisch schrieb, Usbeke oder Tadshike gewesen sei.

Aber es gibt auch eine Zuwendung zu eher traditionellen Zusammenhängen. Vehikel dafür wäre, so meinen die intellektuellen Vertreter der Nationalbewegung, eine Rückkehr aller sowjetischen Turkvölker zur arabischen Schrift. Türkische Zeitungen könnten dann wieder von Kasan an der Wolga bis nach Herat in Afghanistan und Urumtschi in China gelesen werden; die Türkei selbst bliebe allerdings noch ausgeschlossen. Die Rückkehr zur arabischen Schrift wäre implizit auch eine zum regionalen und zum muslimischen Erbe, die tatsächlich voranschreitet. Indiz dafür ist nicht nur die Wiedereinrichtung des − eigentlich persischen − Neujahrstages Newros als

offizieller Feiertag, die im Februar 1990 von Parteichef Kerimow verkündet wurde, sondern auch die wachsende Bedeutung der Religion.

Noch 1986 hatte Gorbatschow bei einer Zwischenlandung in
Taschkent eine Brandrede gegen das Vordringen des Islam gehalten.
Wohlweislich wurde nie die ganze Rede veröffentlicht. 53 Mitglieder
der KPdSU wurden damals innerhalb von sechs Monaten ausgeschlossen, weil sie religiöse Rituale organisiert oder an ihnen teilge-
nommen hatten. Ende 1987 änderte sich der Kurs, der Islam wurde
toleriert. Das ermöglichte seine Entfaltung und Ausdifferenzierung.

Anfang 1989 führte eine Demonstration von Gläubigen in Taschkent zum Sturz des amtierenden Mufti Schamsuddinchan Babachanow. Ihm wurden eine lose Moral und theologische Ignoranz vorgeworfen. Vor allem jedoch war er Symbol der Religionspolitik seit Stalin und Paradigma für jene Geistlichen, die sich willig hatten instru-
mentalisieren lassen. Babachanow war als dritter Amtsinhaber einer
Familiendynastie, deren Herrschaft unter Stalin begonnen hatte, in
besonderer Weise negative Symbolfigur. Der Nachfolger Babacha-
nows, Muhammad Sadyk Mamajusupow, ist politisch aktiv und
kämpft − im muslimischen Sinne − auch schriftlich für die Heilung
der Gesellschaft. Im März 1989 wurde er als Abgeordneter in den
sowjetischen Kongreß der Volksdeputierten gewählt.

In der Renaissance des Islam spiegeln sich sowohl die Ausgangssituation vom Beginn des Jahrhunderts, aber auch Entwicklungen, die
seither stattfanden, wider. Für die liberalen Intellektuellen ist der
Islam einfach Teil der nationalen Identität. Diese Strömung greift
zunehmend auch auf dshadidische Konzeptionen zurück, erstrebt
also eine Vermittlung moderner demokratischer Strukturen und
einem ethisierten Islam. Ihr steht eine wachsende fundamentalisti-
sche Strömung gegenüber, die innerhalb der Intelligenz an Boden
gewinnt. Im sunnitischen Usbekistan bedeutet dies jedoch keine
Übernahme iranischer Strategien. Ohne daß bislang direkte Einflüsse erkennbar wären, ähnelt dieser Fundamentalismus dem in
Saudi-Arabien herrschenden Wahhabismus. Es geht ihm um eine
Purifizierung der alten Fundamente, den Kampf gegen eine Modernisierung und Intellektualisierung des Islam, eine Einschränkung der
Rechte der Frauen und die Schaffung einer islamischen Armee. Und
es geht ihm um einen Kampf gegen den »Aberglauben«, die durch die
Sufi geprägte Volksreligion, die in Mittelasien immer sehr stark war
und die sich unter sowjetischen Verhältnissen als »paralleler Islam«

entfaltete. Die liberalen Reformer kämpfen gegen diese »wahhabitische« Strömung, nicht zuletzt wegen ihrer Frauenfeindlichkeit. Wie die Fundamentalisten stehen aber auch sie mit dem volkstümlichen »parallelen Islam« wegen dessen abergläubischen Praktiken im Konflikt.

Das Verhältnis zwischen der Volksfront und der Führung der Republik war vor allem anfangs gespannt. Usmanchodshajew war eher Konservativer im Sinne Breshnews. Sein Nachfolger Rafik Nischanow war seit 1970 als Diplomat im Ausland gewesen und daher nicht in die Korruptionsnetze Raschidows verwickelt; als er 1985 nach Usbekistan zurückkam, war die Antikorruptionskampagne bereits im Gange. Nischanow unterstützte zwar die wirtschaftlichen und ökologischen Aspekte der Reformpolitik, in den nationalen Strebungen aber sah er eine zu große Sprengkraft. Daher blieb er Birlik gegenüber ablehnend. Nachdem Nischanow allerdings im Juni 1989 als Vorsitzender des Nationalitätensowjets nach Moskau gegangen war, entspannte sich die Situation unter seinem Nachfolger Islam Karimow. Als Birlik im November 1989 seinen zweiten Kongreß abhielt, an dem auch Vertreter anderer zentralasiatischer Republiken teilnahmen, war sie noch immer nicht anerkannt und die Demonstrationen wurden fortgesetzt. Immerhin bot Birlik der Regierung Gespräche an. Denn auch offizielle Stellen sprachen sich inzwischen gegen die Einwanderung von Europäern aus. Wie die Dichterin Gülschehra Nurullajewa wies der neue Parteichef Islam Karimow darauf hin, daß die antirussischen Ressentiments im Lande eine soziale Basis haben. Trotz der Abwanderungsbewegung bekämen die Europäer noch immer die besser bezahlten qualifizierteren Stellen. Vor allem jüngere usbekische Arbeiter würden nicht eingestellt. Allein in der metallverarbeitenden Industrie gebe es trotz der hohen Arbeitslosigkeit 25 000 unbesetzte Stellen.

Schließlich erklärte auch Usbekistan seine Souveränität innerhalb der Sowjetunion. Die Bodenschätze beansprucht nun die Republik selbst; ihr Recht geht dem der Sowjetunion vor. Schließlich bemüht sich die usbekische Regierung seit 1990 um direkte Wirtschaftskontakte mit dem Ausland − etwa mit Süd-Korea, was sich angesichts der koreanischen Minderheit im Lande anbietet.

Karimow, der − nach baltischen Maßstäben − der gemäßigten Richtung angehört, hatte seit April 1990 Versuche unternommen, mit informellen, vor allem ökologischen Gruppen, die in Birlik organisiert sind, zu kooperieren bzw. sie in staatliche Gremien zu kooptieren. Andererseits sind die Spannungen in Birlik selbst zwischen einem gemäßigten und einem radikalen nationalistischen Flügel so gewachsen, daß der gemäßigte 1990 seine eigene Organisation gründete, die Gruppe »Erk« (freier Wille). Der Name der Gruppe ist ein historisches Zitat. Erk war eine zentralasiatische politische Partei in den zwanziger Jahren, die für die Unabhängigkeit der Region eintrat. Repräsentanten des neuen Erk sind die Dichter Erkin Wahidow und Muhammad Salih; letzterer ist inzwischen Mitglied des Obersten Sowjets. Erk tritt anders als die Radikaleren innerhalb von Birlik und wie die Gemäßigten innerhalb der Kommunistischen Partei für die ökonomische und politische Autonomie innerhalb der Sowjetunion ein. Ob diese gemäßigten, eher demokratischen Nationalisten jedoch die zentrifugale Entwicklung in Mittelasien aufhalten können, ist zweifelhaft.

3. Tadshikistan

SSR Tadshikistan, Hauptstadt ist Duschanbe. Ethnisch ist das Land verhältnismäßig homogen. 75% der Bevölkerung sind Tadshiken, 23% Usbeken. Der Anteil der Russen geht konstant zurück. 1979 waren es noch 10,3% der Bevölkerung, heute sind es noch 7,6%. Dafür sind 4,71% der Bevölkerung Usbekistans Tadshiken. Insgesamt gab es in der Sowjetunion 1970 – 2,2 Mio. Tadshiken, 1979 – 2,9 Mio., 1989 – 4,2 Mio.

Auch Tadshikistan ist ein Rest Turkestans und umfaßt vor allem dessen von den persischsprachigen sunnitischen Tadshiken bevölkerten gebirgigen Süden mit dem Pamir und dessen westlichen Ausläufern. Im Süden grenzt Tadshikistan an Afghanistan, zu dem historisch die politischen und kulturellen Gemeinsamkeiten das Trennende überwiegen. Ähnlich wie in Kaukasien war hier die Gebirgslandschaft ein historisch wirksamer Faktor. Dank des Gebirges war die Bevölkerung der homogenisierenden Wirkung der Wüste und Oasenregionen entzogen. Hier konnte sich auch der Widerstand der Basmatschen gegen die Sowjetmacht besonders lang halten. Der Widerborstigkeit der Bevölkerung wegen fand die Stalinsche Kollektivierung der Landwirtschaft erst 1940 ihren Abschluß.

Das Tadshikische ist – von Teheran aus gesehen – ein etwas

archaisches Persisch. Bis Ende des 19. Jahrhunderts war es in ganz Turkestan die Bildungssprache der Oberschichten gewesen, während die Mittel- und Unterschichten außerhalb des heutigen Tadshikistan überwiegend turksprachig waren. Die sprachlichen Differenzen markierten jedoch keine nationalen Gegensätze im modernen Sinne. Die Nationalität wechselte häufig, wie in allen sprachlich gemischten Gebieten, in denen sie kein primäres Unterscheidungskriterium war. So konnten Personen, die sich selbst als Tadshiken bezeichneten, Nachkommen haben, die sich als Usbeken bezeichneten und umgekehrt. Die ältere Generation Tadshikistans ist noch heute vielfach dreisprachig – tadshikisch, usbekisch und russisch. Das schlägt sich in einer hauptsächlich von Älteren vertretenen These nieder, es handle sich bei der einheimischen Bevölkerung Mittelasiens um eine Nation mit zwei Sprachen. Erst die sozialen Umwälzungen und der vordringende usbekisch-türkische Nationalismus löste die alte Einheit allmählich auf. Schon seit dem Ende des 19. Jahrhundert hatten sich zwar tadshikische Intellektuelle durch ihn bedroht gefühlt. Ein breiteres tadshikisches Nationalbewußtsein bzw. ein tadshikischer Nationalismus entwickelte sich aber erst seit Mitte des 20. Jahrhunderts. Die Aufteilung Turkestans und die Gründung der tadshikischen ASSR im Jahre 1924 bedeutete da eine Unterstützung für das kulturelle Überleben der persischsprachigen Hirtenbevölkerung. 1929 wurde Tadshikistan zu einer SSR mit der Hauptstadt Duschanbe (bis 1961 Stalinabad). Dabei war es allerdings immer ein Hirtenland ohne größere Städte. Die alten städtischen Zentren – Buchara, Samarkand, Taschkent – lagen in Usbekistan. So brauchte es Zeit, bis Tadshikistan den Charakter eines abgeschnittenen Hinterlandes verlor. Noch in den sechziger Jahren ähnelte Duschanbe eher einem übervölkerten Dorf. Heute ist es Großstadt und lebendiges Zentrum der sowjetischen Moslems persischer Sprache.

Diese Entwicklungen aber weckten auch das tadshikische Nationalbewußtsein. Die jüngeren tadshikischen Intellektuellen beherrschen in der Regel das Usbekische nicht mehr und sprechen mit ihren usbekischen Nachbarn – wenn überhaupt noch – russisch. Dabei fühlen sie sich als die einzigen legitimen Erben der großen mittelasiatischen Kultur, deren Zusammenhänge vor allem in iranischen und afghanischen Kontexten lokalisiert werden. Die Bestrebungen nach einer Wiedereinführung der arabischen Schrift anstelle der Ende der dreißiger Jahre eingeführten kyrillischen, soll vor allem diese Zusammenhänge wieder stärken. Der Blick auf diese Kultur ist dementsprechend inzwischen ein nationaler im modernen Sinne geworden. Aber die tadshikische Selbstidentifikation ist nicht so sehr religiös-fundamentalistisch als nationalistisch säkular. Daher unterbrach die Revolution Chomeinis die historischen, literarischen und künstlerischen Kontakte, die sich bis dahin bereits entwickelt hatten; die Tadshiken sind anders als die schiitischen Iraner überwiegend sunnitische Muslime. Der sowjetische Einmarsch hat aber auch die Beziehungen nach Afghanistan gestört. Duschanbe war Ausgangspunkt sowjetischer Militäroperationen gegen den afghanischen Widerstand. Jetzt werden wieder Verbindungen gesucht, wobei die tadshikischen Intellektuellen dazu tendieren, Afghanistan als eine persische Nation zu verstehen, während die Usbeken sich hinsichtlich Afghanistans vor allem auf die dortige usbekische Bevölkerung beziehen. Die Identifikation mit der persischsprachigen Welt ist mithin eine Basis des tadshikischen Nationalismus, die – analog zum Pantürkismus – eine pan-iranische Tendenz hat. Sie markiert die Gegensätze zu den Usbeken umso deutlicher.

Tadshikische Intellektuelle beklagen sich über die Diskriminierung ihrer Landsleute im nördlichen Nachbarland. Zankapfel in der usbekisch-tadshikischen Rivalität ist jedoch hauptsächlich das kulturelle Erbe Mittelasiens. Der Streit erinnert an entsprechende mittel- und osteuropäische Konflikte. Die Literatur und die architektonischen Monumente Bucharas, Taschkents und Samarkands seien persische Schöpfungen. Ein daraus abgeleitetes Gefühl kultureller Überlegenheit gegenüber den türkischen Nachbarn ist mit der nationalen tadshikischen Wiedergeburt daher untrennbar verbunden. Auf diese Weise aber vertieft sich der usbekisch-tadshikische Gegensatz, eine gemeinsame Solidarität erscheint ausgeschlossen. An der großen Demonstration in Taschkent im März 1989, auf der erstmals die Einführung des Usbekischen als Staatssprache gefordert wurde, beteiligten sich zwar Kasachen und Kirgisen, aber keine Tadshiken. Schließlich tauchen inzwischen auch territoriale Forderungen auf. Bei der Bildung Usbekistans 1924 seien ungerechterweise tadshikische Gebiete zu Usbekistan geschlagen worden, darunter auch Buchara und Samarkand. Dort sei die Bevölkerung überwiegend tadshikisch gewesen, und alle offiziellen Statistiken aus jener Zeit seien falsch. Angesichts des damals noch weitgehend inexistenten Nationalbewußtseins könnte dieser Vorwurf sogar stimmen.

Der tadshikische Nationalismus entwickelt sich unter der Decke einer noch fast intakten konservativen Staats- und Parteiführung unter dem Ersten Sekretär Achar Machamow. 1988 gründeten zwar auch hier Schriftsteller, Journalisten, Historiker usw. eine informelle Organisation, die »Jaweran-i Bazsazi« (Helfer des Neuaufbaus), wobei ihnen die litauische Sajudis als Vorbild diente. Die »Helfer« verlangten die Einführung des Tadshikischen als Staatssprache, eine Demokratisierung und die Rettung der bedrohten Umwelt. Nach einer Kritik von Machamow wurde die Organisation wieder aufgelöst. Nach kurzer Zeit organisierte derselbe Personenkreis mit gleichen Intentionen die informelle Gruppe »Marifat« (Verständnis). Auch sie wurde in der Parteipresse kritisiert und bald auseinandergetrieben. Die Medien waren fest in der Hand der Parteiführung und die »Informellen« mußten immer mit Schikanen der örtlichen Behörden oder des KGB rechnen.

Aber die Probleme drängen auch hier, und sie entsprechen jenen der anderen mittelasiatischen Republiken. Das Land gehört zu den ärmsten der Sowjetunion, es fehlt an Lebensmitteln und Wohnraum, der Gesundheitszustand der Bevölkerung ist verheerend. Während europäische Einwanderer die besseren Positionen besetzt halten, sind die tadshikischen Jugendlichen vielfach arbeitslos. Angesichts der drängenden Probleme, einer wachsenden Unruhe im Land und der Entwicklungen in anderen Sowjetrepubliken hat auch die Partei- und Staatsführung ihre Positionen seit 1989 vorsichtig revidiert. Das Tadshikische ist seit dem Sommer 1989 Staatssprache, die im Lande wohnenden Nicht-Tadshiken sollen die Landessprache lernen – sofern sie Zeit und Ausbildungsstätten dafür finden. Auch für eine wirtschaftliche Autonomisierung und eine Reduktion der Baumwollproduktion sprach sich die Führung der Republik inzwischen aus. Im September 1989 ermutigte Machanow sogar die Bildung informeller Jugendgruppen – für Philatelie, Esperanto usw..

So kommt allmählich doch eine organisierte nationale Bewegung über den Schriftstellerverband hinaus in Gang. Mitte Februar 1990 kam es zu Demonstrationen in Duschanbe, auf denen eine striktere Fassung und Durchführung des Sprachgesetzes und die Angliederung von Buchara und Samarkand an Tadshikistan verlangt wurde. Aus religiösen Gründen sollte die Schweinefleischfabrik in Duschanbe und aus ökologischen die Aluminiumfabrik geschlossen werden. Aber die inzwischen bedeutendste politische Gruppe, »Ru ba ru« (Gegenüber), befand sich 1990 noch in den Kinderschuhen. Das gleiche galt für eine Vielzahl inzwischen entstandener informeller ökologischer Gruppen. Einen Durchbruch der Reformbewegung bedeutete es jedoch, als im Februar 1990 der Vorsitzende der Staatlichen Plankommission (Gosplan), Bari Karimow, auf die Seite des informellen Komitees »Wahdat« (Einheit) trat. Der reformorientierte Teil innerhalb des Machtapparates scheint Mut zu fassen, auf die Seite der gesellschaftlichen Bewegungen zu treten und damit jene Entwicklungen zu ermöglichen, die in anderen Republiken weiter fortgeschritten sind.

Diese langsame Herausbildung einer intellektuellen, demokratisierenden und nationalistischen Opposition ist jedoch von dem zu unterscheiden, was in der Bevölkerung selbst geschieht. Hier hat die Führung der Republik wenig in der Hand, und die Gewaltbereitschaft steigt. Das drängende Problem sind Land- und Wasserrechte, deretwegen es immer wieder zu blutigen Auseinandersetzungen mit Usbeken und Kirgisen gekommen ist. Sie deuten auf einen wachsenden Antagonismus hin, angesichts dessen – neben anderen mittelasiatischen Intellektuelle – auch der kirgisische Schriftsteller Tschingis Ajtmatow seine warnende Stimme erhob. Ein zweites Problem sind Arbeitslosigkeit und Wohnungsnot, die den Haß gegen die bevorzugten Europäer steigern. Auch aus Tadshikistan beginnen diese, vor allem die Russen, abzuwandern. Wie in Kirgisien brachen im Februar 1990 auch in Tadshikistan Krawalle aus, als das Gerücht umging, armenische Flüchtlinge aus Aserbaidshan sollten angesiedelt werden; sie würden den Tadshiken ihren schon längst unzureichenden Wohnraum weiter beschränken. Ähnliche, wenn auch kleinere Krawalle hatte es schon im Jahr zuvor gegeben, als ein gleichlautendes Gerücht über Mescheten aus Usbekistan umging.

Nicht eine demokratisch-nationalistische Bewegung, sondern Aktivitäten von unten – der teils spontane, teils irgendwie organisierte Volkszorn – dynamisieren bisher die Gesellschaft Tadshikistans. Dem entspricht eine wachsende Frömmigkeit. So bedrohten im Frühjahr 1990 fromme Studenten tadshikische Studentinnen, die keine Kopftücher trugen. Auch die unkontrollierbare Grenze nach Afghanistan wird zu einem Problem. Die Waffen werden nicht mehr mit Flugzeugen von Tadshikistan nach Afghanistan gebracht, sie kommen von dort auf dem Rücken von Kamelen und Eseln.

4. Turkmenistan

SSR Turkmenistan, Hauptstadt Aschchabad. Die Bevölkerung der Republik ist 1979 bis 1989 von 2,7 Millionen auf 3,5 Millionen gewachsen, d.h. sie erfuhr eine Steigerung von 34%. 1989 waren 9,5% der Bevölkerung Russen. Die Hauptstadt Aschchabad besteht aus 41% Russen, 41% Turkmenen, ansonsten aus Usbeken, Kasachen, Tataren, Aserbaidshanern, Belutschen, Armeniern. Insgesamt lebten in der Sowjetunion 1970 – 1,5 Mio. Turkmenen, 1979 – 2,0 Mio., 1989 – 2,7 Mio.

85% Prozent des Landes werden von der Kara Kum-Wüste eingenommen, der trockensten Region der Sowjetunion überhaupt. Die Siedlungen liegen, wie auch sonst in Turkestan, in Oasen und Flußtälern. Seit den zwanziger Jahren werden wüstentypische Bodenschätze gefördert wie Glaubersalz, Phosphat usw.

Die Turkmenen sind seit altersher Nomaden. Als immer neue, Föderationen bildende Stämme, die Reiche zerstörten und schufen, tauchen Turkmenen in der ganzen Geschichte des Vorderen Orients, einschließlich Transkaukasiens auf. Turkmenische Stämme waren es, die seit dem frühen Mittelalter nach Aserbaidshan und nach Anatolien wanderten und dort sowohl das Reich der Seldshuken wie das der Osmanen gründeten. Im Unterschied zu den meisten heutigen Türken und den Aserbaidshanern haben die Turkmenen jedoch ihre Stammestraditionen bewahrt. Im frühen achten Jahrhundert tauchten sie erstmals unter dem Namen »Oghusen« in türkischen Inschriften auf. Mit »Türkmen« bezeichneten im 10. Jahrhundert die noch schamanistischen Oghusen ihre muslimisch gewordenen Stammesbrüder. Später nannten sie sich selbst so. »Türkmen« oder »türk« war im osmanischen Reich bis zum Entstehen des türkischen Nationalismus Ende des 19. Jahrhunderts ein verächtlicher Sammelname für die anatolischen Nomaden überhaupt, gleichgültig ob sie türkisch oder kurdisch sprachen. In Europa bezeichnete das Wort »Türke« seit der frühen Neuzeit zunächst die Muslime überhaupt, vor allem die Vorderasiens.

Jene turkmenischen Stämme, die nicht in der Geschichte Anatoliens, Aserbaidshans, Persiens usw. aufgingen, behielten ihre alte Lebensweise und Stammesstruktur bei, so die Afghanistans, Persiens und des westlichen Turkestans, des heutigen Turkmenistans. Rußland eroberte im 19. Jahrhundert im Gebiet des heutigen Turkmenistan also kein Reich, es unterwarf autonome kriegerische Nomaden. 1881 wurde das heldenhaft verteidigte Zentrum der Turkmenen, Gök Tepe (Himmelsberg), erobert und Russisch-Turkestan angeschlossen. 14 500 Turkmenen sollen bei dieser Schlacht umgekommen sein – ein turkmenisches Masada. Gök Tepe ist heute das wichtigste historische Symbol bei Versuchen, einen turkmenischen Nationalismus zu schaffen. 1884-1885 wurde die Annexion abgeschlossen. Auf Unterwürfigkeit konnten die russischen Herren bei den Stämmen nicht rechnen. Jeder Versuch, das Gebiet und seine Bewohner über eine traditionelle Lehnsabhängigkeit hinaus zu beherrschen und staatlich zu organisieren, führte zu Aufständen, die nur dank der modernen Waffen für die Kolonisatoren erfolgreich ausgingen. Das mußten auch die Bolschewiki erfahren.

Mit der Teilung Turkestans entstand 1924 auch die SSSR Turkmenistan. Zugeschlagen wurde ihr die Transkaspische Region Turkestans, das Wilajet Chardshou des Chanats von Buchara und jener Teil Chiwas, der sich auf der rechten Seite des Amu-darja befand. 1925 wurde Turkmenistan mit der Hauptstadt Aschchabad in die Sowjetunion aufgenommen. Die Sowjetmacht versuchte die Stammesstruktur zu zerbrechen, die Verfügungsgewalt der Stammesoberhäupter (Beyler) über Wasserzuteilungen zu brechen. Bereits 1926 setzte daher die Kollektivierung ein, die wie in Kirgisien und Tadshikistan nur langsam und gegen erbitterten Widerstand durchgesetzt wurde. Die Beyler wurden als »Kulaken« liquidiert. Die Zerstörung der Religion sollte die turkmenischen Gesellschaft ihrer traditionellen Fundamente berauben. Der Ausbau der Bewässerung diente wie überall in Mittelasien insbesondere dem Baumwollanbau und verschlechterte in seiner Einseitigkeit Gesundheit und Lebensverhältnisse der Bevölkerung. Daneben wurde zunehmend Erdöl und Erdgas gefördert, aber auch hiervon profitierten vor allem einwandernde russische und kaukasische Arbeiter und Techniker. Eine weitergehende Industrialisierung gab es auch in der Zeit des Industrialisierungsschubs der dreißiger Jahre nicht.

1953 wurde mit dem Bau des grandiosen Kara Kum-Kanals begonnen, neben den Kraftwerken von Dnepropetrowsk und Bratsk oder der Eisenbahnmagistrale vom Baikal zum Amur (BAM) ein weltweit herumgezeigtes Symbol der gigantischen Aufbauleistungen des entstehenden Kommunismus. Er sollte die Wüste in eine fruchtbare Oase verwandeln und diente vor allem der Ausdehnung der Baumwoll-Monokultur. In den gleichen Mechanismen wie in Usbekistan entstand auch in Turkmenistan ein großes Korruptionsnetz, das im Oktober 1986 Gegenstand einer Justizkampagne wurde. Auf allen bürokratischen Ebenen kam es zu Massenverhaftungen und Entlassungen wegen Bestechung, Unterschlagung usw.

Die Baumwolle wurde auch einer der Hauptverursacher der Austrocknung des sterbenden Aral-Sees. Er hatte 1989 bereits 65% seines ursprünglichen Inhalts verloren. Betroffen davon sind neben der turkmenischen Oblast Taschaus auch die Karakalpakische ASSR im Norden Turmenistans und die Gebiete Chomson und Ksyl Orda in Kasachstan. Der sich verkleinernde See verliert seine Funktion als Klimaregulator der Region. Bereits jetzt haben sich die Wachstumszeiten der Pflanzen erheblich verkürzt, die Erträge sinken entsprechend. Außerdem werden jedes Jahr Millionen Tonnen Staub und salziger Sand vom ausgetrockneten Seeboden über fruchtbares Ackerland geweht. 69% des Wasser des Kara Kum-Kanals gehen teils durch Verdunstung, teils wegen schadhafter Röhren verloren; es entstehen unfruchtbare Sümpfe. Der Einsatz von Agrochemie in der Baumwoll-Monokultur vergiftet das Trinkwasser und ruiniert die Gesundheit der Bevölkerung. Die Infektionskrankheiten nehmen zu. Durchschnittlich achtmal so viele Turkmenen wie andere Sowjetbürger leiden an Typhus. Turkmenistan hat die höchste Kindersterblichkeit und die niedrigste Lebenserwartung. Auch die wirtschaftlichen Entwicklungsperspektiven sind düster. Die Arbeitsproduktivität ist niedrig, es fehlen qualifizierte Arbeiter, es fehlt Wasser, es fehlen Baukapazitäten. Die weiten Entfernungen von den industrialisierten Regionen und die fehlenden Verkehrswege sind zusätzliche Erschwernisse. Was das Land hervorbringt, Rohstoffe, Baumwolle, Seide, alles wird zur Verarbeitung in die RSFSR oder die Ukraine gebracht. Für alle Güter des täglichen Bedarfs hingegen, von den Nahrungsmitteln bis zu den Textilien, ist Turkmenistan auf Importe aus der übrigen Sowjetunion angewiesen. Es könnte sie auch bezahlen, wenn die Erdöl- und Erdgasquellen in den Besitz der Republik übergingen. So aber bleibt das Land zur Armut verdammt. Noch 1989 lebten nur 45,3% der Bevölkerung in den Städten, aber die Mehrzahl der Stadtbewohner sind auch keine Turkmenen.

Trotz aller sowjetischen Versuche, die Turkmenen zu einer Nation zu machen, ist die Gesellschaft noch weitgehend vom Stammesbewußtsein geprägt. Die Zugehörigkeit zu den Tekke im mittleren Turkmenistan, den Ersary an der Grenze nach Afghanistan oder den Jomud im Westen, zu den Salor, Gök, Alili, Saryk oder Tschowdor schafft noch immer die kollektive Identifikation und keine turkmenische Nation. Anstelle einer turkmenischen Hochsprache herrschen die Dialekte vor. Heiraten über die Stammesgrenzen hinaus sind allenfalls im Rahmen der Stammespolitik akzeptabel. Trotz aller Abneigung gegen die Europäer absorbieren die Stammesfehden so viel Energie, daß für einen nationalen Befreiungskampf wenig übrig bleibt. Es trägt zur Stabilität dieser Stammesverfassung bei, daß die homogenisierenden Medien wenig verbreitet sind. Auch in städtischen Gebieten gibt es kaum Telefone und kaum Fernsehen. Zeitungen kommen selbst in der Hauptstadt Aschchabad zu spät und in geringer Zahl an. Nur 27,8% der Turkmenen beherrschen nach eigenen Angaben das Russische als Zweitsprache.

Allerdings hat sich neben der ländlichen Mehrheit auch eine kleinere städtische Bevölkerung herausgebildet. Soweit sie zu den Mittelschichten gehört, war sie einer starken Russifizierung ausgesetzt. Sie schickte ihre Kinder lieber auf russische Schulen, da diese erstens besser waren und zweitens sozialen Aufstieg zu ermöglichen schienen. Entsprechend klein und einflußlos blieb die aktive turkmenische Intelligenz. Das erklärt den für sowjetische Verhältnisse niedrigen Entwicklungsstand informeller oder nationaler Bewegungen und den Konservativismus der Parteiführung. Deren Problem ist offiziell erst einmal die Beendigung der Stammeskonflikte. Eine Bewegung von unten könnte da nur stören. Die vollkommene Abhängigkeit von Importen aus dem Rest der Sowjetunion macht den 1989 ins Amt gekommenen Ersten Sekretär der turkmenischen Kommunistischen Partei, Saparmund Nijasow, zum Gegner jeder Wirtschaftsreform. Turkmenistan könnte durch sie nur verlieren.

Informelle Bewegungen der städtischen Intelligenz, denen es um ökologische, wirtschaftliche, gesundheitliche, historische, sprachliche oder religiöse Fragen ging, entstanden zwar bereits 1987, aber sie blieben schwach. Ihre Ziele entsprechen im übrigen denen anderer Nationalbewegungen: Die offizielle Legende, die Turkmenen hätten sich freiwillig der russischen Herrschaft unterworfen, um von ihr das Licht der Kultur zu erhalten, soll nicht mehr verbreitet werden; die Schlacht von Gök Tepe den ihr zukommenden Platz in der Geschichtsschreibung erhalten. Die Toponyme, die in sowjetischer Zeit zu mehr als zwei Dritteln russifiziert wurden, sollen ihre ursprünglichen Formen annehmen, damit sich die Bevölkerung wieder zu Hause fühlen kann. Die von Stalin ermordete Intelligenz soll rehabilitiert werden. Das Turkmenische müßte wieder mit arabischen Buchstaben geschrieben werden, damit ein kultureller Austausch mit den Turkmenen Afghanistans und Persiens möglich wird. Die einzige größere Gruppe, die in Turkmenistan versucht, sich in diesem Sinne als Volksfront zu organisieren, ist die sehr kleine »Aghsybirlik« (Einstimmigkeit). Aber als sie versuchte, eine öffentliche Demonstration zum Gedenken an die Schlacht von Gök Tepe zu veranstalten, wurde Parteichef Nijasow sehr ärgerlich.

Angesichts der Schwäche der informellen Bewegungen sind jene Reformen, die 1989/90 doch eingeführt wurden, weniger auf ihren Druck als auf den Willen der Parteiführung zurückzuführen, die – sei es aus eigener Überzeugung, sei es aus vorsichtiger Anpassung an die sonstige Entwicklung in der Sowjetunion – handelte. So wurde im Oktober 1989 das Turkmenische anstelle des Russischen Staatssprache. Immerhin blieb das Russische neben dem Turkmenischen Sprache der interethnischen Kommunikation. Es sollten nun auch mehr zweisprachige statt einsprachig russische Schulen eingerichtet werden. 1989 wurde auch das 1951 verbotene turkmenische Epos Gorkut Ata wieder zugelassen. Im gleichen Jahr wurden 3500 Opfer des Stalinismus rehabilitiert. Im November 1989 wurde schließlich auch ein neues Wahlgesetz verabschiedet. Es gibt nach ihm keine reservierten Sitze für die offiziellen Organisationen mehr, weil das »undemokratisch« sei. Die Wahlen zu den kommunalen Vertretungen und zum Obersten Sowjet Turkmenistans allerdings fanden im Januar 1990 nach konservativem Muster statt: Es wurden entsprechend den Wünschen der Moskauer Führung zwar mehrere Kandidaten aufgestellt, aber alle waren gut vorsortiert. So gingen 90% der Stimmen an die Parteiführung.

Eigenbewegungen der Bevölkerung finden vor allem auf zwei Ebenen statt – einer neuen religiösen Dynamik und eines wachsenden Unmuts der Arbeiter. Noch unter Chruschtschow hatte eine neue antireligiöse Welle versucht, auch den Islam zum Verschwinden zu bringen. Weil aber die Kontrolle religiöser Autoritäten fehlte, begann der Volksislam, in dem sich gerade bei den Turkmenen immer schon orthodoxe Lehre, Sufi-Mystik und alte schamanistische Praktiken mischten, zu wuchern. Es gab – anders als im offiziellen Islam – Formen des Ahnenkults, der Verehrung sakraler Plätze, der Gräber von Sufi-Heiligen, mythischen Gestalten oder Stammesvätern. Gegen diese sich entfaltende häretische Tradition des volkstümlichen Glaubens kämpft jetzt ein muslimischer Klerus, der seit 1989 wieder öffentlich in den Medien auftreten und den »Aberglauben« bekämpfen darf, und verkündet, es gebe nur eine legitime muslimische Wallfahrt, und die führe nach Mekka. Wie alle Reformen in Turkmenistan wird aber auch die Rehabilitierung der Religion nicht überstürzt. Fünfhundert Moscheen hatte es vor 1917 im Lande gegeben, 1979 noch vier. 1989 hatte sich ihre Zahl verdoppelt, es gab nun acht. Jahrelang war Aschchabad die einzige Hauptstadt Mittelasiens ohne »arbeitende« Moschee gewesen, seit Juli 1989 gibt es wieder einen Ort für die Freitagsgebete. Schließlich wurden 1989 erstmals wieder Korane gedruckt, 50 000 in Turkmenistan. 100 000 schickte Saudi-Arabien zusätzlich. Andererseits leben die Sekten fort. Ihr Medium ist nicht das schriftliche Traktat, sondern die Tonbandkassette; die Untergrundreligion verbreitet sich nicht über den »Samisdat« sondern den »Magnitisdat«.

Die Entwicklungen in der Arbeiterschaft entsprechen jenen in anderen Republiken Mittelasiens. Die Ansiedlung extraktiver und verarbeitender Industrien hat zu einem Zustrom auswärtiger Arbeitskräfte geführt, der die im Lande steigende Arbeitslosigkeit verschärfte und die ohnehin hohe Geburtenrate steigerte. Viele der jungen Turkmenen sehen sich durch die Zuwanderer, vor allem durch Russen und Kaukasier diskriminiert. Ein besonderes Problem stellen zusätzlich die mit den Wirtschaftsreformen in der Sowjetunion entstehenden Kooperativen dar. Sie erhöhen zwar das Waren- und Dienstleistungsangebot, ihre Preise aber sind für die einheimische Bevölkerung unerschwinglich. Da diese Kooperativen fast ausschließlich von Zuwanderern geführt werden, erhalten die sozialen Auseinandersetzungen eine ethnisch-pogromartige Komponente. So wurden im Mai 1989 in der Hauptstadt Aschchabad und in der Ölstadt Nebit Dag Kooperativläden zerstört, deren Besitzer überwiegend Armenier waren. Wie im kasachischen Nowyj Usen erklang auch hier der hohen Preise wegen der Ruf »Weg mit den Kooperativen«. Schon diese wachsenden Spannungen verunsichern die europäische Bevölkerung. Versechsfacht hat sich zwischen 1980 und 1989 die Abwanderung gegenüber dem Zeitraum 1970 bis 1979. Aber auch wenn die Konflikte in der Republik zunehmen werden, eine Sezessionsbewegung in Turkmenistan ist noch nicht in Sicht. Noch hätte sie in der traditionellen Bevölkerung keinen aktiven Rückhalt, und noch ist das Land insgesamt zu abhängig.

IX. Dschingis Chans muslimische Erben 3: Hirtenvölker des Ostens

Während Turkestan im engeren Sinne eine Region der Stadt- und Oasenkulturen war, lebten in den Steppen- und Gebirgsgebieten nördlich und östlich davon Nomadenvölker, die durch ihre kriegerischen Wanderzüge immer wieder eine Brücke zwischen West und Ost herstellten. Ihr Raum reichte vom »chinesischen Turkestan«, Sinkiang bzw. Kaschagrien und der Dsungarei bis an die westliche Grenze des »russischen Turkestan«. Alle diese Völker stehen nicht nur in der Tradition des Dschingis Chan Reichs, auch in ihren Formen – Stammesföderationen, die auf Tribut basierende Reiche errichteten – entsprechen dem alten mongolischen Modell. Die Einteilung dieser Völker hat zumindest bis ins 19. Jahrhundert immer etwas Willkürliches gehabt. Die grundlegende gesellschaftliche Einheit war der Stamm, der andere Stämme bekämpfte, sich mit ihnen zusammenschloß, mit ihnen verschmolz oder sich spaltete. Fast alle Völker der Region finden sich auch im chinesischen Sinkiang. Dort leben Kasachen, Usbeken, Kirgisen, Kara Kalpaken und Kalmyken. Die quantitativ in Sinkiang dominierende muslimisch-türkische Nation, die Uighuren, finden sich als Minderheit auch im sowjetischen Mittelasien.

Ein Beispiel für die Beweglichkeit und die Wanderungen dieser Völker sind die Kalmyken, die eine mongolische Sprache sprechen und Buddhisten geblieben sind. Sie gehörten zu den Oiraten, die, aus dem Altai und dem Tien Schan kommend, im 14. Jahrhundert ein großes Reich in Sinkiang beherrschten. Anfang des 17. Jahrhunderts tauchten die Kalmyken in der Dsungarei unter dem Stammesnamen Torghuten auf, die, eine Blutspur hinterlassend, die Kasachen-Steppe durchzogen und bei Astrachan die Noghaischen Tataren besiegten. Sie ließen sich zwischen den Flüssen Ural und Wolga nieder und gründeten das Nomadenreich der Kalmykischen Horde. 1603 verwüsteten sie das Chanat Chiwa und besiegten 1639 die Turkmenen von Mangyschlak. Dann jedoch wurden sie nominelle Vasallen Rußlands und kämpften als solche gegen die Nogaier und die Krimtataren. Die im Osten verbliebenen Oiraten bauten im 17. Jahrhundert ein neues

Reich auf und drangen bis nach Tibet vor. 1759 wurde es durch die Armee der chinesischen Mandschu-Dynastie zerstört; Sinkiang wurde endgültig chinesisch. Ein Teil dieser Oiraten zog nach Westen zu den kalmykischen Vettern. Konfrontiert mit der russischen Herrschaft, zogen die meisten von ihnen 1771 in einem großen Treck zurück in die Dsungarei (Sinkiang), wo sie sich dem chinesischen Kaiser unterstellten. Aber noch in der ersten Hälfte des 19. Jahrhunderts plagten sie mit Überfällen die Kasachen, die ansonsten auch das wilde Leben liebten. Die im Westen zurückgebliebenen Kalmyken gerieten fest unter das russische Joch. Viele von ihnen kämpften während des Bürgerkriegs auf Seiten der Weißen. Im November 1920 erhielten sie ein autonomes Gebiet an der unteren Wolga, die 1935 zur ASSR wurde. Unter dem Vorwurf, mit den Deutschen kollaboriert zu haben, wurden die Kalmyken 1943 nach Sibirien deportiert und ihre ASSR aufgelöst. Rehabilitiert wurden sie unter Chruschtschow, der auch 1957 ihr Autonomes Gebiet wieder herstellen ließ, das 1958 im Rahmen der RSFSR zur ASSR wurde.

Die ehemaligen Erbfeinde der Kasachen, die mit den Kalmyken verwandten Oiraten, fanden ebenfalls ein autonomes Plätzchen in der Sowjetunion — eine Oblast innerhalb der RSFSR. Sie hieß bis 1948 Oiratische Autonome Oblast, seither Autonome Oblast Gorno Altai.

1. Kasachstan

SSSR, Haupstadt Alma Ata. Unter den 16,2 Millionen Einwohnern Kasachstans machten die 6,5 Millionen Kasachen 1989 39,7% der Bevölkerung aus. 37,8% der Bevölkerung waren Russen, an dritter Stelle kamen die Deutschen mit 5,8%. 1979 gab es noch mehr Russen; 40,8% Russen standen damals 36,0% Kasachen gegenüber. Die Zahl der Ukrainer und der Deutschen betrug je 6,1%. 80,3% der Kasachen leben in Kasachstan, die anderen nicht weit davon weg. Andere Minderheiten sind vor allem Tataren, Usbeken, Belorussen und Uighuren. Insgesamt lebten in der Sowjetunion 1989 — 8,1 Mio., 1979 — 6,6 Mio., 1970 — 5,3 Mio.

Anders als die Wüsten- und Oasenregion Turkestan war Kasachstan Steppengebiet, in dem turksprachige viehzüchtende Nomaden, die sich im 14. Jahrhundert von den Usbeken abgespalten hatten, bis weit ins 20. Jahrhundert an ihrer alten Stammeskultur festhielten. Die strikt patrilineare Stammesorganisation blieb bei ihnen lange bestimmend. Die historische Erinnerung und Selbstidentifikation richtete sich – gestärkt durch Epen und Lieder – auf die Tradition der imperialen innerasiatischen Reichsgründer. Besondere Ehre genoß, wer glaubhaft beanspruchen konnte, in direkter Linie von Dschingis Chan abzustammen. Entsprechend groß war – bzw. ist – dessen Nachkommenschaft. Erst im 18. Jahrhundert begann die Islamisierung der Kasachen. In besonderem Maße haben sich daher bei ihnen in der Volkskultur und Volksreligion schamanistische und buddhistische Elemente erhalten.

Die russische Eroberung der Kasachensteppen geschah in einem langsamen, aber unerbittlichen Prozeß. Dieses Vordringen hatte – von russischer Seite gesehen – lange Zeit auch einen defensiven Aspekt. Die offene Steppe verlockte nomadisierende Reiter immer wieder zu räuberischen Einfällen in die ackerbauenden Regionen Rußlands. Seit dem 17. Jahrhundert legte Rußland vom Kaspischen Meer bis zum Altai eine lange Reihe befestigter Kosakenkolonien an, wie Orenburg, Petropawlowsk, Omsk, Semipalatinsk, Ust-Kamenogorsk. Sie sollten die nomadischen Kasachenstämme an Raubzügen ins Wolgagebiet und Westsibirien hindern. Solche Einfälle waren nicht selten und wurden oft durch das Chanat Chiwa unterstützt, wo sich ein großer Markt für russische Gefangene befand. Aber auch die Kasachen waren bedroht. Von Osten her wurden sie immer wieder Opfer der marodierenden Oiraten. Mehrfach suchten daher Kasachen-Chane bei den Russen um Hilfe nach, was allmählich zur Einrichtung russischer Protektorate führte. Seit Mitte des 18. Jahrhunderts entstanden erst am Rande, dann im Herzen der Steppe russische Festungen bzw. befestigte Städte, die das gewonnene Territorium sicherten.

Auch in den Kasachensteppen spielte sich damit jenes Drama ab, in dem, wie überall, wohin der moderne europäische Kolonialismus vordrang, ein grundlegendes Mißverständnis die Beziehungen zwischen Kolonisatoren und Kolonisierten regelte. Die Kriegs- und Bündnisbeziehungen mit der russischen Armee verstanden die Kasachen in jenen Kategorien, die sie in der Region jahrhundertelang gewohnt waren. Sie sahen in den Russen letztlich nur einen weiteren mächtigen Stamm, wie die Kalmyken oder die Oiraten. So erkannten sie nicht rechtzeitig, daß sie es in diesem Falle mit einem ganz neuen

Typus von Herrschaft zu tun hatten. Ende des 18. Jahrhunderts war das Gebiet der Kasachen bereits auf zwei Seiten von den Großmächten Rußland und China eingekesselt. Im Süden wurden die Kasachen in noch eher traditioneller Weise von den Chanaten des noch unabhängigen Turkestan bedroht.

Im 19. Jahrhundert setzte sich Rußland durch. Zwischen 1822 und 1848 beseitigte es die Souveränität der kasachischen Chane. Es besetzte auch das Gebiet des Syr-darja, das sich noch im Besitz der turkestanischen Chanate befand, aber von Kasachen bewohnt wurde. Zunächst aber wurden die Kasachen indirekt regiert, nach dem Muster der englischen Kolonialverwaltungen. Die russische Verwaltung stützte sich auf die traditionellen einheimischen Machtstrukturen. Vermittler zwischen den russischen Behörden und den kasachischen Führern waren bis 1860 meist Wolga-Tataren, die ihren Einfluß zur Propagierung des Islam bei den noch wenig glaubensreinen Nomaden nutzten.

Aber es ging Rußland nicht nur um politische Herrschaft. Vor allem in ihren nördlichen Teilen lag unter der Kasachen-Steppe nicht weniger fruchtbare Schwarzerde als unter der ehemaligen Steppe der Ukraine. Sie zog, wie der russische Osten insgesamt, seit dem Ende des 18. Jahrhunderts russische Bauern an, die sich der Leibeigenschaft entziehen und eigenes Land finden wollten. Der russischen Regierung war diese Siedlungsbewegung nicht unlieb. Darum schützte sie in Konfliktfällen die Bauern vor den Nomaden, die sich mehr und mehr von ihren Weidegebieten vertrieben sahen. So kam es zwischen 1783-1870 zu acht großen antirussischen Aufständen, die von den Chanaten Chiwa und Kokand unterstützt wurden. Die russische Armee und die Kosaken schlugen diese Aufstände mit äußerster Brutalität nieder.

1875 war das Land ausgeblutet und scheinbar pazifiziert. 1884 wurde Wernyj, die heutige Hauptstadt Alma Ata, gegründet. Die kasachischen Führungsschichten, die die Erfolglosigkeit offenen Widerstandes erkannten, schlugen den Weg der Reform ein und öffneten sich dem Dshadidismus. Das moderne Nationalbewußtsein begann so bei ihnen das alte Clan- und Stammesbewußtsein abzulösen. Es spricht für die Geschicklichkeit der russischen Verwaltung, daß sie die hiervon ausgehende Gefahr erkannte. Um den tatarischen Einfluß zurückzudämmen, begann sie mit der Gründung russisch-kasachischer Schulen. Auf diese Weise wollte sie eine eigene westlich geprägte Intelligenz heranziehen. Diese Strategie war teilweise erfolgreich. Nationale Gelehrte und Intellektuelle, wie der Orientalist Tschokan Walichanow (1835-1865), der Ethnograph und Pädagoge Ibrai Altynsaryn (1841-1889) und der Schriftsteller Abai Kununbajew (1845-1904) standen am Anfang eines kulturellen Aufschwungs, der einen spezifisch kasachischen, also nicht pan-türkischen oder pan-islamischen, Nationalismus hervorbrachte.

Friedlicher wurden die russisch-kasachischen Beziehungen dadurch allerdings nicht. Denn 1891/92 kam eine neue Welle von Kolonisten ins Land. Mehr als eine Million Bauern aus Rußland siedelten sich in den Regionen Turgaj, Akmolinsk, Semipalatinsk und in Kirgisien an. Die Ausdehnung des urbar gemachten Landes führte zu einem Rückgang des Viehbestandes und damit zu einem katastrophalen Absinken des Lebensstandards der Kasachen. Der Zustrom von Siedlern verstärkte sich nochmals, als 1905 die Eisenbahn Orenburg-Taschkent fertiggestellt war. 1916 kam es zu einem letzten großen Aufstand, der blutig niedergeschlagen wurde. Mehr als 300 000 Nomaden flüchteten nach China.

Die Februarrevolution von 1917 weckte auch in Kasachstan nationale Hoffnungen. Noch im Februar gründeten kasachisch-kirgisische Intellektuelle in Orenburg die Nationalpartei Alasch-Orda. Ihr Ziel war die Vereinigung aller Steppenvölker in einem Staat. Sozialistisch war diese Nationalbewegung aber nicht. Auf einer Zusammenkunft in Orenburg im Dezember 1917 proklamierten Baschkiren und Kasachen (Kirgisen) die Autonomie und nahmen Verbindungen zu den Orenburger Kosaken auf. So enstand unter dem Orenburger Kosaken-Ataman eine antibolschewikische Bewegung, die von führenden, eher konservativen muslimischen Politikern unterstützt wurde. Anhänger der Bolschewiki hingegen waren vor allem russische Soldaten und Eisenbahner. Die russischen Bauern und die kasachischen Nomaden hingegen waren überwiegend anti-bolschewikisch. Aber der politische Konflikt wurde durch den ethnischen bzw. dem zwischen Siedlern und Nomaden durchkreuzt. Schon während des Frühjahrs und Sommers 1917 kam es immer wieder zu Zusammenstößen zwischen Kasachen und russischen Siedlern. Das machte auch die Kooperation mit den Weißen Armeen schwierig, die sich im übrigen auch nicht geneigt zeigten, in Fragen der kasachischen Unabhängigkeit Konzessionen zu machen.

Die Unmöglichkeit, den kasachischen Nationalismus mit dem russischen der »Weißen« zu vermitteln, führte dazu, daß sich die Alasch-Orda unter ihrem Führer Mustafa Tschokajew im März 1919 mit den Roten verbündete und ein Abkommen mit der Sowjetregierung schloß. Nach dem Bürgerkrieg wurde die Region autonom. 1920 entstand die »Kirgisische ASSR« mit der Hauptstadt Orenburg. 1925 wurde sie erweitert und zur »Kasachischen ASSR«, zunächst mit der Hauptstadt Ksyl Orda, ab 1929 mit der Hauptstadt Alma Ata.

Der schwankende Gebrauch von »kirgisisch« und »kasachisch« rührte daher, daß einer russischen Tradition entsprechend, die Kasachen bis 1925 als »Kirgisen« bezeichnet wurden; sie selbst nannten und nennen sich »Qasaq«. 1925-1936 war ihre offizielle sowjetische Bezeichnung »Kasak«, die, weil sie mit der russischen Bezeichnung für »Kosak« (kasak) verwechselt werden konnte, durch »Kasach« abgelöst wurde.

In Kasachstan selbst waren bis 1928 die Vertreter der Alasch-Orda politisch führend. Aber sie blieben unbequeme Verbündete der Moskauer Regierung. Denn eines ihrer wesentlichen Ziele war die Aufrechterhaltung der traditionellen Stammesstruktur, die sie für das Wesensmerkmal der kasachischen Nation hielten. So leisteten sie zunächst hinhaltenden Widerstand gegen das Programm zur Seßhaftmachung der Nomaden. In Moskau wurde dies als Versuch gewertet, die »besitzenden Klassen« zu schützen, also eine konterrevolutionäre Aktivität zu entfalten. 1925 verstärkte die sowjetische Regierung ihre Politik der Seßhaftmachung. Nun erst ergriff die Moskauer Zentrale die effektive Macht im Land. Durch die systematische Zerstörung der Viehbestände wurden die Nomaden zur Aufgabe ihres traditionellen Lebens gezwungen. Im April 1928 wurden die Führer der Alasch-Orda mitsamt der übrigen kasachischen Intelligenz des »bürgerlichen Nationalismus« beschuldigt und liquidiert. 1936 wurde in einer neuen Kampagne der Viehzerstörung und Seßhaftmachung die nomadische Gesellschaft endgültig zerstört. Im gleichen Jahr wurde Kasachstan Sowjetrepublik. Seither muß das Kasachische mit kyrillischen Buchstaben geschrieben werden. Abgeschlossen wurde die Kollektivierung jedoch erst 1938, und das unter für sowjetische Verhältnisse bedeutenden Zugeständnissen bei der privaten Viehhaltung.

Der Zustrom von Siedlern und die Urbarmachung der Steppe wurde auch unter sowjetischer Herrschaft weiterhin gefördert. Dazu trugen nicht nur der Eisenbahnbau bei, sondern auch großangelegte

Bewässerungsprojekte. Auch in der Hungersteppe wurde nun der Baumwollanbau eingeführt. Die Geschichte Kasachstans ähnelte von nun an der anderer mittelasiatischer Republiken. Im Unterschied zu diesen führte der Zustrom von Bauern jedoch dazu, daß die Kasachen in ihrem eigenen Land in die Minderheit gerieten.

Der bisher letzte Schub europäischer Siedler kam mit dem Neuland-Programm Chruschtschows, das die chronische landwirtschaftliche Misere der Sowjetunion beheben sollte. Eine verbesserte Landtechnik und Agrochemie sollten es möglich machen, auch südlich des Schwarzerdegebietes die Steppe landwirtschaftlich zu nutzen. Kasachstan wurde so neben der Ukraine zu einem der großen Getreideanbaugebiete der Sowjetunion. Aber diese Erfolge hatten ihre Rückseite. Die großen Bewässerungsanlagen und die Agrochemie beschworen auch hier jene Umweltprobleme herauf, die die landwirtschaftlich genutzten Gebiete der Sowjetunion insgesamt plagen.kasachstan wurde darüber hinaus durch die sowjetische Atomrüstung schwer betroffen, vor allem durch die Anlagen bei Semipalatinsk, die weite Gebiete verseuchten. Das Ausmaß dieser Verseuchungen wurde erst dank der durch das Atomunglück von Tschernobyl geschärften öffentlichen Sensibilität allmählich bekannt.

Ethnische Konflikte schließlich beschwor die Ansiedlung extraktiver Industrien, vor allem für Erdöl und Erdgas, herauf. Das Muster dieser Konflikte ähnelt dem anderer mittelasiatischer Sowjetrepubliken: In den extraktiven Industrien und teilweise den mit ihnen zusammenhängenden verarbeitenden Industrien werden bei hoher Umweltbelastung relativ wenig Arbeitskräfte beschäftigt, unter denen sich anteilsmäßig viele Hochqualifizierte befinden. Die Unternehmensleitungen haben wenig Zutrauen zu den Einheimischen, in diesem Fall den Kasachen, und werben lieber Arbeitskräfte aus der europäischen Sowjetunion oder dem Kaukasus an. Die meist jungen arbeitslosen Einheimischen sehen sich von Zuwanderern, die die guten Positionen besetzen und ein besseres Leben führen, verdrängt. Das schafft eine explosive soziale und ethnische Situation.

Typisch dafür waren die pogromartigen Konflikte, die im Juni 1989 in Nowyj Usen und anderen Ölstädten Kasachstans ausbrachen und in denen junge Kasachen Tschetschenen und andere Zuwanderer aus dem Kaukasus angriffen. Nowyj Usen selbst war 1968 zur Ausbeutung der Öllager auf der Halbinsel Mangyschlak auf der Nordostseite des Kaspischen Meeres gebaut worden. Die Lebensbedingungen in dieser Stadt waren wegen der für sowjetische Städte typischen Verschmutzung und den häufigen Sandstürmen, die immer wieder den Tag zur Nacht machen, schwer erträglich. Heute ist Nowyj Usen Ölhauptstadt der Republik, und 50% des kasachischen Öls kommen von hier. Die 56 000 Einwohner setzen sich aus 75 Nationen zusammen; die meisten sind Kasachen (50%) und Russen. 16% sind Lesginen und andere Nationalitäten des Nordkaukasus, wie Tschetschenen, Inguschen und Osseten. Vor allem sie waren systematisch angeworben worden. Die Unternehmensleitungen scheuten selbst dann vor der Einstellung von Kasachen zurück, wenn die über die notwendige Vorbildung verfügten. Dahinter steckte einerseits ein ethnisches Vorurteil, andererseits aber auch das Kalkül, daß die Kaukasier als nur kurzfristige Wanderarbeiter kamen und nicht mit angemessenen Wohn- und Arbeitsbedingungen versorgt werden mußten. So wurden vor allem die Kaukasier zum Ziel der Aggressionen junger Kasachen. Diese Aggressionen verschärften sich dadurch, daß es vor allem Kaukasier waren, die in Handel und Dienstleistungen Kooperativen betrieben. Die Kasachen warfen ihnen vor, sich durch überhöhte Preise auf ihre Kosten zu bereichern. Auch in den anderen Städten auf der Halbinsel Mangyschlak, wie Kulsary, waren Nordkaukasier die Hauptangriffsziel.

Die wirtschaftlichen Folgen des Progroms waren erheblich. Es förderte einen Exodus, dem sich auch Russen und Ukrainer anschlossen. Viele Tschteschenen und Inguschen gingen nach Daghestan zurück, andere nach Rjasan, Kalinin oder Tjumen. Die Ölproduktion fiel, der Wohnungsbau kam zum Stillstand, es fehlte selbst an Fahrern, Köchen und Verkäufern.

Es spricht für einen direkten, im Alltag erwachsenden, nicht über historische oder politische Literatur vermittelten, in der unmittelbaren Konkurrenz erfahrenen Antagonismus, daß sich die Pogrome vor allem gegen die Kaukasier richteten. In ähnlicher Weise hatte sich das usbekische Pogom im Fergana-Tal gegen die ebenfalls muslimischen Mescheten gerichtet, die dort nur 1% der Bevölkerung ausmachten. Aber auch ausdrücklich nationale Ziele wurden von den Kasachen vorgebracht: so die Forderung, die Stadt Schewtschenko solle wieder Aktan heißen.

Die politische Entwicklung Kasachstans folgte dem Muster anderer mittelasiatischer Republiken. In der Zeit Breshnews bildete sich ein Korruptionsfilz heraus, der fast alle wirtschaftlichen und politischen Strukturen durchdrang. Auch hier beruhte er auf einer stillschweigenden Übereinkunft. Die örtlichen Führer erkannten die politische, wirtschaftliche und kulturelle Suprematie Moskaus an, dafür hatten sie im Inneren freie Hand. Der Versuch, von außen her mit der Korruption aufzuräumen, stieß auf nationalbewußten Widerstand. Eine Reform, die sich auf einheimische Kräfte hätte stützen können, war schwierig, da die nichtkorrupten Kader fehlten. So wurde der wegen extremer Korruption diskreditierte Parteichef Dinmuchammad Kunajew 1986 abgesetzt und durch einen russischen Saubermann, Gennadij Kolbin, ersetzt. Allein die Berufung Kolbins setzte heftige, von Studenten angeführte Demonstrationen in Gang. Sie gaben einen ersten Vorschmack auf das, was sich dann auch in anderen Regionen abspielte.

Im Juni 1989 wurde Kolbin wieder durch einen Einheimischen ersetzt, Nursultan Nasarbajew. Er erscheint als die heute progressivste Figur in Mittelasien und ist seit langem mit Stellungnahmen für eine größere Autonomie des Landes aufgetreten. Allerdings insistierte er immer auf der führenden Rolle der Kommunistischen Partei. Aber schon Kolbin war nicht als konservative Eisenfaust aufgetreten. Er hatte die Bildung informeller Organisationen toleriert und sich um eine Minderung der interethnischen Spannungen bemüht. So hatten es die informellen Vereinigungen eher leichter als sonst in Mittelasien. Der neue Parteichef Nursultan Nasarbajew, der 1990 nach dem Vorbild Gorbatschows auch Präsident des Landes wurde, unterstützte vor dem sowjetischen Kongreß der Volksdeputierten als einziger Parteiführer Mittelasiens die liberale Moskauer Gruppe. Auch die übrigen kasachischen Deputierten stärkten das liberale Lager und schlossen sich der »Interregionalen Deputiertengruppe« an.

Die – ethnisch teilweise gemischten – informellen Gruppen kämpfen heute vor allem um eine ökologische Politik. So gibt es Gruppen zur Rettung des Balchasch und des Aral-Sees. Eine besonders große informelle Bewegung, die »Nevada-Semipalatinsk«, entstand im Februar 1989. Sie kämpft für einen Stopp der Atombombenversuche in Semipalatinsk, für einen verantwortungsvollen Umgang mit radioaktiven Abfällen und eine Umwandlung der Militär- in Umweltindustrien. »Nevada-Semipalatinsk« hat inzwischen große Verdienste um die Aufklärung der wirklichen radioaktiven Verseuchung des Landes und veranstaltete im Dezember 1989 in

Alma Ata und Semipalatinsk große Massendemonstrationen. Ihre Forderungen waren schon im November 1989 in einem einstimmig vom Obersten Sowjet Kasachstans gefaßten Beschluß übernommen worden. In einem Appell an den sowjetischen Obersten Sowjet und den Kongreß der Volksdeputierten hatte er das Ende der Atomtests gefordert. Vorsitzender der Anti-Atomgruppe ist Olshas Suleimenow, der zugleich Vorsitzender des Schriftstellerverbandes Kasachstans ist.

Die demokratische Bewegung Kasachstans ist seit Anfang 1988 vor allem in der Gesellschaft »Adilet« (Gerechtigkeit) organisiert, einem Ableger der gesamtsowjetischen Gesellschaft »Memorial«. In ihr arbeiten Partei- und Staatsvertreter, Schriftsteller, Historiker usw. zusammen. War ihr ursprüngliches Ziel die Rehabilitierung aller Opfer des Stalinismus, also auch der nach Kasachstan deportierten Koreaner, Deutschen, Mescheten, Tschetschenen, Inguschen und Krimtataren, so ging es ihr in der Folge auch um die »weißen Flecke« der kasachischen Geschichte, und dabei nicht zuletzt eine Neubewertung der bislang als bürgerlich-nationalistisch bzw. als konterrevolutionär verdammten Alasch-Orda.

Schwerer hat es allerdings die Nationalbewegung im engeren Sinne. Angesichts der ethnischen Zusammensetzung der Republik sind kasachische Mehrheiten nicht durchzusetzen. Der baltische Weg ist versperrt. Die Medien, die die Antiatomkraftbewegung und die Adilet unterstützen, sind gegenüber nationalen Forderungen zurückhaltend. Während die Muttersprachgesellschaft – seit Oktober 1989 »Qasaq tili« (Kasachische Sprache) offiziell gelobt wird, erscheint über die Bewegung »Atameken« (Vaterland) in den Medien nur wenig. Dabei bestehen Gründe für einen kasachischen Nationalismus in noch höherem Maße als etwa in der Ukraine. Die Russifizierung war hier weit fortgeschritten. Ende der siebziger Jahre waren Nachrichtensendungen in kasachischer Sprache eingestellt worden. Noch 1989 gab es in der Hauptstadt Alma Ata nur russische Schulen. In der Sprachenfrage konnte die Nationalbewegung jedoch nur einen halben Erfolg erzielen. Zwar wurde Anfang Oktober 1989 Kasachisch zur Staatsprache erhoben, aber Russisch blieb vorerst Sprache der interethnischen Kommunikation. Hatte die Nationalbewegung gefordert, daß alle Funktionäre Kasachisch zu lernen hätten, so legte das Gesetz nur fest, daß sie bis zum Jahr 2000 Kasachisch und Russisch können müssen, wenn dafür die notwendigen Bedingungen vorhanden seien. Da weite Teile des Landes inzwischen russischsprachig sind und Einrichtungen fehlen, in denen Nicht-Kasachen das Kasachische erlernen können, wird das Gesetz wenig ändern. Der Konflikt wird sich fortsetzen. Erstmals im Mai 1990 tauchten auch Forderungen nach einem Einwanderungsstopp auf. Vor allem unter den Studenten mehren sich die antirussischen und antieuropäischen Stimmen. Mit einer zeitlichen Verzögerung gegenüber anderen mittelasiatischen Republiken heizt sich auch unter den radikaleren Intellektuellen Kasachstans die Atmosphäre auf. In den nördlichen Gebieten Kasachstans, wo die Kasachen selbst eine Minorität von durchschnittlich zwölf Prozent geworden sind, tauchten hingegen russische Forderungen nach einer Sezession und einem Anschluß an die RSFSR auf. Daß die Ereignisse von 1986 sich in größerem Maße wiederholen könnten, ist nicht auszuschließen.

2. Kirgisien

Hauptstadt Frunse (Pischpek), 1,9 Millionen 1979, davon 88,5% in der Kirgisischen SSR 1987, 4,1 Millionen Einwohner. 48% Kirgisen, 26% Russen, 12% Usbeken, daneben Ukrainer, Tataren, Deutsche, Uiguren, Dunganen. Insgesamt lebten in der Sowjetunion 1970 − 1,5 Mio. Kirgisen, 1979 − 1,9 Mio., 1989 − 2,3 Mio.

Ein im Tien-Schan Gebirge gelegener Teil Turkestans wurde 1924 zur Kara-Kirgisischen Autonomen Oblast innerhalb der RSFSR umgebildet. Sie erhielt 1926 den Status einer ASSR und wurde im Zuge der Verfassungsreform von 1936 zur SSR Kirgisien.

Die religiösen und sprachlichen Unterschiede zu den sunnitischen Kasachen, mit denen die Kirgisen lange identifiziert wurden, sind gering. Auch sie waren überwiegend Hirten und Viehzüchter, die in Stammesverbänden lebten und bis in die Dsungarei hinein Weideplätze und Beute suchten oder sich gegen Oiraten, Kalmyken und Kasachen zur Wehr setzten. Auch sie traten erst im 18. Jahrhundert zum Islam über − mit entsprechenden Folgen für ihre volksreligiösen Traditionen und ihre Selbstidentifikation. 1876 kamen sie durch die russische Annexion des Chanats von Kokand, von dem sie abhängig gewesen waren, unter russische Botmäßigkeit. Ende des 19. Jahrhunderts setzte auch in Kirgisien der Zustrom russischer Siedler ein, der die Kirgisen angesichts ihrer schrumpfenden Weideflächen in Aufstände trieb, so 1898 in den von Andishan. Der Widerstand der Bevölkerung gegen die religionsfeindlichen Maßnahmen der sowjetischen Regierung und gegen die geplante Zerstörung der traditionellen Sozialstruktur schuf eine latente Aufstandsbereitschaft. So kämpften auch die kirgisischen Hirten auf der Seite der in den zwanziger Jahren ganz Turkestan erfassenden Basmatschen-Bewegung. Wie bei den anderen ursprünglich nomadischen Turkmenen und Kasachen ließ sich die Kollektivierung der dreißiger Jahre nur mit äußerster Gewalt durchsetzen. Erst Stalins Terror der dreißiger Jahre brach den Widerstand endgültig.

Ende 1985 wurde Parteichef Turdakan Usulbalijew, der 25 Jahre lang ein despotisches Regiment geführt hatte, enthront. Wahrscheinlich war er in den Mord an dem Ministerratsvorsitzenden Sultan Ibragimow verwickelt, der im Oktober 1980 unter ungeklärten Umständen »gestorben« war. Aufgeklärt ist der Fall noch immer nicht, so daß die Gerüchte auch weiterhin wuchern. Noch heute ist die Führung des Landes unter dem Ersten Sekretär der Kommunistischen Partei Absamat Masalijew sehr konservativ.

Auch Kirgisien hat es mit schweren ökologischen Problemen zu tun. Auch hier zerstört die Baumwollkultur Boden und Wasser. Auch Kirgisien ist vom Austrocknen und der Vergiftung des Aralsees – und dem des Issyk Kul – betroffen. In den informellen Bewegungen, die sich mit diesen Problemen auseinandersetzen, ist der große kirgisische Schriftsteller Tschingis Aitmatow führend und öffentlichkeitswirksam beteiligt.

Im September 1989 wurde Kirgisisch zur Staatssprache und Russisch zur Sprache der interethnischen Beziehungen erklärt. Ob das den Verfall des Kirgisischen aufhalten kann, ist noch zweifelhaft, denn auch hier fehlt es an allen Einrichtungen, die eine muttersprachliche Erziehung für Kirgisen sicherstellen. Aber eine Bewegung, die der fortschreitenden Russifizierung Einhalt gebieten will, gibt es inzwischen auch hier. Schon 1988 hatte Tschingis Aitmatow kirgisischsprachige Kindergärten und Schulen gefordert. Aitmatow selbst, der öffentlich für die nationalen Belange eintritt, aber zugleich eine ausgleichende Position vertritt, ist jedoch von radikaleren Vertretern der Nationalbewegung bereits heftig kritisiert worden, weil er der russischen Kultur zu nahe stehe und die Verbindungen zu ihr aufrechterhalten will. Zu den strikteren Formen der nationalen Selbstbestätigung gehören entsprechend Bestrebungen, die kirgisische Runenschrift aus dem 6. und 7. Jahrhundert wiederzubeleben.

Auch in dieser Nationalbewegung muß zwischen den eher intellektuellen demokratischen Formen und den extremeren volkstümlicheren unterschieden werden, die sich in größerer Bereitschaft zur Gewalt äußern. So wuchsen angesichts der katastrophalen Wohnungssituation bereits im Februar 1990 die Spannungen, als Gerüchte auftauchten, daß armenische Flüchtlinge in der Hauptstadt Frunse angesiedelt werden sollten. Tausende demonstrierten dabei auch gegen die Einwanderung Landfremder überhaupt. Im Unterschied zu den ethnischen Konflikten »von unten« wie jene, die Anfang Juni 1990 vor allem um Osch herum ausbrachen und bei denen es um Gelände für den Hausbau ging, befindet sich eine Volksfront nach dem Muster anderer Republiken – und in Kontakt mit der usbekischen Birlik – erst im Entstehen. Die Demonstrationen für sie und weitergehende nationale Forderungen begannen erst 1990.

X. Kaukasische Konflikte 1:
Der Hohe Kaukasus

Das mächtige Massiv des Großen Kaukasus riegelt den Zugang von den südrussischen Steppengebieten zum Iran und den anatolischen Hochebenen ab. An seinem Nordhang liegen eine Fülle autonomer Gebiete, die zur RSFSR gehören: von Nordwesten nach Südosten die ASSR der Karatschaier und Tscherkessen, die der Kabardiner und Balkaren, die Nordossetische ASSR, die der Tschetschenen und Inguschen; das südöstliche Ende bildet Daghestan, ein ethnographisches Museum mit über achtzig verschiedenen Sprachen – für Sprachforscher zugleich Paradies und Alptraum. Die größten Völker Daghestans sind im Norden die Awaren, in der Mitte die Laken und im Süden die Lesginen. Während nordwestlich des Großen Kaukasus vorwiegend russisches Siedlungsgebiet liegt, leben nordöstlich, am Unterlauf von Wolga und Don, Kalmyken und nogaische Tataren je in eigenen Autonomen Republiken.

Das riesige Gebirgsmassiv mit seinen zerklüfteten Tälern ist ein Gebiet, in dem einst mächtige Völker Zuflucht fanden und überlebten. Die Unzugänglichkeit des Gebirges entzog sie aber nicht nur der assimilierenden Kraft der Ebenen, sie machte auch ihre Beherrschung nahezu unmöglich. Bis ins zwanzigste Jahrhundert blieben diese Bergvölker in ihren geschützten Tälern selbständig oder weitgehend autonom, bis die modernen Kommunikationstechniken und der Straßenbau ihrer Unabhängigkeit ein Ende machten.

Der Gebirgskamm des Großen Kaukasus ist die Grenze zwischen der RSFSR und Transkaukasien. Zunächst fällt das Gebiet ins Tal der Kura ab, ein Einschnitt, der immer schon Handelskarawanen und Armeen eine Paßstraße zwischen dem Kaspischen Meer und dem Schwarzen Meer bot. Diese verbindet Baku und das aserbaidshanische Tiefland über Tiflis mit dem Schwarzen Meer. Südlich der Kura steigt der Kleine Kaukasus auf, der im Westen ins anatolische Hochland übergeht. Politisch wird das sowjetische Transkaukasien im Süden durch das Tal des Araks, des antiken Araxes, begrenzt. Auch das Araks-Tal war immer ein wichtiger Durchgang von Persien und Mittelasien nach Anatolien und dem Westen. Bevor Rußland sich im

19. Jahrhundert Transkaukasiens bemächtigte, ging der Kampf der großen Reiche vor allem um die Herrschaft über diese beiden Täler und des Gebietes zwischen ihnen. Dabei waren die Talregionen leichter zu beherrschen als die Bergregionen, in denen sich immer wieder halbselbständige oder selbständige Fürstentümer bildeten. Fast alle Völker dieser Region sind sunnitische Muslime. Islamisiert wurden sie zumeist erst im 17. Jahrhundert. Sprachlich gehören sie sehr unterschiedlichen Gruppen an. Turksprachig sind neben den Nogaiern die Balkaren und die Karatschaier. Zur iranischen Gruppe gehört die Sprache der Osseten, der ehemaligen Alanen . Eher eine sprachliche Sammelgruppe sind die sogenannten »kaukasischen« Sprachen, die kaum Beziehungen zu Sprachen außerhalb der Region haben und deren Verwandschaft untereinander vielfach umstritten ist. Kaukasische Sprachen in diesem Sinne sprechen die Tscherkessen (Adygejer), die Kabardiner, die Tschetschenen, die Awaren, die Inguschen, die Laken, die Lesginen. Die Kalmyken sprechen eine mongolische Sprache und sind als einzige überwiegend keine Muslime, sondern Buddhisten, wie ihre Vettern in der Mongolei.

Die Geographie verhinderte ebensosehr den Aufbau großer Reiche von innen heraus wie eine dauerhafte Herrschaft von außen. Vor den großen Invasionen nomadischer Völker, der Hunnen, Mongolen usw. waren die Kaukasier durch ihre Berge geschützt. Nach ihrer endgültigen Niederlage suchten viele Nomaden im Kaukasus Schutz, die ehemals selbst der Schrecken der Steppe und des nach Osten hin offenen Europa gewesen waren – so die Alanen und die Awaren. Kulturell gerieten die Völker des Großen Kaukasus unter den Einfluß der türkisch-tatarischen muslimischen Welt.

Bis zum 18. Jahrhundert lag das Gebiet noch weit von Rußland entfernt. Auch nachdem Moskau im 16. Jahrhundert die tatarischen Chanate von Kasan und Astrachan zerstört hatte und die Kalmyken und die Nogaier bedrängte, blieb der Kaukasus eine schier uneinnehmbare natürliche Festung. Schutz bot auch das kulturell verwandte tatarische Chanat der Krim, das seinerseits osmanischen Schutz genoß.

Erst als das Krim-Chanat unter Katharina II 1783 an Rußland fiel, war der Weg nach Süden, dem wirtschaftlich und geopolitisch ungleich wichtigeren Transkaukasien offen. 1784 besetzte Rußland die Vorgebirgszonen um Petrowsk und von Daghestan und schloß einen Protektoratsvertrag mit dem georgischen Königreich Kartli in

Transkaukasien ab. Als strategische Festung für weitere Eroberungen wurde Wladikawkas (»Beherrsche den Kaukasus«, das sowjetische Ordshonikidse) gegründet. Am Terek wurden Kosaken angesiedelt. Die russische Eroberung Transkaukasiens war dank überlegener Militärtechnik relativ leicht, wo es nur darum ging, sich osmanische oder persische Herrschaftsgebiete anzueignen. Sie lagen in den zugänglichen Ebenen oder breiten Tälern. Länger dauerte der Erwerb der Gebirgsregionen Transkaukasiens. Besonders schwer aber wurde die Eroberung des wilden Nordkaukasus. Die muslimische Bevölkerung setzte der russischen Eroberung verzweifelten Widerstand entgegen. Um die Mitte des 19. Jahrhunderts, als Transkaukasien schon fast befriedet war, ging im Nordkaukasus, vor allem in Daghestan, der 1829 begonnene erbitterte Kolonialkrieg weiter. In diesem Kampf übernahmen die Muriden, eine mystische puritanische Sufi-Sekte, die Führung und verkündeten den Heiligen Krieg (Dshihad). 1834 wurde der Imam Schamil zu ihrem Oberhaupt gewählt. Er erwies sich im Guerilla-Krieg als militärisches Genie. Es gelang ihm sogar, die Militärstraße zwischen Wladikawkas und Tiflis zu unterbrechen und auf Tiflis zu marschieren. Die Russen antworteten mit einer Strategie der verbrannten Erde und massenhaften Umsiedlungen. Unterstützung bekamen die Muriden von den im heutigen Südostgeorgien wohnenden Abchasen und Tscherkessen, die russische Siedler und Garnisonen am Schwarzen Meer angriffen. 1859 wurde der große Rebell gefangen und hingerichtet. Aber erst 1864 streckten die Tscherkessen die Waffen. Sie wanderten zum großen Teil ins osmanische Reich aus. Der russische Staatsschatz war erschöpft.

Wie für viele muslimische Völker Rußlands ermöglichten die Revolutionen von 1917 auch im Nordkaukasus keine eindeutigen Identifikationen. Ein ungebrochenes Zusammengehen mit den atheistischen Bolschewiken, die die Industrie, das Machtinstrument Eisenbahn und die Arbeiterschaft verkörperten, war nicht möglich. Die Weißen dagegen schlossen zwar taktische Kompromisse, mit jedem Erfolg aber wurde ihre Absicht, die Wiederherstellung der imperialen Machtverhältnisse, deutlicher. Die aber hatten für die Muslime, mehr noch als für die nichtrussischen Christen, Unterdrückung und Verdrängung bedeutet.

Im Mai 1917 versammelten sich in Wladikawkas Vertreter der Völker des Nordkaukasus und Daghestans, um ihre Autonomie in die

Wege zu leiten. Am 20. September 1917 schlossen sich dieser Koalition auch die Nogaier, die Turkmenen aus dem Gouvernement Stawropol und die Abchasen an. Gegen diese antisozialistische Bewegung entstand im Januar 1918 auf einem Kongreß in Mosdok, der Bolschewiki, Menschewiki, Sozialrevolutionäre und ossetische Radikale vereinte, der »Volkssowjet des Terek«. Dieser Volkssowjet besetzte im März 1918 Wladikawkas. Während Daghestan von religiösen Führern kontrolliert wurde und in Wladikawkas der revolutionäre Sowjet residierte, blieben die Inguschen und Tschetschenen zwischen beiden Seiten zunächst neutral.

Im August 1918 floh der Sowjet von Wladikawkas vor den anrückenden Terek-Kosaken zu den Tschetschenen und Inguschen, die dem Sowjet halfen, Wladikawkas zurückzuerobern. Von dort wurde der Sowjet im Januar 1919 von den Truppen des weißgardistischen Generals Denikin wieder vertrieben, und die Republik Nordkaukasus wurde für einige Zeit britisches Protektorat. Gegen Denikin, der von den Briten und den Armeniern unterstützt wurde, rebellierten nun vor allem die Tschetschenen, die Inguschen und die Abchasen. Ende 1919 war Denikin an der russischen Südfront geschlagen worden; seinen durch das nordkaukasische Gebiet zurückflutenden Truppen folgte die Rote Armee. Sie besetzte Anfang 1920 auch Daghestan.

Die sowjetische Politik im Nordkaukasus war eine des Zuckerbrots und der Peitsche. Eine heftige antireligiöse Kampagne sollte die traditionelle Stammesstruktur und -kultur sprengen und den – meist religiös und stammesmäßig motivierten – Widerstand brechen. Gleichzeitig erhielten, in immer neuen Revisionen und Neugruppierungen, die kaukasischen Völker Autonomie innerhalb des Rahmens der RSFSR. Eine fast endgültige Form fand das Geflecht von Autonomen Republiken im Nordkaukasus und seinem Vorland mit der Stalinschen Verfassung von 1936.

Das Verhängnis brach in der Folge des Zweiten Weltkriegs über die Region herein. Die Deutschen erreichten auf ihrem Weg nach Stalingrad auch den nördlichen Kaukasus. Wie auf der Krim suchten sie auch hier im Interesse ihrer Eroberungspolitik das Bündnis gerade mit den muslimischen Völkern. Ihnen gegenüber verzichteten sie auf die Strategie der verbrannten Erde und des Massenmords und bemühten sich, Hilfstruppen unter ihnen zu rekrutieren. Nach der Rückeroberung nahm Stalin fürchterliche Rache. Der Idee entsprechend, daß Völker wie Personen bestraft werden können und bestraft werden müssen, beschränkte er sich nicht darauf, einen Teil der Bevölkerung zu deportieren, sondern deportierte ganze Völker. Im Nordkaukasus traf es die Tschetschenen, die Inguschen, die Balkaren, die Karatschaier und die Kalmyken. Sie wurden nach Mittelasien bzw. nach Sibirien deportiert, ihre autonomen Republiken oder Gebiete beseitigt. Die Opfer waren gewaltig. Den offiziellen Angaben nach verminderten sich zwischen 1939 und 1959 diese Völker um: Tschetschenen 22%, Inguschen 9%, Karatschaier 30%, Balkaren 27%, Kalmyken 15%.

Nach kaukasischer Art, also spontan, ohne auf bürokratische Erlaubnis zu warten und zur Not gewaltsam, setzte nach Stalins Tod die Rückwanderung ein. Bis 1956 waren die meisten Tschetschenen und Inguschen heimgekehrt. Blutige Zusammenstöße mit den inzwischen zugewanderten russischen Neusiedlern waren unvermeidlich. 1957 wurden die Tschetschenen und die Inguschen offiziell rehabilitiert und erhielten ihre verkleinerte ASSR zurück. Die ethnischen Spannungen waren damit nicht beseitigt. So gab es 1958 in der Hauptstadt Grosnyj ein dreitägiges russisches Pogrom an der tschetscheno-inguschischen Bevölkerung, nachdem ein Ingusche aus Eifersucht einen Russen erschlagen hatte. Derartige Konflikte dauerten bis in die siebziger Jahre an.

1957 wurden auch die übrigen Völker des Nordkaukasus rehabilitiert. So wurde den Karatschaiern und den Tscherkessen ihr autonomes Gebiet zurückgegeben. Die Balkaren kehrten in ihre mit den Kabardinern geteilte ASSR zurück, die auch ihren alten Namen wiederbekam. Auch die Kalmyken bekamen ihre alte Autonomie zurück. Zum Teil blutige Konflikte mit den Neusiedlern gab es in jedem Fall.

Die nordkaukasischen Völker waren damit gegenüber den anderen deportierten Nationen, wie den Krimtataren oder den Deutschen bevorzugt — ja selbst gegenüber jenen, die aus Transkaukasien deportiert worden waren, wie die Mescheten, die nie eine Rückkehrchance hatten. Deren Situation war jedoch auch insofern schwieriger, als ihre alten Gebiete nicht zur RSFSR, sondern zu Georgien bzw. zur Ukraine gehörten und jeder Wiederansiedlungsversuch den antirussischen Nationalismus entflammen würde.

Es ging Stalin nach dem Zweiten Weltkrieg ähnlich wie in den anderen nichtrussischen Gebieten um die Beseitigung aller Widerstandspotentiale. Alle Anflüge eines eigenen Nationalismus waren daher zu beseitigen und mit ihm die historischen Denkmäler, die als Identifikationspunkte dienen könnten. Für die nordkaukasischen Völker war Schamil eine solche Identifikationsfigur. Als Kämpfer gegen das imperiale Rußland galt er auch in der offiziellen sowjetischen Geschichtsschreibung zunächst als Volksheld. 1947 wurde seine offizielle Bewertung jedoch verändert. Sie paßte nicht in eine Zeit, in der das Wachsen des zentralisierten russischen Staates zum Hauptkriterium des geschichtlichen Fortschritts geworden war und in der Rußland zum Kulturbringer für die nichtrussischen Völker schlechthin erklärt wurde. Entsprechend galt nun Schamil als Reaktionär und als Agent des englischen Geheimdienstes. Erst in jüngster Zeit findet seitens muslimischer Intellektueller und Historiker eine neuerliche Umwertung Schamils statt. Er könnte nun wieder zur antirussischen Identifikationsfigur der muslimischen Völker der Kaukasusregion werden.

Seit 1985 steigt auch unter den Völkern des Hohen Kaukasus, die selbst nach dem Kriege ihre kleinen Fehden weiter verfochten, die Unruhe. Anders als bei den größeren Völkern richtet sich die Abneigung jedoch weniger gegen die Russen als gegeneinander. So kam es in März 1990 zu Demonstrationen in der ASSR der Inguschen und Tschetschenen. Die Inguschen demonstrierten in Nasrari, das sie als ihren Hauptort ansehen, für die Wiederherstellung ihrer Autonomen Oblast. Dieser Oblast sollte auch das zur ASSR Nord-Ossetien gehörige Rayon Prigorodnyj angeschlossen werden – eine Forderung, die die Osseten ärgerte. Eine inguschische Autonome Oblast hatte seit 1919 bestanden. Sie war 1934 mit der tschetschenischen Autonomen Oblast zusammengefaßt worden, einem Gebilde, das 1936 zur ASSR der Tschetschenen und Inguschen erklärt wurde. Anläßlich der Deportation beider Völker war das Rayon Prigorodnyj an Nord-Ossetien gekommen und nach der Rehabilitation und Rückkehr den Inguschen nicht zurückgegeben worden. Schon 1970 kam es aus diesem Grunde zu inguschischen Demonstrationen in Grosnyj. Inguschen, die versuchten, gewaltsam in den fraglichen Rayon einzuwandern, wurden ebenso gewaltsam von den Osseten wieder vertrieben. 20 000 Inguschen gelang es dennoch, sich festzusetzen. Im Oktober 1981 fielen Angehörige beider Völker übereinander her, nachdem ein Inguscbe einen ossetischen Taxifahrer ermordet hatte. Daraufhin ersetzte die KPdSU den Ersten Sekretär der Kommunistischen Partei Nord-Ossetiens durch einen Slawen und verbot den Inguschen, sich niederzulassen. Die nun wieder aufgegriffenen inguschischen Forderungen berufen sich auf den Rechtszustand vor 1944 und auf die Illegalität des Gewaltakts von Stalin. Die Osseten wenden ein, daß die Inguschen erst 1921 in Prigorodnyj angesiedelt worden seien. Die Sympathien der übrigen kaukasischen Völker einschließlich der Tschetschenen liegen auf seiten der Inguschen. Denn erstens gibt es unter den Osseten viele Christen, und zweitens haben sie sich einst nicht am Kampf Schamils gegen das russische Joch beteiligt. Auch hier zeigt die Geschichte ihre Spuren.

XI. Kaukasische Konflikte 2: Transkaukasien

Der Große Kaukasus ist so unzugänglich, so zerklüftet, ein solches ethnisches Mosaik, daß er auch innerhalb der Geschichte mehr eine Ablagerungsstätte der Völker als ein eigenes historisches Gebilde darstellt. Die großen und kleinen Reiche haben ihn nie beherrscht; sie begnügten sich meist, seine Ränder zu kontrollieren. Transkaukasien zeigt da ein anderes Bild. Auch hier spielten die Berge eine Rolle als Faktor örtlicher Autonomien und als Rückzugsgebiet für kulturelle und sprachliche Besonderheiten. Aber gänzlich zu verteidigen war er nicht. Überdies verfügte er über fruchtbare und klimatisch begünstigte Regionen – Ebenen, Hochweiden und Flußtäler – und über Bodenschätze, die schon im Altertum begehrt waren. Immer wieder weckte er so jene Begehrlichkeiten, die Eroberungen und die Bildung großer politischer Gebilde motivieren. Die Geographie kippte hier nicht die Geschichte, sie ließ jene politische Mechanik ins Relief treten, die bis zum 19. Jahrhundert auch sonst politische Gebilde regierte:

Großreiche zu schaffen setzte eine disziplinierte und beutehungrige Armee voraus. Sie zusammenzuhalten war auch über die Ebenen hin schwer genug. Die Herrschaftstechnik Dschingis Chans, Städte und Fürsten, die sich unterwarfen, zu schonen, und jene, die Widerstand leisteten, die die Tribute nicht zahlten oder sonstwie rebellierten, gnadenlos zu vernichten, war über Jahrhunderte hin die wirksamste. Aber sie war nicht wirksam genug, um den Zerfall der Reiche aufzuhalten. Sobald die Zentralmacht aus irgendeinem Grunde schwach schien, tendierten Städte, regionale und örtliche Fürsten dazu, sich unabhängig zu machen. Dieser Mechanismus funktionierte auch auf kleinerer Ebene. Die Schwächung der Königsmacht in den kleineren Reichen ermöglichte eine Verselbständigung des Hochadels – und dessen Schwäche Aufstände des Kleinadels. Die Auflösung der zentralen Mächte aber führte nicht in das Paradies friedlicher lokaler Autonomien. Sie verlockte jeden, der halbwegs autonom geworden war, zum Überfall auf den Nachbarn, um ihn auszurauben, ihm die Untertanen oder das Land wegzunehmen oder ihm einfach zuvorzukommen. Jeder Machtzerfall enthielt damit die Tendenz zu einem Neuaufbau größerer Gebilde. Und je kleinteiliger die neuen Reiche waren, desto mehr schienen sie auf neue Invasionen zu warten.

Aus diesem Grunde war Transkaukasien, soweit die geschichtliche Erinnerung zurückreicht, immer von großen Reichen beherrscht. Aber selten konnte sich eines dieser Reiche seines Besitzes sicher sein. Die inneren Autonomisierungstendenzen waren stärker als anderswo, da sie durch die geographischen Besonderheiten unterstützt wurden. So blieb Transkaukasien immer blutiger Kampfplatz lokaler Mächte und Zankapfel von Großmächten. Die Loyalitäten der regionalen Fürsten wechselten entsprechend der Machtlage, obwohl sie zuweilen auch schlimm irrten. Von außen gesehen ist die Geschichte des Kaukaus daher die Geschichte eines historischen Randgebietes. Parther, Meder und Perser von Süden und Osten; Griechen, Römer, Byzantiner und Osmanen von Westen und Nordwesten kämpften um dieses Gebiet oder ließen halbautonome Reiche als tributpflichtige Pufferstaaten zu. Der Nordosten schließlich war bis zur Eroberung durch das Russische Reich Einfallstor für immer neue Wellen erobernder und brandschatzender Nomadenvölker, die alte Reiche zerstörten und neue gründeten. Transkaukasien ließ sich ausplündern und verwüsten, es zu beherrschen blieb schwierig.

Im heutigen nationalen Diskurs ist es üblich geworden, diese politischen Mechanismen einem nationalen Unabhängigkeitsstreben zuzurechnen. So lassen sich, unter Berufung auf die Aufstände und Autonomien lokaler oder regionaler Fürsten Nationalgeschichten – kurdische, armenische, georgische, aserbaidshanische usw. – imaginieren. Richtig daran ist auf jeden Fall, daß sich die sprachlichen und kulturellen Besonderheiten kleiner Völker unter diesen Bedingungen über lange Zeiträume erhalten konnten.

Mitte des 18. Jahrhunderts, also kurz vor der russischen Eroberung, bot Transkaukasien etwa folgendes Bild: Auf dem Gebiet des heutigen Georgien bestanden, sieht man von kleineren autonomen Herrschaften ab, drei Königreiche: Kartli mit der Hauptstadt Tiflis war Erbe des alten georgischen Königreichs Iberien und stand unter persischer Oberherrschaft. Nordöstlich davon lag Kachetien am Kaukasus, das ebenfalls den Persern botmäßig war. Im Westen stand das Königreich Imeretien mit der Hauptstadt Kutaissi unter osmanischer Oberherrschaft. Die heute zu Georgien gehörenden Ufer des

Schwarzen Meeres waren unter drei Fürstentümern aufgeteilt, die von den Osmanen abhingen: im Norden zwischen Sotschi und Suchumi Abchasien; in der Mitte, zwischen Suchumi und Poti, Mingrelien; im Süden, zwischen Poti und Batumi, Gurien. Im Südwesten gab es noch das kleine Doppelfürstentum Samsche-Saatagabo, in dem vor allem Mescheten und Atabeken wohnten, die mit ihren Fürsten im 17. Jahrhundert islamisiert worden waren. Sie unterstanden direkter als die übrigen den Osmanen. In den unzugänglichen Bergregionen gab es kleine, fast autonome Gebiete, wie Swanetien mit einer georgischen orthodoxen Bevölkerung.

Die Gebiete der heutigen Sowjetrepubliken Aserbaidshan und Armenien bestanden aus muslimischen Chanaten, die von Persien abhängig waren: Gandsha, Baku, Scheki, Kuba (am Kaspischen Meer zwischen Daghestan und Baku), Schirwan, Karabagh (das das heutige Berg-Karabach und die umliegenden Gebiete umfaßte), Jerewan und Nachitschewan (das heutige Nachitschewan und Sangesur, ein Gebiet zwischen dem heutigen Aserbaidshan und Nachitschewan). Bedeutsam für die historische Entwicklung der folgenden Zeit wurde auch Maku im heutigen Iran zwischen der Türkei und Nachitschewan.

Die ethnische (sprachliche) Kartographie dieses Gebietes war komplexer als heute. Mit unterschiedlichen Schwergewichten lebten überall Aseri und Armenier. Sangesur, das heute rein armenisch ist, hatte eine noch überwiegend aserbaidshanische Bevölkerung, ebenso das Chanat Jerewan. Das heute fast rein aserbaidshanische Nachitschewan hatte einen großen armenischen Bevölkerungsanteil, in Karabagh könnte es schon damals eine armenische Mehrheit gegeben haben.

Seit dem Beginn des 19. Jahrhunderts fiel Transkaukasien in rascher Abfolge an Rußland, das einen fast ständigen Krieg sowohl gegen das osmanische Reich wie gegen Persien führte. 1801 wurde Kartli, das Kachetien gerade annektiert hatte, russisch. Es fielen 1803 Mingrelien, 1804 Imeretien und Gurien, 1806 Ossetien, 1810 Abchasien und ein Teil der aserbaidshanischen Chanate. 1828/29 führte Rußland gleichzeitig mit dem osmanischen und dem persischen Reich Krieg. Persien verlor Jerewan und Nachitschewan, die Osmanen Meschetien, d.h. die heute georgische Region um Achaltsich und Achalkali sowie Surmali südlich des Araks. Die Eroberung der Ebenen war kein großes Problem. Die immer wieder aufflammenden

Aufstände wurden unterdrückt. Schwieriger war die Eroberung der Berggebiete. So gaben die Swanetier erst 1858 auf. Im russisch-türkischen Krieg 1877/78 eroberte Rußland Batumi, Kars, Ardahan in Ostanatolien.

Bei allen Schwankungen verfolgte Rußland in Transkaukasien einige wesentliche Strategien. Zunächst war das Gebiet als Etappe, nicht als Ende des Ausgreifens gedacht. Transkaukasien sollte ein Vordringen sowohl in Persien wie in Anatolien ermöglichen. Dafür jedoch mußte es sicher sein. Das bedeutete zunächst eine Stärkung der christlichen Position. Es waren nach Möglichkeit größere und homogene christliche Territorien zu schaffen. Die Trennung Aserbaidshans in einen südlichen persischen und einen nördlichen russischen Teil entlang des Araks hätte durch einen christlichen Riegel entlang der Grenze gesichert werden können; dazu ist es nur im Falle Sangesurs gekommen, das Nachitschewan heute vom Rest Aserbaidshans isoliert. Gefördert wurde daher die Auswanderung muslimischer Bevölkerungen und die Einwanderung von Christen, vor allem von Armeniern. Die russische Bevölkerungspolitik mußte den Haß zwischen Christen und Muslimen verschärften. So brachte die Revolution 1905 Attentate, Aufstände und Pogrome entlang der ethnischen Linien. Ein wechselseitiges armenisch-aserbaidshanisches Massaker in Baku griff rasch auf die übrigen Städte und Dörfer über.

Die christlichen Territorien ihrerseits sollten möglichst eng an Rußland gebunden werden. Die russische Politik schwankte hier zwischen werbender Förderung und zwangsweisen Angleichungsversuchen, und je nach der Klugheit der jeweils Regierenden verhielt sie sich dabei brutaler oder geschickter. Die Georgier waren scheinbar weniger problematisch, aber auch weniger strategisch bedeutsam. Sie lebten überwiegend in geschlossenen Siedlungsgebieten, ihre Sozialstruktur ähnelte der russischen, und die georgische Kirche war im Unterschied zur armenischen griechisch-orthodox wie die russische. Ihren»Katholikos« (Patriarchen) abzusetzen und sie dem Moskauer Patriarchat zu unterstellen, erschien als Festigung eines politischen Bandes. Zur Not konnten auch die Repression und die Assimilationsschraube stärker angedreht werden. Denn außerhalb Georgiens hatten die Georgier keine Heimat.

Die Armenier hingegen waren innerhalb des Kaukasus mobiler. Sie waren, wesentlich mitbedingt durch äußere Zwänge, schon im 19. Jahrhundert auf der Wanderschaft. In Ostanatolien stellten sie ein großes Segment der Bevölkerung. Sie konnten zur Destablisierung des Osmanischen Reiches eingesetzt werden. Jede antiarmenische Repression im Osmanischen Reich würde die armenische Loyalität gegenüber Rußland fördern – was sich im Kriegsfalle auszahlen konnte. Umgekehrt konnte Rußland so immer glaubwürdiger als Beschützer der Christen unter türkischem Joch auftreten. Gegenüber dem entstehenden armenischen Nationalismus mußte sich der russische Staat daher anders verhalten als gegenüber dem georgischen. Wo er den einen brutal unterdrückte, ließ er sich mit dem anderen nur in Extremfällen in Konfrontationen ein. Die Spannungen, die sich dabei in der Türkei aufbauten und sich schon vor 1900 in Pogromen entluden, sicherten wiederum die Loyalität der Armenier im Kaukasus.

Die russische Strategie hatte auch eine europäische Komponente. Das Osmanische Reich bestand in der zweiten Hälfte trotz seiner Größe nicht mehr aus eigener Stärke, sondern weil die Konkurrenz der Großmächte noch kein Einverständnis über die Aufteilung zuließ. Die ungeheure russische Expansion des 19. Jahrhunderts hatte auf französischer und britischer Seite Besorgnisse geweckt. Das ausdrückliche russische Ziel, die Annexion der Meerengen und Konstantinopels, sollte auf jeden Fall verhindert werden. Joker der Westmächte waren in diesem Spiel die Griechen und Araber, die der Russen Bulgaren und Armenier.

Die russische Herrschaft veränderte nicht nur die ethnische Zusammensetzung Tanskaukasiens. Sie führte auch zu einem tiefgreifenden wirtschaftlichen und sozialen Wandel. Er betraf vor allem die christlichen Bevölkerungen. Mit der Befriedung des Großen Kaukasus wurde seit den sechziger Jahren eine gezielte Wirtschaftsentwicklung möglich. Der Kapitalismus drang nach Transkaukasien vor. Die Eisenbahn von Tiflis nach Baku und von Baku nach Rostow schloß das Gebiet an die russische Wirtschaftszone an. Baku wurde bis 1898 zum größten Petroleumproduzenten der damaligen Welt. Entlang den Eisenbahnlinien entwickelte sich eine bedeutende Industrie. Baku wurde so zu einer der bedeutendsten Industriestädte Rußlands, dessen Arbeiterschaft überwiegend aus Russen, Armeniern und Georgiern bestand. Hier verdiente sich auch der junge Georgier Dshugaschwili, alias Koba, alias Stalin seine ersten revolutionären Sporen. Die die Altstadt bewohnenden Aserbaidshaner waren zu einer Minderheit geworden. In kleinerem Maßstab war auch Tiflis seit der russischen Annexion zum politischen und kulturellen Zentrum Transkaukasiens aufgestiegen, war bedeutende Industriestadt mit einer multinationalen Arbeiterschaft. In dieser modernisierten Gesellschaft spielten Armenier eine herausragende Rolle. Sie stellten zu wesentlichen Teilen nicht nur das kleine Bürgertum, sie waren auch die Industriellen und Bankiers.

Mit dem Ersten Weltkrieg wurde Transkaukasien zum russischen Hinterland der anatolischen Front. Nach großen Anfangserfolgen lag die russische Armee bereits 1916 einem ebenfalls erschöpften osmanischen Gegner gegenüber. Der osmanische Genozid an den anatolischen Armeniern brachte große Flüchtlingsströme ins Land, die die feindseligen armenisch-aserbaidshanischen Spannungen verschärften.

Im Herbst 1917 brach die russische Kaukasusarmee zusammen und zog sich zurück. Armenische Milizen versuchten die bislang von den Russen besetzte Front zu halten. Die durch Transkaukasien zurückströmenden russischen Soldaten begannen zu marodieren und wurden ihrerseits von den örtlichen Bevölkerungen gejagt. In Jelisawetpol (Gandsha) kam es zum offenen Angriff der muslimischen Bevölkerung auf die russischen Soldaten. Georgier, Aserbaidshaner und Armenier rüsteten sich mit Waffen aus, die sie russischen Soldaten abgenommen hatten. Zwischen Armeniern und Aserbaidshanern tobte ein Krieg, dessen Ziel die Vertreibung der jeweils anderen aus ihren Siedlungsgebieten war.

Im März 1917 hatten die Vertreter der Regierung des Zaren fluchtartig Tiflis verlassen, woraufhin noch im selben Monat eine provisorische transkaukasische Regierung gegründet wurde, in der sich die dominierenden Parteien, die georgischen Menschewiken, die armenischen Daschnaken und die aserbaidshanische Musawat, zusammenfanden. Diese Regierung verstand sich zunächst als eine autonome politische Institution innerhalb des russischen Reiches. Vor allem die Armenier waren an keiner Sezession interessiert. Ebenfalls im März 1917 entstand in Baku ein russisch-armenischer Sowjet, der nach der Oktoberrevolution die neue bolschewikische Regierung anerkannte.

Gegen die Oktoberrevolution hielten die Transkaukasien dominierenden politischen Kräfte in Tiflis zum Versuch einer Einheit zusammen. Die Menschewiken, die Daschnaken und die Musawat gründeten am 28. November 1917 das »Transkaukasische Kommissariat«. Bei den Wahlen zum transkaukaischen Parlament, dem Sejm, vereinigten sie zusammen 90% der Stimmen auf sich. Die Bolschewiki, die nur 5% der Stimmen erhielten, mußten aus Tiflis fliehen. Ihr Führer Stepan Schaumian ging in die Bastion der Bolschewiki, nach Baku. Am 22. März 1918 entstand die Demokratische Föderative Republik Transkaukasien. Die in das Gebiet vordringenden Türken ließen jedoch die Interessen auseinanderplatzen. Die Musawat sympathisierte mit den Türken. Als muslimische Partei in einer türkischsprachigen Bevölkerung fürchtete sie die Russen – gleichgültig ob es sich um Rote oder Weiße handelte – am stärksten. Die Armenier sympathisierten mit den Briten, die nach außen hin die territorialen Forderungen der Armenier in Anatolien mitvertraten und die die Weißen, gegen die Bolschewiken kämpfenden russischen Armeen unterstützten. Für die georgischen Menschewiken erschien eine Zusammenarbeit mit den Weißen undenkbar. Sie sympathisierten mit den Deutschen, die zwar mit den Türken verbündet waren, aber deren Vordringen in Transkaukasien sie mit Sorge beobachteten. Auf deutsche Anregung erklärte sich Georgien daher am 26. Mai unabhängig und wurde de facto deutsches Protektorat. Zwei Tage später erklärte sich auch Aserbaidshan für selbständig und wurde de facto türkisches Protektorat. So waren auch die Armenier zu ihrer Unabhängigkeit gezwungen. Sie hofften auf britische Hilfe.

Baku durchlebte inzwischen eine wechselvolle Geschichte. Die Kämpfe zwischen Revolutionären und Konterrevolutionären wechselten sich mit ethnischen Bürgerkriegen ab. Anfang 1918 isolierten die Aserbaidshaner Baku und agitierten unter den Muslimen der Stadt. In dieser Situation überzeugten die Bolschewiki die Daschnaken von Baku, sich mit ihnen zusammenzuschließen. Die Kommune von Baku entstand im April 1918, während auf den Straßen Aserbaidshaner einerseits und russische, armenische und georgische Arbeiter andererseits gegeneinander kämpften. Als die türkischen Armeen die Stadt umzingelten, brach zwischen den Bolschewiki und den Sozialrevolutionären, die nach englischer Hilfe riefen, auch innerhalb des Sowjets der Konflikt aus. 26 bolschewikische Kommissare flohen auf einem Schiff, wurden aber von den Sozialrevolutionären wieder aufgebracht und erschossen. Britische Truppen besetzten Baku Ende August 1918 und zogen sich Anfang September vor den vordringenden Türken zurück. Am 14. September stürzte sich die aserbaidshanische Bevölkerung auf die armenische und veranstaltete ein großes Massaker. Zwei Tage später marschierte die türkische Besatzung ein, die sich aber nur bis zum Zusammenbruch der osmanischen Regierung Ende Oktober hielt. Mit ihr kam aus ihrer bisherigen Residenz Gandsha auch die aserbaidshanische Regierung.

Nach dem Zusammenbruch des Osmanischen und des Deutschen Reiches war Großbritannien die einzige Macht in der Region, die die Existenz der unabhängigen transkaukasischen Republiken garantieren konnte.

Trotz des Untergangs des Osmanischen Reiches blieben Teile seiner Armee in der Region und beteiligten sich an den nun mit großer Heftigkeit ausbrechenden Kämpfen zwischen Armeniern und Aserbaidshanern um Sangesur, Nachitschewan und Karabach. Unter dem innenpolitischen Druck einer starken Antikriegsbewegung begann sich Anfang 1919 die Schutzmacht Großbritannien zurückzuziehen. Als die Georgier um ein britisches Protektorat nachsuchten, trafen sie auf keine Hilfsbereitschaft mehr. Im November 1919 kontrollierte Aserbaidshan Karabach und versuchte erfolglos, Sangesur zu erobern. Auch der Krieg um Nachitschewan ging weiter. Die türkischen Offiziere führten die aserbaidshanische Armee gegen die Armenier und verbündeten sich gleichzeitig mit der Kommunistischen Partei Aserbaidshans, um die Musawat-Regierung zu stürzen. Denn inzwischen hatten die türkischen Revolutionäre Kemal Paschas (Atatürks) und die Bolschewiki ihre gemeinsamen Interessen entdeckt. Beide kämpften noch immer gegen die Briten bzw. gegen britisch unterstützte Interventen. Sowjetrußland fürchtete noch immer eine britische Invasion in Baku oder an der Schwarzmeerküste. Die Türken wünschten Frieden im Osten, um die im Westen des Landes vordringenden griechischen und französischen Armeen mit aller Kraft bekämpfen zu können.

Anfang April 1920 gründete das ZK der Russischen Kommunistischen Partei ein Kaukasisches Büro und unterstellte es dem Stab der 11. Armee im Kaukasus. Die aserbaidshanische Regierung in Baku wurde Ende April 1920 ohne große Mühe beseitigt. Kirow, Ordshonikidse und Mikojan – ein Russe, ein Georgier und ein Armenier – proklamierten die SSR Aserbaidshan. In das vom Krieg mit der Türkei erschöpfte Armenien drang die Rote Armee im November 1920 ein und brachte ein Revolutionskomitee mit, das die Sozialistische Republik Armenien mit der Hauptstadt Jerewan erklärte. Am 21. Feburar 1921 schließlich überschritt die Rote Armee auch die Grenzen Georgiens.

Während Armenien und Aserbaidshan schon annektiert waren und Tiflis noch belagert wurde, gingen die türkisch-russischen Grenzverhandlungen weiter. Zum Abschluß kamen sie am 13. Oktober. Die vereinbarten Grenzen sind noch die heutigen. Dieser Grenzvertrag legte auch fest, daß Nachitschewan und Karabach als autonome Gebiete an Aserbaidshan kamen und daß Adsharien als Teil Georgiens Autonomie erhielt. Achaltsich und Achalkali, das überwiegend von georgischen Muslimen bewohnt war, allerdings auch von Armenien beansprucht wurde, kam an Georgien. In einem internationalen Vertrag wurden also innere Grenzen eines Vertragspartners festgelegt.

Ganz Transkaukasien unterlag nun der auch in Rußland stattfindenden politischen und gesellschaftlichen Umwandlung. Am 12. März 1922 wurden die drei Sowjetrepubliken Georgien, Aserbaidshan und Armenien zur Transkaukasischen Sozialistischen Sowjetrepublik (ab Juli 1923 Transkaukasische Föderative Sozialistische Sowjetrepublik) zusammengefügt. Im Dezember 1936 wurde dieses heterogene Gebilde im Zuge der neuen Stalinschen Verfassung wieder in seine Bestandteile aufgelöst. Seine Geschichte wurde in der von Beria veröffentlichten »Geschichte der Bolschewikischen Partei Transkaukasiens«, die vor allem die revolutionäre Avantgarderolle des genialen Stalin hervorhob, offiziell bindend interpretiert. Unter Abzug der herausragenden Rolle Stalins blieb diese Interpretation bis 1985 gültig.

1. Georgien

SSR Georgien, Hauptstadt Tbilisi (Tiflis). Zahl der Georgier in der Sowjetunion: 1970 − 3,2 Mio., 1979 − 3,6 Mio., 1989 − 4,0 Mio. 1988 waren 65% der Bevölkerung Georgier, 11% Armenier, Russen und Ukrainer, die vor allem in den Industriezentren lebten, 12%. Aserbaidshaner − vor allem im Südosten − 4%. Daneben gibt es kleinere Minderheiten von Kurden, Juden und Assyrern.

Am 5. März 1956 bereitete sich Georgien darauf vor, den dritten Todestag Stalins am 9. März pompös zu feiern. Die Vorbereitungen wurden durch Gerüchte gestört, daß auf dem 20. Parteitag der KPdSU in Moskau der große Georgier Stalin verleumdet und damit das georgische Volk beleidigt worden sei. Es kam zu großen Demonstrationen in Tbilisi, an deren Spitze Studenten standen. In der Nacht vom neunten zum zehnten März setzte die Regierung Truppen des sowjetischen Innenministeriums ein. Es gab Dutzende von Toten; über hundert georgische Offiziere, die des Stalinismus verdächtig waren, wurden aus der Armee ausgestoßen. Das georgische Mißtrauen gegen die Russen hatte neue Nahrung bekommen. Heute würde eine Mißachtung Stalins kaum noch jemanden in Georgien in Harnisch bringen; die nationale Sensibilität ist geblieben.

Unter den kaukasischen Sprachen ist die georgische die einzige, die von mehr als einer Million Menschen gesprochen wird. Mit ihr nahe verwandt sind u.a. die Sprachen der Swanetier, Mingrelier und Lasen. Fernere Verwandte sind das Abchasische und das Adygische, das seinerseits in zwei Dialekte zerfällt, das Tscherkessische und das Kabardinische. Der Zusammenhang der kaukasischen Sprachen wurde erst 1930 nachgewiesen. Es gibt Hypothesen, die die georgische Sprache mit dem Baskischen, dem Etruskischen oder der Sprache des alten Reiches von Mitanni in einen Zusammenhang bringen.

Die Georgier sind wie die Armenier ein uraltes Volk, dessen Wurzeln sich bis ins erste vorchristliche Jahrtausend zurückverfolgen lassen. Wahrscheinlich standen sie damals unter dem Einfluß des Reiches von Urartu am Van-See. Später setzte sich von dem aus der Argonautensage auch Mitteleuropäern vertrauten Kolchis an der Schwarzmeerküste her griechischer Einfluß durch. Griechische Kolonien bestanden in Phasis (Poti) und Dioskurias (Suchumi). Im siebten vorchristlichen Jahrhundert herrschte das Königreich Iberien, das mit Spanien nicht zu verwechseln ist, über weite Teile Transkaukasiens. Es bestand auch nach den Feldzügen Alexanders des Großen (356-323) in Ostgeorgien mit der Hauptstadt Mzcheta-Armasi im Mtkwari-Tal fort. 65 v. Chr. sicherte Pompeius die römische Hegemonie über Iberien und unterstellte Kolchis und die Schwarzmeerküste direkter römische Herrschaft. Etwa 330 nach Christus wurden die Georgier zum Christentum bekehrt. Der Missionar und Gründungsheilige der georgischen Kirche − später auch Nationalheilige − war St. Nino. Wie die armenische bildete im fünften Jahrhundert auch die georgische Kirche eine eigene Schrift und mit ihr eine eigene Kirchensprache und Literatur heraus. So behielt sie durch alle politischen Zersplitterungen einen kulturellen Zusammenhang. Georgier zu sein hieß bis ins 20. Jahrhundert hinein georgischer Christ zu sein; die Muslime georgischer Sprache rechneten sich selbst nicht zu den Georgiern und wurden ihnen auch von anderen nicht zugerechnet.

Anders als die monophysitische armenische Kirche nahmen die georgischen Kirchenführer im Jahre 451 am Konzil von Chalkedon teil und schlossen sich dessen Bannstrahl gegen die Monophysiten an. Die georgische Kirche war unter einem eigenen Katholikos (Patriarchen) in Tiflis selbständig (autokephal), gehörte aber doch zur Gemeinschaft der griechisch-orthodoxen Kirche. Darin glich sie der sich ebenfalls durch eine eigene Schrift und Kirchensprache von der byzantinischen abgrenzenden ostslawischen Orthodoxie. Nicht nur aus geopolitischem Kalkül, sondern auch aus Gründen theologischer Vereinbarkeit unterstellte sich das Moskauer Patriarchat daher im 19. Jahrhundert die georgische Kirche, nicht aber die armenische.

Während Lasica (das Land der Lasen) an der Schwarzmeerküste seit dem 5. Jahrhundert byzantisches »Interessengebiet« war, interessierte sich Persien vor allem für Iberien. Die geographische Situation bestimmte weitgehend auch das politische Schicksal dieser Region. Während die Küstengebiete leicht beherrschbar waren, ließ die schwere Zugänglichkeit der Berge nur eine indirekte Herrschaft zu und ermöglichte damit eine eigenständige Entwicklung. Ende des 5. Jahrhunderts gelang es Wachtang Gorgaslan, der über mehr Tapferkeit als politischen Verstand verfügte, kurzfristig die Unabhängigkeit eines georgischen Königreichs mit der Hauptstadt Tiflis herzustellen. Sie wurde durch den persischen König Chosrow I (531-579) im 6. Jahrhundert wieder beseitigt. Drei Jahrhunderte lang stand Iberien nun unter indirekter Herrschaft: Die regionale Macht wurde durch die georgischen Magnaten jeder einzelnen Provinz wahrgenommen, die ihrerseits Vasallen nacheinander von Persien und Byzanz waren. Nach 654 gerieten sie unter die Herrschaft der Kalifen von Bagdad, die das Emirat Tiflis gründeten.

Ein neuer politischer Aufstieg begann Ende des 8. Jahrhunderts unter den Bagratiuni (Bagratiden), die auch in den armenischen Regionen des Kaukasus und Anatoliens zu den Herrscherfamilien zählten und von nun an in Georgien für tausend Jahre regierten. Aschot I., der Große, setzte sich in Artangi im byzantinischen Südwestgeorgien fest. Vom byzantinischen Kaiser erhielt er den hohen Titel eines »Kuropalates« (Hüter des Palastes). Aber so billig ließ sich Aschot nicht kaufen. Er nutzte die Schwäche der Kaiser und der

Kalifen und machte sich zum Erbfürsten in Iberien, das nun territorial zu expandieren begann. König Bagrat III. (975-1014) vereinigte alle Fürstentümer Ost- und Westgeorgiens unter seiner Macht, zahlte allerdings Tribut an die Seldshuken. Im 11. Jahrhundert, als immer mehr Turkmenenstämme nach Westen vordrangen, war Iberien eine Art vorgeschobener Schutzriegel für das wieder einmal desolate byzantinische Reich. Georgien aber war zu einer transkaukasischen Großmacht geworden. König Dawid (1089-1125) verbündete sich mit den Kreuzfahrern gegen die Sarazenen und eroberte das persische Schirwan. Georgi III. (1156-1184), der Glänzende, annektierte seinem Reich ganz Nord-Armenien.

Seinen politischen Höhepunkt erreichte dieses Reich unter der legendären Königin Tamar (1184-1213). Ihre Herrschaft reichte von Aserbaidshan bis Daghestan, von Jerewan bis Gandsha. Schirwan und Trapezunt (heute Trabzon) waren georgische Vasallenstaaten. Tamars Herrschaft wurde zugleich zur goldenen Zeit der georgischen Kultur. Der Dichter Schota Rustaweli schuf jenes große Werk, das heute als georgisches Nationalepos gilt, der »Mann im Tigerfell«. Das Land schmückte sich mit prachtvollen Palästen und Kirchen; georgische Mönche wanderten nach Palästina, Syrien, auf den Sinai und nach Griechenland und festigten alte Zusammenhänge. Unter Tamar wurde der armenische Adel am georgischen Hof führend, vor allem mit der Familie der Mechargerdseli, die eigentlich kurdischer Herkunft waren. Sie eroberten für Georgien, Dwin, Kars und Ani. Schließlich konnte sich das georgische Königshaus den persischen Titel Schahan Schah (König der Könige) zulegen.

Sein Ende erfuhr Iberien mit jener Invasion, die dem ganzen Nahen Osten zum Verhängnis wurde. 1235 erreichten die Mongolen die östlichen Teile Georgiens. Westgeorgien mit Kutaissi blieb zwar im Windschatten, Ostgeorgien jedoch wurde fürchterlich zugerichtet. Wie meist bei diesen Invasionen war vor allem der Einfall selbst fürchterlich. Nach der Eroberung richtete sich das Interesse der neuen Herren nicht mehr auf das Plündern und Verwüsten, sondern auf Tributzahlungen und Heeresaufgebote. Nachdem der Enkel Dschingis Chans, Hulagu (1256-1265), in Täbris die Dynastie der Ilchane gegründet hatte, die – unter Ghasan (1295-1305) – zum Islam übertraten und ihren Hof und ihr Herrschaftssystem dem persischen Vorbild anpaßten, gerieten Kartli und Kacheti (Ostgeorgien) in Vasallität zu dieser nun in Transkaukasien, Aserbaidshan und Persien herrschenden Dynastie. Imeretien (Westgeorgien) mit seiner Hauptstadt Kutaissi blieb unter einer anderen Linie der Bagratiden noch unabhängig.

Der Einfall des mongolischen Usurpators Timur (1386-1403) versetzte der georgischen Region den Todesstoß. Die einst blühende Kultur, die bislang alle politischen Wechselfälle überstanden hatte, lebte nur in einem kleineren Maßstab fort. Nachdem ein neuerlicher Einigungsversuch Alexanders I. (1412-1443) keine dauerhaften Ergebnisse gezeitigt hatte, bestand Georgien aus einer Reihe kleinerer, untereinander zerstrittener halbautonomer Fürstentümer. Die Eroberung Konstantinopels durch den Osmanen Mehmet II. 1453 isolierte Georgien vom westlichen Christentum und der westlichen Welt überhaupt. 1510 überfielen die Osmanen Imeretien, plünderten die Hauptstadt Kutaissi und unterstellten es ihrer Herrschaft.

Die georgischen Fürstentümer standen nun im Nordwesten unter osmanischer, sonst unter persischer Vasallität. Gesellschaftlich führend in ihnen war der Hochadel, rangniedriger war der zahlreiche Kleinadel, die Asnauri, der die bitter armen leibeigenen Bauern ausquetschte. Dieser niedere Adel war meist analphabetisch und kaum wohlhabender als seine Bauern; dafür lebte er in seinen Erinnerungen an frühere Macht und Ritterlichkeit. Ein georgisches Bürgertum gab es kaum in Ansätzen. Die georgische Kultur wurde in den Klöstern und in den Familien des Hochadels weitergepflegt. Dabei hielt sich eine Besonderheit, die die georgische Gesellschaft von der umgebenden orientalischen Kultur – sowohl der muslimischen wie der christlich-armenischen – unterschied: Die Frauen des Hochadels hatten einen hohen Rang und Zugang zur höchsten Bildung. Sie waren es, neben den Geistlichen, die die Kontinuität der georgischen Kultur sicherten. Zuweilen erschienen noch historische Gestalten, die an den vergangenen Glanz gemahnten. Einer der großen, wenn auch nicht unabhängigen Könige war etwa Wachtang VI. (1711-1724), der sich nicht nur als Gesetzgeber, sondern auch als Historiker und Dichter einen Namen machte.

Bereits seit der zweiten Hälfte des 18. Jahrhunderts begann sich die georgische Oberschicht nach Rußland hin zu orientieren. Von ihm erhoffte sie Schutz gegen die damals immer wieder räuberisch ins Land einfallenden Lesginen aus Daghestan. So kam es im Juli 1783 zum Vertrag von Georgijewsk mit Katharina II. König Erekle II. von Kartli und Kachetien (1744-1798) erkannte Rußland als Suzerän an, dafür garantierte Rußland die Unabhängigkeit des Königreichs und die Legitimität der Königsfamilie. Erekles Traum war es, Georgien unter russischem Protektorat wieder zu einem großen transkaukasischen Staat zu machen. Als aber die Perser auf diesen in ihren Augen verräterischen Vertrag reagierten, war Rußland weit. Ungehindert plünderten die Perser unter Agha Mohammed Chan am 11. September 1795 Tiflis und deportierten große Teile der Bevölkerung. Erst 1796 kam die kaiserliche Armee nach Georgien – vorerst zu einer kurzen Stippvisite. Als Erekle II. 1798 starb, war Georgien ruiniert, verwüstet und entvölkert. Nach dem Tode seines Nachfolgers Giorgi XII. Ende 1800 kam die russische Annexion.

An der Schwelle der russischen Eroberung unterschied sich die georgische Gesellschaft grundlegend von der armenischen. Während die armenische Gesellschaft ihren Adel fast völlig eingebüßt hatte und in eine ländliche ostanatolische Bevölkerung und eine teilweise sehr wohlhabende bürgerliche in der Diaspora aufgespalten war, läßt sich die georgische fast als Muster eines rückständigen und verarmten Feudalismus kennzeichnen. Der Kosmopolitismus des armenischen Bürgertums konstrastierte mit einer beschränkten georgischen Bodenständigkeit. Von außen erschien Georgien als kleines halborientalisches Land, mit Basarindustrie und Karawanenhandel, der nach Persien und ins osmanische Reich führte.

Der russische Zar fühlte sich nicht an die Details des Vertrags mit Erekle gebunden und annektierte 1801 ohne Federlesen Kartli und Kachetien. Die Bagratiden wurden abgesetzt, deportiert und durch russische Militärgouverneure ersetzt. Von Wladikawkas nach Tiflis wurde nun eine Militärstraße gebaut, die logistischer Ausgangspunkt weiterer Eroberungen wurde. 1811 wurde die Autokephalie der georgischen Kirche beseitigt, Tiflis zum einfachen russischen Bistum und die Stadt selbst zu einer russischen Garnisons- und Provinzstadt. Es herrschten nun russische Ordnung, Sicherheit, Bürokratie und Korruption. Die georgische Leibeigenschaft wurde der russischen angepaßt. So konnte sich Rußland der Kooperation der georgischen Führungsschichten versichern. Erst 1864, also drei Jahre später als sonst in Rußland, wurde die Leibeigenschaft aufgehoben. Inzwischen gingen die Annexionen weiter: 1810 wurde das Königreich Imeretien, 1857 Mingrelien, 1858 Swanetien und 1864 Abchasien annektiert. Nach der Eroberung von Batumi 1878 gehörte das gesamte georgische Siedlungsgebiet zu Rußland. Allerdings blieben vor allem die

Berggebiete rebellisch. Als nach 1840 eine verstärkte Russifizierungspolitik einsetzte, kam es zu Aufständen der Bauern und des Kleinadels in Gurien, Imeretien und Mingrelien.

Die Gleichschaltung machte Georgien zeitweise zu einer entlegenen russischen Provinz. Sie diente als Ort, wohin aufständische polnische Adlige und mißliebige russische Intellektuelle verbannt wurden; Georgien galt als das »warme Sibirien«. Die aus anderen Teilen des Reiches Verbannten brachten ihre aufrührerischen Ideen mit und fanden bei den Söhnen des niederen Adels offene Ohren. Regelmäßig versetzten die polnischen Aufstände auch Georgien in Erregung, obwohl die Georgier sich für ihre eigenen Aufstände eigene Anlässe suchten.

Die Aufhebung der Leibeigenschaft zerstörte die Reste der traditionellen Sozialstruktur und erleichterte der adligen Jugend den Bruch mit den regionalen Traditionen. Sie ging nun zum Studium nach Petersburg und Moskau, wo sie zu den Quellen des Oppositionsgeistes vorstieß. Die sich so heranbildende georgische Intelligenz war kosmopolitisch und mischte sich bald führend in die – ebenfalls nach Westen hin orientierten – sozialistischen Strömungen Rußlands ein. Dieser weltoffenen Tendenz gegenüber blieb der gleichzeitig entstehende romantische, christliche, das iberische Mittelalter verherrlichende Nationalismus zunächst minoritär.

Eine eigene Entwicklung nahm Tiflis unter dem Generalgouverneur Transkaukasiens Fürst Woronzow (1845-1854). Er bemühte sich, das Land wirtschaftlich zu entwickeln und machte die Stadt zur Metropole Transkaukasiens. Die »Grand Tour« der russischen Adelssprößlinge führte hierher, und dank des wirtschaftlichen Aufschwungs entlang der Eisenbahn im Kura-Tal wurde Tiflis reich. Gesellschaftlich dominierend waren nun die großen armenischen Unternehmer und Bankiers, denen Handwerker und Kaufleute folgten. Tiflis wurde eine überwiegend armenische Stadt und eines der Zentren der armenischen Kultur.

1872 wurde die Eisenbahn von Tiflis nach Poti fertiggestellt, 1883 die zwischen Batumi und Tiflis. Es entstanden Fabriken und Plantagen. Zugleich wuchs ein zunächst schmales georgisches Bürgertum heran, das einen eher modernen Nationalismus übernahm, der sich bereits gegen die von Alexander III. verschärfte Assimilisierungspolitik und das Verbot georgischer Schulen richtete. Zugleich entstand neben der armenischen auch eine georgische Arbeiterschicht, die später zur engeren Basis der Sozialdemokratie werden sollte. Trotz des insgesamt vorherrschenden Analphabetismus erlebte die georgische Gesellschaft mithin einen Traditionsbruch, der das geistige Leben intensivierte und weltläufig machte. Wo die Alphabetisierung hingelangte, wurden die Georgier zu einer lesenden Gesellschaft, in der sich fast schon ein Kult des Buches und der Bildung entwickelte. Schon vor 1917 verfügte die georgische Gesellschaft über einen verhältnismäßig hohen Anteil von Intellektuellen.

In der Zeit der besonders intensiven Russifizierungspolitk Alexanders III. wurde die romantische Nationalbewegung vor allem durch Fürst Ilja Tschawtschawadse – zunächst als literarische und soziale – Bewegung angeführt: die »Erste Gruppe«, deren Leitspruch »Sprache, Erde und Religion« war. Der Ärger über die Diskriminierung und Verdängung der georgischen Sprache und der Knechtung der Kirche durch das Moskauer Patriarchat wurde in der Hoffnung auf ein nationalromantisch idealisiertes mittelalterliches Georgien gebündelt. Entsprechend lehnte Tschawtschawadse sowohl den Kapitalismus wie den Klassenkampf ab. Wichtig war für ihn die Integrität des nationalen Territoriums aus historischer Legitimität. Als nationales Problem wurde auch die armenische Einwanderung und das armenische Kapital thematisiert.

Ein wesentlicher Teil der georgischen Intelligenz aber war kosmopolitisch orientiert und teilte den romantischen Nationalismus Tschawtschawadses noch nicht. In ihrer auf die russischen Metropolen und Europa gerichteten Orientierung wandten sich viele der Westler dem Marxismus zu. In engem Zusammenhang mit der russischen Sozialdemokratie entstand so eine starke sozialistische Bewegung, deren Führer aus der Geschichte der europäischen und russischen Sozialdemokratie wohlvertraut sind, wie Irakli Zereteli oder Nikolaj Tschcheidse. Die prominenteste Gestalt aber war seit Ende des 19. Jahrhunderts bis 1921 Noe Shordania. Bei der Spaltung der russischen Sozialdemokratie 1903 schlug er sich auf die Seite der Menschewiki, die unter seiner Führung zur dominierenden politischen Kraft in Georgien wurden.

Die Verwurzelung der Menschewiki in der georgischen Gesellschaft war außerordentlich stark. Zwar war die Arbeiterklasse noch klein, aber sie war sehr aktiv. Vor allem aber hatte sie ihre Bindungen zum Land noch erhalten. So hatte die sozialistische Bewegung in Georgien selbst in der Landbevölkerung einen starken Rückhalt. Ihre

Strukturen blieben trotz der großen Repression nach dem Generalstreik von 1905 intakt. Bei den Wahlen zur Duma 1906 gingen alle Sitze an sie. Die georgischen Bolschewiki hingegen, die sich auf Terrorakte spezialisiert hatten, blieben eine bedeutungslose Minorität, auch wenn einige von ihnen, wie Stalin, Ordshonikidse oder Berija, später sowjetische Geschichte machten.

Schon die Märzrevolution von 1905 hatte auch in Georgien zu Unruhen geführt; eine beginnende Guerrilla war durch Kosaken unterdrückt worden. Nach der Märzrevolution 1917 wurden Zereteli und Tschcheidse in Petrograd Minister unter Kerenskij. Im gleichen Monat bildete sich in Tiflis ein Sowjet, an dessen Spitze Shordania stand. Bis zum Oktober blieb Georgien jedoch ein Ort der Ruhe im sonst stürmischen Rußland. Nachdem die Menschewiki mit Hilfe der Arbeiter im November 1917 einen Putschversuch bolschewikischer Soldaten abgewehrt hatten, beschlossen sie die Sezession von Rußland und beteiligten sich mit den anderen nationalen transkaukasischen Parteien am 15. November am Transkaukasischen Komissariat, am 23. Januar 1918 am Sejm für Transkaukasien und an der kurzlebigen Transkaukasischen Föderation.

Nicht nur zwischen Christen und Muslimen, auch zwischen Georgiern und Armeniern kam es zu Spannungen. Sie erschienen bis zu einem gewissen Grade auch als Klassenkonflikte, in denen der verarmte georgische Adel gegen eine wohlhabende armenische Bourgeoisie stand. Durch den Zuzug armenischer Flüchtlinge aus Anatolien und Baku wurde der Konflikt weiter angeheizt. Es kam zu Repressalien gegen Armenier in Tiflis. Obwohl die Stadt noch immer mehrheitlich armenisch war, gelang es den Georgiern, den Stadtrat zu erobern. Nun begann eine armenische Abwanderung aus Georgien.

Politisch unterschieden sich die georgischen Interessen sowohl von den armenischen wie den aserbaidshanischen. Die Georgier waren kein Diasporavolk, es ging ihnen weniger um den Erwerb neuen Territoriums als um die Sicherung des historisch begründeten Bestandes. Eine Zusammenarbeit mit den Bolschewiki erschien ihnen ebenso unmöglich wie eine mit den russischen Weißen Armeen und den Briten, welche den georgischen Menschewiki mißtrauten. Die Sorgen und Bedrängnisse der Aserbaidshaner waren erst recht nicht die der Georgier. So bot sich 1918 zunächst ein Bündnis mit den Deutschen an, die zwar mit den Türken verbündet waren, aber vielleicht einen mäßigenden Einfluß auf deren Annexionsgelüste ausüben konnten. Auf deutschen Rat und unter deutscher Protektion schied Georgien am 26. Mai 1918 als erstes Land aus der Transkaukasischen Förderation aus und wurde unter Präsident Shordania unabhängig. Ein kurzer Grenzkrieg mit Armenien Ende 1918 um Achaltsich und Achalkali blieb Episode. Nach dem deutschen Zusammenbruch sah sich die georgische Führung nach britischen Schutz um. Die wirtschaftliche Lage des Landes war desolat, soziale Unruhen drohten. Überdies waren Aufstände in Abchasien und Ossetien niederzuwerfen. Dennoch gewann die Sozialdemokratie bei den Wahlen im Februar 1919 noch einmal 80% der Stimmen. Die menschewikische Regierung baute ein georgisches Schulwesen auf, gründete die Universität Tiflis, führte Anfang 1920 eine Bodenreform durch und schuf eine Sozialgesetzgebung. Als die Briten sich Ende 1919 zurückzuziehen begannen, geriet Georgien in die Isolation.

Am 7. Mai 1920 erkannte Sowjetrußland in einem Freundschaftsvertrag Georgiens Unabhängigkeit an und verzichtete auf alle territorialen Ansprüche. In einer Geheimklausel allerdings wurde der Kommunistischen Partei die ungehinderte Betätigung zugesichert. Sowjetischer Botschafter in Tiflis wurde Kirow, der stellvertretende Vorsitzende des Kaukasischen Büros der RKP(b). Er machte sich unverzüglich an die Vorbereitungen zum Aufstand. Sein Problem war, daß die Kommunistische Partei Georgiens schwach war und keinen Rückhalt in der Bevölkerung hatte. Im Januar 1921 wurde Georgien in den Völkerbund aufgenommen; Mitte Februar überschritt die 11. Armee unter Ordshonikidse (1886-1937) die Grenze. Am 4. März rief ein Revolutionskomitee die SSR Georgien aus. Am 17. März 1921 bestieg die menschewikische Regierung in Batumi ein Schiff in Richtung Istanbul. Die massive Repression unter der Leitung Ordshonikidses begann am 1. Mai; sie fand selbst in Moskau nicht einhellige Zustimmung. Allerdings wurde vielerorts und über längere Zeit heftiger Widerstand geleistet. Aber selbst mit den örtlichen Bolschewiki hatte die Moskauer Zentrale Probleme. Auch sie suchten dem Land soviel Autonomie wie möglich zu erhalten und opponierten gegen den zentralistischen Kurs Ordshonikidses und seines Vorgesetzten Stalin. Am 15. September 1922 veweigerte das ZK der georgischen KP seine Zustimmung zu Stalins Autonomisierungsprojekt, dessen Ziel es war, alle ehemals unabhängigen Länder zu Autonomen Republiken innerhalb der RSFSR zu machen. Im Sommer 1923 wurde diese Opposition zerschlagen und die georgische KP gesäubert.

Den letzte Aufstand unternahmen im August 1924 Bauern in Westgeorgien. Allerdings waren sie isoliert. Der Osten und die städtischen
Zentren, vor allem Tiflis, wo die Georgier noch immer in der Minderheit waren, blieb ruhig. Dieser Aufstand kostete dem noch vorhandenen Adel das Leben; seine letzten Reste wurden 1936-1938 mitsamt
der übrigen nationalen Intelligenz liquidiert. Auch die Sozialdemokratische Partei, die zwar unterdrückt, aber noch einflußreich war,
verschwand. Sie hatte sich nach dem Einmarsch dem romantischen
Nationalismus angeschlossen und gab damit jenes oppositionelle
Denken vor, das erst viele Jahrzehnte später wieder an die Oberfläche
kommen sollte. 1922 bis 1936 gehörte Georgien mit Armenien und Aserbaidshan
zur Transkaukasischen Republik. Mit der Verfassung Stalins von
1936 erschien es wieder als selbständige Einheit. Es war dies die Zeit,
in der Lawrentij Berija, der 1938 als NKWD-Chef blutiger Nachfolger des blutigen Jeshows wurde, als Erster Sekretär der Kommunistischen Partei aufzusteigen begann. Sein Nachfolger als Erster Sekretär, Kandid Tscharkwiani, beschleunigte die Industrialisierung und
die Mechanisierung der Landwirtschaft.

Trotz aller Russifizierungsbemühungen blieb die georgische Sprache im Lande selbst immer kulturell dominierend. Die Gefahr einer
Russifizierung wurde in aller Schärfe wahrgenommen, gerade deshalb war sie wohl weniger akut. Die gesellschaftliche Modernisierung, die die sowjetische Periode mit sich brachte, hat daher das
Georgische eher noch gestärkt. Wurde es zuvor als Hochsprache vor
allem vom Adel und den Intellektuellen gepflegt, während die bäuerliche Bevölkerung eine Fülle örtlicher Dialekte sprach, so vereinheit-
lichte und nationalisierte sich Georgien nun durch die modernen
Medien, Zeitungen und Radio.

1951/52 erschütterte die sogenannte »mingrelische Affäre« Georgien. Ministerpräsident Ruchadse informierte Stalin bei einem
Besuch über zwei vom Ausland finanzierte separatistische Verschwö-
rungen, eine georgische und eine mingrelische. Stalin ließ daraufhin
die ganze Führung Mingreliens verhaften. Tscharkwiani wurde entlassen und insgesamt 35 000 Personen wurden verhaftet. Auch wenn
dieser Separatismus nur Teil des stalinistischen Wahnsystems war,
der Lärm, den die Affäre machte, zeigt, daß der georgische Widerstand auch als latenter ernst genommen wurde. Schon 1956 demonstrierten Georgier für ihre Autonomie. Als 1978 das Russische im

Zuge einer Verfassungsreform anstelle des Georgischen zur Staatssprache erhoben werden sollte, kam es zu riesigen Demonstrationen, deren Forderungen vom damaligen georgischen Parteichef Schewardnadse unterstützt wurden. Das Georgische blieb Staatssprache. Gegen die Perestrojka schien Georgien lange immun zu sein. Das Land war schon zu Breshnews Zeiten eine Insel der Liberalität und der künstlerischen Produktivität gewesen, und die erste Maßnahme, die das Land traf, war angesichts seiner Kultur absurd. Wie in allen südlichen Länder wird hier gern Alkohol getrunken, ein Alkoholismus wie im Norden existierte als soziales Problem jedoch nicht. Die Georgier, die guten Wein produzieren und lieben, mußten im Zuge der Antialkoholkampagne zwischen 1986 bis 1988 rund 13 000 ha. Rebland opfern.

Die nationale Bewegung, die ab 1987 zunehmend an die Öffentlichkeit trat, berief sich schon früh auf die unabhängige Republik zwischen 1918 und 1921. Ihre Begriffe standen in der romantischen Tradition. Ein symbolischer Akt in diesem Sinne war es, als Ilja Tschawtschawadse im Herbst 1987 anläßlich der Festlichkeiten zu seinem 150. Geburtstag von dem Katholikos Ilja II. heiliggesprochen wurde. Nach ihm nannte sich auch eine der – neben der Nationaldemokratischen und der Grünen Partei – radikalsten nationalistischen Gruppierungen, die St. Ilja-Tschawtschawadse-Gesellschaft. Sie forderte schon 1988 eine separate georgische Staatsbürgerschaft, nationale militärische Formationen, einen scharfen Immigrationsstopp und die offizielle Anerkennung, daß die sowjetische Annexion von 1921 illegal gewesen war – allerdings stellten bald auch höchste Parteiinstanzen die Rechtmäßigkeit dieser Annexion in Frage. Gründer dieser Gesellschaft war – neben Merab Kostawa – Swiad Gamsachurdia, der Sohn des berühmten georgischen Romanciers Konstantin Gamsachurdia. Swiad Gamsachurdia war als Dissident schon seit 1956 in der Unabhängigkeitsbewegung aktiv und hatte dafür langjährige Gefängnis- und Lagerstrafen verbüßt. Erst 1987 war er aus dem Lager freigekommen. Kostawa, der ebenfalls seit 1956 als nationalistischer Dissident aktiv gewesen war, kam im Oktober 1989 bei einem Autounfall ums Leben. 100 000 Personen nahmen an seiner Beerdigung teil.

Wie sehr das gesellschaftliche und kulturelle Klima auf eine Radikalisierung drängte, zeigt die Entwicklung der Schota-Rustaweli-Gesellschaft. Sie wurde im Dezember 1987 als Gesellschaft zur

Pflege und Verteidigung der georgischen Sprache und Literatur unter Mithilfe offizieller Stellen in Leben gerufen. Daher stand sie unter dem Verdacht, ein Instrument der Partei zu sein, die wieder Kontrolle über das kulturelle Leben gewinnen wolle. Im März 1989 jedoch wurde der Literaturkritiker und Nationalist Akaki Bakradse zu ihrem Präsidenten gewählt. Er trat im April 1989 aus der Kommunistischen Partei aus und gab der Gesellschaft bald eine andere Orientierung. Bakradse forderte politischen Pluralismus, die nationale Unabhängigkeit und die Wiedereinführung des Privateigentums, vor allem an Grund und Boden. Nur Georgier hätten Anrecht auf georgisches Land. Minderheiten müßten die Geschichte, die Kultur, den Lebensstil, die Sprache und die Religion des Landes anerkennen.

Innerhalb des politischen Spektrums der georgischen Nationalbewegung nahm die Schota-Rustaweli-Gesellschaft allerdings eine Mittelposition ein – zwischen jenen, die die sofortige Sezession forderten und jenen, die eher politische und wirtschaftliche Autonomie anstrebten, zugleich jedoch ausdrücklich die Ziele Demokratisierung, Glasnost' und Zivilgesellschaft betonten. Dies entsprach auch der Linie der erst im Juni 1988 geschaffenen, im Juli 1989 offiziell gegründeten und bald darauf staatlich anerkannten Volksfront. Ihre Initiatoren waren Schriftsteller und informelle Aktivisten. Die Volksfront ist in radikalerer Weise national als ihre baltischen Entsprechungen. Während die baltischen Fronten allen Bürgern des jeweiligen Landes offenstehen, haben zur georgischen nur Georgier Zutritt.

Schon auf den Demonstrationen im September 1988 wie auch im Januar und Februar 1989 wurde der Ruf nach Sezession immer lauter. Ihr Emblem war die rot-schwarz-weiße Fahne des unabhängigen Georgien zwischen 1918 und 1921. Als die sowjetische Regierung im November 1988 ihr Projekt zur Verfassungsreform veröffentlichte, gab es wie überall an den Rändern des Reichs Aufregung. Sogar der Oberste Sowjet Georgiens lehnte den Entwurf ab. Seit den zwanziger Jahren war das der erste Bruch zwischen dem offiziellen Georgien und der Sowjetunion. Für kurze Zeit bestand zwischen den zehntausenden Demonstranten und Hungerstreikenden einerseits und der KP-Führung andererseits Einigkeit. Die Schota-Rustaweli-Gesellschaft sammelte Unterschriften.

Die Konflikte innerhalb der georgischen Opposition hatten lange die Bildung einer Volksfront nach baltischem Muster verhindert. Bei aller Verpflichtung auf die nationale Symbolik ist in kaum einer

Republik die Opposition so zerstritten. Daher blieb die Linie der Volksfront auch nach ihrer Bildung umkämpft. Vor allem Merab Kostawa forderte ihre Radikalisierung. Die Nationaldemokratische Partei mit ihrem Vorsitzenden Gia Tschanturia schloß eine Koalition mit der Volksfront schon deshalb aus, weil sie Mitglieder der Kommunistischen Partei aufnahm.

Hinter den Spannungen zwischen den verschiedenen Richtungen steckt auch ein Generationsbruch, der sich in Georgien besonders stark auswirkt. Während die ehemaligen Dissidenten und die junge Generation auf einen frontalen Sieg des nationalen Interesses setzen, sind die Älteren, die die Breshnew-Zeit noch bewußt erlebt haben, in der Regel vorsichtiger. Während die Jüngeren den Älteren vorwerfen, daß sie jahrelang die Russifizierung und die Korruption der Breshnew-Ära passiv akzeptiert hätten, bezichtigen die Älteren die Jüngeren einer illusionären Überschätzung des eigenen Durchsetzungsvermögens und der Bereitschaft der Westmächte, sich für Georgien militärisch zu engagieren.

Im April 1989 veränderte sich die innenpolitische Situation entscheidend. Als Reaktion auf Ablösungsbestrebungen in der zu Georgien gehörenden ASSR Abchasien verlangten die informellen georgischen Organisationen die Abschaffung der Autonomie Abchasiens und Adshariens. Am 4. April versammelten sich hungerstreikende Mitglieder der inoffiziellen Nationaldemokratischen Partei auf der Treppe des Regierungspalastes in Tiflis, protestierten gegen die abchasische Führung und ihren Sezessionswunsch und forderten den Austritt Georgiens aus der Sowjetunion. Fünf Tage lang waren sie Mittelpunkt der öffentlichen Aufmerksamkeit. Am 9. April um vier Uhr früh gab der sowjetische General Rodionow seinen Truppen den Befehl zur Räumung des Platzes. Einige Minuten später waren 19 Personen tot, viele von ihnen mit Spaten erschlagen. Die Menge wurde mit Gas vertrieben, in den folgenden Stunden gab es Hunderte Verletzte, vom Gas Verätzte und vier weitere Tote. Dieser militärische Sieg der Truppen des sowjetischen Innenministeriums über die unbewaffneten Demonstranten bedeutete zugleich den politischen Sieg all jener, die die Sezession wollten. Seit diesem Zeitpunkt vereinten die antirussischen Gefühle und der Wunsch nach Unabhängigkeit alle informellen Organisationen und politischen Parteien. Zu einer darüber hinausgehenden Einigung der Oppositionsbewegung kam es dennoch nicht.

Der ehemalige Parteichef und heutige Außenminister Schewardnadse konnte die Situation allenfalls beruhigen, als er sofort nach Georgien reiste, eine neue Parteiführung installierte, den Belagerungszustand aufhob und die Gefangenen befreite. Kurz nachdem ähnliche Entschlüsse in den baltischen Republiken gefaßt worden waren, beschloß der Oberste Sowjet Georgiens am 19. November 1989, daß von nun an die Republik Eigentümerin von Wasser, Land, Bodenschätzen und allen wichtigen Produktionsmitteln im Lande sei und georgisches Recht Allunionsrecht breche. Die Wehrpflichtigen sollten nicht mehr außerhalb der Republik dienen. Ohne daß der Austritt aus der Sowjetunion bereits verkündet wurde, bekräftigte der Oberste Sowjet das Recht auf Sezession. Schließlich beurteilte er auch den Anschluß von 1921 offiziell als »militärische Intervention« und als Verletzung des georgisch-russischen Vertrages vom Mai 1920. Der 26. Mai wurde zum offiziellen Nationalfeiertag erklärt. Am 2. Februar 1990 beschloß das ZK der georgischen Kommunistischen Partei die Abschaffung ihrer führenden Rolle. Am 9. März 1990 verlangte der Oberste Sowjet Georgiens den Beginn von »Verhandlungen über Einsetzung einer unabhängigen georgischen Regierung, weil er die Übereinkunft mit der UdSSR von 1922 als illegal betrachtet«.

Es ist aber nicht nur das Verhältnis zur Sowjetunion, das zur nationalen Radikalisierung beiträgt, sondern auch der Konflikt mit den nationalen Minderheiten innerhalb Georgiens. Viele Georgier fürchten, zu einer Minderheit zu werden; denn ihre Geburtenrate ist niedriger als die der nationalen Minderheiten. Hinzu kommt eine akute Überfremdungsfurcht und eine sich aus dem romantischen Nationalismus speisende Mythisierung des Bodens. Auf diesem Hintergrund wuchern immer wieder Gerüchte über Landkäufe von Nicht-Georgiern, die von der Moskauer Zentrale oder aserbaidshanischen und anderen feindlichen Organisationen gesteuert würden. Der Philosoph Nodar Natadse startete unter dem Motto »Georgien den Georgiern« eine Kampagne gegen Landverkäufe an aserbaidshanische und lesginische Familien durch korrupte georgische Funktionäre.

In diesem Klima mußten interethnische Konflikte ausbrechen. So gab es heftigen Widerstand, als meschetische Familien in ihre alten Siedlungsgebiete an der Südwestgrenze Georgiens zurückkehren wollten. Sie waren im Zuge der Völkerbestrafung Stalins 1944 von dort nach Usbekistan umgesiedelt worden und gerade Opfer usbekischer Pogrome im Fergana-Tal geworden. Ethnische Konflikte brachen im Oktober 1988 auch in den Gebieten Marneuli und Bolnisi südlich von Tiflis auf, als die dort zahlreich lebende aserbaidshanische Bevölkerung ein autonomes Gebiet forderte. Die Unabhängigkeitsdynamik ist kaum noch aufzuhalten. Die Kommunistische Partei unter Givi Gumbaridse hat zwar eine Fraktion, die für ein Verbleiben in der Sowjetunion plädiert; ihr gehören vor allem die Konservativen und die Parteiorganisationen Abchasiens und Süd-Ossetiens an. Gewichtiger ist jedoch die Fraktion, die die volle Unabhängigkeit will. Für die anderen gibt es zur Unabhängigkeit erst recht keine Alternative. Der Unterschied liegt in der Wahl der Mittel. Zu den Radikalen gehören heute: die Nationaldemokratische Partei, die Georgische Unabhängigkeitspartei, die Monarchistische Partei, die Gesellschaft St. Ilja Tschawtschawadse und die Republikanisch Föderative Partei – sie lehnen jede Kooperation mit dem »illegalen System« ab; zu den Gemäßigten zählen die Sozialdemokratische Partei, die Schota-Rustaweli-Gesellschaft und die Georgische Volksfront – sie wollen durch eine Veränderung der bestehenden Institutionen und durch ein Mehrparteiensystem die Unabhängigkeit erreichen. Auf dem ersten Kongreß des »Nationalen Forums« vom 23.-25. Mai 1990, das als Dachorganisation aller nationalen Organisationen gedacht war, zeigte es sich, was diesen Unterschied ausmacht. Die 150 versammelten politischen Gruppen beschlossen zwar, wie in Estland einen »Nationalkongreß« zu bilden, der als alternatives Parlament fungieren und mit Moskau Verhandlungen aufnehmen sollte. Als aber der Vorsitzende der Volksfront den »litauischen Weg« vorschlug, wurde er ausgepfiffen. Denn der litauische Weg sei einer mit friedlichen Mitteln; mit friedlichen Mitteln aber könne die georgische Unabhängigkeit nicht erreicht werden.

Angesichts dieser brisanten Situation wurden auf Ersuchen der Volksfront die Wahlen zu den kommunalen Volksvertretungen und zum Obersten Sowjet Ende März 1990, wenige Tage bevor sie stattfinden sollten, auf den Herbst verschoben. Die Gemäßigten, die nur den litauischen Weg wollen und deshalb in die Defensive geraten sind, müssen erst Kräfte sammeln, um einen Sieg der Radikalen verhindern zu können.

2. Abchasien und Ossetien

Adsharische ASSR, Hauptststadt Batumi, ca. 150 000 Adsharen: Süd-Ossetische Autonome Oblast, Hauptstadt Zchinwali (früher Staliniri). 70% der Bevölkerung sind Osseten, 27% Georgier. Die zur RSFSR gehörende ASSR Nord-Ossetien, Hauptstadt Ordshonikidse (1931 Wladikawkas, bis 1955 Dsaudshikau), 84% der Bevölkerung Nord-Ossetiens sind Osseten, 7% Slawen. Osseten insgesamt in der Sowjetunion: 1979 – 541 893, 1989 – 597 802 Abchasische ASSR, Hauptstadt Suchumi: die 500 000 Einwohner sind zu 18% muslimisch-sunnitische Abchasen, zu 46% Georgiern, zu 16% Russen; der Rest sind vor allem Armenier und Aserbaidshaner. Abchasen insgesamt in der Sowjetunion: 1979 – 90 915, 1989 – 102 938.

Zur Radikalisierung der georgischen Nationalbewegung haben die Konflikte um die zu der Republik gehörenden autonomen Territorien besonders beigetragen. Die georgischen Nationalisten lehnen deren Autonomie überhaupt ab und insistieren auf der Integrität Georgiens. Die Minderheiten hingegen fürchten sich gerade deshalb vor dem potentiell außerordentlich intoleranten georgischen Nationalismus und verstärken ihre Sezessionsforderungen. Das wiederum verstärkt die georgische Radikalität. Die wechselseitigen Ansprüche schaukeln einander hoch, jede Seite hat recht, und die großen Unterschiede in Kultur und Selbstverständnis schließen Kompromisse tendenziell aus.

Verhältnismäßig konfliktfrei war bislang noch der Konflikt mit der Adsharischen ASSR am schwarzen Meer. Adsharien kam erst nach dem russisch-türkischen Krieg 1878 an Rußland, zum autonomen Gebiet wurde es 1921. Hier leben neben Georgiern vor allem Lasen und Adsharen. Die Lasen sind sunnitische Muslime und sprechen eine kaukasische, dem Georgischen nahestehende Sprache. Eine – überraschenderweise fast tolerierte – lasische Minderheit lebt auch an der türkischen Schwarzmeerküste. Die Adsharen sind letztlich sunnitisch-muslimische Georgier. Die Loyalitäten sowohl von Lasen wie von Adsharen richteten sich traditionell eher auf die Türkei als auf das christliche Georgien. Eine Abspaltung von Georgien jedoch forderten seit 1989 erst kleinere Gruppen.

Gewichtiger wurde der Konflikt um Süd-Ossetien. Die iranisch-sprachigen sunnitisch-muslimischen Osseten sind wahrscheinlich Nachkommen des einst gefürchteten iranischen Reitervolks der Alanen, die im ersten Jahrhundert nach Christus aus Zentralasien über die Wolga nach Westen zogen. Nachdem sie bis ins 4. Jahrhundert die Steppen zwischen Wolga und Don beherrscht hatten, wurden sie von den Hunnen vertrieben. Eine Gruppe floh nach Westen, machte gemeinsam mit den Vandalen und den Sueben Europa unsicher und gründete schließlich ein eigenes Königreich im Gebiet des heutigen Portugal. Eine zweite Gruppe suchte Sicherheit im Refugium der Völker, dem Kaukasus. Hier lebten sie auf beiden Seiten des Kamms des Hohen Kaukasus, der heute die Grenze zwischen der RSFSR und Transkaukasien darstellt. Dieser Kamm trennt auch die Nord-Ossetische ASSR, die zur RSFSR gehört, von der Süd-Ossetischen Autonomen Oblast, die Teil Georgiens ist. In beiden Gebieten sind Osseten in der Mehrheit, in beiden haben sie ihr Zusammengehörigkeitsgefühl nicht verloren.

Nachdem 1989 die süd-ossetische Volksfront »Ademon Nychas« die Forderung nach einer Vereinigung mit der nord-ossetischen ASSR aufgestellt hatte, waren georgische Studenten in die Hauptstadt Zchinwali gereist, um zu protestieren. Nur der Eingriff von Truppen des Innenministeriums verhinderte ein Blutbad. Nun wollen die süd-ossetischen Nationalisten eine Vereinigung mit Nord-Ossetien. Die georgischen Nationalisten sehen hinter den ossetischen Wünschen die steuernde Hand Moskaus, die den georgischen Freiheitskampf ersticken will. In Georgien zirkulieren Gerüchte, daß der KGB Waffen an die Süd-Osseten liefere.

Besonders heftig aber waren die Konflikte um die paradiesische kleine ASSR Abchasien am Schwarzen Meer. Die abchasische Sprache gehört wie das Georgische zur kaukasischen Sprachfamilie; die abchasische Tradition verweist aber auf die muslimischen Zusammenhänge des Großen Kaukasus. Mit ihrer bäuerlichen »Grünen Armee« hatten die Abchasier an der Seite anderer muslimischer Kaukasusvölker sowohl gegen den weißgardistischen General Denikin und die Briten wie gegen die Rote Armee gekämpft. Eine kurze Zeit lang war Abchasien nach dem Ersten Weltkrieg unabhängig. Die Grüne Armee hielt unter dem Leitspruch »Erde und Freiheit« am 18. November 1919 ihren ersten Kongreß ab und eroberte am 2. März 1920 Sotschi. Einen Monat später erlag sie der Übermacht der Roten Armee. Von 1921 bis 1930 war Abchasien eine eigene Sowjetrepublik, wurde dann jedoch Georgien angeschlossen.

Der interethnische Konflikt ergibt sich aus den Erinnerungen und der demographischen Situation. Die Abchasen fürchten eine georgische Überfremdung und Assimilation. Tatsächlich sind sie längst eine Minderheit im eigenen Land und angesichts des georgischen Nationalismus halten sie die Sezession für ihre einzige Chance. Die Georgier hingegen sehen sich in Abchasien diskriminiert. Sie klagen darüber, daß georgische historische Monumente zerstört und georgische Toponyme systematisch durch abchasische ersetzt würden. In georgischen Samisdat-Publikationen kursiert der Vorwurf, daß sich Georgier in Abchasien nicht mehr ansiedeln dürften, keine Grundstücke zum Hausbau zugeteilt bekämen und die georgische Sprache diskriminiert werde.

Schon 1978 hatte es in Suchumi und an anderen Orten Demonstrationen gegen die wirtschaftliche, soziale und kulturelle Vernachlässigung der Abchasen gegeben; schon damals wurde die Angliederung Abchasiens an die RSFSR verlangt. Die Partei- und Staatsführungen der UdSSR und Georgiens hatten damals Programme zur Beruhigung der Situation eingeleitet, eine abchasische Universität gegründet, abchasische Fernsehsendungen eingerichtet und die abchasischen Publikationsmöglichkeiten ausgeweitet. Abchasisch wurde neben Russisch und Georgisch in den Rang einer Staatssprache erhoben. Aber 1987 flammten die Konflikte wieder auf, als georgische Hochschullehrer die georgische Abteilung der Universität Suchumi in eine örtliche Filiale der Universität Tiflis verwandeln wollten. Viele Abchasen protestierten, es fielen Schüsse auf georgische Studenten. Am 17. Juni wandten sich hohe abchasische Funktionäre offiziell an die 19. Parteikonferenz der KPdSU und bat darum, Abchasien von Georgien zu lösen und zur SSR zu machen. In Abchasien selbst gab es Demonstrationen, die für die abchasische ASSR den Status einer SSR oder den Anschluß an die RSFSR forderten. Als die georgische Parteiführung hierauf nicht reagierte, kam es in Tiflis zu großen Gegendemonstrationen.

Der Konflikt flammte im März 1989 wieder auf. Auf Massenversammlungen wurden 30 000 Unterschriften für eine abchasische Petition gesammelt, der sich 5000 Armenier, Russen und Griechen anschlossen. Wieder ging es um den Anschluß an die RSFSR oder eine eigene SSR. Wieder kam es zu Krawallen, bei denen 19 Personen starben. Anfang April 1989 forderten georgische Studenten der Universität Suchumi, daß deren georgischer Zweig der Universität Tiflis zugeschlagen werden solle, und traten in den Hungerstreik. Die georgische Regierung erfüllte diesen Wunsch. Daraufhin reiste eine Delegation abchasischer Funktionäre nach Moskau, um sich zu beschweren. Nach ihrer Rückkehr wurden sie von der georgischen Regierung gefeuert. Die große Hungerstreikaktion in Tiflis schließlich, die in dem Massaker vom 9. April endete, war mit eine Reaktion auf die abchasischen Sezessionswünsche. Am 15. Juli 1990 wurden die Aufnahmeprüfungen für georgische Studenten von Tiflis aus organisiert. Wieder griffen Abchasen georgische Studenten an. Es gab sechs Tote und in den nächsten zwei Wochen weitere 16. Auch im Falle Abchasiens scheinen die wechselseitigen Ressentiments kaum noch lösbar zu sein. Es kommt immer wieder zu Reibereien.

3. Armenien

SSR Armenien, Hauptstadt Jerewan (Eriwan), 3,5 Millionen Einwohner, Anfang 1989 noch 5% Aserbaidshaner, 2% Russen, 2% Kurden. Das Armenische ist eine selbständige indogermanische Sprache, die möglicherweise mit dem ausgestorbenen Phrygischen, vielleicht auch dem Thrakischen verwandt ist. Unter den lebenden Sprachen könnten Zusammenhänge zum Albanischen bestehen. Insgesamt lebten in der Sowjetunion 1970 − 3,6 Mio. Armenier, 1979 − 4,2 Mio., 1989 − 4,6 Mio.

Von den heute etwa acht Millionen Armeniern leben etwa 4,6 Millionen in der Sowjetunion, die Mehrheit in der Diaspora, vor allem im Nahen Osten, in den USA, in Australien und in Frankreich. Armenien ist die kleinste Sowjetrepublik und − mit 1987 90% Armeniern − die ethnisch homogenste. Diese Homogenität hat wegen der Flucht der aserbaidshanischen Bevölkerung in den letzten beiden Jahren zugenommen.

Die Armenier sind 1915 durch einen Genozid im Osmanischen Reich schwer getroffen worden. Um diesen Völkermord kreist ein wesentlicher Teil des seitherigen armenischen politischen Denkens; er hat für die Armenier die Bedeutung, die der Holocaust für die Juden nach dem Zweiten Weltkrieg hat. Immer wenn Armenier über ihre Nation reden, ist dieser Genozid als Hintergrund präsent. Stets präsent ist auch der Stolz darauf, einer besonders alten Kulturnation anzugehören, die allen geschichtlichen Widrigkeiten zum Trotz ihre Individualität bewahrte. Bei sehr vielen Armeniern ist der Schmerz über die verlorenen alten Siedlungsgebiete in Ostanatolien, in denen heute Kurden und Türken leben, ein zusätzlicher Stachel des politischen Denkens.

Als historisch-geographische Einheiten werden zwei Armenien unterschieden:»Großarmenien« umfaßt Ost-Anatolien mit etwa den ehemaligen Osmanischen Vilayets Erzurum, Bayazit, Kars, Van, Bitlis, Teilen von Trabzon und Erzincan und große Teile, wenn nicht das ganzen Gebiet Transkaukasiens.»Kleinarmenien« in Südanatolien entspricht etwa Kilikien und den ehemaligen Vilayets Adana und Maras (heute Kahramanmaras). All diese Gebiete hatten einst eine teils majoritäre teils minoritäre armenische Bevölkerung; in vielen herrschten armenische Fürsten. Es gibt in Anatolien und in Transkaukasien kaum ein Fleckchen Erde, auf das nicht mehrere Völker mit historisch-nationalen Begründungen Anspruch erheben könnten.

Etwa zu Beginn des ersten Jahrtausends vor Christus sind armenische Stämme von Thrakien her nach Ostanatolien gekommen, wo sie sich auf den Trümmern des eben untergegangenen Reiches Urartu ansiedelten. Sie hatten sich zunächst mit den Skythen und den Kimmerern auseinanderzusetzen und wurden Mitte des Jahrtausends zunächst dem Reich der Meder und 550 durch Kyros den Großen, dem Gründer der Achämeniden-Dynastie, dem Reich der Perser einverleibt. Die Sprache und Kultur der herrschenden Schichten Armeniens wurde persisch. Auch die Gesellschaftsstruktur entsprach der des achämenidischen Persiens.

Im persischen Kultur- und Herrschaftsbereich blieben die Armenier zunächst auch während der Regierungszeit der hellenistischen Seleukiden. Als der persische König Antiochus III., der Große, 190 v.Chr. bei Magnesia (Manisa) von den Römern geschlagen wurde, konnten sich zwei armenische Satrapen, Artaxias und Zariadres, mit römischem Einverständnis zu Königen in Großarmenien und in Sophene machen. (Natürlich versuchten die beiden sofort, einander zu beseitigen.) Es war der armenische Herrscher Tigranes I., der Große (95-55), der im Bündnis mit Mithridates von Pontus dem Seleukidenreich den Todesstoß versetzte, durch die Eroberung Sophenes beide Reiche vereinte und große Gebiete in Persien und Syrien annektierte. Gegen Rom konnte sich dieses neue Reich jedoch nicht behaupten. 69 v. Chr. eroberte Lucullus die Hauptstadt Tigranakert und 67 Pompeius Artaschat. Armenien wurde jedoch nicht Provinz, sondern größter römischen Vasallenstaat im Osten, genauer gesagt Pufferstaat und Schlachtfeld zwischen den rivalisierenden Großreichen der Parther und der Römer. Je nach der Machtkonstellation wechselten die politischen Neigungen der armenischen Herrscher. Der römische Historiker Tacitus bezeichnete die Armenier daher als »ambigua gens« (zwielichtige Leute).

Eine neue Epoche brach unter König Terdat (Tiridates) III. um 300 n. Chr. an. Schon zuvor hatten griechische und syrische Missionare das Christentum unter den Armeniern verbreitet. Nun wurde es zur Staatsreligion erklärt und das Heidentum verboten. Der große Bekehrer und damit armenische Nationalheilige war Gregor der Erleuchter. Kulturell bedeutete die Christianisierung einen Bruch mit der bisher hegemonialen persischen Kultur. Armenisch wurde zur Sprache der Religion, der Kultur und schließlich auch der Verwaltung. Natürlich hatte die Bekehrung auch eine politische Seite: Der armenische Klerus, unter dem sich viele umgeschulte ehemalige heidnische Priester befanden, war neben den Römern wesentliche Stütze des Herrscherhauses; der Adel hingegen und zum Teil die Bevölkerung rebellierten immer wieder, denn die neue Staatsreligion bedeutete nicht nur einen Bruch mit dem Herkommen, sie führte zur Zentralisierung der Macht. Noch lange wurden armenische Kirchen und Klöster zum Schutz auch vor der eigenen Bevölkerung mit Mauern umgeben.

390 wurde Armenien zwischen dem oströmischen Reich (Byzanz) und Persien aufgeteilt. Der byzantinische Teil wurde Provinz, was den armenischen Fürsten nicht schadete. Viele byzantinische Generäle und Kaiser kamen fortan aus armenischen Familien. Der persische Teil blieb zunächst autonom. Auf Bitten des armenischen Adels, der Nacharar, wurden die Dynastie der Arsakiden 428 jedoch endgültig beseitigt und ein persischer Gouverneur eingesetzt. Allerdings blieb das persische Armenien aus religiösen Gründen rebellisch, denn die Perser versuchten zuweilen, ihre Staatsreligion, den Zoroastrismus, den Armeniern gewaltsam schmackhaft zu machen. Wie die Römer zogen auch die Perser einen halbwegs loyalen Vasallen- und Pufferstaat gegen Byzanz einer direkt verwalteten Provinz vor. Für die Zusage, im Kriegsfall Bewaffnete zu schicken, erhielt Persisch-Armenien daher 484 innere Autonomie und religiöse Freiheit.

Die kulturelle Eigenständigkeit wurde durch das eigene armenische Alphabet, das Bischof Mesrop zwischen 392 und 406 entwickelte, weiter befestigt. Es bedeutete nicht nur eine erste Differenzierung von der griechischen Kirche, es schuf auch einen spezifischen Orientierungspunkt armenischer Gemeinsamkeit, gleichgültig welcher politischen Herrschaft Armenier fortan unterstanden. Mit Mesrop begann die Übersetzung der Bibel, der Kirchenväter und sogar die Aufzeichnung der bislang mündlich tradierten heidnischen Epen. Das Armenische wurde damit zu einer vollgültigen Literatur- und Kultursprache.

Diese armenische Besonderung wurde 451 durch einen historischen Zufall verstärkt. Wieder einmal ausgebrochenes Waffengeklirr und Gemetzel hinderte die armenischen Kirchenführer, am Konzil von Chalkedon teilzunehmen, auf dem gegen den Widerstand der Syrer und Ägypter (Kopten) der Monophysitismus als Häresie verdammt wurde. Während die lateinischen und die griechischen Christen von nun zu glauben hatten, daß Christus in seiner Person zwar göttliche und menschliche Natur vereine, daß diese beiden Naturen aber dennoch wesensverschieden sind, blieb es Dogma der Monophysiten, daß Christus die menschliche Natur in die göttliche aufgenommen habe, daß also die göttliche Natur von Christus menschliche Attribute besäße. Die verhinderten Armenier blieben so wie die syrischen Christen und die ägyptischen Kopten Monophysiten. Ein armenisches Konzil verdammte 555 die Beschlüsse von Chalkedon endgültig als häretisch. Nun war die armenische Kirche von der griechischen – und der georgischen – nicht nur in Schrift und Sprache, sondern auch religiös getrennt. Der Konversionsdruck, den die griechische Kirche von da an immer ausübte, wenn armenisches Gebiet unter byzantinische Herrschaft kam, förderte die traditionelle Schaukelpolitik der armenischen Herrscher. Nicht selten zogen sie die tolerantere muslimische Herrschaft vor.

Mitte des 7. Jahrhunderts kamen die armenischen Gebiete unter arabisch-muslimische Herrschaft. Gegenüber dem byzantinischen Bemühen, die Armenier durch die Unterdrückung des Adels und massive Umsiedlungen zu hellenisieren, bedeutete das eine Erleichterung. Wo die Araber nicht eigene Emirate errichteten, übten sie eine indirekte Herrschaft aus. Dies ermöglichte den Aufstieg einiger armenischer Familien, die über Jahrhunderte mächtig blieben, u.a. die Bagratuni, die Arzruni und die Siuni. Den Bodensatz der armenischen Gesellschaft bildeten die Sklaven und die freien und unfreien Bauern. Über ihnen stand ein niederer Feudaladel, der vom eigentlich herrschenden und immer rebellischen mittleren Adel, den Nacharar, regiert wurde. Über diesen standen einige »Ischchan« und darüber der jeweils regierende König. Für den gesamtarmenischen Zusammenhang sorgte die Kirche, die als Stabilitätsfaktor von den Arabern geschützt und außerordentlich reich wurde. Die arabischarmenische Symbiose schloß örtliche Rebellionen nicht aus, sobald die Kalifen in Bagdad schwach und die Tribute folglich drückend schienen. Jeder Rebellion folgte, wie üblich in dieser Zeit, eine wilde Repression, die vor allem die Unterschichten dezimierte. Immerhin erlaubte der Kalif noch 922 den Bagratidenherrschern von Ani, sich den persischen Titel Schahan Schah (König der Könige) zuzulegen und die anderen Königreiche der Region im Schach zu halten. Denn immer wieder versuchten armenische, georgische, abchasische oder kurdische Fürsten, ihr eigenes Tal in die Unabhängigkeit zu führen und ihre Nachbarn zu annektieren. Neuzeitliche Historiker fanden hier ein unerschöpfliches Belegmaterial für den ununterbrochenen Freiheitskampf ihrer jeweiligen Nationen.

Seit dem 11. Jahrhundert drangen von Osten her Turkmenenstämme nach Transkaukasien und von dort nach Anatolien vor. Sie erreichten 1057 Kars, 1059 Sebaste (Sivas), 1064 das armenische Zentrum Ani. Die ersten Folgen der turkmenischen Einfälle waren Massaker und Sklaverei; die Landwirtschaft lag danieder. Viele Armenier flüchteten teils nach Kilikien, teils ins byzantinische Reich. 1071 errangen die Turkmenen unter Alp Arslan bei Manaskert (Manzikert) ihren großen Sieg über Byzanz. So schrecklich der Einfall der Turkmenen jedoch war, ihre Herrschaft danach unterschied sich zunächst kaum von der arabischen. Die unter dem Ansturm der Turkmenen zusammengebrochenen Großreiche hinterließen ein Machtvakuum, das den Aufstieg lokaler Dynastien ermöglichte. Armenische und kurdische Emirate existierten unfriedlich nebeneinander und zahlten Tribut an die seldshukischen Sultane, die inzwischen ihr Reich aufbauten. Zuweilen wurden Teile der Region zum Schlachtfeld zwischen Byzantinern und Turkmenen, sei es seldshukischen, sei es Osmanischen.

Der Einfall der Mongolen, der den Aufstieg der Osmanen unterbrach, führte wieder zu großflächigen Verwüstungen. Den Niedergang der bisher blühenden ostanatolischen Städte verursachte letztlich aber erst die Zerstörung des Kalifats 1258. Die Mongolen garantierten dem Fernhandel nun den sicheren Landweg, so daß die Handelsstraße aus China und Indien nicht mehr über den Indischen

Ozean und dann den Euphrat und Tigris hinauf zum Schwarzen Meer kam, sondern den Kaukasus südlich umging, das Flachland Aserbaidshans am Kaspischen Meer durchquerte und über die zentralasiatischen Steppen- und Wüstengebiete nach Osten führte. Die alten armenischen Handelszentren Ani und Musch verfielen. Die armenischen Großkaufleute zogen aus dem armenischen Stammland fort. Dort verwandelten vordringende turkmenische und kurdische Nomadenstämme landwirtschaftliches Gebiet in Viehweiden und engten das armenische Siedlungsgebiet ein. Wieder setzte eine Emigrationswelle ein, die diesmal auch die Krim erreichte.

In Kilikien bzw. Kleinarmenien, waren nach der ersten armenischen Fluchtwelle armenische Fürstentümer errichtet worden, die sich überwiegend mit den Kreuzfahrerstaaten Palästinas verbündeten. Auch mit den Mongolen kamen sie zu einem Einvernehmen. Das rächte sich 1260, nach dem Sieg der ägyptischen Mameluken über die Mongolen bei Ain Dschalut in Palästina. Die kilikischen Armenierfürsten, die sich nicht nur der von Osten andrängenden Turkmenen, sondern auch einander erwehren mußten, konnten nicht standhalten. »Kleinarmenien« war für den armenischen Adel verloren.

Die Islamisierung der mongolisch-türkischen Ilchane in Persien, die Errichtung des Osmanischen Reiches, die Anfang des 15. Jahrhunderts von dem schrecklichen Timur nur kurz unterbrochen wurden, veränderte die armenische Sozialstruktur nachhaltig. Sie bedeutete das Ende des armenischen Adels, der Nacharar, und damit das Ende armenischer Fürstentümer – sofern die Herren nicht zum Islam konvertierten und damit auf andere Weise aus der armenischen Geschichte verschwanden. Auch wenn die Dynamik der Herrschaftskämpfe gleich blieb – Kampf der Großmächte um Hegemonie, Rebellionen örtlicher Fürsten gegen die Zentralmächte oder Raubzüge im Nachbartal – die Militärpolitik war eine innermuslimische Angelegenheit geworden. Im Berggebiet entstanden je nach der politischen Großwetterlage autonome oder halbautonome Fürstentümer unter kurdischen oder türkischen Familien. Nur wenige kleine armenische Fürstentümer in schwer zugänglichen Gebirgsregionen, wie in Arzach, dem heutigen Berg-Karabach, konnten sich länger halten.

Wie früher die Reiche der Parther und der Römer, so kämpften nun das Osmanische und das Persische Reich immer wieder um diese Region. Während Ostanatolien meist in osmanischer Hand blieb, konnte sich Persien als Hegemonialmacht in Transkaukasien halten.

Im Persischen und im Osmanischen Reich veränderte sich die armenische Sozialstruktur entscheidend. Politisch waren die Armenier wie die anderen nicht-muslimischen Religionsgruppen, etwa die Juden oder die griechischen Christen, im Osmanischen Reich als »Millet« organisiert. Unter dem armenischen Patriarchen in Istanbul hatten sie die innere – auch zivilrechtliche – Autonomie. Die geistliche Autorität blieb bei dem »Katholikos« im persischen Etschmiadsin bei Jerewan. In Ostanatolien standen die armenischen Bauern unter konstantem Druck seitens turkmenischer und kurdischer Nomaden. Immer wieder mußten sie fruchtbare Gebiete aufgeben, weil Bauern ihrer Arbeit entsprechend ohne staatlichen Schutz Nomaden gegenüber hilflos sind. Sie wanderten meist in die städtischen Zentren ab, wo sie die majoritäre Unterschicht der dort schon ansässigen armenischen Bevölkerung bildeten und sich als Gelegenheitsarbeiter durchs Leben schlugen. Oberhalb dieser armen armenischen Schicht standen armenische Kleinhändler und Handwerker; das vielgerühmte türkische Kunsthandwerk ist somit meist in armenischen Werkstätten entstanden. Über ihnen wiederum standen reichere Kaufleute, die über den ganzen Orient hin, von Saloniki bis Täbris, von Basra bis Istanbul, von Alexandria bis Smyrna, miteinander Verbindung hielten. Die Spitze der armenischen Gesellschaft schließlich bildeten Ende des 18. Jahrhunderts etwa 100 sehr reiche Familien, die Amira, die auch die Kirche und damit die armenische Kultur finanzierten und beherrschten. Sie wurden im 19. Jahrhundert die Pioniere der Osmanischen Industrie. Geographisch war damit die armenische Welt gespalten. In den angestammten Gebieten lebte eine bettelarme Bauernbevölkerung; die armenische Kultur entwickelte sich in der osmanischen, persischen und zunehmend auch weiter ausgreifenden Diaspora.

Es waren die armenischen Kaufleute, die den Kontakt zwischen dem Osmanischen Reich und der westlichen Welt herstellten. So gerieten sie auch als erste unter westliche Kultureinflüsse. Seit dem 18. Jahrhundert kam es dank des Geldes der Amira zu einem kulturellen Aufschwung, der sich zwar in kirchlichen Grenzen hielt, aber analog dem gegenreformatorischen Katholizismus einige intellektuelle Entwicklungen Europas aufnahm. Der armenische Abt Mechitar gründete 1740 auf der Insel San Lazzaro (degli Armeni) bei Venedig ein Kloster, nachdem die Osmanen den Venezianern 1717 den Peloponnes abgenommen hatten. Die Mechitaristen, die später eine ähnliche Einrichtung in Wien gründeten, kümmerten sich ebenso um die Abfassung und den Druck religiöser Volksschriften wie um theologische, historische und ethnographische Werke und die Übersetzung klassischer Texte. Das 18. Jahrhundert sah aber auch das Vordringen einer neuen Großmacht: des Russischen Reiches. Bereits Katharina II. favorisierte in Kontakten mit Armeniern in Astrachan die Idee, die Eroberung Transkaukasiens und Anatoliens durch armenische Aufstände zu erleichtern. In ihrer Zeit unternahm die russische Armee erste Vorstöße zum Kaspischen Meer. Immer stellte sich Rußland dabei als christliche Macht, als Beschützerin der Christen gegen das muslimische Joch dar. Da die muslimischen Bevölkerungen ihrerseits wenig Gefallen an einem christlichen Joch hatten, setzte sich der politische Konflikt zwischen den imperialistischen Fürsten im wachsenden Haß zwischen den Religionsgruppen fort. Das mißtrauische Zusammenleben der Religionsgruppen verwandelte sich, je länger der Konflikt geschürt wurde, in Atempausen zwischen wechselseitigen Pogromen.

Fast überall wurde der 1801 mit der Annexion Georgiens begonnene russische Vormarsch von hilfreichen Aufständen der christlichen Bevölkerungen begleitet. Nach dem Sieg über Persien fielen 1828, im Frieden von Türkmentschaj, die Chanate Jerewan und Nachitschewan an Rußland. Dem Ruf Rußlands folgend, kamen schon im gleichen Jahr 50 000 Armenier aus Persien; sie wurden in den Gebieten Jerewan, Nachitschewan und Karabach angesiedelt. Die ehemaligen Chanate Jerewan und Nachitschewan wurden in einer »Armjanskaja Oblast« vereinigt, die 1840 allerdings im transkaukasischen Gouvernement aufging. Das Interesse Rußlands war es, die Grenzregionen durch die Ansiedlung christlicher und die Ausdünnung muslimischer Bevölkerungen zu sichern. Als sich die russische Armee nach einem anatolischen Feldzug 1828 aus Kars, Ardahan, Bayazit und Erzurum zurückzog, brachte sie ca. 100 000 armenische Bauern und Handwerker mit, die die Rache der Osmanen fürchteten. In mehreren Emigrationswellen verließen nun Armenier Ostanatolien. Die osmanische Regierung war zunächst verärgert, förderte dann aber die Emigration, um das Gebiet aus eigenen Sicherheitserwägungen mit muslimischen − türkischen und kurdischen − Bevölkerungen zu füllen. In der zweiten Hälfte des 19. Jahrhunderts kam ihr die armenische Emigration auch deshalb recht, weil sie sich bemühte, die ungebärdigen kurdischen und türkischen Nomadenstämme seßhaft zu machen und so zu pazifizieren. Schließlich hatten die nationalen Befreiungsbewegungen auf dem Balkan große muslimische Flüchtlingsströme in Bewegung gesetzt, die zum Teil auch in Ostanatolien angesiedelt wurden. Das verstärkte die Minderheitsposition der Armenier zusätzlich, und zwar durch Bevölkerungen, die ihr Unglück in Haß auf die Christen umsetzten.

Die russische Verwaltung Transkaukasiens schwankte während des 19. Jahrhunderts zwischen den Strategien, ethnisch homogene Zonen zu schaffen und der, die Inhomogenität aufrechtzuerhalten. Allerdings war Transkaukasien ein ethnischer Flickenteppich. Selbst Jerewan armenisierte sich nur allmählich, obwohl die aus Anatolien emigrierenden Bauern und Handwerker sich vor allem hier niederließen. 1830 waren von den 11 280 Einwohnern Alexandropols (Leninakan) z.b. zwar fast alle Armenier, Jerewan selbst hingegen machte einen noch weitgehend orientalischen Eindruck. Dort gab es neben sieben Kirchen noch acht Moscheen, acht öffentliche Bäder und sechs Karawansereien; von den 11 500 Einwohnern waren nur etwas mehr als die Hälfte Armenier. Noch 1897 waren im Gebiet Jerewan nur 53% der Bevölkerung – meist bäuerliche – Armenier, und das wiederum waren nur 40% aller Armenier, die überhaupt in Transkaukasien lebten. Die Bevölkerung von Tiflis hingegen bestand zu über 50% aus Armeniern. Noch 1917 lebten von den 1,8 Millionen Armeniern in Transkaukasien nur 669 000 im Gouvernement Jerewan. Der armenische Bevölkerungsanteil war allerdings schon auf 60% gestiegen. Dem Anstieg der armenischen Bevölkerung Rußlands entsprach ein Absinken in den ostanatolischen Vilayets. Dort ging die armenische Bevölkerung zwischen 1882 und 1912 um ein Drittel zurück. Bei Kriegsausbruch 1914 hatte das Vilayet Van als einziges noch eine armenische Mehrheit.

Auch in Rußland blieb die regionale Zweiteilung der armenischen Gesellschaft erhalten. Während das Gouvernement Jerewan überwiegend bäuerlich blieb, lebte das armenische Bürgertum in Tiflis und in den Wirtschaftszentren am Kaspischen und am Schwarzen Meer. Vor allem der Aufstand Schamils in Daghestan hatte einigen als Heereslieferanten tätigen Familien große Gewinne ermöglicht. Sie wurden in die industrielle Entwicklung investiert, vor allem in die Zuckerindustrie, die Baumwoll- und Tabakmanufakturen und im Bankgewerbe. Auch die Petroleumindustrie Bakus war, soweit sie nicht in britischem oder russischem Besitz war, überwiegend armenisch. Die armenische Bourgeoisie wiederum finanzierte großzügig nicht nur die Kirche, sondern auch das Schulwesen und sorgte so für den überdurchschnittlichen Bildungsstand der Armenier. Aber nicht nur als Kapitalisten und Kaufleute repräsentierten die Armenier in Transkaukasien die Modernität. Sie stellten neben den Russen und den Georgiern den Hauptanteil der Industriearbeiter. Insgesamt nahmen die Armenier Rußlands anders als die Georgier eine bevorzugte Stellung ein; sie hatten Zugang zu führenden Positionen im öffentlichen Dienst und in der Armee.

Sowohl in Rußland wie in den städtischen Zentren des Osmanischen Reiches war seit der zweiten Häfte des 19. Jahrhunderts eine armenische Intelligenz herangewachsen, die nicht der Schicht der Amira, sondern dem keineswegs immer wohlhabenden mittleren Bürgertum entstammte. Auch die armenische Gesellschaft verfügte damit über die soziale Basis für eine revolutionäre Intelligenz. Mehr als vergleichbare revolutionäre Schichten war die armenische polyglott und weltläufig. Stärker als andere war sie jedoch auch in einem sozialen Ghetto aufgewachsen, was ihre – auch für Revolutionäre – oftmals geringe Realitätstüchtigkeit erklärt.

Vorbild der armenischen Revolutionäre waren die Nationalentwicklungen auf dem Balkan, wo die kämpferische Befreiung des Landes durch die Guerilla der Hajduken einerseits und die aktive Unterstützung der europäischen Großmächte andererseits möglich geworden war. Beides, der bewaffnete Aufstand wie die Hilfe der Großmächte, waren Größen, mit denen der entstehende armenische Nationalismus kalkulierte. Aber die Großmächte ließen sich von den armenischen Nationalisten nicht zu Taten drängen; sie hatten ihre eigenen Interessen. Ohne deren Unterstützung aber konnte – inmitten einer Bevölkerungsmajorität, die die Armenier haßte – kein Aufstand und keine Guerilla erfolgreich sein.

1887 entstand in Genf die sozialistisch-nationalistische Partei der Hentschaken, 1890 in Tiflis die nationalistisch-sozialistische Partei der Daschnaken, die bald zur führenden politischen Kraft aufstieg. Ihr strukturelles Problem war, daß die Bauern fromm waren und daher mit dem Sozialismus nicht sympathisieren konnten. Das armenische Großbürgertum war zwar nationalstolz, aber kosmopolitisch, und hatte kein Interesse daran, die politischen Bedingungen seines wirtschaftlichen Erfolges zu unterminieren. Eine umstürzlerische Aktivität in Rußland kam für es nicht in Frage, und im Osmanischen

Reich ging es der armenischen Führungsschicht eher um Rechtssicherheit als um territoriale Sezession. Immerhin hatten es die europäischen Großmächte gegen den Widerstand des Sultans durchgesetzt, daß die christlichen und die muslimischen Einwohner des Osmanischen Reiches seit den 60er Jahren des 19. Jahrhundert einander juristisch formell gleichgestellt wurden. Die armenische Nationalbewegung, die auf die Unterstützung des Bürgertums angewiesen war, schwankte daher bis zum Ersten Weltkrieg zwischen Radikalität und Mäßigung.

1894 kam es in Samsun, 1895 in Trabzon, Erzurum, Bitlis, Maras und anderen Orten zu antiarmenischen Pogromen. Sie verliefen meist nach dem gleichen Schema. Sobald die armenische Bevölkerung öffentlich, etwa durch Demonstrationen, Forderungen anmeldete, schlug die muslimische Bevölkerung gedeckt oder unterstützt durch die Polizei zu. 1896 besetzte eine Gruppe junger Daschnaken die Banque Ottomane in Istanbul, um eine Unterstützung der Großmächte zu erzwingen. Dieser Besetzung folgte eines der ersten großen Armenierpogrome in Istanbul; es dauerte fast zwei Tage. Schon vor 1915 verging seither kaum ein Jahr, indem es nicht irgendwo im Osmanischen Reich zu schrecklichen antiarmenischen Massakern kam.

Angesichts dessen blieb der organisierte armenische Nationalismus eher gemäßigt. Auf ihrem 4. Parteitag in Wien forderten die Daschnaken für das osmanische Armenien politische Demokratie mit lokaler Autonomie und einen föderativen Verbund mit dem Osmanischen Reich, für Russisch-Armenien eine demokratische transkaukasische Republik mit großer örtlicher Autonomie, die in eine föderative russische Republik integriert wäre. Damals wurden die Daschnaken in die II. Internationale aufgenommen. Allerdings blieb auch das Verhältnis zu den Russen nicht ungetrübt. Die Polizei mißtraute der Nationalbewegung, und trotz der grundlegenden theologischen Unterschiede gab es Versuche, die armenische Kirche dem russischen Patriarchat zu unterstellen. 1903 konfiszierte die russische Regierung deren Vermögen. Erstmals wandte sich der armenische Nationalismus auch gegen die Russen.

Als die Jungtürken 1908 Sultan Abdülhamit II. eine Verfassung aufzwangen, glaubten die Daschnaken an eine Verständigungsmöglichkeit und legten die Waffen nieder. Auch ein Putschversuch Abdülhamits, der 1909 ein antiarmenisches Pogrom in Adana auslöste, führte noch nicht zum Bruch. Denn die Jungtürken waren mit einem Programm angetreten, nach dem alle osmanischen Völker in einem multinationalen Staat gleichberechtigt zusammenleben sollten. Allerdings war dieses Programm unter den Jungtürken zunehmend umstritten, und nach den Niederlagen im Balkankrieg 1912/13 setzte sich ein türkischer Nationalismus durch, der konzeptionell dem griechischen entsprach. Die moderne Türkei sollte ein Staat allein der Türken sein. Auch wenn die Masse der Bevölkerung sich noch primär als Muslime – also noch nicht national – definierte, so waren die religiösen Differenzen doch im nationalistischen Sinne instrumentalisierbar.

Der Kriegsausbruch fand die osmanische Regierung auf seiten Deutschlands und Österreichs. Im Juli 1914 sandten die Jungtürken eine Delegation zum 8. Kongreß der Daschnaken in Erzurum, um sie zum Kampf gegen die Russen zu überreden. Die Daschnaken erklärten sich neutral. Gleichzeitig jedoch richtete der Katholikos von Etschmiadsin einen Appell an den russischen Gouverneur von Transkaukasien, die Armenier zu schützen. Der wiederum versprach im Falle des Sieges Autonomie für die sechs östlichen Vilayets. Eine große nationale Erregung erfaßte die armenische Bevölkerung Rußlands und griff auf das Osmanische Reich über. Armenische Freiwilligenverbände wurden aufgestellt.

Der Völkermord begann im Januar 1915, nachdem die osmanische Armee bei Sarikamis von der russischen geschlagen worden war. Die zurückströmenden Truppen verübten, unterstützt durch die Bevölkerung, erste Pogrome. Die osmanische Armee sonderte ihre armenischen Soldaten und Offiziere aus und tötete sie. Die Deportationen begannen am 24. April 1915, ein Datum, das heute nationaler armenischer Trauertag ist. Die armenische Bevölkerung in den östlichen Vilayets Trabzon, Erzurum, Bitlis, Diyarbakir, Harput und Sivas wurde bei ihren Ortschaften zusammengetrieben. Bevor sich die Züge auf den Weg durch die Wüste in Richtung Aleppo in Bewegungs setzten, wurden die gesunden Männer aussortiert und umgebracht. Ohne Widerstand des Wachpersonals überfielen immer wieder türkische und kurdische Stämme einzelne Züge, um sich die Frauen und Kinder zu greifen. Die 50 000 Armenier, die den Todesmarsch überlebt hatten, kamen in Syrien in Konzentrationslager. Ende Juli 1915 wurde der Rest Anatoliens geräumt. Diese zweite Phase ähnelte trotz aller Greuel bereits mehr einem Bevölkerungstransfer als einem organisierten Massenmord.

Die russische Armee, die bis April 1916 Erzurum, Bitlis, Trabzon und Erzincan besetzt hatte, verhinderte soweit wie möglich eine Rückkehr der nach Transkaukasien geflohenen Armenier. Es bestand die Absicht, die ostanatolische Region mit russischen Bauern vom Kuban und Don neu zu besiedeln und damit fest Rußland anzugliedern. Als sich die russische Armee Ende 1917 auflöste, hatten jedoch auch die Versuche armenischer Freiwilliger, das von Rußland eroberte Gebiet für sich zu halten, keine Erfolgschancen. Denn die kurzlebige Transkaukasische Republik von 1917 unterstützte die armenischen Wünsche nicht. Die Georgier wollten erst einmal ihre ganze Unabhängigkeit und hofften auf deutsche Unterstützung. Die Aserbaidshaner standen eher auf der Seite der Türken.

Nach der Auflösung der Transkaukasischen Republik bildete sich 1918 eine armenische Koalitionsregierung in Tiflis. In ihr saßen 18 Daschnaken, 6 Sozialrevolutionäre, sechs Sozialdemokraten, zwei Populisten, zwei Parteilose, sechs Muslime, ein Jeside, ein Russe. Da Tiflis aber trotz seiner armenischen Bevölkerungsmehrheit Hauptstadt des unabhängigen Georgien geworden war, zog die armenische Regierung in ihre neue Hauptstadt Jerewan, das im Mai 1918 noch ein großes Dorf war. Der muslimische Bevölkerungsanteil Jerewans war bereits auf ein Drittel, der des ehemaligen Gouvernements auf weniger als die Häfte gesunken.

Problematisch blieb die Grenzfrage. Ein Grenzkrieg mit Georgien im Dezember 1918 konnte zwar rasch beigelegt werden. Schwerer wog der Konflikt mit Aserbaidshan. In den drei vor allem umstrittenen Gebieten Berg-Karabach, Nachitschewan und Sangesur lebten mit unterschiedlichen regionalen Schwerpunkten sowohl Armenier wie Aserbaidshaner. Mit allen diesen Gebieten verbanden sich sowohl armenische wie aserbaidshanische Legenden und Erinnerungen. Anfang des 20. Jahrhunderts war Schuschi unweit Stepanakert in seiner Unterstadt von Tataren, wie die Aserbaidshaner damals noch hießen, die Oberstadt von Armeniern bewohnt. Mit den Mitteln des modernen Nationalismus, demographische und historische Argumentationen zu verknüpfen, konnten beide Seiten Ansprüche legitimieren. Der Konflikt wurde sowohl mit Armeen als auch mit Partisanentruppen ausgetragen. Oft stürzte sich auch ein Bevölkerungsteil auf den anderen. Sangesur, wo 1918 noch 101 000 Armenier und 120 000 Aserbaidshaner lebten, geriet dabei unter dem armenischen General Antranik im Juli 1919 fest in armenische Hand. Antraniks

Truppen griffen aserbaidshanische Dörfer an und begannen mit der systematischen Vertreibung. In Nachitschewan behielten mit türkischer Unterstützung die Aserbaidshaner die Oberhand, von hier floh ein großer Teil der Armenier, Berg-Karabach blieb umkämpft. Im April 1919 fällte der britische Oberbefehlshaber in Baku, Thompson, eine vorläufige Entscheidung. Sangesur und Nachitschewan sollten Armenien, Berg-Karabach Aserbaidshan zufallen. Während die Briten in Berg-Karabach die armenischen Bauernmilizen auflösten und die Aserbaidshaner strategische Punkte besetzten, konnte in Nachitschewan eine armenische Verwaltung unter dem Schutz der britischen Armee Fuß fassen.

Auch in der Frage der Westgrenze hoffte die armenische Regierung auf britische Unterstützung und besetzte Kars. Auf der Pariser Friedenskonferenz forderte sie außer Kars und Russisch-Armenien sieben Vilayets in Anatolien und Kilikien, eine kollektive Bestandsgarantie der Alliierten und des Völkerbundes, türkische Reparationen und die Bestrafung der am Völkermord von 1915 Schuldigen. Im Vertrag von Sèvres 1920 wurden Armenien zwar die Vilayets Trabzon, Van, Bitlis und Erzurum zugesprochen. Aber angesichts des Erfolgs der Aufstandstruppen von Kemal Pascha (Atatürk), dessen Truppen Kars eroberten und von dort aus Alexandropol (Leninakan) erreichten, blieb dieser Vertrag Papier. Die Sowjetregierung ihrerseits fürchtete, daß die Westmächte von einem unabhängigen Armenien aus in Rußland intervenieren könnten, und schloß ihre Vernunftehe mit Atatürk. Sie gab Kemal Pascha Militärhilfe, hoffte anfangs jedoch noch, Van und Bitlis für ein sowjetisches Armenien zu bekommen.

Im November 1920 setzte sich die 11. Armee unter dem Befehl Ordshonikidses in Richtung Jerewan in Bewegung. Sie stieß kaum auf Widerstand, da sich viele armenische Soldaten weigerten, gegen die Bolschewiken zu kämpfen. Auch die Bevölkerung war zunächst nicht unzufrieden, und selbst einige Daschnaken unterstützten den Einmarsch. Angesichts der türkischen Gefahr und den durchlebten Schrecken schien die russische Armee Sicherheit und Frieden zu garantieren. Auf sowjetischen Druck hin unterzeichnete die armenische Regierung am 2. Dezember den Vertrag von Alexandropol (Leninakan), in dem sie auf alle ehemals osmanischen Territorien verzichtete. Einen Tag später erzwang ein von Ordshonikidse gelenktes Revolutionskomitee eine Koalitionsregierung von Bolschewiken und Daschnaken und rief die Sowjetrepublik Armenien aus. Am 21.

Dezember 1920 wurden die Gesetze der RSFSR auch für Armenien verbindlich. Die Daschnaken wurden nach kurzer Zeit aus der Koalitionsregierung vertrieben und verhaftet. Am 16. März 1921 regelte der türkisch-sowjetische Vertrag jene Grenzen, die bis heute Bestand haben. Rußland trat Kars und Ardahan an die Türkei ab. Batumi kam an Georgien. Aber auch die sowjetischen Binnengrenzen wurden in diesem internationalen Vertrag festgelegt; auf türkischen Wunsch kamen Nachitschewan und Berg-Karabach als autonome Gebiete an Aserbaidshan.

Die armenischen Bolschewiki hatten ihre Massenbasis ursprünglich vor allem unter den Erdölarbeitern Bakus. Nach Baku auch war ihr Vorsitzender Stepan Schaumian (1878-1919) geflohen, nachdem die Bolschewiki bei den transkaukasischen Wahlen nur 5% erzielt hatten. Die armenischen Bolschewiki, die sich 1903 von der Sozialdemokratischen Partei abgespalten hatten, verstanden sich primär als Teil einer internationalistischen Partei Rußlands, die wie alle nationalen Sektionen zur Agitation und Propaganda die Sprache der örtlichen Bevölkerung benutzte – Armenisch, Georgisch, Türkisch oder Russisch. Aber auch wenn das nationale Engagement zweitrangig war, so war es doch vorhanden. Bis Anfang der dreißiger Jahre wurde die Kommunistische Partei Armeniens von einer gemäßigt nationalkommunistischen Führung gelenkt.

Obwohl auch die bäuerliche armenische Bevölkerung überwiegend antikommunistisch eingestellt war, schien ihr die Zentrale in Moskau angesichts der vergangenen Leiden und der türkischen Gefahr zuverlässiger zu sein als die georgische oder die aserbaidshanische. Intensiver als in den anderen Republiken wurde daher die »Korenisazija-Politik« betrieben, d.h. möglichst armenische Kader an führenden Stellen eingesetzt. Ganz bewußt wurde eine Politik der ethnischen Homogenisierung der armenischen Gebiete unterstützt. Das kam den Nationalisten nicht ungelegen, und der linke Flügel der ehemaligen Daschnaken konnte auch andere Modernisierungen unterstützen: das Bemühen, die Kirche zu entmachten und zu enteignen, das Verbot der Blutrache, die Gleichstellung der Frauen und die Auflösung der patriarchalischen orientalischen Familie. Die gesellschaftliche Isolation der armenischen Intelligenz zeigte sich darin, daß gerade diese Modernisierungsmaßnahmen in der Bevölkerung Unwillen hervorriefen. Der Widerstand flackerte immer wieder auf, vor allem während der Kollektivierung 1929 bis 1932.

1935 wurde die Führung der armenischen Kommunisten, die unter Agasi Chandshian seit 1930 nationalkommunistische Ziele verfolgt hatte, beseitigt. Chandshian hatte zwar die Kollektivierung unterstützt, sich aber auch für eine wirtschaftliche und kulturelle Dezentralisierung und gegen großrussischen Chauvinismus ausgesprochen. Nachdem der XVI. Parteitag der KPdSU die Liquidierung der Überreste des Nationalismus verkündet hatte, wurde Chandshian im Juli 1936 im Büro Berijas in Tiflis ermordet. Sein Tod wurde als Selbstmord ausgegeben. Nun begann ein Massenterror, dem auch die nationale Intelligenz Armeniens zum Opfer fiel. Katholikos Choren I. wurde im April 1938 von Beamten des NKWD erwürgt.

Nachdem mit der Stalinschen Verfassung von 1936 die Sowjetrepublik Armenien wiederhergestellt worden war, kämpfte der Parteivorsitzende Arutiunow unerbittlich gegen Historiker, Schriftsteller und andere Intellektuelle, die seiner Auffassung nach die Vergangenheit idealisierten, die die bourgeoise Kultur der Armenier in westlichen Ländern bewunderten und dem reaktionären Nationalismus der Daschnaken anhingen. Immer wieder verwies er auf die progressive Bedeutung der russischen Annexion. Arutiunow stürzte 1953 mit Berija. Die von ihm kanonisierte Geschichtsdeutung hielt sich offiziell bis in die achziger Jahre.

Die sowjetische Zeit verwandelte das Land und die Gesellschaft. Armenien wurde von einem rückständigen Agrarland zu einem Industrieland, das allerdings sämtliche Mängel, die auch sonst die sowjetische Gesellschaft plagen, teilte – von der Umweltzerstörung zum Bau von Atomkraftwerken in Erdbebengebieten, von der Gigantomanie bis zur Schlamperei.

In zwei Hinsichten jedoch war Armenien etwas Besonderes. Erstens konnte die armenische Nation trotz des stalinistischen Kahlschlages ihr hohes Bildungsniveau halten. Vor allem in der sowjetischen Wissenschaft waren überall armenische Gelehrte überproportional vertreten. Der Stolz darauf wird heute allerdings nicht von allen armenischen Nationalisten geteilt. Denn im sowjetischen Kontext äußerten sich diese Gelehrten russisch, was Anlaß bot, über den Verlust der nationalen Intelligenz zu klagen, die besser in Jerewan geblieben wäre. Für radikalere nationalistische Strömungen ging eine Gefahr für die armenische Nation von den in der sowjetischen Diaspora sich häufenden Mischehen und dem mit ihnen um sich greifenden Bilingualismus aus. Diese lokale Orientierung jedoch war keineswegs dominant. Eine Besonderheit der armenischen Gesellschaft waren die fortbestehenden Kontakte zur armenischen Diaspora, ein Zustrom von Büchern und Ideen, der in anderen Teilen der Sowjetunion undenkbar gewesen wäre. Auch in den Jahren der »Stagnation« war Armenien kosmopolitischer und westlicher als die anderen Sowjetrepubliken.

Die Erinnerung an das Massaker von 1915 und die Unzufriedenheit mit den bestehenden Grenzen sowohl zur Türkei wie innerhalb Transkaukasiens war jedoch immer präsent geblieben, auch wenn sie sich nicht in eine politische Bewegung transformieren durften. Die nach 1985 einsetzende Liberalisierung schob das nationale Thema daher sehr rasch ins Zentrum. Die heftigen Konflikte, die nun ausbrachen, scheinen die von 1919 nur fortzusetzen. Die siebzig Jahre dazwischen muten als Unterbrechung einer Entwicklung an, die noch nicht zu ihrem Ende gekommen ist. Angesichts der Konfliktlage erscheint auch der Vorwurf an die sowjetischen Regierungen, sie hätten nicht rechtzeitig Lösungen gefunden, unbillig. Eine gerechte Lösung, die alle Seiten zufriedenstellt, gibt es nicht, wo die Ansprüche einander unversöhnbar und ohne Kompromißfähigkeit gegenüberstehen und wo der wechselseitige Haß so gewachsen ist, daß jede Seite den Kompromiß als Verrat interpretieren muß.

Im Zentrum stand die Forderung nach einem Anschluß der zu Aserbaidshan gehörenden Autonomen Oblast Berg-Karabach. Im Februar 1988 verlangten armenische Demonstrationen in Berg-Karabach den Anschluß an Armenien. Ihre Forderungen wurden sehr rasch in Armenien aufgegriffen und beschleunigten hier die Mobilisierung. Die armenische Partei- und Staatsführung in Berg-Karabach unterstützte sehr früh die Forderungen und proklamierte im Juli 1988 den Anschluß Berg-Karabachs an Armenien, der sofort von der Regierung Aserbaidshans als verfassungswidrig und ungültig erklärt wurde. Auch die sowjetische Regierung verwarf den Anschluß.

Die armenischen Begründungen für diese Forderung waren demographische, historische und politische. 80% der Bewohner Berg-Karabachs sind Armenier. Karabach war das letzte Gebiet, in dem sich ein autonomes armenisches Fürstentum halten konnte; es ist mithin in besonderem Maße armenisches Gebiet. Die Unterstellung unter Aserbaidshan hatte dazu geführt, daß die Armenier, ihre Kultur und Sprache systematisch diskriminiert wurden. Es fehlten eigene Bildungsanstalten, Verlage und eigene Presseerzeugnisse. Kontakte nach Armenien wurden durch viele Schikanen erschwert. Schließlich hatte die Regierung bewußt eine aserbaidshanische Zuwanderung gefördert. Armenischen Angaben zufolge war die Bevölkerung Berg-Karabachs 1920 noch zu 95% armenisch gewesen. Anderen Angaben zufolge bestand die Bevölkerung 1918 aus 165 000 Armeniern und 59 000 Aserbaidshanern. Angesichts der stürmischen Konflikte jener Zeit müssen die Zahlen, zwischen denen ein Abstand von immerhin zwei Jahren liegt, einander nicht widersprechen.

Auch auf Nachitschewan erhob die armenische Nationalbewegung Ansprüche. Denn auch dieses Gebiet gehörte zum Territorialbestand des mittelalterlichen Großarmenien, auch hier herrschten über Jahrhunderte armenische Fürsten. Zwar seien heute nur 3% der Bevölkerung Armenier, 1914 aber hätten sie noch die Hälfte der Bevölkerung ausgemacht. Der Rückgang sei Resultat einer bewußten Vertreibungspolitik. Schließlich finden sich auch in Georgien armenische Exklaven, die nicht einmal autonomen Status haben − jene Gebiete, derentwegen Georgien und Armenien im Dezember 1918 Krieg führten. Selbst die Hoffnungen auf eine Rückgewinnung Ostanatoliens sind nicht bei allen armenischen Nationalisten begraben; für die meisten ist der sowjetisch-türkische Grenzvertrag von 1921 ein Affront, der die heutige Distanzierung von der Sowjetunion emotional stärkt.

Die neue armenische Bewegung begann 1987 und erreichte 1988 einen dramatischen Höhepunkt. Im Februar 1988 demonstrieren 500 000 in Jerewan für den Anschluß von Berg-Karabach an Armenien. Als daraufhin das aserbaidshanische Fernsehen zwei Tote zeigte, die angeblich von Armeniern erschlagen worden waren, brach am 28. Februar im aserbaidshanischen Sumgait ein Massaker los. Offiziell gab es 31 Tote, inoffiziell über dreihundert. MWD-Truppen rückten ein und verhängten den Belagerungszustand. Sowohl armenische wie aserbaidshanische Oppositionelle behaupteten seither, der KGB habe seine Hände im Spiel gehabt − allerdings jeweils auf der anderen Seite. Auf das Massaker hin wurden zwei Aserbaidshaner und ein Armenier verurteilt. Im Abständen folgten diesem Pogrom weitere in Baku und anderen Städten Aserbaidshans. Für die Armenier tauchte hinter den Pogromen das Gespenst des Genozids von 1915 wieder auf, zumal die Aserbaidshaner selbst Wert auf ihre enge Verwandtschaft mit den Türken legen. Die Sympathien im Westen und bei den Oppositionsbewegungen in der europäischen Sowjetunion galten den Armeniern. Die aserbaidshanischen Vertreter spielten die Pogrome herunter oder verwiesen auf – schlecht dokumentierte – armenische Mordaktionen an Aserbaidshanern in Armenien. Die sowjetische Zentrale suchte zu beiden Seiten Abstand zu halten, um sich als neutrale vermittelnde Instanz ins Spiel bringen zu können. Das setzte sie sowohl auf der aserbaidshanischen wie auf der armenischen Seite dem Verdacht aus, sie unterstütze die jeweils andere Seite. Verschärft wurden diese Nationalkonflikte durch die Flüchtlingsbewegungen aus Aserbaidshan und Armenien. In beiden Ländern gab es nun erbitterte Flüchtlinge ohne Arbeit und Obdach, die zur aktiven Speerspitze von Aktionen werden konnten. Die Fluchtbewegung setzte jene Tendenz der ethnischen Entmischung fort, die bis zur sowjetischen Annexion bestanden hatte. Aus Armenien, wo 1987 noch 10% Aserbaidshaner lebten, ist die aserbaidshanische Bevölkerung fast vollständig verschwunden. Nach den Pogromen in Sumgait flohen ca. 150 000 Aserbaidshaner aus Armenien und 200 000 Armenier aus Aserbaidshan. Auch Berg-Karabach, das sich seit jener Zeit in einem ununterbrochenen Belagerungszustand befindet, hat sich ethnisch entmischt. Der Süden mit Schuschi ist inzwischen rein aserbaidshanisch, der größere Rest rein armenisch.

Institutionelles Zentrum der armenischen Opositionsbewegung ist das Karabach-Komitee. Sowohl in Berg-Karabach wie in Armenien ist es zu einer allumfassenden Massenbewegung herangewachsen. Als Initiatoren spielten wie in allen sowjetischen Oppositionsbewegungen Wissenschaftler und Intellektuelle die herausragende Rolle. Unterhalb der Führungsebene ist das Komitee nahezu überall mit eigenen Gruppen vertreten – in wissenschaftlichen Instituten ebenso wie in Unternehmen, in Stadtteilen ebenso wie in Dörfern. Im Juli 1988 veröffentlichte das Karabach-Komitee sein bisher gültiges Programm, in dem eine Demokratisierung im westlichen Sinne und die Konsolidierung der armenischen Nation gefordert wurde. Gegen die traditionellen Ängste sollte auch der Mythos vom großen russischen Bruder, der das armenische Volk vor den türkischen Henkern schützt, abgeworfen werden. Obwohl das Komitee damit noch nicht die Unabhängigkeit forderte, wurde die Legitimität der sowjetischen Dominanz erschüttert. Das Programm forderte ferner, den 28. Mai zum Nationalfeiertag zu machen, eine ökologische Politik und vor allem den Anschluß von Berg-Karabach an Armenien. Eine der treibenden Kräfte ist die »Armenische Pan-Nationale Bewegung«, die sich auf der Basis des Karabach-Komitees gründete, und schon im Juni 1989 von der armenischen Regierung anerkannt wurde. Ihr Gründungskongreß fand am 4. und 5. November 1989 statt. Forderungen nach einer völligen Lösung aus der Union blieben allerdings noch minoritär. Für sie trat zunächst nur die Union für Nationale Selbstbestimmung mit ihrem Vorsitzenden Paruir Hajrikian ein. Als Hajrikian behauptete, das Pogrom in Sumgait sei ein Werk des Politbüros der KPdSU gewesen, wurde er verhaftet, seiner Staatsbürgerschaft beraubt und nach Addis Abbeba ausgeflogen.

Am 7. Dezember 1988 erschütterte ein großes Erdbeben die Region Spitak in Armenien, die Stadt wurde fast vollkommen zerstört. Dieses Erdbeben machte sich die politische Führung zunutze, um am 10. Dezember und Anfang Januar die Führer des Karabach-Komitees zu verhaften. Das Ziel war offenkundig, ihre Teilnahme an den Wahlen zum sowjetischen Kongreß der Volksdeputierten im Frühjahr 1989 zu verhindern, bei denen sie große Chancen gehabt hätten. Entsprechend niedrig war die Wahlbeteiligung. Sie lag bei 71,9%, während sie in Aserbaidshan 98,5% betrug. Nach den Wahlen wurden die Verhafteten am 31. Mai 1989 wieder entlassen.

Nun jedoch zeigte sich die Führung der Republik besonders kompromißbereit: Sie führte die rot-blau-orangene Nationalfahne von 1918-1920 und den Nationalfeiertag ein. Mit ihr wurde auch der offizielle Bezug auf die Republik der Daschnaken wieder populär. Auch Portraits des legendären Generals Antranik gehörten nun zum symbolischen Arsenal armenischer Demonstrationen.

Seither waren die Beziehungen zwischen der Regierung und den informellen nationalistischen Gruppen sehr eng. Wiederholt riefen der Erste Sekretär der Kommunistischen Partei, Suren Arutanjan, und der Vorsitzende des Ministerrates, Wladimir Markarjanz, zur Kooperation zwischen der Partei und den informellen Gruppen auf. Im Januar 1990 beschloß der Oberste Sowjet Armeniens ein Vetorecht gegen Beschlüsse des Obersten Sowjets der Sowjetunion.

Nach dem Erdbeben von Spitak verhängte Aserbaidshan eine Blockade gegen Armenien, die auch von der sowjetischen Armee nicht durchbrochen werden konnte. Die Folgen des Erdbebens und die Blockade schufen eine dramatische wirtschaftliche Situation, die sich verschärfte, als aus ökologischen Gründen auch das AKW Medsamor und zwei chemische Fabriken geschlossen wurden. Auch die Kommunistische Partei ist verunsichert. Im April 1990 wurde ihr

Erster Sekretär Suren Arutjunjan, der sich im Mai 1988 sofort hinter die Forderungen nach Berg-Karabach gestellt hatte und als armenischer Dubcek galt, gefeuert. Die desolate und haßerfüllte Situation wurde ihm ebenso in die Schuhe geschoben wie der ausbleibende politische Erfolg. Sein Nachfolger Wladimir Mowisjan kann kaum erfolgreicher sein.

Vor allem jedoch schwelt der armenisch-aserbaidshanische Konlikt weiter. Gegenseitige Kämpfe zwischen Aserbaidshanern und Armeniern gehören inzwischen zur unerfreulichen Normalität. Immer wieder kommt es zu Blockaden der Verkehrswege. Auf beiden Seiten schwirren die Gerüchte über eine Bewaffnung der Feinde, über gezielte Hilfen für sie durch die sowjetische Regierung und über Mordpläne. Es sind Gerüchte, die eine eigene Bewaffung geradezu erzwingen, und die Waffen sind dort zu holen, wo sie liegen – in den Armeedepots. Am 27. Mai blockierten Demonstranten einen Militärzug in einem Vorort Jerewans. 26 Personen wurden daraufhin erschossen, 60 verletzt. Die armenische Nationalbewegung behauptete, die Blockierer seien unbewaffnet gewesen, die Sprecher der Armee behaupteten, sie seien bewaffnet gewesen. Es scheint, daß inzwischen Angst und Präventivschlagsvorstellungen das Denken auch der Armee ergriffen haben. Sie klagt über Versuche armenischer und aserbaidshanischer Gruppen, Waffen zu erbeuten. Die Situation der sowjetischen Armee ähnelt damit jener der zurückströmenden kaiserlichen Armee von 1917.

200 000 Menschen versammelten sich nach dem Gemetzel in Jerewan. Seine Folgen sind ähnlich wie die der Gemetzel in Baku und Tiflis. Transkaukasien wendet sich von der Sowjetunion ab. Jede Seite traut der anderen das Schlimmste zu. In einer solchen Situation kann es nur darauf ankommen, als erster zu schießen, um nicht Opfer zu werden.

4. Aserbaidshan

SSR Aserbaidshan, Hauptstadt Baku, Bevölkerung: 1979 – 6,0 Mio., 1989 – 7,0 Mio. Der Anteil der Aserbaidshaner stieg allein zwischen 1959 und 1979 von 67,5 auf 78,1%. Im gleichen Zeitraum stieg der Anteil der Aserbaidshaner in Baku von 37% auf 55,7%; insgesamt Aserbaidshaner in der Sowjetunion: 1970 – 4,4 Mio., 1979 – 5,5 Mio., 1989 – 6,8 Mio.

Im Altertum war das Gebiet des heutigen Aserbaidshan unter der Bezeichnung Albanien bekannt. Als die Araber das Gebiet 642 eroberten, bestand seine Bevölkerung noch überwiegend aus Iranern. Immer neue Wellen turkmenischer Zuwanderung turkisierten es jedoch bis zum 9. Jahrhundert. Im 11. Jahrhundert durchzogen es turkmenische Nomaden auf ihrem Weg nach Anatolien, die später das Seldshuken-Reich und das Osmanen-Reich in Anatolien begründeten.

Als im 13. Jahrhundert Hulagu, der Enkel Dschingis Chans und Gründer der persischen Dynastie der Ilchane, das Gebiet in Besitz nahm und zum Kern seines Herrschaftsgebietes machte, war es bereits überwiegend turksprachig. 1257 eroberte Hulagu Bagdad und zerstörte es; der letzte Kalif, al-Mustasim, wurde von den mongolischen Kriegern in Filz gewickelt und zu Tode getrampelt. Von Aserbaidshan aus beherrschten nun Hulagu und seine Nachfolger Persien. Ihr wichtigster Feind waren die ägyptischen Mameluken. Hulagus Nachfolger Ghasan (1295-1309) trat zum Islam über und machte ihn in seinem Reich zur Staatsreligion. In diese Zeit fiel die Hochblüte der persischen Literatur, das Schaffen von Saadi und Dshalal ad-Din Rumî, auf die sich nationalstolze persische und aserbaidshanische Intellektuelle noch heute berufen. Die Kultur und die Verwaltung des Ilchanen-Reiches waren persisch, auch wenn die Armee und die Bevölkerung Aserbaidshans türkisch sprachen. Obwohl Osmanen und Georgier immer wieder erobernd nach Aserbaidshan einfielen, blieb es meistens ein Teil Persiens und spielte in dessen Geschichte seine spezifische Rolle.

Die Herrschaft der Ilchane ging 1498 endgültig zu Ende, aber schon ihr Niedergang ließ Aserbaidshan in mehrere unabhängige Chanate und Sultanate zerfallen. Ihr Erbe in Nord- und Zentraliran und in Aserbaidshan traten zwei turkmenische Stammesföderationen an, die immer wieder nach Kaukasien und Ostanatolien ausgriffen: die Ak Koyunlu (Weiße Hammel) und die Kara Koyunlu (Schwarze Hammel). Ihre Herrschaft war – nomadischen Traditionen entsprechend – überwiegend indirekt: sie forderten von örtlichen Fürsten Tribute, aber ohne feste Residenzen zu errichten und ohne einen bürokratischen Herrschaftsapparat aufzubauen.

In dieser Zeit liegen die Wurzeln der heutigen Besonderung Aserbaidshans. Als ihr Stammvater könnte der Scheich eines zunächst sunnitischen Sufi-Ordens im aserbaidshanischen Ardabil, Safi ud-Din, gelten, nach dem die spätere persische Dynastie der Safawiden benannt wurde. Mitte des 15. Jahrhundert vertrieb Dshihan Schah, der Fürst der Kara Koyunlu, Dshünejt, den Nachfahren Safis und neues Oberhaupt des Sufi-Ordens, aus seinem Herrschaftsgebiet Ardabil. Dshünejt suchte seine Anhänger unter den turkmenischen Stämmen Anatoliens und Syriens auf, stellte ein Heer zusammen und beanspruchte – häretisch wie solche Sekten sind – göttlichen Rang für sich selbst. Da unter den turkmenischen Stämmen die Schia eine große Anhängerschaft besaß – wenn auch in häretischer Form – veränderte Dshünejt die Glaubenslehre seines Ordens entsprechend. Noch heute sind, vor allem im türkischen Ostanatolien und in Syrien, Anhänger dieses Glaubens, die Aleviten (Alawiten), verbreitet; bis in die jüngste Zeit stellten sie ein besonders rebellisches Segment der türkischen Bevölkerung dar.

Politisch sicherte sich Dshünejt durch die Freundschaft mit dem Führer der Ak Koyunlu, dem Fürsten Uzun Hasan (1453-1478), und durch die Ehe mit einer Prinzessin des gleichen Stammes ab. Auch sein Sohn Haydar heiratete eine Prinzessin der Ak Konyunlu. Haydar (1456-1488) seinerseits führte im Safawiden-Orden eine besondere Kleidung ein: Zum Derwisch-Gewand trug man jetzt einen roten Turban mit 12 Zwickeln, die die zwölf Imame des schiitischen Glaubens repräsentieren sollen. Zu ihrem Turban trugen die Safawiden lange Schnurrbärte. Sie führten im 15. Jahrhundert in Ostanatolien eine große Aufstandsbewegung gegen die osmanische Herrschaft, den Celali-Aufstand. Der Name »Kizilbas« (Rotkopf) ist in der Türkei noch heute ein Schimpfwort für die Aleviten. Nachdem Haydar und sein Sohn Ali auf dem Schlachtfeld gefallen waren, übernahm dessen Bruder Ismail die Macht. Der Zusammenbruch des Reichs der Ak Koyunlu und die Untätigkeit des osmanischen Sultans Bayazit II. ermöglichte es Ismail, Ardabil zu nehmen, Transkaukasien heimzusuchen und Täbris zu besetzen, das er zu seiner Hauptstadt machte.

Ab 1501 nannte er sich Schahan Schah (König der Könige) und begann damit, die bislang sunnitischen Perser unter Einsatz aller Machtmittel zum Schiismus zu bekehren. Bis 1514 hatte er ganz Persien erobert, in Mittelasien wurde sein Vordringen von dem Usbeken-Chan Muhammad Schaibani gestoppt. Um ein Übergreifen der Safawiden-Herrschaft zu verhindern, gab der osmanische Sultan Selim I. (1512-1520) in seinem Reich den Befehl zum Massenmord an den Schiiten. Einen Sieg über den Safawiden Ismail bei Caldiran im Jahre 1514 konnte Sultan Selim wegen innenpolitischer Ärgernisse jedoch nicht ausnutzen. So behielten die Safawiden neben Persien Aserbaidshan und den Irak, wo sie ihr schiitisches Missionswerk fortsetzten. 1517 eroberte Ismail Iberien (Ostgeorgien).

Ismail war aber nicht nur ein fürchterlicher Kriegsherr, sondern auch ein begnadeter Dichter und gilt als Begründer der aseri-türkischen Lyrik. Obwohl er sich noch göttlich verehren ließ, zog er persische Bürokraten zur Verwaltung seines Reiches und arabische schiitische Gelehrte zur theologischen Reinigung und Fundierung des Glaubens heran. Indem er nicht in die Bodenverteilung eingriff – es sei denn, um Feinde zu bestrafen und Anhänger zu belohnen – sicherte er sich die Loyalität der persischen Führungsschichten zusätzlich. So verprellte er zwar seine turkmenischen Anhänger, konnte sich aber zusätzlich der rückhaltlosen Unterstützung der Geistlichkeit versichern. Erst nachdem diese finanziell abgesichert war, begann auch sie die Safawiden zu bekämpfen.

Unter Schah Abbas I. (1587-1629) erreichte das Safawiden-Reich seinen Höhepunkt. Abbas baute eine moderne Armee auf: mit Infanterie, Artillerie, Kavallerie und einer den osmanischen Janitscharen entsprechenden Elitetruppe aus requirierten Christenkindern. Gewaltsam drängte er mehrere mächtige Turkmenenstämme nach Zentralpersien ab und isolierte sie so von ihren möglichen Bündnispartnern im Norden. Schließlich verlegte er seine Hauptstadt von Täbris nach Isfahan, das er zu einem Kleinod erlesener Architektur umbaute. Um die Wirtschaft, vor allem den Seidenhandel, zu beleben, zwang er die armenischen Einwohner des aserbaidshanischen Dshulfa, in seine neue Hauptstadt umzuziehen. Durch einen besonderen Schachzug aber dachte Abbas Transkaukasien halten zu können. Während er sich sonst bemühte, sein Reich zu wirtschaftlicher und künstlerischer Blüte zu führen, preßte er die nördlichen Gebiete so aus, daß das bisher reiche Handels- und Agrargebiet verelendete. Ein so elendes Gebiet würde die Osmanen nicht mehr zur Eroberung verlocken. Die ließen sich jedoch nicht abschrecken.

Der Niedergang der Safawiden ging mit der Verlagerung des Welthandels auf den Seeweg um Afrika und der Blockierung der arabischen Seehandelsrouten durch die Portugiesen seit dem 17. Jahrhundert einher. Die alten Landwege verödeten, die großen Heere ließen sich nicht mehr bezahlen. Das neu entstehende Machtvakuum wurde von lokalen Feudalherren und Stammesfürsten genutzt, die in ihrem Freiheitsdrang und ihrer Raubgier den Fernhandel zum Erliegen brachten. Eine afghanische Invasionsarmee zerstörte 1722 Isfahan und beendete so die Safawiden-Herrschaft. Die Verödung der Häfen am Persischen Golf erhöhte jedoch die Bedeutung Nordpersiens und Aserbaidshans. Dort ermöglichten fruchtbare Böden und Wasserreichtum eine blühende Landwirtschaft. Das aber mußte wiederum die Begehrlichkeit der Osmanen, vor allem aber die Begehrlichkeit jener Macht wecken, die seit dem 18. Jahrhundert nach Süden drängte, Rußlands.

Die Situation war günstig, weil die örtlichen Fürstentümer dank der matt werdenden Zentralmacht stärker wurden. Seit der Ermordung von Nadir Schah 1747, der mittels exzessiver Besteuerung und gegen eine rebellische Bevölkerung noch einmal ein starkes Heer aufgestellt hatte, machten sich die transkaukasischen Fürstentümer de facto unabhängig. Persien war zwar unfähig geworden, Transkaukasien zu beherrschen, aber es konnte mit einer letzten Kraftanstrengung versuchen, das Gebiet wenigstens zu verheeren. So eroberte Agha Mohammed ein letztes Mal die transkaukasischen Gebiete zurück, zerstörte Tiflis und deportierte Tausende Georgier als Sklaven. Allerdings wurde er am Ende seines Feldzuges 1797 ermordet. Nicht zuletzt sein Feldzug war es, der die christliche Bevölkerung auf russischen Schutz hoffen ließ.

Sein Neffe Fatih Ali (1797-1834), der den größten Teil Transkaukasiens verlor, wurde Opfer der undurchschaubaren europäischen Machtpolitik, die nun zunehmend die persische Innenpolitik bestimmte. Zunächst gewährte er 1801 den Briten gegen das Versprechen auf militärischen Beistand das Recht, unbeschränkt in Persien Handel treiben zu dürfen. Als die Russen jedoch 1801 Georgien annektierten, kam dieser Beistand nicht, weil sich die Briten gerade mit den Russen gegen Napoleon verbündet hatten. So schloß Fatih Ali 1807 einen ähnlichen Vertrag mit Frankreich. Unglücklicherweise war Rußland im gleichen Jahr Verbündeter Frankreichs geworden, und so gab es wieder keine militärische Hilfe. Als sich der Schah nun erneut an die Briten wandte, weil sie offenbar doch verläßliche Feinde der Franzosen zu sein schienen, waren die gerade schon wieder mit Rußland verbündet. Es war hoffnungslos. 1813, im Vertrag von Gülistan, erwarb Rußland einen großen Teil Transkaukasiens, darunter die aserbaidshanischen Gebiete um Baku und Lenkoran. Gegen die russische Armee rebellierten die muslimischen Bevölkerungen vergeblich.

Die neuen Grenzregelungen waren sehr vage und ließen viele Interpretationsmöglichkeiten offen. Zugleich stachelte die Geistlichkeit die Empörung der Bevölkerung in Persien und Aserbaidshan auf. Die Zeit des heiligen Krieges (Dshihad) war gekommen. Er endete 1828 im Vertrag von Türkmentschaj damit, daß Persien weitere Gebiete abtreten, Reparationen zahlen und eine exterritoriale Jurisdiktion für russische Staatsbürger in Persien hinnehmen mußte. Aserbaidshan war von nun an entlang der noch heute bestehenden Grenze am Araks in einen südlichen persischen und einen nördlichen russischen Teil geteilt. Als die empörte persische Bevölkerung in Teheran daraufhin die russische Botschaft stürmte und die anwesende Delegation, darunter den Dichter Gribojedow, tötete, änderte das nichts mehr an der Machtlage. Die Russen teilten ihr Aserbaidshan in zwei Verwaltungseinheiten – Baku und Jelisawetpol (Gandsha). Das wirtschaftliche Hauptinteresse Rußlands galt dem aufstrebenden Baku.

Die in den Gebieten der heutigen Sowjetrepubliken Aserbaidshan und Armenien lebenden türkischen Muslime waren unter russischer Herrschaft besonders benachteiligt. Aus herrschaftstechnischen und geostrategischen Gründen bevorzugte die russische Macht die Armenier, die – vertraglich abgesichert – aus Persien und – flüchtend – aus Anatolien ins Land strömten. Die muslimischen Einwohner des russischen Transkaukasien hingegen galten wie die Mittelasiens als »inostranzy«, Fremde. Sie hatten anders als die Christen keinen Zugang zu jenen Stellen, an denen politische Macht ausgeübt wurde – also weder zur Verwaltung noch zum Militär. Gezielt sollten überdies zunächst Sangesur, Nachitschewan und Jerewan eine armenische Majorität erhalten. Letztes Ziel war es, zwischen Süd- und Nord-Aserbaidshan eine christlich besiedelte Pufferzone zu schaffen. Der Terror, den die Armenier in Anatolien erfuhren, traf damit indirekt die Aserbaidshaner. Vor allem nach dem Genozid von 1915 strömten verbitterte armenische Flüchtlinge ins Land, für die Platz zu schaffen war. So gelang es dem armenischen General Antranik, bis 1918 alle Aserbaidshaner aus Sangesur zu vertreiben. Die noch heute fortwirkenden Frontstellungen und Haßbeziehungen wurden in jener Zeit Tradition. Die Aserbaidshaner identifizierten sich mit den Türken, mit denen sie als Schiiten zwar nicht die Konfession, aber die Sprache teilten. Die Armenier sahen in den Aserbaidshanern jene Türken, die an ihnen den Genozid verübt hatten. In dieser wechselseitigen Abneigung waren anders als bei den Pogromen in Anatolien nicht mehr nur religiöse Kategorien – Muslime gegen (armenische) Christen –, sondern bereits moderne nationale – Türken gegen Armenier – enthalten.

In jenen Gebieten, in denen die muslimische Bevölkerung weiter leben durfte, blieb die alte Sozialstruktur unter russischen Vorzeichen erhalten. Der aserbaidshanische Adel behielt, wenn er seine Rechtmäßigkeit nachweisen konnte, sein Land als Großgrundbesitz. Die Mehrzahl der Bevölkerung bestand aus traditionell lebenden Bauern und Hirten. Glaube, Tradition und Familienstrukturen schufen auch in den Städten einen scharfen Kontrast zu den christlichen Bevölkerungen. Selbst dort, wo es, wie in Baku, aserbaidshanische Industriearbeiter gab, hielten sie Distanz und mischten sich nicht in die sozialistischen Umtriebe ein, die gerade Armenier, Georgier und Russen zusammenführten. Allerdings bildete sich auch im russischen Aserbaidshan eine wenngleich schmale bürgerliche Intelligenz heraus, die zum Träger des modernen Nationalismus wurde. Wie die anderen Muslime Rußlands standen auch die aserbaidshanischen Intellektuellen unter dem Einfluß des Dshadidismus von Ismail Gasprinskij und und hielten Kontakt zu der modernisierenden osmanischen Intelligenz in Istanbul, Saloniki und Alexandria. So übernahmen auch sie die von Gasprinskij formulierten Ideen eines Pantürkismus, einer türkischen Einheit vom Mittelmeer bis Singkiang. Wie die Jungtürken verbanden sie diese Idee mit dem Konzept eines westlichen Vorbildern entsprechenden republikanischen Staates, der auch sozialistische Elemente enthalten sollte. Der Islam hatte in diesem Kontext eine primär kategoriale Bedeutung: Er markierte die Unterschiede und Gemeinsamkeiten, die im russischen Reich engere Bündnisse zuließen. Als Religion im engeren Sinne bedurfte er, den Vorstellungen des Dshadidismus entsprechend, einer modernisierenden Reinigung von traditionalistischem Aberglauben.

Diese Intellektuellen gründeten 1911 die nationalistische und gemäßigt sozialistische Musawat (Gleichheits)-Partei. Ihr Erfolg war keineswegs von Anbeginn sicher. Denn die Masse der Aserbaidshaner dachte noch in religiösen und nicht in nationalen Kategorien. Die gesellschaftlich Mächtigen, die muslimischen Großgrundbesitzer, waren primär an einer Stabilität der gegebenen Strukturen und der Sicherung ihrer eigenen Position im russischen Kontext interessiert. Ihr Nachteil war, daß sie im Rahmen des modernen Staates zu einer politisch wirksamen Organisierung nicht in der Lage waren.

Der Vorsitzende der Musawat, Mehmet Emin Rasulsade, wurde 1884 als Sohn eines Mullah in Baku geboren. Er war Mitbegründer der ersten sozialdemokratischen muslimischen Bewegung, nahm 1909 in Persien an der dortigen revolutionären Bewegung Anteil und ging von dort nach Istanbul, wo er mit anderen exilierten aserbaidshanischen Politikern in Kontakt trat, wie Ali Beg Hüseyin-Zade und Ahmet Agaoglu. Anläßlich der Amnestie zur Feier des 300. Jahrestages der Romanow-Dynastie kehrte er nach Baku zurück und arbeitete dort am Aufbau der Musawat. Der Krieg, die Konflikte mit den Armeniern und die türkische Invasion in Transkaukasien machten die Musawat unter der Führung von Rasulsade zur hegemonialen Kraft in Aserbaidshan, so wie es gleichzeitig die Daschnaken in Armenien und die Menschewiken in Georgien wurden. Auf dem Allrussischen Muslimischen Kongreß in Moskau im Mai 1917 war Rasulsade wortgewaltiger Anwalt einer territotialen Autonomie der Turkvölker im russischen Reich.

Im März 1917 installierte sich in Gandsha eine aserbaidshanische Nationalregierung, die von der Musawat geführt wurde. Als sich die russische Kaukasus-Armee im Oktober 1917 aufzulösen begann, gründeten die drei hegemonialen nationalen Parteien der Region eine provisorische Regierung (»Transkaukasisches Kommissariat«), deren Ziel es war, so lange Ordnung in Transkaukasien zu halten, bis die Konstituierende Versammlung in Petrograd eine neue Zentralregierung gewählt hätte. Nach der Auflösung der Konstituierenden Versammlung errichteten die zurückkommenden transkaukasischen Abgeordneten eine regionale transkaukasische Legislative. Im April 1918 jedoch eroberte die osmanische Armee Batumi und Kars und stellte den Politikern in Tiflis ein Ultimatum: entweder Transkaukasien würde sich von Rußland unabhängig erklären oder besetzt werden. Diesem Argument mochten sich die in Tiflis versammelten Politiker der transkaukasischen Förderation nicht verschließen. So verkündeten sie am 22. April 1918 die souveräne »Transkaukasische Föderative Republik«.

Am 28. Mai 1918 zog sich Aserbaidshan wieder zurück, verkündete seine Unabhängigkeit und schloß einen eigenen Friedensvertrag mit der Türkei. Rasulsade wurde Präsident des neuen Staates, Hauptstadt zunächst Gandsha, da sich Baku in der Hand eines revolutionären Sowjet befand. Der unabhängige aserbaidshanische Staat war türkisches Protektorat, wie der armenische englisches und der georgische zunächst deutsches und dann englisches Protektorat waren. Ganz konfliktfrei blieb die Beziehung zur türkischen Schutzmacht allerdings nicht. Die Musawat war zwar nationalistisch mit pantürkischen Neigungen, ihre Verfassungsvorstellungen entsprachen aber eher den westeuropäischen Demokratien; sie wünschten also weder einen Padischah noch ein autoritäres Regime, das der herrschende Flügel der Jungtürken anstrebte. Die türkische Armee stützte sich daher zuweilen lieber auf die aserbaidshanischen Großgrundbesitzer.

Die Kommunistische Partei Aserbaidshans war bis dahin klein und bedeutungslos gewesen; und wenn es eine revolutionäre sozialistische Bewegung gegeben hatte, dann im multinationalen Baku. In der sowjetischen Revolutionsgeschichtsschreibung schien Aserbaidshan damit letztlich ein Anhängsel der Stadt zu sein, in der der geniale Führer des Weltproletariats, der große Stalin, die Revolution vorantrieb, wobei er mit anderen bolschewikischen Führern, wie dem Russen Sergej Kirow (ermordet 1934), dem Georgier Sergo Ordshonikidse (Selbstmord 1936) und dem Armenier Anastas Mikojan († 1978) eng zusammenarbeitete. Ein Aserbaidshaner befand sich unter diesen Giganten nicht.

Baku war seit Ende des 19. Jahrhunderts zum größten Petroleumproduzenten der Welt geworden. Die Hauptmasse der Arbeiter bestand aus Russen, Georgiern und Armeniern, das nichtrussische Bürgertum überwiegend aus Armeniern. Baku war damit sowohl von Seiten des Kapitals wie von Seiten der Arbeit her kosmopolitisch. An die muslimisch-aserbaidshanische Vergangenheit erinnerte vor allem die Altstadt, in der sich die Aserbaidshaner drängten. Auch wenn sie in der Petroleumindustrie arbeiteten, hatten sie wenig Kontakt zu ihren christlichen Kollegen. Nur wenige beteiligten sich an deren revolutionären Umtrieben.

Im März 1917 hatte sich in Baku ein russisch-armenischer Sowjet unter Schaumian gebildet, der nach der Oktoberrevolution die bolschewikische Regierung sofort anerkannte. Im Dezember 1917 kam Schaumian, der Führer der armenischen Bolschewiken, der von den in Tiflis regierenden Kräften vertrieben worden war, zurück nach Baku. Die Führer der Musawat verfolgten nationale Ziele. Sie isolierten Baku Anfang 1918 und agitierten unter den ansässigen Muslimen gegen die christlichen bzw. kommunistischen Fremden. Während die inzwischen herannahende türkische Armee die Stadt umzingelte, brachen innerhalb des Sowjets Konflikte aus, als die Sozialrevolutionäre gegen den Widerstand der Bolschewiki die Briten um Hilfe baten. 26 bolschewikische Kommissare, unter ihnen Schaumian, versuchten daraufhin, auf einem Schiff über das Kaspische Meer zu fliehen, aber sie wurden von den Sozialrevolutionären aufgebracht und erschossen. Eine Revolutionslegende und das Motiv für ein pompöses Denkmal waren geboren. Am 14. September stürzte sich die aserbaidshanische Bevölkerung Bakus auf die armenische und veranstaltete ein Pogrom. Zwei Tage später zog eine türkische Besatzung in die Stadt ein, und die aserbaidshanische Regierung konnte von Gandsha nach Baku umziehen. Ende Oktober 1918, als für den Sultan der Krieg zu Ende war, räumte die türkische Armee die Stadt wieder. Ihr folgte eine britische Besetzung. Das Ende des unabhängigen Aserbaidshan begann mit dem Abzug der Briten Anfang 1920.

Noch am 15. Januar 1920 war Aserbaidshan von den Aliierten offiziell anerkannt worden. Auf Anweisung des »Kaukasischen Büros« der Kommunistischen Partei Sowjetrußlands, verlangten die Kommunisten in Baku jedoch am 27. April 1920 ultimativ die Machtübergabe. Einen Tag später, noch vor Ablauf des Ultimatums, trafen Ordshonikidse und Kirow mit einem Panzerzug im Bahnhof von Baku ein. Die nachrückende 11. Armee besetzte die Stadt, ohne auf Widerstand zu stoßen. Überall sonst im Lande war der Widerstand jedoch erheblich. Erst Anfang 1921 kontrollierte die Rote Armee Aserbaidshan wirklich. Seine Besetzung bedeutete auch das Ende der Musawat. Noch im April 1920 wurde Rasulsade verhaftet und nach Moskau gebracht. Stalin allerdings sorgte für seine Freilassung; angeblich hatte Rasulsade ihm 1905 einmal das Leben gerettet. Der aserbaidshanische Führer floh nach Finnland und von dort in die Türkei. Im März 1922 ging Aserbaidshan in der neu geschaffenen

Transkaukasischen Föderativen Sowjetrepublik auf. Seit 1936 war es wieder eine eigene Sowjetrepublik.

Auch in der Entwicklung des persischen Teils Aserbaidshans spielte Rußland und später die Sowjetunion eine wichtige Rolle. Im 19. Jahrhundert sollte der Besitz Transkaukasiens den Weg nach Süden öffnen. In Persien aber traf das russische Interesse auf ein ebenso intensives britisches, das Rußland den Weg zum Persischen Golf verlegte. 1907 steckten beide Imperien ihre Claims vertraglich ab: Nordpersien war das Interessengebiet Rußlands, Süd- und Zentralpersien das Großbritanniens. 1914 wurde auch der persische Teil Aserbaidshans zum russisch-osmanischen Kriegsschauplatz. Das südliche Aserbaidshan war eines der fruchtbarsten und höchstentwickelten Gebiete Persiens. Die aserbaidshanischen Ober- und Mittelschichten waren problemlos in die persische Gesellschaft integriert. Auch sie verfügten über eine bürgerliche Intelligenz, die wie vergleichbare Gruppen in anderen Ländern revolutionär gesonnen war. Am Ende des Krieges bildete sich in Täbris eine Demokratische Partei, die die Repräsentanten der Zentralregierung zwang, die Stadt zu verlassen. Ihr Vorsitzender, Scheich Mohammed Hiyabani, erklärte das von ihm kontrollierte Gebiet für unabhängig. Im Frühling 1920 landeten Truppen der Roten Armee in Anshali am Kaspischen Meer, um weißgardistische Truppen aus der persischen Provinz Gilan zu vertreiben. Ihr Versuch jedoch, von Aserbaidshan aus eine sozialistische persische Republik zu gründen, schlug fehl. Kosaken im Dienste der persischen Regierung schlugen die aserbaidshanische Unabhängigkeitsbewegung nieder. 1921 verzichtete Sowjetrußland in einem Freundschaftsvertrag offiziell auf seine persische Einflußzone.

1941 entdeckte die sowjetische Regierung ihre alten Sympathien wieder und besetzte den persischen Teil Aserbaidshans. Zum Ende des Krieges installierte sie hier eine Volksrepublik mit der Hauptstadt Täbris — weiter westlich auch eine kurdische Republik mit der Hauptstadt Mahabad. Als sich die Sowjetunion 1946 auf alliierten Druck wieder zurückziehen mußte, brach die Volksrepublik Aserbaidshan zusammen. Viele, die ihr gedient hatten, flohen vor den nun einsetzenden antikommunistischen Repressionen in den sowjetischen Teil des Landes. Sie, die vielfach bewußt auf die sowjetische Staatsbürgerschaft verzichteten, spielen nun in der Oppositionsbewegung eine wichtige Rolle.

Das sowjetische Aserbaidshan machte inzwischen all jene Entwicklungen durch, die auch die übrigen Sowjetrepubliken trafen. Es wurde kollektiviert, terrorisiert und – in geringerem Maße – industrialisiert. Aserbaidshan mußte lernen, kyrillisch zu schreiben, ihm wurde seine Geschichte verboten. Es mußte zum großen russischen Bruder aufblicken und sich – im friedlichen Freundschaftsbund der Völker der Sowjetunion – mit Armenien vertragen. Es wurde durch Agrochemie vergiftet und durfte seine »nationale Identität« in Volkstänzen austoben. Unter Breshnew schließlich wuchs die Korruption. Mit den muslimischen Republiken teilte Aserbaidshan den Kinderreichtum, die Wohnungsnot, das schlechte Schulwesen, die mangelnde ärztliche Versorgung und die Diskriminierung seitens jener Völker, die vor der sowjetischen Zeit »christliche« genannt wurden. Mit den anderen Völkern Transkaukasiens teilten die Aserbaidshaner, wie sich ab 1985 zeigte, die politische Leidenschaftlichkeit und den Willen, die nationalen Kämpfe dort fortzusetzen, wo sie 1920 gewaltsam unterbrochen worden waren.

Das außerhalb der großen Öl- und Industriestädte vor allem landwirtschaftlich gebliebene Aserbaidshan war von der Agrochemie in einem Maße geschädigt worden wie sonst nur Usbekistan. Beim Verbrauch von Pestiziden brach es alle Rekorde. Während anderswo in der Union 2-5 kg pro Hektar eingesetzt werden, sind es auf Aserbaidshans Baumwollfeldern und Gemüseplantagen 40 kg, in den Weinbergen 183 kg. 80% dieser Pestizide gelten als besonders schädlich. DDT wurde bis 1988 eingesetzt, obwohl es von der WHO schon 1970 geächtet wurde. Karotten, Kohl, Kartoffeln, Zwiebeln sind wegen des hohen Nitratanteils des Wassers eigentlich ungenießbar. Der Obstgarten Aserbaidshan ist also gründlich vergiftet. Krankheiten wie Anämie, Asthma, Leberkrankheiten oder Tuberkulose sind überdurchschnittlich häufig.

Der Bildungsstand entspricht dem der anderen muslimischen Völker der Sowjetunion. Eine Russifizierung braucht die Industrie- und Landarbeiter jedoch nicht zu schrecken, da sie das Russische selten gut beherrschen. Russifizierung war eher eine Gefahr für die Mittelschichten. Aufstiegsorientierte Eltern schickten ihre Kinder lieber auf russische Bildungsanstalten, da sie erstens besser waren und zweitens die gesamte Union als Feld des sozialen Aufstiegs öffneten. Das Aseri-Türkische war zwar bereits seit Jahrzehnten offizielle Staatssprache, de facto aber dominierte das Russische die Öffentlichkeit, die Politik, die Verwaltung, die Wirtschaft und die Bildungseinrichtungen. Die Versuche, das Aserbaidshanische wirklich dominant zu machen, verbinden sich nun mit dem Bestreben, die Sprache von russischen Wörtern zu reinigen. Auch die Eigennamen sollen wieder entrussifiziert werden. Anstelle der Endungen auf -ow und -skij, die seit dem 19. Jahrhundert eingebürgert wurden, sollen wieder genuin persische oder türkische treten, also solche auf -sade oder -li, -lu usw. Die Diskussionen um die nationale Geschichte setzten schon in den späten siebziger und frühen achziger Jahren ein, wurden jedoch erst seit 1988 kühner. Die Musawat und ihr Vorsitzender Rasulsade waren nun nicht mehr reaktionäre Nationalisten und britisch-türkische Spione, sondern achtbare Elemente der aserbaidshanischen Geschichte. Wie in den anderen transkaukasischen Republiken zentrierte sich das politische Denken nun zunehmend um die Zeit der Unabhängigkeit von Mai 1918 bis April 1920.

Der neue aserbaidshanische Nationalismus nahm den Islam als Moment der Selbstdefinition auf. Allerdings bedeutet das nicht, daß er eine religiös-fundamentalistische Strömung ist. Vorhanden ist aber ein türkisch-aserbaidshanischer Nationalismus im modernen Sinne – mit einer pantürkischen Unterströmung. Das zeigte sich etwa bei einer Massendemonstration am 15. August 1989, auf der es nicht nur um Demokratisierung, Ökologie und Berg-Karabach ging, sondern auch um die Solidarität mit den verfolgten Türken Bulgariens. Die Bewegung steht damit offenkundig der Musawat programmatisch nahe. In eher muslimische Richtung gehen Forderungen, die zur Zeit Stalins zwangsweise eingeführte kyrillische Schrift wieder durch die arabische zu ersetzen. Ihrer bedienen sich schließlich auch die Aserbaidshaner in Persien. In pantürkische Richtung gehen Forderungen nach einer Übernahme der lateinischen Schrift, die den Zusammenhang zur laizistischen Türkei Kemal Atatürks deutlich werden lassen würden.

Wie in Armenien wurde jedoch der Konflikt um Berg-Karabach zum zentralen Punkt des Denkens der nationalen Bewegung. Auf jede armenische Demonstration folgten heftige Reaktionen in Aserbaidshan. Die antiarmenischen Pogrome, beginnend mit dem in Sumgait vom 18. Februar 1988, wurden dabei in den sowjetischen Medien und in der informellen Presse ausführlich dokumentiert. Gleiche Berichte aus Armenien gab es nicht. So wandte sich die Sympathie der demokratischen Bewegungen in den nichtmuslimischen

Teilen der Sowjetunion den Armeniern zu, den Opfern der türkischen Massaker von 1915. Die armenische Bewegung forderte ihre Anhänger überdies immer wieder öffentlich zur Mäßigung auf, dazu, Konfrontationen zu vermeiden, sich zwar zu verteidigen aber nicht selbst loszuschlagen. Die aserbaidshanische Nationalbewegung hingegen bestritt immer wieder das Ausmaß der Gemetzel, kennzeichnete sie als Gegenreaktionen auf armenische Aktionen und verwies auf Gewaltakte gegen Aserbaidshaner in Armenien und Berg-Karabach selbst. Auf jeden Fall zeichnete sich durch den Konflikt hindurch ein sich vertiefender Bruch zwischen den muslimischen und den christlichen Teilen der Sowjetunion ab, der in die Geschichte zurückweist und unheilbar zu sein scheint.

Daß die Armenier vor den aserbaidshanischen Pogromen flohen, weiß jeder. Unklar ist bislang geblieben, wer oder was die aserbaidshanischen Flüchtlingsströme aus Armenien in Bewegung gesetzt hat. Sollten sie von einem plötzlichen Wandertrieb ergriffen sein? Bereits vor dem Massaker waren aserbaidshanische Flüchtlinge aus Armenien in Baku und Sumgait eingetroffen und vermehrten dort die arbeits- und obdachlose Bevölkerung. Es spricht einiges dafür, daß diese Flüchtlinge besonders haßerfüllt gegen die Armenier vorgingen.

Das unterschiedliche Profil der Bewegungen in Armenien und Aserbaidshan verweist auf ein zweites Moment, in dem sich auf dem engen transkaukasischen Raum die Beziehungen zwischen der muslimischen und dem christlichen Sowjetunion nochmals abbilden. Wie die Usbeken, Kasachen, Turkmenen usw. waren auch die Aserbaidshaner in den industriellen Zentren bislang eine Arbeiterschaft zweiter Klasse. In den besseren Positionen und damit auch den besseren Wohnungen saßen überwiegend Russen und Armenier. Während die Unternehmensleitungen Fachkräfte von außerhalb holten, blieben vor allem jüngere Aserbaidshaner arbeitslos. Das darin zum Ausdruck kommenden koloniale gesellschaftliche Verhältnis enthält die Gewalt latent in sich, auch wenn die in diesem Verhältnis Begünstigteren es nicht bemerken.

Auf dieser Basis gewinnt die spezielle Radikalität in Aserbaidshan einige Plausiblität. Letztlich sind es vier politische Strömungen, die zusammenwirken. Neben einer Bevölkerung, die ihr soziales und wirtschaftliches Elend zu beheben sucht und jenen Interpretationen glaubt und jenen Symbolen folgt, mit denen sie vertraut ist, sind es zweitens, wie immer in diesen Krisensituationen, Intellektuelle, die zunächst versuchen, demokratische und nationale Zielsetzungen unter einen Hut zu bringen. Einer dritten, radikaleren intellektuellen Strömung geht es primär um die nationalen Ziele. Als eigene politische Institution fungieren viertens die Vertreter des bisherigen Machtmonopols.

Es waren auch in Aserbaidshan Schriftsteller, Historiker, Literaturwissenschaftler, Journalisten usw., die eine möglichst radikale Demokratisierung, eine Wirtschaftsreform, den Rechtsstaat und die Abrechnung mit einer − noch nicht vergangenen − national demütigenden sprachlichen und geschichtlichen Situation wollten. Als sie im September 1988 eine Volksfront schufen, richteten sie sich nach dem baltischen Vorbild. Natürlich waren Variationen in der Radikalität, mit der sie die nationalen Forderungen vertraten, denkbar. So gab es, selbst nachdem der Konflikt um Berg-Karabach ausgebrochen war, noch mäßigende Stimmen. Ein Anschluß Berg-Karabachs an Armenien kam zwar auch für sie nicht in Frage. Immerhin jedoch hielten sie eine armenische Verwaltungsautonomie, armenische Schulen und eine armenische Universität in Berg-Karabach für demokratisch gerechtfertigt und wünschenswert. Angesichts der Eskalation des Konflikts konnten sie nicht in der Mehrheit bleiben. Die Kompromißlosigkeit der armenischen Bewegung, die derjenigen der aserbaidshanischen ensprach, raubte allen vermittelnden Positionen eine friedliche Perspektive.

Demgegenüber waren radikale Argumentationen im Vorteil und bald in der Mehrheit. Gerade in Transkaukasien kann mit der Geschichte vieles bewiesen werden. Vergangene politische Gebilde und Siedlungsstrukturen zeigen unwiderleglich, daß allein die aserbaidshanische Position Legitimität besitzt. Sie zeigen ebenso unwiderleglich, daß allein die armenische Position Legitimität besitzt. Da das Gleiche nicht zugleich Recht und Unrecht sein kann und mit Argumenten und Beweisen die Verstocktheit und Uneinsichtigkeit des Gegners nicht durchbrochen werden kann, müssen Überzeugungen, Symbole und Fäuste oder Schlimmeres entscheiden.

Auf das Maß der Glaubensstärke können gerade »verrückte« Thesen besonders gute Hinweise geben. So suchen einige aserbaidshanische Intellektuelle inzwischen die Ansprüche auf Berg-Karabach damit zu begründen, daß Türken schon in vorchristlicher Zeit in Transkaukasien gelebt hätten. Andere behaupten sogar, daß Aserbaidshan, das antike Albania einschließlich Karabach, einst von den Albanern bewohnt gewesen sei, die ihrerseits Vorfahren der Aserbaidshaner seien. Eine Minderheit unter ihnen hätte sich in Berg-Karabach und Scheki mit zugewanderten Armeniern vermischt und armenisiert. Auch die Armenier von Berg-Karabach seien also ethnische Aserbaidshaner, die das zu ihrem Unglück vergessen hätten. Sie hätten nichts mit den anatolischen Armeniern zu tun; und also sei Berg-Karabach aserbaidshanisch.

Beide intellektuellen Tendenzen waren zunächst in der Volksfront fast ausgeglichen vertreten. Die Dynamik des Jahres 1989 verschob die Gewichte. Am 29. Juli 1989 veranstaltete die Volksfront ihre erste Demonstration und am 15. August eine Solidaritätsdemonstration mit den Türken Bulgariens. Auf beiden Demonstrationen ging es jedoch vor allem um die Freiheit auf beiden Seiten des Araks, um die Abschaffung der Nomenklatura, um soziale, wirtschaftliche und ökologische Verbesserung und ein Ende der barbarischen Ausbeutung der Naturschätze. Die Demonstranten forderten die Anerkennung der Volksfront und die Abschaffung der Sonderverwaltung in Berg-Karabach. Alle diese Demonstrationen wurden immer wieder von großen Streiks begleitet.

Um einen möglichst großen Teil der Bevölkerung zu erfassen, organisierte sich die Volksfront ähnlich ihrem Erzfeind, dem armenischen Karabach-Komitee. Sie war dezentralisiert und hatte in jeder Fabrik, jedem Büro, jedem Stadtviertel eine eigene Struktur. Um jedoch die Massenmobilisierung zu halten, die ihre eigene Dynamik hatte, mußte sie deren Radikalität aufnehmen. Sie konnte die Pogrome nicht gutheißen, aber sie konnte ihre Aserbaidshaner auch nicht beschimpfen. Sie leugnete, zu gewaltsamen Ausschreitungen aufgerufen oder sie organisiert zu haben, aber sie mußte sie erklären. Um die Bewegung beherrschen zu können, mußte sie sich an ihre Spitze setzen, aber an ihren Rändern war sie machtlos.

So wurde die Volksfront zur Organisatorin der Blockaden Berg-Karabachs und Armeniens, wobei sie selbst nach dem Erdbeben von Spitak 1988 den Transport von Hilfsgütern zu Lande unterband. Sie organisierte die großen Streiks, mit denen gegen die angebliche Laschheit und Moskau-Hörigkeit der Partei- und Staatsführung in der Karabach-Politik protestiert wurde. Im November 1989 organisierte die Nationalbewegung Aktionen gegen das Grenzregime zum Iran. Grenzanlagen wurden belagert und demontiert. Für mehrere

Tage war die Grenze in der Hand der Demonstranten. Offiziell ging es ihnen um den kleinen Grenzverkehr, um Verwandtenbesuche. Ein Ziel war jedoch auch, aserbaidshanischen Gemeinsamkeiten wieder Gehör zu verschaffen. Die iranische Regierung war ratlos. Sie protestierte zunächst gegen die Grenzverletzungen und lobte dann ohne großen Nachdruck die muslimische Motivation. Diese Vorsicht hatte außen- und innenpolitische Gründe. 1989 hatten sich Irans Beziehungen zur Sowjetunion verbessert. Zum ersten Mal seit 1920 gab es wieder ein theologisches Seminar in Baku, und 150 Studenten aus dem sowjetischen Aserbaidshan durften zum Theologiestudium in den Iran. Eine aserbaidshanische Nationalbewegung im eigenen Lande könnte aber auch den Iran destabilisieren. Es gab pantürkische bzw. panaserbaidshanische Stimmungen inzwischen auch im persischen Täbris. Die dortigen Aserbaidshaner verlangten, was ihre sowjetischen Landsleute schon haben: die Anerkennung ihrer Sprache als Staatssprache, ein Anrecht auf türkische Schulen und Hochschulen neben den persischen.

Je größere Menschenmengen die Volksfront auf die Beine brachte, desto mehr mußte sie sich selbst radikalisieren. Das wirkte auf das Verhältnis zur Partei- und Staatsführung zurück und setzte auch sie unter Druck. Die Führung wurde zunehmend zum Personalwechsel und zur nationalen Akzentuierung der Politik gezwungen. In gleichem Maße wie sie die Forderungen der nationalen Opposition übernahm und politisch umsetzte, radikalisierte sich aber auch die Opposition selbst, so daß die Distanz gewahrt blieb. Immer mehr verlor entsprechend die Kommunistische Partei an Rückhalt.

Gaidar Alijew, der ehemalige KGB-Chef Aserbaidshans und zeitweiliges Mitglied des Politbüros der KPdSU hatte sich beim Kampf gegen die Korruption ausgezeichnet und erschien zunächst als eine der gesamtsowjetischen Stützen Gorbatschows. Er wurde jedoch im Oktober 1987 aus dem Politbüro der KPdSU und kurz danach wegen Korruption aus der Partei ausgestoßen. Es war Berg-Karabach, das das Personalkarussell bald wieder in Bewegung setzte. Alijews Nachfolger Kamran Bagirow, dem eine politische Nähe zum Sprecher der sowjetischen Konservativen, Ligatschow, unterstellt wurde, wurde schon im Mai 1988 wegen Ungeschicklichkeit im Umgang mit dem Problem Berg-Karabach durch Abdul-Rachman Wesirow ersetzt. Aber auch Wesirow wurde eine fast persönliche Abneigung gegenüber der Volksfront nachgesagt. Noch bei den Wahlen zum sowjetischen Kongreß der Volksdeputierten ließ er die Volksfront durch Tricks von der Macht fernhalten. Ihre offizielle Anerkennung erhielt die Volksfront erst im Mitte Oktober 1989 – im Austausch für den Abbruch der Blockade Armeniens. Aber der inneraserbaidshanische Prüfstein für die Regierung war die Karabach-Politik. Obwohl sie – von außen betrachtet – selbst nationalistisch vorging, wurde ihr immer wieder Laschheit oder übergroße Kompromißbereitschaft vorgeworfen. Am 12. Januar 1989 hatte der Oberste Sowjet der Sowjetunion eine Sonderverwaltung für Berg-Karabach eingerichtet, um eine Eskalation zu verhindern. Sie wurde durch fünf Russen, zwei Armenier und einen Aserbaidshaner geleitet. Faktisch war diese Sonderverwaltung Befehlsempfänger von Ligatschow, dem sowjetischen Ministerpräsidenten Ryschkow und Verteidigungsminister Jasow. Diese Lösung war weder für die armenische noch für die aserbaidshanische Seite akzeptabel, und außerdem beruhigte sie die Situation keineswegs. Die Kämpfe gingen unvermindert weiter, in ganz Aserbaidshan gab es riesige Massendemonstrationen. So schaffte der Oberste Sowjet der Sowjetunion Ende November 1989 die umstrittene Sonderverwaltung wieder ab. Statt dessen sollte sich die Region mittels eines »Organisationskomitees« selbst verwalten, das aus armenischen und aserbaidshanischen Repräsentanten entsprechend ihrem Bevölkerungsanteil zusammengesetzt sein sollte. Da die Armenier damit in der Mehrheit gewesen wären, war dieses Komitee für die aserbaidshanische Seite nicht akzeptabel; da es den Anschluß an Armenien nicht vorsah, war es für die armenische Seite nicht akzeptabel. An Stelle dessen setzte der Oberste Sowjet Aserbaidshans ein Organisationskomitee, das aus sieben Aserbaidshanern und einem Russen, die alle aus Baku kamen, bestand. Aber selbst in dieser Lösung, die in Armenien und Berg-Karabach Stürme der Empörung hervorrief, sah die aserbaidshanische Nationalbewegung einen Kotau gegenüber Moskau. So unterstand das Kriegsgebiet Berg-Karabach formell wieder Aserbaidshan, obwohl es faktisch nicht mehr beherrschbar war, vor allem nicht für Aserbaidshan.

Auch die Frage der Souveränität oder Unabhängigkeit der Republik kreiste um Berg-Karabach. Das Mitte September 1989 vom Obersten Sowjet Aserbaidshans verabschiedete Souveränitätsgesetz folgte einem allgemeinen sowjetischen Trend. Ausdrücklich aber hielt es fest, daß allein der Oberste Sowjet Aserbaidshans das Recht habe, in Aserbaidshan autonome Gebiete zu schaffen und abzuschaffen. Das widersprach der sowjetischen Verfassung, nach der allein der Oberste Sowjet der Union der Sowjetunion ein solches Recht besitzt; aber dieser Umstand fiel nicht ins Gewicht, denn alle Souveränitätsgesetze, die 1989 verabschiedet wurden, widersprachen bisher dieser Verfassung.

In der Nationalbewegung geriet im Dezember 1989 das demokratische Element vollends in die Minderheit. Ihr geht es seither nicht mehr nur um den Austritt aus der Sowjetunion, sondern um die Herstellung einer monoethnischen Republik. Nicht nur die Armenier, auch die Russen und die Juden sollen das Land verlassen. Eine Ursache dieser Radikalisierung war, daß die Anhängerschaft vor allem unter den 160 000 Flüchtlingen, überwiegend Landarbeitern aus Armenien, angeschwollen war. Sie waren nun meist arbeitslos und ohne Wohnung – was für sich bereits eine explosive Stimmung geschaffen hätte.

Aus Unzufriedenheit über die Karabach-Politik der Regierung verschärfte die Nationalbewegung ihre Proteste. Anfang Januar 1990 übernahm sie die faktische Macht im Gebiet Lenkoran. Die Begründung dafür war, daß die Kommunistische Partei und der Oberste Sowjet der Republik nicht energisch genug auf den Beschluß des Obersten Sowjet Armeniens reagiert hätten, ein gemeinsames Budget für Armenien und Berg-Karabach aufzustellen. Am 13 Januar 1990 demonstrierten deshalb Hunderttausende in Baku. Sie forderten die Abdankung Wesirows und verlangten ein Referendum zur Sezession von der Sowjetunion. Obwohl die Volksfront die Teilnehmer zur Ruhe aufrief, brachen an den Rändern der Demonstration Pogrome gegen die wenigen tausend Armenier aus, die noch nicht aus der Stadt geflohen waren. Als die Demonstranten das Hauptquartier der Partei attackierten, gingen eilends herbeigeschaffte Truppen des sowjetischen Innenministeriums mit großer Brutalität und offenbar großem Haß gegen die Menge vor. 53 Personen wurden bei dem Pogrom, 187 beim Sturm der Armee getötet. Die Beerdigung der aserbaidshanischen Opfer am 22. Januar 1990 wurde zu einer riesigen Demonstration, auf der die Bevölkerung ihrem Haß gegen Gorbatschow, die Sowjetunion und die Armenier beredten Ausdruck verlieh. Der Oberste Sowjet Aserbaidshans drohte am 22. Januar 1990 mit der Sezession, wenn die Moskauer Zentrale nicht ihre Truppen zurückziehe.

Die allgemeine Erregung veranlaßte eine neuerliche Umbildung der Parteiführung. Vielleicht in der Hoffung, die Stimmung gegen die Kommunistische Partei aufzufangen, wurde deren Erster Sekretär Bagirow am 20 Januar 1990 seines Amtes enthoben und vier Tage später aus der KPdSU ausgestoßen; sein Nachfolger wurde Ajas Nijas ogly Mutalibow. Auch die ASSR Nachitschewan kam nicht zur Ruhe. Anfang Februar 1990 gab es Kämpfe mit Regierungstruppen. Die Regierung Nachitschewans erklärte seine Sezession von Aserbaidshan und der Sowjetunion und sandte einen Hilferuf an die UNO, den Iran und die Türkei. Insgesamt setzt sich der armenisch-aserbaidshanische Konflikt dort fort, wo er mit der sowjetischen Annexion 1920 unterbrochen worden war. Damit schreitet auch die ethnische Homogenisierung der armenischen und der aserbaidshanischen Territorien weiter fort. Die Fluchtbewegungen der letzten Zeit haben diese Homogenisierungstendenz beschleunigt und zu einem vorläufigen Abschluß gebracht. Das Ausmaß des wechselseitigen Hasses, der hinter den Bevölkerungsverschiebungen in Transkaukasien steht, ist allerdings außerordentlich. Vielleicht aber greift er nur dem vor, was sich in anderen ethnisch gemischten Regionen erst andeutet.

XII. Die Auswanderer

Eine Auswanderung aus Gebieten, in denen die Kindheit verlebt wurde, mit der sich heimatliche Erinnerungen verbinden, wird nur unter sehr extremen Bedingungen zu einem Massenphänomen. Anlaß sind immer als unerträglich erfahrene Bedingungen am Wohnort, aber auch die Hoffnung, daß es anderswo besser wäre. Anders als andere innerhalb der Sowjetunion ohne heimatliche Region lebende Völker, wie die vergessenen Zigeuner (1989 offiziell 261 000, wahrscheinlich mehr) oder die Krimtataren, haben die Juden und die Sowjetdeutschen Zielorte. Allerdings sind die historischen Ausgangspunkte bei beiden Völkern radikal unterschiedlich. Die Juden sind eine überwiegend städtische Bevölkerung mit einem überdurchschnittlichen Bildungsniveau. Sie haben seit dem 19. Jahrhundert wesentliche Beiträge zur russischen Kultur geleistet. Die Sowjetdeutschen hingegen sind eine überwiegend ländliche, stark religiös geprägte Bevölkerung gewesen und bislang geblieben.

1. Die Deutschen

Die Zahl der Sowjetdeutschen lag 1970 bei 1,8 Mio., 1979 bei 1,9 Mio., 1989 bei 2,0 Mio. Unter den sowjetischen Nationen liegen sie an 15. Stelle. Sie sind zahlreicher als Esten oder Letten. Die Mehrzahl von ihnen wohnt in Nordkasachstan und in den an Kasachstan angrenzenden Gebieten der RSFSR, eine größere Zahl lebt auch in Usbekistan, Kirgisien und Tadshikistan. Der sich trotz steigender Abwanderung bis 1989 fortsetzende Anstieg der Zahl der Sowjetdeutschen erklärt sich aus der nach wie vor hohen Geburtenrate unter ihnen.

Bis zur Oktoberrevolution spielten Deutsche in Rußland eine wichtige Rolle. Deutsche Hauslehrer in adligen Familien trugen dazu bei, der Literatur das Bild vom Deutschen als eines trockenen Pedanten zu liefern. Pedanterie und Engstirnigkeit charakterisierte auch das Deutschenbild bei den revolutionären russischen Demokraten des 19. Jahrhunderts. Andererseits hatten die deutschen Romantiker und die idealistische Philosophie Schellings und Hegels einen großen Einfluß bei der Formierung des russischen Geisteslebens und des russischen Selbstbildes. Immerhin verdankte auch die deutsche Philosophie Rußland einiges. Während des Siebenjährigen Krieges schlug die russische Armee der Zarin Elisabeth die preußischen Truppen Friedrichs des Großen 1760 bei Kunersdorf (heute Kunowice). Berlin und Ostpreußen wurden russisch besetzt. So kam es, daß es eine russische Zarin war, die Immanuel Kant in Königsberg zum Professor ernannte.

Schon Peter der Große hatte sich die Kenntnisse deutscher Handwerker und Kaufleute zunutze gemacht. Auch wenn Elisabeth dann die deutschen Einflüsse bei Hofe zugunsten der französischen zurückdrängte, so dienten Deutsche auch weiterhin als Offiziere in der russischen Armee – so noch der schriftstellernde Wandersmann Gottfried Seume. Eine zentrale Bedeutung hatten jedoch die Baltendeutschen aus Kurland und Livland – heute Estland und Lettland. Bis Mitte des 19. Jahrhunderts war das Baltikum ein Zentrum des deutschen Geisteslebens, die Universität Dorpat (Tartu) stand an Bedeutung den Universitäten Tübingen oder Göttingen kaum nach. Da die Deutschen im Baltikum als Städter und als grundbesitzende Adlige über erhebliche Privilegien gegenüber den Esten und Letten verfügten, die ihnen durch die russische Regierung garantiert wurden, waren sie innerhalb des russischen Imperiums bis in die zweite Hälfte des 19. Jahrhunderts eine besonders loyale Bevölkerung. Kulturell rechneten sie sich zur deutschen Welt, politisch zur russischen. Denn der baltendeutsche Adel spielte sowohl in der Bürokratie wie vor allem im Militär eine erhebliche Rolle. Das änderte sich nach der Schaffung des Deutschen Reiches 1871 und in der sich verstärkenden Russifizierungspolitik, die in den folgenden Jahrzehnten die Baltendeutschen nicht mehr aussparte. Deutsche Vereine, die mit wilhelminischer Großmäuligkeit deutsch-nationale Erklärungen abgaben, erhöhten die russischen Feindseligkeiten. Mit der Unabhängigkeit Estlands und Lettlands war die besondere Rolle der Baltendeutschen nicht nur in Rußland, sondern auch in diesen beiden baltischen Staaten zu Ende. Mit dem Wachstum wurden die Städte seit der Mitte des 19. Jahrhunderts mehr und mehr lettisch bzw. estnisch. Die Bodenreformen nach 1918 entzogen dem deutsche Adel seine ökonomische Machtbasis. Die Deutschen waren zu einer kleinen Minderheit geworden. Sowjetdeutsche wurden sie nie, denn auf Basis des Hitler-Stalin-Paktes wurden sie anläßlich der sowjetischen Annexion der baltischen Staaten noch vor Kriegsausbruch »heim ins Reich« gebracht.

Mit diesen Baltendeutschen haben die heute etwa zwei Millionen Sowjetdeutschen nichts gemein. Ihre Einwanderung nach Rußland begann, als die Zarin Katharina II., geborene Prinzessin von Anhalt-Zerbst, 1763 deutsche Siedler ins Land rief und ihnen Privilegien versprach. Sie sollten in neu eroberte oder noch gering besiedelte Gebiete ziehen, dort Land urbar machen und entwickeltere landwirtschaftliche Methoden, wie die Dreifelderwirtschaft, auch zum Nutzen der einheimischen Bauern mitbringen. Es kamen Gruppen, die protestantischen Sekten angehörten, wie Herrnhuther aus der Oberlausitz, Mennoniten aus Danzig und Westpreußen und Pietisten aus Württemberg. Es kamen Bauern, die keinen Platz mehr in den übervölkerten heimischen Dörfern hatten. Es kamen vor allem Hessen, Badener, Elsässer und Pfälzer. Zar Alexander I. erneuerte die Privilegien und rief noch einmal deutsche Siedler. Nach Rußland auszuwandern war eine Alternative zur Auswanderung nach Amerika. Allerdings nur bis 1819, als die russische Regierung einen Einwanderungsstopp verhängte. Angesiedelt wurden die Deutschen vor allem an der mittleren und unteren Wolga, in Wolhynien, an der Schwarzmeerküste, auf der Krim und im 1812 annektierten Bessarabien. Wegen des polnischen Aufstandes 1830/31 setzte eine deutsche Wanderung von Zentralpolen nach Osten ein. Sie gehörte jedoch schon zu den vielfachen Binnenwanderungen der Deutschen innerhalb des russischen Reiches – aus den »Mutterkolonien« in der Ukraine oder an der Wolga in die »Tochterkolonien« im Kaukasus oder in Sibirien.

Die Deutschen waren überwiegend selbständige Bauern, unterlagen also nicht der Leibeigenschaft, mußten keine Rekruten stellen und durften sich auf örtlicher Ebene selbst verwalten; eine zehn- bis dreißigjährige Steuerfreiheit war ihnen zugesichert. Religiös waren sie autonom. Sie wurden nicht von der orthodoxen Kirche missioniert, durften selbst allerdings auch nicht unter den Einheimischen missionieren. Mitte des 19. Jahrhunderts gab es in Rußland etwa 3000 geschlossene deutsche Dörfer in etwa 315 »Mutterkolonien«.

Diese deutsche Bevölkerung war außerordentlich inhomogen und empfand sich selbst nicht als nationale Minderheit. Die Verbundenheit mit der alten Heimat mochte sich in Ortsnamen niederschlagen, wie Speyer, Weimar, Neukirch oder Luzern. Entscheidend für diese fromme bäuerliche Bevölkerung war jedoch die Religion. Etwa ein

Drittel der Zugezogenen war katholisch, die Evangelischen unterschieden sich nicht nur als Lutheraner und Reformierte, sondern in einer Fülle weiterer Sekten und Schattierungen. Schon der kleinste Unterschied in Glaubensbekenntnis oder Katechismus machte jeden gesellschaftlichen Verkehr unmöglich. Die einzelnen, in sich homogenen Dörfer waren von ihrer Umgebung weitgehend abgesondert. Mit dem deutschen Sprachgebiet waren die Rußlanddeutschen vor allem über den Import von Kalendern, Bibeln oder anderer religiöser Schriften verbunden. Auch ihre Sprache entwickelte sich entsprechend. Auf der Basis der mitgebrachten Dialekte entwickelten sich eigene neue, die jedoch in keinem gesamtrussischen Zusammenhang standen. Den religiösen Unterschieden entsprechend waren Ehen mit Personen aus der orthodoxen oder muslimischen Umwelt fast undenkbar. Die Deutschen blieben unter sich, ihre Kontakte mit der Umwelt beschränkten sich weitgehend auf das Geschäftliche.

Auch das deutsche Kulturleben war entsprechend beschränkt. Der Pfarrer bzw. der Küster war auch der Lehrer oder umgekehrt. Lesen lernte man anhand des Katechismus und der Bibel, Rechnen mußte ein erfolgreicher Bauer auch können. Eigene Intellektuellenschichten bildeten sich auf diese Weise nicht. Wenn es ein gehobenes deutsches Bildungswesen gab, dann in Petersburg, Moskau und Odessa, wo größere deutsche Minderheiten lebten. Aber sie hatten mit den deutschen Bauernsiedlungen wenig gemein. Andererseits hatten protestantischer Fleiß, mitgebrachte landwirtschaftliche Fertigkeiten und fehlende Leibeigenschaft zur Folge, daß die deutschen Siedlungen nach russischen Maßstäben wohlhabend wurden. Relative Wohlhabenheit und Frömmigkeit bedeuteten auch eine außerordentlich hohe Geburtenrate. Da die deutschen Bauern andererseits nur über den Verkauf landwirtschaftlicher Produkte in die russische Gesellschaft wirkten, da sie keine speziellen staatlichen oder anderen Herrschaftsfunktionen übernahmen, lebten sie zunächst ohne größere Konflikte mit ihrer Umwelt.

Die Situation begann sich in der zweiten Hälfte des 19. Jahrhundert langsam zu ändern. 1864 wurde in Rußland die Leibeigenschaft aufgehoben. Die bislang sich weitgehend selbst verwaltenden Dörfer der deutschen Freibauern wurden nun wie die russischen der Semstwo-Verwaltung unterstellt. Nun setzte – verglichen zur Zeit davor – ein wirtschaftlicher Niedergang der deutschen Kolonien ein. Die Semstwo-Verwaltung war auch für die Einrichtung russischer Elementarschulen zuständig. Die Russifizierungspolitik nach 1881 verschlechterte die rechtliche Position der Rußlanddeutschen weiter. Das traf vor allem einige protestantische Sekten, wie die Hutterer und einen Teil der Mennoniten, die nun von Rußland in die USA und nach Kanada auswanderten und dort in toleranterer Umgebung ihr abgeschlossenes Leben fortführten. Das Jahr 1891 brachte eine weitere Zäsur. Während die Deutschen im Baltikum viele alte Vorrechte behielten, wurden die Elementarschulen der Rußlanddeutschen nun endgültig russifiziert. Nun saßen in den deutschen Kolonien Lehrer, die kein Deutsch konnten, Schülern gegenüber, die kein Russisch konnten. Bis zur Revolution von 1905 nahm der Bildungsstand der rußlanddeutschen Bevölkerung einigen Schaden. Auf der anderen Seite entwickelte sich in dieser Zeit allmählich ein deutsches Verlags- und Pressewesen, das größere Zusammenhänge herstellte. Es erschienen Kalender, kirchliche Wochenschriften oder die Zeitung »Friedensbote« (1884-1916) von Pastor Günter aus Breideck (Talowka). Die Revolution von 1905 brachte größere Freiheiten. Es entstanden deutsche Vereine, Zeitungen und eine eigene Heimatliteratur. Analphabetismus war zwar schon zuvor selten gewesen, aber zu den frommen Texten gesellte sich nun auch weltlicher Lesestoff. Gleichwohl disponierte die Deutschen nichts zu einer besonders revolutionären Gesinnung.

Mit der Kriegshysterie von 1914, die die ganze europäische Welt ergriffen hatte, wurden die Rußlanddeutschen Opfer einer antideutschen Welle. Alle deutschen Ortsnamen mußten sofort russifiziert werden, selbst die Hauptstadt St. Petersburg hieß von nun an Petrograd. Der Gebrauch der deutschen Sprache in der Öffentlichkeit wurde verboten. Die Deutschen Wolhyniens wurden angesichts der näherrückenden österreichischen Truppen ins Landesinnere gebracht. Ein Dekret zur Beschlagnahme des deutschen Grundbesitzes wurde jedoch nicht ausgeführt, und Pläne zur Evakuierung der Wolga-Kolonien wurden nicht weiterverfolgt. Das Land brauchte Getreide. Konferenzen der deutschen Bevölkerung mit Delegierten aus allen Landesteilen fanden erstmals im März und im April 1917 in Odessa statt. Auf einer Konferenz der Wolgadeutschen im Februar 1918 entstand das Projekt eines nationalen Zusammenschlusses aller Wolgakolonien zu einer selbständigen Wolgarepublik innerhalb einer russischen Föderation. Ende April 1918 errichtete die Regierung in Petrograd ein Kommissariat für deutsche Angelegenheiten. Am 19.

Oktober 1918 schließlich wurde das Autonome Gebiet der Wolgadeutschen geschaffen. Das schon existierende Wolgadeutsche Kommissariat in Saratow zog in die neue Hauptstadt Marxstadt (ehem. Katharinenstadt) um. Beim Aufbau dieses Gebietes setzte die sowjetische Regierung österreichische und deutsche Kommunisten ein, unter ihnen den späteren Berliner Bürgermeister Ernst Reuter. 1924 wurde die »Arbeitskommune« bzw. das Autonome Gebiet zur ASSR.

Das wolgadeutsche Gebiet war zum regionalen Zentrum der Rußlanddeutschen geworden, da eine Auswanderungswelle, die 1914 begonnen hatte und erst mit Abschluß des Bürgerkriegs endete, die deutsche Bevölkerung in Rußland insgesamt erheblich verringert hatte. Trotz ihrer konstant hohen Geburtenrate ging als Folge von Abwanderung, Hungersnot und Terror die deutsche Bevölkerung in Rußland bzw. der Sowjetunion zwischen 1914 und 1939 von 1,7 Millionen auf 1,4 Millionen zurück.

Die sowjetische Periode bedeutete zunächst nicht nur eine rechtliche Erleichterung, sie brachte auch einen kulturellen und wirtschaftlichen Aufschwung. Die deutschen Ortsnamen wurden wieder eingeführt. Auch in der wolgadeutschen ASSR als übergeordneter Einheit, deren Territorium größer war als das heutige Baden-Württemberg, war Deutsch neben Russisch und Ukrainisch Staatsprache. 66,4% der Bevölkerung und 50% des Industrieproletariats waren Deutsche. Aber die Mehrzahl der Deutschen lebte auch weiterhin auf dem Land. In Marxstadt wohnten 46% Deutsche, 34% Russen und 18% Ukrainer.

Die Zeit der Kollektivierung erschwerte auch den wolgadeutschen Bauern das Leben. Etwa 50 000 wurden als Kulaken deportiert. Der Ausbau der deutschen Welt an der Wolga aber hörte damit noch nicht auf. 1913 hatte es auf dem Gebiet der späteren ASSR sechs unvollständige Mittelschulen gegeben, 1928 gab es 385, 1937 421 allgemeinbildende und 161 weiterführende Schulen mit insgesamt 79 000 deutschen Schülern. Die Stadt Engels verfügte über eine landwirtschaftliche und drei pädagogische Hochschulen.

Außerhalb der Wolgarepublik existierten überdies 17 deutsche Autonome Kreise, davon lagen sechs in der RSFSR, neun in der Ukraine, zwei im Kaukasus. Es gab fünf deutsche Hochschulen, elf technische Lehranstalten, ein deutsches Theater und einen deutschen Verlag in Engels. Deutsche Literatur wurde außerdem in Moskau, Charkow, Odessa und Leningrad verlegt.

Die Machtergreifung der Nationalsozialisten in Deutschland brachte den Deutschen erstmals die kollektive Beschuldigung ein, »Faschisten« zu sein. 1938 wurden die deutschen Schulen in der Ukraine geschlossen. Mit dem Hitler-Stalin-Pakt kamen die ersten Umsiedlungen aus jenen Gebieten, die neu an die Sowjetunion gekommen waren. Von der bäuerlichen deutschen Bevölkerung betraf dies vor allem jene, die in der Bukowina, in Galizien und Wolhynien gelebt hatten. Sie zogen entsprechend dem deutsch-sowjetischen Abkommen »heim ins Reich«, und das bedeutete meist, daß sie im zu germanisierenden »Warthegau« angesiedelt wurden, wo die polnische Bevölkerung teils ausgerottet, teils vertrieben und teils versklavt werden sollte. Nach dem Überfall auf die Sowjetunion wurden ähnliche Umsiedlungsmaßnahmen bei jenen Deutschen vorgenommen, die in den von den Deutschen besetzten Gebieten lebten. Sie wurden nach der Befreiung 1944/45 in die Sowjetunion »repatriiert«, d.h. sie kamen zum kleineren Teil nach Mittelasien, zum größeren nach Sibirien.

Die Wolgadeutschen traf es kurz nach dem deutschen Überfall. Sie wurden unter großen Verlusten an Menschenleben am 28. August 1941 innerhalb weniger Wochen nach Mittelasien und Sibirien deportiert. Die Wolgarepublik wurde einen Monat später aufgelöst, anstelle der Deutschen wurden Russen und Ukrainer angesiedelt. Bis 1945 lebten die Deutschen in Zwangsarbeitslagern hinter Stacheldraht und arbeiteten in der Arbeitsarmee (trudarmija) als Holzfäller, Eisenbahnbauer, Bergleute usw. Nach Kriegsende lebten sie auch weiterhin in Sondersiedlungen, die einer Kommandantur unterstellt waren. Dieses Regime galt auch für jene Deutschen, die schon vor 1917 in Sibirien und Mittelasien Kolonien angelegt hatten. Die Bevölkerung durfte ihre Sondersiedlungen nur mit einer Ausnahmegenehmigung verlassen. Anstelle eines Passes waren ihr »Deportiertenausweise« gegeben worden. Deutsche Schulen oder deutsche Presseorgane gab es nicht. Die Kinder erhielten eine ausschließlich russische Elementarbildung, der Gebrauch der deutschen Sprache in Kindergärten oder Schulen war verboten. Der Besuch weiterführender Schulen war ihnen mit wenigen Ausnahmen verwehrt. Die Sowjetdeutschen waren kollektiv zu »Verrätern«, »Faschisten« bzw. »faschistischen Kollaborateuren« geworden, obwohl zumindest die Wolgadeutschen zu derartigen Untaten keine Chance gehabt hatten. Dieses kollektive Urteil wurde von der sowjetischen Bevölkerung akzeptiert und wirkt noch heute in Konfliktfällen fort. Auch ein russifizierter Deutscher bleibt Deutscher.

Die Situation besserte sich erst, als der Bundeskanzler Adenauer 1955 zur Aufnahme diplomatischer Beziehungen nach Moskau kam und die Rückführung der überlebenden deutschen Kriegsgefangenen ausgehandelt hatte. Am 13. Dezember des gleichen Jahres erhielten die Sowjetdeutschen ihre politischen und kulturellen Rechte zurück; die Zwangsansiedlung wurde aufgehoben und die sich noch in Arbeitslagern befindlichen Deutschen wurden zum größten Teil amnestiert. Sie erhielten Pässe, in denen sie entsprechend dem üblichen sowjetischen Verfahren als »sowjetische Bürger deutscher Nationalität« registriert waren. 1957 erschien erstmals wieder eine deutsche Wochenzeitung, das im Verlag der Prawda herausgegebene »Neue Leben«.

Im Sommer 1964 kam es zu einem inzwischen legendären Treffen einer Vertretung von Sowjetdeutschen mit dem damaligen Staatsoberhaupt Anastas Mikojan, aufgrund dessen die Sowjetdeutschen am 29. August 1964 rehabilitiert wurden. Sie galten nun nicht mehr kollektiv als Kriegsverbrecher. Seit 1966 erschien wieder eine deutsche Tageszeitung, die »Freundschaft«, der Verlag »Progress« erhielt ein deutsches Lektorat und verlegte einige deutsche Bücher. Das Recht, in ihre alten Siedlungsgebiete zurückzukehren, erhielten die Deutschen jedoch ebensowenig wie die Krimtataren. Ab 1970 begann die Emigration in die Bundesrepublik, bis 1977 waren 30 000 Sowjetdeutsche ausgewandert.

Heute leben 6% der Sowjetdeutschen verstreut über die Sowjetunion, 1% in Tadshikistan, 5% in Kirgisien, 41% leben in den russischen Grenzgebieten Kasachstans und 46% Prozent in Kasachstan selbst. In Nordkasachstan stellen die Deutschen 8% der Gesamtbevölkerung. Noch immer verfügen sie über keine eigenen Schulen oder Kindergärten, entsprechend rückläufig ist die deutsche Sprache. Nur etwa 80% der Auswanderer beherrschen sie noch. Bei den Sowjetdeutschen insgesamt ist die Relation noch ungünstiger. 1959 gaben noch 75% der Sowjetdeutschen Deutsch als Muttersprache an, 1970 waren es 66%, 1979 57%. Die sprachliche Situation wird dadurch verschärft, daß viele nur Dialekt sprechen können. Da die Sowjetdeutschen nach 1941 durch die Umsiedlung regional gemischt wurden, leben in den heutigen deutschen Dörfern oft mehrere unterschiedliche Dialekte nebeneinander. Die Isolation vom deutschen Sprachgebiet hat einen alten Sprachstand gleichsam konserviert und verbäuerlicht. Wörter, die anderswo ausgestorben sind, werden hier noch verwendet. Andererseits sind auch Sowjetdeutsche, die ihrer Muttersprache sonst noch mächtig sind, mangels entsprechender Wörter gezwungen, aufs Russische auszuweichen, wenn politische, wirtschaftliche oder kulturelle Themen besprochen werden. Es fehlen auch Wörter, die zur modernen Lebenswelt gehören. Da es einen »Kühlschrank« im traditionellen bäuerlichen Haushalt nicht gab, kühlen die Sowjetdeutschen ihren Wodka heute wie ihre russischen Nachbarn im »Cholodilnik«.

Nur langsam machte das deutsche Kulturleben Fortschritte. Das deutsche Theater in Alma Ata kann die weit verstreute Diaspora kaum erfassen. Daß 1987 die Redaktion der Tageszeitung »Freundschaft« nach Alma Ata verlegt wurde, ändert an der Diaspora-Situation wenig.

Der nationale Aufbruch nach 1985 hat allerdings auch die Sowjetdeutschen erfaßt. Im März 1985 wurde die »Allunionsgesellschaft der Sowjetdeutschen – Wiedergeburt« gegründet, die heute etwa 50 000 Mitglieder hat. Ihr Vorsitzender ist Heinrich Groth, der schon 1972 in Astrachan einen »Nationalbund der Deutschen« gegründet hatte. Diese Organisation wurde damals allerdings verboten und Groth aus der KPdSU ausgeschlossen. Vordringliches Ziel der »Wiedergeburt« ist die Wiederherstellung einer eigenen deutschen Staatlichkeit, nach Möglichkeit in den alten Siedlungsgebieten an der Wolga. Nur bei einer territorialen Verankerung sei ein politisches und kulturelles Leben und mit ihm die Aufrechterhaltung der deutschen Identität möglich. Dieses Begehren fand vor allem unter mittelasiatischen Schriftstellern, die in den eigenen Reformbewegungen aktiv sind, wie dem Kirgisen Tschingis Ajtmatow öffentliche Unterstützung. Am 28. November 1989 beschloß der Oberste Sowjet die Wiedereinrichtung der Wolgarepublik.

In der betroffenen Region stieß dieser Beschluß auf heftigen Widerstand der örtlichen Funktionäre und der russischen Bevölkerung. Die Rückkehr der »Faschisten« warf die gleichen Schwierigkeiten auf wie die Rückkehr der Tataren auf die Krim oder die der Mescheten nach Georgien. Von den 30 000 Deutschen, die seit 1972 zurückgewandert waren und die alten Gehöfte wieder bezogen, soweit sie noch leerstanden, oder Grund und Boden besorgt hatten, verließen 20 000 das Wolgagebiet fluchtartig. Wer nicht in die Bundesrepublik auswanderte, zog nach Sibirien oder Mittelasien zurück.

Aber auch dort wird die Situation angesichts des steigenden Nationalbewußtseins prekär. Die Funktionäre der »Wiedergeburt« sprechen von einem wachsenden Vertreibungsdruck in Mittelasien, der allerdings auch die Russen und andere Europäer trifft. In dieser Situation scheint es kaum Lösungen zu geben. Die Wolgarepublik ist nicht restaurierbar; die eine Zeitlang kursierenden Überlegungen, das Gebiet Kaliningrad (ehemals Königsberg) also den zur RSFSR gehörenden nördlichen Teil des ehemaligen Ostpreußen, zu einer Sonderwirtschaftszone zu machen und mit Sowjetdeutschen zu besiedeln, wurden nicht weiterverfolgt. Sie erschienen angesichts der historischen Konstellation und des Verhältnisses zu Polen politisch dann doch nicht als machbar. Das Etikett »Faschist« verfolgt die Rußlanddeutschen auch dann, wenn sie nur noch russisch sprechen. Schließlich hat die lange Zeit der Absonderung und Diskriminierung die religiösen Bindungen und Solidaritäten eher noch gestärkt.

Da die Wiederherstellung der Wolgarepublik angesichts des örtlichen Widerstandes aussichtslos erscheint, brachte die KPdSU als Alternative eine nichtterritoriale Autonomieregelung ins Spiel. Die Deutschen sollten an ihren jetzigen Wohnorten eigene Dorf-, Gebiets- oder Rayonssowjets gründen. Sie könnten von einer eigenen Regierung in Moskau als überterritorialer Einheit zusammengefaßt werden. Angesichts dieses Vorschlages droht der »Wiedergeburt« die Spaltung. Eine Minderheit, an deren Spitze das KPdSU-Mitglied Wormsbächer steht, sieht diesen Vorschlag als eine positive Lösungsmöglichkeit. Die Mehrheit der »Wiedergeburt« unter Groth lehnt diesen Vorschlag ab und besteht auf einem eigenen Territorium. Sie strebt an, Wormsbächer aus der »Wiedergeburt« auszuschließen. Für diese Fraktion stellt sich als Alternative nur die Auswanderung in die Bundesrepublik Deutschland.

Darauf scheint die Entwicklung tatsächlich hinauszulaufen. Die massive Auswanderung begann 1986. Wanderten zwischen 1955 und 1979 insgesamt 50 000 in die Bundesrepublik aus und zwischen 1979 und 1988 noch einmal 52 000, so waren es 1989 bereits 105 000. Für 1990 werden 150 000 erwartet. Es entsteht ein Sog, der die Wanderlust verstärkt und wahrscheinlich das Ende der sowjetdeutschen Minderheit bringen wird.

2. Juden

Sowjetischen Quellen nach lebten 1970 2,1 Mio. Juden in der Sowjetunion, 1979 waren es 1,8 Mio., 1989 1,4 Mio. Israelische Quellen geben Zahlen von zwei bis drei Millionen an. Die offiziellen Zahlen könnten in der Tat zu niedrig sein, weil Angehörige diskri-minierter Völker dazu neigen, sich bei Volkszählungen als »Russen« zu bezeichnen, obwohl ihre Personaldokumente einen anderen Eintrag haben. Die Mehrheit der sowjetischen Juden lebt in den städtischen Zentren: in Moskau 240 000, in Leningrad 170 000, in Kiew 154 000, im Gebiet Odessa 120 000. Der Umfang der kleineren jüdischen Gruppen nach dem Zensus von 1989: Buchara-Juden — 37 568, kaukasische Bergjuden — 19 516, georgische Juden — 16 123.

Wenn von sowjetischen Juden die Rede ist, dann ist meist jene relativ große Gruppe aschkenasischer Juden gemeint, deren hauptsächliches Siedlungsgebiet das ehemalige polnisch-litauische Reich war. Neben ihnen gibt es jedoch kleinere Gruppen, die in ganz anderen traditionellen Zusammenhängen stehen. Eine von den Deutschen weitgehend vernichtete Gruppe sind die sephardischen Juden, die nach der Vertreibung aus Spanien ins Osmanische Reich geflohen waren und von dort ihr Judeo-Spanisch, das »Spaniolische«, mitgebracht hatten. Ihr Zentrum war Saloniki; Kolonien sephardischer Juden gab es jedoch in allen ehemals osmanischen Gebieten, so auch auf der tatarischen Krim. Eine sehr kleine Gruppe sind die Krymtschaken (1989 — 1 559, 1979 3 000), Juden von der Krim, die türkisch sprechen und von Stalin nach Sibirien deportiert wurden. Die etwa 16 000 georgischsprachigen Juden lebten möglicherweise schon lange vor unserer Zeitrechnung in Georgien. Traditionell waren sie Kleinhändler und Handwerker. Mit den aschkenasischen Juden Osteuropas standen sie kaum in Verbindung. Trotz ihrer beruflich und religiös bedingten Sonderstellung innerhalb der georgischen Gesellschaft hatten sie vergleichsweise weniger unter Verfolgungen zu leiden. Die etwa 30 000 Bergjuden des Hohen Kaukasus, vor allem Daghestans, waren im fünften und sechsten Jahrhundert zugewandert. Sie sprechen die iranische Sprache ihres ebenfalls kleinen Nachbarvolkes, der muslimischen Taten. Traditionell betrieben sie vor allem Landwirtschaft, viele waren auch Färber, Gerber und Kürschner. Gering an Zahl, aber historisch bedeutsam war die seit etwa dem 9. Jahrhundert in Buchara ansässige Gemeinschaft. Die Buchara-Juden sprechen ein nasalierendes, mit vielen hebräischen Wörtern durchsetztes Tadshikisch. Aufgrund von muslimischen Verfolgungen in Buchara wanderten schon im 19. Jahrhundert viele nach Palästina aus, wo es seit 1880 eine Buchara-Gemeinde gab. Nicht wenige sahen zunächst die russische Eroberung als Erleichterung. 1914 lebten jedoch schon etwa 1500 Buchara-Juden in Palästina. Die Abwanderung nach Palästina setzte sich nach der Revolution fort. Ende der dreißiger Jahre wurden der Buchara-jüdische Schulunterricht, eigene Publikationen und Rundfunksendungen abgeschafft, die Synagogen geschlossen. Erst 1988 entstand wieder ein jüdisches Leben in Buchara. Die Auswanderungsmöglichkeit nach Israel wird auch von den kleineren nichtaschkenasischen Gemeinschaften in hohem Maße genutzt. Es ist nicht unwahrscheinlich, daß sie in einigen Jahren ganz aus ihren alten Siedlungsgebieten verschwunden sein werden.

Eine jüdische Einwanderung ins Gebiet der Kiewer Rus gab es seit dem 9. Jahrhundert. In großer Zahl jedoch entwickelte sich der Zuzug erst seit dem ersten Kreuzzug, mit dem in Mitteleuropa die großen Pogrome einsetzten. Die massenhafte jüdische Ostwanderung begann, als 1348/49 nach der Großen Pest eine bislang unerhörte Pogromwelle von der Schweiz ausgehend aufs Elsaß übergriff, das Rheinland erreichte und schließlich auch Gebiete berührte, die von der Pest weniger betroffen waren, wie Brandenburg und Schlesien. Sie zerstörte die bislang blühende mittelalterliche deutsch-jüdische Kultur.

Begründet wurden die Pogrome damit, daß die Juden die Pest absichtlich herbeigeführt hätten, um die Christen zu vernichten. Bis zu diesem Zeitpunkt hatten sich im christlichen Europa zwei Richtungen des christlich-jüdischen Verhältnisses herausgebildet. Die hohe Theologie – und in der Regel auch die Spitzen der kirchlichen Hierarchie – sahen in den Juden die uneinsichtigen Vertreter des »Alten Bundes« mit Gott. Als Beweis für die Wahrheit des christlichen Glaubens sollten sie jedoch bewahrt und geschützt werden. So wurde das Judentum zur einzigen nichtchristlichen Religion, die im christlichen Europa überhaupt toleriert wurde. Eine volkstümlichere Interpretation sah in den Juden die Christusmörder und damit die Feinde des Christentums und der Christen schlechthin. Ihr Bild verschmolz mit jenem des »Antichrist«, und es wurden ihnen entsprechend die schlimmsten Verbrechen zugeschrieben, wie Hostienschändungen, Ritualmorde, Brunnenvergiftungen, schwarze Magie usw. Daß sie mit den muslimischen Erzfeinden unter einer Decke steckten, war vor allem in Südfrankreich, Spanien und Portugal gängige Meinung. Streng genommen forderten diese Unterstellungen bereits Vertreibungen oder Vernichtungen, die in vielen europäischen Ländern seit dem späten Mittelalter und der frühen Neuzeit immer wieder geschahen.

Mit dem Aufkommen des mittelalterlichen antijüdischen Stereotyps war eine gesellschaftliche Isolierung einher gegangen, an deren Ende die Einschließung in ummauerte Ghettos stand. Im frühen Mittelalter waren die Juden aus dem − zuvor von ihnen und Syrern dominierten − Fernhandel dadurch ausgeschlossen worden, daß ihnen das Waffentragen und die Beschäftigung christlicher Bewaffneter verboten wurde; die Handelskarawanen waren nun nicht mehr zu schützen. Das Verbot des Grundbesitzes machte eine Tätigkeit als Bauer oder − wie im Rheinland häufig − als Winzer unmöglich. Die Monopolisierung des Handwerks durch die Zünfte, die sich als Schwurbruderschaften verstanden, schloß die Juden von den zünftigen Handwerken aus, da sie keine christlichen Eide leisten konnten. Die aufstrebenden europäischen Bankiers aus der Lombardei und aus Cahors konnten unter Hinweis auf die Christenfeindschaft der Juden eine ihnen unliebsame Konkurrenz verdrängen. Im Kontakt mit den Christen waren die Juden daher weitgehend auf die Vergabe von Kleinkrediten und auf nichtzünftige Handwerke verwiesen, die als solche im Ruch der »Unehrlichkeit« standen. Beides setzte die Juden in ein spannungsreiches Verhältnis zu jenen Schichten, die sich dann auch bei den Pogromen hervortaten: den Bauern, den Handwerkern und den städtischen Unterschichten. Diese Sozialgruppen waren aber auch die Klientel der Bettelmönche und der Volksprediger, die die Bevölkerung immer wieder zu Pogromen aufhetzten. Die Judenpogrome erschienen damit oft als Momente eines Ständekampfes. Wo städtische, kirchliche oder territoriale Herrschaften versuchten, »ihre« Juden zu schützen, wandte sich der Volkszorn meist auch gegen sie. Andererseits war das Pogrom in Krisensituationen auch ein Mittel der fürstlichen oder städtischen Herren, den Volkszorn abzulenken.

In Polen und Litauen war die Situation anders. Angesichts der Macht und des Reichtums der Hansestädte im Ostseegebiet bzw. der russischen Handelsrepubliken Nowgorod und Pskow war die Bedeutung städtischer Kultur für den Reichtum und damit die Macht der Reiche offenkundig. Ein autochthones Bürgertum aus einer bäuerlichen Bevölkerung heranzubilden hätte jedoch eine sehr lange Zeit in Anspruch genommen. So wurde die Einwanderung jüdischer Stadtbevölkerungen aus dem deutschsprachigen Raum gefördert. Sie sollten das Rückrat sowohl des Handels wie des Handwerks bilden. Bis ins zwanzigste Jahrhundert machte es eine Besonderheit der osteuropäischen gegenüber der mittel- und westeuropäischen Judenheit aus, daß sie die Mehrheit auch der städtischen Handwerker stellte. Schon 1264 hatte der polnische König Boleslaw der Fromme den Juden einen Freibrief gewährt. Im Interesse einer Förderung des Städtewesens förderte auch König Kazimierz III., der Große (1334-1337), der sein Reich nach Osten bedeutend ausdehnt hatte, die jüdische Einwanderung. Auch die Fürsten des aufstrebenden Litauen verliehen spezielle Rechte und Handelsprivilegien. Unter dem Großfürsten Vytautas (1388-1430) erhielten die Juden eine Charta, die der polnischen entsprach. Nach den Unionen Litauens mit Polen war das gemeinsame Reich ein Hort der Freiheit und der friedlichen Entwicklung jüdischen Lebens. 1495 wurden die Juden zwar aus Litauen vertrieben, acht Jahre später aber konnten sie aus Polen, wohin sie geflüchtet waren, zu ihren alten Rechten zurückkehren. Seit Mitte des 16. Jahrhunderts hatten die Juden sogar eine eigene politische Vertretung, den Vierländerrat, der regelmäßig zusammentrat und zivile und religiöse innerjüdische Angelegenheiten selbständig regelte. 1623 zog sich der litauische Rat, der litauische Kahal, aus dem Vierländerrat zurück und gründete eine eigene Provizialverwaltung.

Aus dem deutschen Sprachgebiet brachten die Juden nicht nur ihre Kleidung und ihre Volkssitten mit, sondern auch ihre Sprache, das spätmittelalterliche, mit zahlreichen hebräischen Wörtern durchsetzte »Judendeutsch«. Es reicherte sich im Osten mit slawischen Wörtern an und differenzierte sich in regionale Dialekte. An dieses »Jiddische« assimilierten sich auch jene Juden, die schon zuvor in der Region gelebt hatten. So sehr sich in der folgenden Zeit auch die Sozialstruktur der osteuropäischen Juden differenzierte, religiös und sprachlich und als Stadtbevölkerung meist auch sozial blieben die Juden eine Bevölkerungsgruppe, die sich von der ukrainischen, weißrussischen oder litauischen Landbevölkerung, dem polnischen Adel und den polnischen Stadtbürgern scharf unterschied. In dieser Besonderung enstand eine eigenständige ostjüdische Kultur, die dank der langen Zeit relativer Ruhe und − verglichen mit dem Westen − geringerer Bedrückung zu blühen begann. Sie wurde zum religiös-kulturellen Zentrum der europäischen Judenheit. Es gehörte allerdings mit zu dieser Besonderung, daß die Kontakte zur Entwicklung des christlichen Europa sporadisch blieben. Die jüdische und mit ihr die ostjüdische Geschichte kennt bis zum 19. Jahrhundert andere Periodisierungen als die christliche. Seine höchste kulturelle Blüte erreichte die osteuropäische Judenheit während des 16. und in der ersten Häfte des 17. Jahrhunderts. Neben großen Gelehrten wie Moses Isserle (1520-1572) und Salomon Luria (1510-1573) gab es ein Netz von Schulen für Kinder und Erwachsene.

Die Juden bildeten im polnisch-litauischen Reich einen wesentlichen, oft auch majoritären Teil der städtischen Bevölkerungen. Ein kleiner Teil war Eigentümer oder Pächter kleiner landwirtschaftlicher Betriebe. Andere waren Viehhändler oder Hausierer. Eine relativ große Gruppe waren die Gewerbetreibenden und Handwerker wie Schreiner, Küfer, Gerber, Schuster, Schneider, Fuhrleute, Gastwirte usw. Zu den Wohlhabenderen zählten in den Städten einige Kaufleute und Makler. Wie in Mittel- und Westeuropa waren Kleinkredite an Bauern, christliche Handwerker und Adlige zwar unentbehrlich, aber auch Auslöser von Konflikten. Da diese Kredite in der Regel in Notlagen aufgenommen wurden, gerieten die Schuldner bei der Rückzahlung häufig in Schwierigkeiten. Rückzahlungsprobleme konnte es auch bei den Gastwirten geben, die häufig gezwungen waren, auf Kredit auszuschenken. Überdies setzte der polnische Adel vielfach Juden als Verwalter und zum Eintreiben von Abgaben ein. So galten die Juden oft als Büttel der Obrigkeit.

In der Zeit der Hochblüte jüdischer Kultur veränderte sich die Machtstruktur des Reiches und mit ihr die Position der Juden. Die wichtigste dieser Veränderungen war eine zunehmende Ausdehnung der Befugnisse des Adels auf Kosten der königlichen Zentralmacht. Seit 1496 durften sich die polnischen Bauern nicht mehr an königliche Gerichte wenden. Sie waren nun ihren Herren gänzlich schutzlos ausgeliefert. Auch die Juden wurden nun zu Kammerknechten des Adels und verloren den königlichen Schutz.

Die Bedrückung begann 1648, als sich der antipolnische Aufstand des Hetmans der Saporoger Kosaken, Bohdan Chmenizkyj, zum ersten großen antijüdischen Pogrom ausweitete. Er traf nicht nur die Ukraine, sondern erreichte auch das litauische Wilna im Norden. Die Zeit der friedlichen Entwicklung ging zu Ende. Mit Pogromen hatten von nun an die Juden Osteuropas immer zu rechnen. 1551 versuchte die polnische Krone zwar, den Juden zu helfen, indem sie ihnen einige Steuern erließ und die alten Privilegien erneuerte. Aber ihre schwindende Macht setzte sie außerstande, noch wirksam zu helfen. Die Masse der Juden im polnisch-litauischen Reich begann zu verarmen.

In dieser Zeit gewannen mystische Strömungen an Boden. Die orthodoxe Geistlichkeit bekam Konkurrenz durch Zauberer und Wundertäter. Asketische wandernde Gruppen bildeten sich. In dieser kulturellen und materiellen Situation entstand mit dem Chassidismus eine volkstümliche und lebensfrohe mystische Strömung, die im osteuropäischen Judentum lange erheblichen Einfluß ausüben sollte. Sein Gründer war der Baalschemtow (Meister des guten Namens), eigentlich Israel ben Elieser (1700-1760), der in Miedzyborz eine große Schar von Schülern und Anhängern um sich versammelte. Nach dem Tode des Baalschemtow entwickelte sich der Chassidismus in einer Vielzahl von Gruppen, an deren Spitze je ein wundertätiger Rabbi, ein Zaddik, stand. Hauptgegner der Chassidismus waren die Anhänger der traditionellen rabbinischen Gelehrsamkeit, die Mithgadnim. Regionaler Schwerpunkt des Chassidismus war Südpolen, sozialer Schwerpunkt die ärmeren Volksschichten. Die Mithgadnim hatten ihr regionales Zentrum in Litauen und fanden vor allem unter den Wohlhabenderen Unterstützung. Herausragende Gestalt dieses rationalistischen Judentums war der »Wilnaer Gaon« (Rabbi Elija, 1720-1797), der den Chassidismus erbittert bekämpfte. Wilna, das »Jerusalem Litauens«, blieb das europäische Zentrum des Talmudstudiums, dessen Bet Hamidrasch eine außerordentlich große Zahl bedeutender Gelehrter hervorbrachte.

Durch die polnischen Teilungen Ende des 18. Jahrhunderts geriet mit Posen und Westpreußen (Großpolen) ostjüdisches Siedlungsgebiet an Preußen. Krakau, sowie Galizien und die Bukowina, die heutige Westukraine, fielen an Österreich. Die überwiegende Mehrheit der Juden Polen-Litauens aber lebte nun im Russischen Reich.

Katharina II. beschränkte das jüdische Wohnrecht auf die um ein geringes erweiterten ehemals polnisch-litauischen Gebiete: neben dem Königreich Polen auf Wilna, Wolhynien, Grodno, Kowno, Minsk, Podolien, Jekatrinoslaw (Dnepropetrowsk), Poltawa, Tschernigow, Kiew, Witebsk, Mogiljow, Cherson, Bessarabien und die Krim. Außerhalb ihrer »Ansiedlungsrayons« durften Juden nur mit einer Sondergenehmigung leben. Seit Nikolaus I. mußte jede jüdische Gemeinde eine bestimmte Anzahl von Kindern aussuchen, die dann 25 Jahre lang beim Militär dienen mußten. Eingezogen wurden bereits Zwölfjährige, aber es kam vor, daß bei den Razzien in jüdischen Wohngebieten, die die Armee zuweilen veranstaltete, auch Achtjährige eingefangen wurden. In der liberalen Regierungszeit Alexanders II. wurden viele dieser Restriktionen wieder gelockert. und russische Gymnasien und Universitäten für Juden geöffnet. Es entstanden jüdische Zeitschriften in russischer Sprache. Auch die bürgerlichen Verhältnisse verbesserten sich. Die Juden erhielten in Städten das Wahl- und Vertretungsrecht. Tausende von Juden konnten sich außerhalb der Ansiedlungsrayons ansiedeln. Russisch wurde in den jüdischen Regierungsschulen anstelle von Deutsch als Unterrichtssprache eingeführt. Unter den jüdischen Oberschichten zeigten sich erste Ansätze einer Assimilationsbewegung. Mit dem Tode Alexanders II. sollte diese Zeit der Entspannung ein schreckliches Ende finden.

Wenige Wochen vor Ostern 1881 wurde Alexander II. ermordet. Sein Nachfolger Alexander III. verfolgte eine strikt antijüdische Politik. Unglücklicherweise hatte eine Jüdin, Heßja Helfmann, die Bombe vor dem Attentat versteckt. In der reaktionären Presse wurde der Zarenmord daher als Werk der Juden gegeißelt. Mit Billigung des Innenministers Ignatjew brachen nun überall in den jüdischen Ansiedlungsgebieten schreckliche Pogrome aus, die vor allem in Kiew und Jelisawetgrad (Kirow) entsetzliche Ausmaße annahmen. »Pogrom« hieß dabei nicht nur die Zerstörung und Ausraubung jüdischen Eigentums und jüdischer Kultstätten, es hieß Verstümmelungen, Vergewaltigungen und Morde. Militär und Polizei schritten nicht ein. Im August erfaßte eine neue Progromwelle Südrußland. Als nun die Armee zuweilen mäßigend eingriff, erhob sich ein Sturm der Entrüstung in der konservativen Presse. Im Dezember 1881 brach, diesmal in Warschau, unter russischer Führung ein neues Pogrom los; der katholische Erzbischof protestierte erfolglos. Unter Beteiligung der Polizei und des Militärs stürzte sich im März 1882 die Menge in mehreren Städten erneut auf die Juden. Im April 1882 begannen die Pogrome abzuebben, nachdem die Regierung antijüdische Sondergesetze angekündigt hatte.

Von nun an durchdrang die antisemitische Propaganda Rußland. In der konservativen Presse wurden die Juden als Helfershelfer der Revolution angegriffen, die Liberalen als Helfershelfer der Juden.

Stichwortgeber dieses Antisemitismus saßen in Deutschland. Von den deutschen Antisemiten Rohling und Stoecker wurde der Topos übernommen, daß die Juden das christliche Volk aussaugten. Aber auch das antisemitische Rußland leistete seinen Beitrag Ende des 19. Jahrhundert mit der Schöpfung der »Protokolle der Weisen von Zion«, die, einer typischen Verschörerphantasie der damaligen Zeit entsprungen, seither immer wieder zum Bezugstext antisemitischer Bewegungen wurden.

In den sogenannten »Mai-Gesetzen« von 1882 wurde den Juden die Schuld an den Pogromen zugeschrieben und ihre strenge Bestrafung angekündigt. Die Juden verloren das Wahl- und Vertretungsrecht wieder, das ihnen Alexander II. zugebilligt hatte. Kein Jude durfte fortan mehr außerhalb der alten Ansiedlungsrayons wohnen und auch innerhalb dieser Zone mußten Juden die Dörfer räumen. Nur jene, die in jüdischen Ackerbaukolonien selbst Bauernstellen bewirtschafteten, durften bleiben, aber selbst innerhalb dieser blieben sie eingeschränkt. Neuer Grunderwerb war den Juden jedoch verboten. Immer wieder wurden in der folgenden Zeit die Grenzen der Ansiedlungsrayons verändert, was jedesmal zu neuen Vertreibungen führte.

Der gesellschaftliche Kontext der antijüdischen Repressionen war folgender: Die Konservativen und vor allem das russische Innenministerium fürchteten, daß die Industrialisierung die wirtschaftliche Basis des Adels zerstören würde und daß daher auch die politische Macht zum Kapital übergehen würde. Wie in Deutschland waren aber die Juden zum Symbol der Industrialisierung und der Modernität geworden. Da ihnen staatliche Positionen verwehrt waren, stieg ihr Anteil gerade in jenen Berufen, die in der Herausbildung der modernen Gesellschaft entstanden oder sich vermehrten – Rechtsanwälte, Ärzte, Wissenschaftler, Journalisten. Angesichts eines antijüdischen Konservativismus konnte das Spektrum der politischen Sympathien nur von der extremen Linken bis zur bürgerlichen Liberalität reichen. So fand der Antisemitismus immer wieder scheinbare Belege für seine Behauptung, die moderne Gesellschaft und deren Mißstände seien ein Werk der Juden. Sie wurden in antisemitischen Augen zur treibenden Kraft sowohl der Industrie und des Handels wie der revolutionären Kräfte. Der Antisemitismus bot so die Möglichkeit, auch weitere Kräfte gegen die Industrialisierung zu mobilisieren. Auf der anderen Seite konnte Rußland schon aus militärischen Gründen nicht auf Industrialisierung verzichten. Darüber spaltete sich sogar der Staatsapparat. Das Finanzministerium, vor allem unter Minister Witte, stand gegen das Innenministerium. Es war liberaler und drang auf eine Milderung der antijüdischen Gesetzgebung.

Der größte Judenhasser war, neben Großfürst Sergej Alexandrowitsch und dem Direktor der Polizei und späteren Innenminister Plehwe, der Oberprokuror Pobedonoszew. Dessen Einfluß als ehemaliger Lehrer Alexanders III. reichte weit. Er bereitete einer kurzen Erleichterung unter Innenminster Graf Tolstoj und Justizminister Graf Pahlen, die sich für eine Milderung der antijüdischen Maßnahmen eingesetzt hatten, ein Ende. Auf sein Drängen wurde ab 1890 die strenge Durchführung der von Ignatjew beschlossenen Gesetze befohlen. 150 000 Juden, die die russische Staatsangehörigkeit nicht nachweisen konnten, wurden des Reiches verwiesen. Juden, die immer noch außerhalb der Ansiedlungszone lebten, mußten bis 1892 unter Zurücklassung ihrer Habe in die Ghettos. 10 000 Juden, die als Pächter auf dem Land gelebt hatten, wurden in die Ghettos gejagt. Die Städte füllten sich mit Vertriebenen, die Handwerker konnten sich nicht mehr ernähren. Zugleich wurden ständig neue Sondersteuern erhoben, die es für die christliche Bevölkerung nicht gab: nicht nur die bislang unbekannte Einkommens- und Erbschaftssteuer, sondern auch Steuern für das Tragen jüdischer Kleidung, für Sabbatkerzen, für das Schächten von Tieren usw. In den jüdischen Städten und Ghettos, in denen die Juden nun zusammengepfercht wurden, herrschte das Elend. Es grassierten Tuberkulose und Rachitis. So kam es zu einer ersten Emigrationswelle in die USA und nach England.

Das Pogrom, das 1903 in der bessarabischen (moldawischen) Hauptstadt Kischinjow ausbrach, verriet die sorgfältige Vorbereitung der Polizei Plehwes. Die örtlichen Sicherheitskräfte hatten aus Petersburg strikte Weisung erhalten, nicht einzugreifen; vor dem Ausbruch wurde der jüdische Selbstschutz von der Polizei entwaffnet; rechtzeitig wurden die Bewohner der umliegenden Dörfer herangeschafft und kostenlos mit Wodka versorgt. Das Gemetzel selbst dauerte zwei Tage. Der russischen Presse war es verboten worden, über dieses Pogrom zu berichten. Als dafür die Londoner Times berichtete, ging der große Dichter Lew Tolstoj an die Öffentlichkeit. Ein großer Teil der russischen Intelligenz schloß sich seinem Protest an. Immerhin erreichten es die Protestierenden, daß eine formale Untersuchung angeordnet wurde, die freilich rasch im Sande verlief. Am 12. September 1903 gingen bei einem Pogrom in Gomel (Belorußland) wieder die Truppen gegen den Selbstschutz vor, der versuchte, die Juden zu schützen. Auch nach der Revolution von 1905 gingen die Pogrome weiter, so in einer Welle nach dem 31. Oktober 1905, auf die 1906 noch ein Pogrom in Bialystok folgte. Aktiv war an diesen Progromen eine inzwischen geschaffene nationalistische Organisation beteiligt, die »Schwarzhunderter«. Der ebenso unfähige wie bigotte letzte Zar Nikolaus II. weigerte sich, in irgendeiner Weise gegen das Treiben der Schwarzhunderter und gegen die Pogrome einzuschreiten.

Am Vorabend des Krieges kam es schließlich zu einer russischen Variante der Dreyfusaffäre. Ein Arbeiter in Kiew, Mendel Bejlis, wurde angeklagt, ein christliches Kind ermordet zu haben. Die Staatsanwaltschaft suchte zu beweisen, daß die jüdische Religion den Gebrauch von Christenblut zu rituellen Zwecken vorschreibe. Immerhin bildete sich in dieser Affäre eine öffentliche Gegenbewegung von Intellektuellen, an der sich auch Maksim Gorkij und Wladimir Korolenko beteiligten. Bejlis selbst wurde nach einem Prozeß von 33 Tagen freigesprochen; die konservative Presse tobte.

Auch die innere Welt des östlichen Judentums hatte wesentliche Veränderungen erfahren. Im Westen hatte sich unter der geistigen Führung des Berliner Aufklärers Moses Mendelssohn seit dem Ende des 18. Jahrhunderts eine jüdische Reformbewegung durchgesetzt. Weltliche Bildung hielt Einzug in die jüdischen Familien, die Religion wurde zunehmend ihrer rituellen Formen entkleidet und ethisiert. Der Gottesdienst fand weitgehend in deutscher Sprache statt, bis schließlich – in Anlehnung an die evangelischen Kirchen – in den Reformgemeinden auch die Orgel Einzug hielt. Hiergegen entwickelte sich eine konservative Gegenbewegung, was in vielen Städten zur Spaltung der jüdischen Gemeinden und bitteren Fehden führte. Insgesamt entzog sich jedoch im Westen auch die konservative Richtung kaum der Assimilation. Im gleichen Zuge verschwand im deutschen Sprachgebiet das Jiddische (Westjiddische), das schon Mendelssohn als ein verderbtes Deutsch erschienen war, zugunsten der Hochsprache. In den ländlichen Gebieten, vor allem Süddeutschlands und im Elsaß, hielt es sich stellenweise allerdings bis zum Holocaust.

In den russischen und österreichischen Teilen des ostjüdischen Siedlungsgebietes lief der Prozeß anders. Hier herrschten in der ersten Hälfte des 19. Jahrhunderts mit ihren regionalen und sozialen Schwerpunkten weiterhin die Talmud-Gelehrsamkeit und der Chassidismus. Nachrichten von der Aufklärung hatten zwar schon Kaufleute, die nach Deutschland reisten, mitgebracht, wie Israel Zamosc oder Salomon Dubno. Aber die traditionelle Lebensform war trotz einer Verschlechterung der Lebensverhältnisse noch intakt. So setzte sich die Neuerung in anderer Gestalt durch. Die aufklärerische Strömung erschien unter dem Namen »Haskala«, ihre Anhänger wurden »Maskilim« genannt. Ihre Schwerpunkte waren, neben dem österreichischen Galizien, das russische Litauen, von dem aus Kontakte zu den deutschen jüdischen Zentren Berlin und Königsberg bestanden. Ihr Ziel war es, über die Beschäftigung mit den traditionellen Gegenständen religiöser Gelehrsamkeit hinaus, das Studium einer an der Bibel orientierten hebräischen Grammatik zu fördern und den Schulunterricht auch zur Vorbereitung auf produktive Berufe zu nutzen. In ihrer Frontstellung gegen die traditionelle Gelehrsamkeit griffen die Maskilim deren Enge an, als deren negatives Paradigma ihnen die Argumentationskunst des Pilpul erschien, der sie vorwarfen, nur die Verstandeskräfte zu schulen, aber nicht zu sachlichen Erkenntnissen zu führen − und zwar nicht einmal des Talmud. Noch entschiedener war die Feindschaft gegenüber dem Chassidismus, der als reiner Aberglauben gesehen wurde. Schließlich traten die Maskilim als Gegner des Jiddischen auf. Sprache der jüdischen Bildung sollte ein gereinigten Hebräisch oder Schriftdeutsch sein. Hinter diesem von den jüdischen Oberschichten getragenen Programm stand also die Konzeption einer Volksreform. Unter Leitung jüdischer Auflärer entstanden so in Galizien staatliche jüdische Schulen, die den traditionellen Cheder ersetzen sollten. Aber auch in Rußland wurden Schulen aufgebaut, zunächst private, dann auch staatliche, in denen neben religiösen auch weltliche Fächer unterrichtet wurden und deren Unterrichtssprache teils Hebräisch, teils Deutsch war. Die Entwicklung dieser Schulen unterlag jedoch den Wechselfällen des jüdischen Schicksals in Rußland.

Der Einfluß der Haskala auf die Bevölkerung war zunächst begrenzt. Sie war auf die höheren Schichten begrenzt und erschien als ein Bruch mit der jüdischen Tradition und als Verrat. Für die Anhänger des Chassidismus waren die Maskilim Ketzer und Handlanger der Regierungspolitik. Anders als in Mittel- und Westeuropa stand die Haskala-Aufklärung jedoch am Anfang eines eigenen jüdischen Nationalismus. Auch die Juden waren für sie eine Nation im modernen Sinne geworden. Die Religion stand in diesem Zusammenhang nicht im Zentrum des Denkens, sie wurde zum Merkmal einer nationalen Selbstdefinition. Einer der großen Vertreter dieses Nationaljudentums war Mosche Löw Lilienblum (1843-1910).

Aus dieser Tendenz der Haskala entstand die erste nationaljüdische Bewegung, die Chochewej Zion (Zionsfreunde), die dann im Zionismus aufging. Die Nationbildung bedeutete für sie vor allem eine Abkehr von der traditionell jüdischen Lebensweise und eine Verwurzelung im Boden, d.h. die Schaffung eines jüdisches Bauerntums. Da dies in Rußland oder seinen Nachfolgestaaten unmöglich war, wandte sich der Blick bald auf Palästina. Initiator dieser Bewegung war der Arzt Leon Pinsker aus Odessa. Nachdem er zunächst als Förderer einer Assimilation an die russische Gesellschaft hervorgetreten war, forderte er 1881 in einer als Reaktion auf das riesige Pogrom erschienenen deutschen Schrift, »Autoemanzipation«, zur Gründung jüdischer Kolonien in Palästina auf. Die eigene Nationalsprache konnte nur das Hebräische sein. Die Zionsfreunde waren damit am Aufbau eines strikt hebräischen Schulwesens führend beteiligt, das der Vorbereitung auf eine jüdische Gesellschaft in Palästina diente.

Eine populäre Gegenbewegung zur bürgerlichen Haskala entstand seit Mitte des 19. Jahrhunderts. Sie verstand sich als Anwältin des einfachen Volkes und dessen Umgangssprache, des Jiddischen. Die Juden galten den Vertretern dieser Richtung als nationale Minderheit, deren Lebensverhältnisse gebessert werden mußten und deren politische Emanzipation zu erkämpfen war. Sie wollten nationale Autonomie und Minderheitenrechte, zunächst in Rußland, später auch in den Nachfolgestaaten. Ein herausragender Vertreter dieser »Autonomisten« war der Historiker Simon Dubnow. Der in Litauen Mitte der 90er Jahre gegründete sozialdemokratische Jüdische Arbeiterbund (Bund) sprach entsprechend jiddisch. Es erschienen die ersten jiddischen Zeitungen. Die jiddische Bewegung stand der Haskala allerdings in ihrer Zuwendung zur modernen Welt und ihrer Frontstellung zur Enge des traditionellen jüdischen Lebens nahe. Ihre Schriftsteller schufen Satiren über die Chassidim, ihren Wunderglauben und das Treiben an den Höfen ihrer wundertätigen Führer, der Zaddikim, aber auch über die Engstirnigkeit traditioneller Rabbiner. Im Rahmen dieser jiddischen Bewegung entstanden Werke der Weltliteratur, so die von Jizchak Leib Perez (1851-1915), Scholem Alejchem (1859-1916), Mendele Mojcher Sfurim (1836-1917) oder Schalom Asch (1880-1957). Eine dritte wesentliche Tendenz war vor allem unter Intellektuellen der Weg der Assimilation an die polnische oder russische Umgebung. Voraussetzung einer erfolgreichen Assimilation war jedoch eine grundlegende Veränderung dieser Gesellschaft und die Aufhebung jeder religiösen oder ethnischen Diskriminierung. Angesichts der fortbestehenden Diskriminierungen und Bedrückungen, deren Objekt die Juden in der russischen Gesellschaft waren, standen nur radikal liberale oder sozialistische Wege offen. Vor allem in der sozialistischen Bewegung aller Tendenzen engagierten sich Juden aktiv. Auch in der ersten Generation der führenden Bolschewiki fanden sich daher viele Juden, u.a. Trotzki, Sinowjew, Kamenew, Radek oder Swerdlow. Zu diesen assimilierten Juden gehörte auch jene Vielzahl von Wissenschaftlern und Schriftstellern, ohne die die moderne russische Kultur nicht zu denken ist.

Die Februarrevolution von 1917 brachte den Juden die langersehnte rechtliche Gleichstellung. Vor allem in der Ukraine und teilweise in Weißrußland führte der Bürgerkrieg, der gerade in den jüdischen Siedlungsgebieten heftig tobte, jedoch zu neuen Pogromen. Es waren die Bolschewiki, die diesen Massakern ein Ende machten. Für längere Zeit war der Antisemitismus nun kein dringendes Problem in Sowjetrußland mehr. Schwieriger war die Situation in den Nachfolgestaaten Litauen und Polen, vor allem aber in Bessarabien, das sich 1918 Rumänien angeschlossen hatte. Die nach dem Ersten Weltkrieg in Paris ausgehandelten Rechte für Minderheiten blieben in all diesen Ländern Papier, in Rumänien agierte das Militär ganz ohne internationale Aufmerksamkeit.

Auch wenn es in den zwanziger Jahren einen offiziellen Antisemitismus nicht gab, veränderte sich das jüdische Leben erheblich. Die antireligiöse Politik traf auch die jüdische Religion: Synagogen wurden geschlossen, die Rabbiner-Ausbildung hörte auf. Auch rituelle Teile jüdisch-religiösen Lebens wurden verboten, wie die Beschneidung oder das Schächten von Tieren. Die jüdischen Unternehmer und Kaufleute waren Klassenfeinde, die Handwerker und Kleinhändler waren Kleinbürger. Die repressiven Maßnahmen, denen Juden ausgesetzt waren, trafen jedoch in gleicher Weise auch andere vergleichbare Sozialkategorien und waren insofern nicht spezifisch antisemitisch. Andererseits erfuhr die jiddische Kultur, in den politischen Grenzen, die das neue System der Kultur überhaupt setzte, eine letzte Blüte. Es gab jiddische Theater, Bücher und Periodika. Die kulturelle Vielgestalt der ostjüdischen Welt war zwar politisch eingegrenzt worden, aber sie war lebendig, ohne Folklore zu sein. Ab 1934 wurde das jiddische Leben allmählich zurückgedrängt. Nach den Synagogen wurden auch die Schulen geschlossen, die jiddische Publikationstätigkeit wurde beendet. Es nutzte jiddischen Intellektuellen nichts, wenn sie sich als Stalinisten hervorgetan hatten.

Innerhalb der sowjetischen Nationalitätenpolitik galten die Juden als Nation und nicht als Religionsgruppe. Da sie über kein eigenes geschlossenes Siedlungsgebiet verfügten, wurde für sie 1934 die jüdische Autonome Oblast Birobidshan am Amur gegenüber von Chabarowsk geschaffen. Sie besteht noch heute. Irgendeine Bedeutung hatte Birobidshan für die sowjetischen Juden nie. 1989 befanden sich unter den 200 000 Einwohnern dieser Oblast 11 000 Juden, d.h. etwa 0,5 % der sowjetischen Juden überhaupt.

Im Zuge der Säuberungen des Partei- und Staatsapparates in den dreißiger Jahren und dabei der fast vollständigen Liquidierung der alten bolschewikischen Führungsschicht verschwanden fast alle Juden aus den politischen Führungspositionen. 1934 wurde NKWD-Chef Jagoda durch Jeshow abgelöst und später hingerichtet. Kurz vor dem Hitler-Stalin-Pakt wurde der jüdische Außenminister Litwinow durch Molotow ersetzt und das Außenministerium insgesamt gesäubert. Schließlich traf es auch die politische Hauptverwaltung der Armee und mit ihr General Jakir. Mit Ausnahme des Politbüromitglieds Kaganowitsch gab es in der sowjetischen Führung keine Juden mehr.

Antisemitismus war von nun an eine konstante Unterströmung der sowjetischen Politik, auch wenn er offen nie als solcher auftrat. Zielscheibe der Angriffe waren entweder »Kosmopoliten«, ausländische Spione usw. Eine beliebte Verschleierungstechnik antisemitischer Propaganda war es, russifizierte Namen durch die ursprünglich jüdischen zu ergänzen, also etwa »Trotzki (Bronstein)«. Jüdische Namen waren an ihren hebräischen oder deutschen Formen erkennbar. Bis zum Ende der Stalin-Zeit waren dabei die Verfolgungen von Juden Teil einer allgemeinen Verfolgungspolitik, die je nach Zeit bestimmte

Nationalangehörige traf, und folgte deren Mustern. So gab es auch Verfolgungswellen gegen Polen, gegen Tataren, gegen Deutsche, gegen Ukrainer. Auch wenn Stalin ganze Völker bestrafte, z.T. umsiedelte, so ging es nie um ihre vollständige Ausrottung. Das Prinzip, nach dem die Verhaftungen vorgingen, waren planmäßig festgelegte Mengen oder Quoten, ein Prinzip, das aus der Wirtschaft vertraut war.

Die deutsche Besetzung während des Zweiten Weltkriegs setzte die sowjetischen Juden der Massenvernichtung aus. Mindestens zwei Millionen von ihnen fielen dem Mord zum Opfer. Unglücklicherweise waren die jüdischen Hauptsiedlungsgebiete auch jene, die von den Deutschen seit 1941 besetzt wurden. Dem Wüten der Einsatzkommandos in den ersten Monaten schloß sich die systematische Deportation an. Der Massenmord löschte die jüdische Kultur der ehemaligen Ansiedlungsrayons des russischen Reiches bzw. des polnisch-litauischen Großreiches aus.

Anders als die Mordaktionen in anderen osteuropäischen Ländern, sind die in der Sowjetunion begangenen schlecht dokumentiert. Das lag nicht nur daran, daß die Archive weitgehend unzugänglich blieben. Es lag auch daran, daß die Juden meist in der Sammelkategorie »Sowjetbürger« auftauchten. Daß die Deutschen systematisch Juden ermordeten, wurde in dieser Kategorie verschleiert. Das große, durch die Deutschen begangene Massaker an Juden in Babij Jar bei Kiew wurde entsprechend offiziell als eines an Sowjetbürgern dargestellt. Das Verstecken der jüdischen Opfer in der Kategorie »Sowjetbürger« führte dazu, daß nur sehr grobe Schätzungen der Zahl der Ermordeten sowjetischen Juden – etwa zwei Millionen – möglich sind.

Auch der Antisemitismus nach dem Zweiten Weltkrieg, der sich bis bis zum Tode Stalins 1953 verstärkte, trat immer in verdeckter Form auf. Zunächst gerieten die Überlebenden des Holocaust als deutsche Agenten in Verdacht: Wie hätten sie sonst überleben können? Die von Shdanow seit dem Beginn des Kalten Krieges geführte Kampagne gegen die »Kosmopoliten« traf vor allem – wieder nicht nur – jüdische Wissenschaftler und Schriftsteller. Inoffiziell wurde nun an den Hochschulen wieder ein Numerus clausus für Juden eingeführt. Jüdische Wissenschaftler verloren ihre Stellungen an wissenschaftlichen Institutionen, jüdischen Journalisten war der Weg zur Publikation versperrt usw. Dabei blieb ein Muster der Stalinschen Verfolgungsstrategie deutlich: Die Opfer wurden unter anderen Kategorien genannt – in diesem Falle »Kosmopoliten« – und es traf nie alle, immer gab es Ausnahmen. Kaganowitsch saß weiterhin im Politbüro, und Michail Botwinnik war ein überschwenglich gefeierter Schachweltmeister.

Ein Schlaglicht auf die Vorgehensweise wirft der Umgang mit offiziellen sowjetischen Repräsentanten des Judentums. Während des Krieges war offiziell ein »Jüdisches Antifaschistisches Komitee« gegründet worden, das propagandistische Aufgaben nach außen zu übernehmen hatte. Sein Vorsitzender war der Schauspieler S.M. Michoels. Faktisch geleitet wurde es von dem ZK-Mitglied Losowskij. Noch 1943 hatten Michoels und der Dichter Feffer auf einer Reise in die USA große Erfolge erzielt. 1944 bat das Komitee Stalin brieflich darum, die Juden anstelle der eben deportierten Krimtataren eine jüdische ASSR auf der Krim gründen zu lassen. Dieses Ersuchen wurde später als Versuch ausgelegt, auf sowjetischem Boden einen Vorposten des amerikanischen Imperialismus zu errichten. 1948 wurden die Mitglieder des Komitees verhaftet und 1952 einschließlich Losowskijs erschossen. Nur Michoels hatte ein anderes Schicksal. Ihn ermordete am 13. Januar 1948 ein NKWD-Kommando in Minsk auf offener Straße; zur Tarnung wurde die Leiche von einem LKW überfahren. Michoels wurde feierlich bestattet.

Die letzte große antisemitische Aktion Stalins war die sogenannte »Ärzteverschwörung« von 1953. Die überwiegend jüdischen Ärzte des Kreml-Krankenhauses wurden angeklagt, die Ermordung der Führer des Partei- und Staatsapparats geplant zu haben. Eine Pressekampagne in der gesamten sowjetischen Presse gegen die »Mörder in weißen Kitteln« weitete sich zu einer allgemeinen antijüdischen Hysterie aus. Sie ließ vielfach den Verdacht aufkommen, daß der Vorabend einer neuen Terrorwelle angebrochen sei. Stalins Tod im gleichen Jahr verhinderte das Schlimmste; die »Ärzteverschwörung« wurde abgeblasen und verschwand in den Archiven.

Mit einigen Milderungen blieb in der folgenden Zeit das Muster des stalinischen Antisemitismus erhalten. Offiziell gab es ihn nicht. Faktisch existierte er in Form eines Numerus clausus beim Hochschulzugang, in Behinderungen wissenschaftlicher Karrieren, in Einstellungsproblemen bei qualifizierteren usw. Berufen weiter. Die außenpolitische Identifizierung mit den Arabern und die Propaganda gegen Israel brachten einen »Antizionismus« hervor, der in einen immer unverhüllteren Antisemitismus umschlug. Als ein gewisser Klitschko im Verlag der Ukrainischen Akademie der Wissenschaften 1964 ein Buch mit dem Titel »Judaismus ohne Beschönigungen« veröffentlichte, ließ es Chruschtschow immerhin noch einziehen. Aber im Zuge der unter Chruschtschow nochmals organisierten antireligiösen Welle mußten die gläubigen Juden weitere Einschränkungen hinnehmen. Ihnen standen schließlich nur noch 100 Synagogen in der gesamten Sowjetunion zur Verfügung.

Der Sechstagekrieg von 1967 führte zu einer neuen »antizionistischen« Welle. Die sowjetische Akademie der Wissenschaften richtete eine Sonderkommission zur Bekämpfung des Zionismus ein. Bei antisemitischen Autoren wie Schewzow, Pikul und Kolesnikow tauchte in den siebziger Jahren die These auf, der Zionismus sei letztes Stadium des Imperialismus. Einer der notorischen Antisemiten war Wladimir Begun aus Belorußland. Daß er – gerichtsnotorisch – Hitlers »Mein Kampf« exzerpierte, schadete ihm in der Ära Breshnew nicht. Auch Klitschkos einst verbotenes Werk erschien in einer neuen Auflage. Nur fiel es in der Flut antisemitischer Literatur jener Zeit nicht mehr auf. Die aufkommende Dissidentenbewegung wurde nicht nur zum Gegenstand polizeilicher Maßnahmen. Mit einer Mobilisierung antisemitischer Ressentiments hoffte man sie auch gesellschaftlich diskreditieren zu können.

Allerdings eröffnete sich in den siebziger Jahren erstmals auch die Möglichkeit einer Emigration, die noch unter Chruschtschow undenkbar gewesen wäre. Die Quoten für die Ausreisenden schwankten je nach außenpolitischer Konjunktur erheblich. Immerhin entstand nun eine pro-israelische jüdische Dissidentenszene. Immer wieder kam es zu Demonstrationen von Juden, denen die Ausreise verweigert worden war, den sogenannten »Refuseniks«. Wie die gesamte Dissidenz trafen auch die jüdischen Dissidenten harte Lagerstrafen, die Einweisung in psychiatrische Anstalten usw., so unter anderem den Dichter Schtscharanskij, der erst 1985 nach Israel ausreisen durfte. Strafwürdig war es bereits, das verbotene moderne Hebräisch heimlich zu lehren und zu lernen.

Nach 1985 verbesserte sich die offizielle Situation allmählich. Im Herbst 1987 wurde das erste koschere Restaurant in Moskau eröffnet; im Februar 1988 durften sich erstmals zwei sowjetischen Juden in Washington zu Rabbinern ausbilden lassen. Im darauffolgenden Mai wurde in Moskau die erste Rabbiner-Schule seit fünfzig Jahren eröffnet. Ihr Direktor, Rabbi Steinsaltz, mußte aus Israel importiert werden. Im Juni 1988 gab die Stadt Moskau der Gemeinde das Gebäude der alten Hauptsynagoge zurück, das seit dem Zweiten Weltkrieg als Medizinisches Institut gedient hatte. Im Herbst 1988 wurde auch das Verbot des Hebräisch-Unterrichts aufgehoben. Die Zahl der Hebräisch-Zirkel nahm entsprechend stark zu. Jüdische Organisationen konnten gegründet werden. Auch außerhalb Rußlands meldete sich das religiös-nationale Bewußtsein wieder. Im Mai 1988 wurde in Tallinn ein jüdisches Kulturzentrum eröffnet. In Lwow, wo unter Chruschtschow 1963 die letzte Synagoge geschlossen worden war, versammelten sich im Juni 1988 30 000 Personen und verlangten die Wiedereröffnung der Synagogen; wie viele Kirchen waren auch sie als Warenhäuser verwendet worden. Die jüdischen Forderungen wurden von der ukrainischen Volksfront Ruch unterstützt.

Während der institutionalisierte Antisemitismus in der Sowjetunion zurückging und es erstmals die Möglichkeit gab, ihn öffentlich zu nennen, zu kritisieren und als Problem zu thematisieren, konnten auch die Antisemiten die neuen Freiheiten nutzen. Die antisemitische Agitation, die ihre Organe in konservativen Publikationsorganen wie »Sowjetskaja Rossija« oder der Literaturzeitschrift »Nasch Sowremennik« fand, erhielt ihre organisatorische Form in einer Fülle nationalistischer Organisationen, von denen die »Pamjat« nur die größte ist. Die Grenzen dieser rechtsextremistischen Organisationen zu den Konservativen im Partei- und Staatsapparat oder zur Propagandaabteilung der Armee sind fließend. Zu den bekannten antisemitischen Autoren, wie Schewzow, Pikul, Kolesnikow oder Begun traten neue hinzu. Herausragender Bezugstext des neuen Antisemitismus wurden wiederum die »Protokolle der Weisen von Zion«.

Die heute in der Sowjetunion verwendeten antisemitischen Redefiguren sind bis auf einige Spezifika aus dem Antisemitismus aller Länder vertraut. Während für alle Richtungen feststeht, daß die Juden am Unglück Rußlands schuld seien, sind einige Herleitungen allerdings spezifisch. Monarchisten werfen den Juden die Revolution, die Ermordung des letzten Zaren und die Opfer der Kollektivierung vor. Leninistische Antistalinisten werfen ihnen vor, Lenin vergiftet zu haben und letztlich am Terror der dreißiger Jahre schuld zu sein. Stalinisten werfen den Juden vor, Ende der dreißiger Jahre die sowjetischen Offiziere umgebracht zu haben, um die sowjetische

Militärmacht zu schwächen, oder gar Stalin mit einem Kissen erstickt zu haben. Auch die moderne Führung gerät in Verdacht, Vertretung einer jüdisch-freimauererisch-westlichen Verschwörung zu sein. Wo immer ein Jude in der Geschichte auftaucht, erscheint er als Repräsentant einer Verschwörung »der Juden«, und wo einer fehlt, werden Juden geschaffen. So gilt vielen sowjetischen Antisemiten inzwischen Stalins NKWD-Chef Berija als »Halbjude«; der Wirtschaftsreformer Aganbegjan sei in Wirklichkeit nicht Armenier, sondern Jude und Freimaurer, und heiße eigentlich »Hoffmann«.

Bewußt legen es die antisemitischen Organisationen auf das Schüren hysterischer Stimmungen an. So kursierten vor allem in Leningrad, Moskau und der Ukraine seit Anfang 1990 immer wieder Drohungen und Gerüchte über bevorstehende Pogrome. Der KGB dementierte und die Zeitung »Sowjetskaja Rossija« behauptete, diese Gerüchte seien von den Zionisten in die Welt gesetzt worden. Das besondere an diesem neu erwachten Antisemitismus sind jedoch nicht seine Verrücktheiten, sondern daß sie bei vielen Glauben finden und daß er fester Bestandteil jenes angesichts der sowjetischen Geschichte auf den ersten Blick unwahrscheinlichen Koalitionsnetzes von Nationalisten, Militaristen, Orthodoxen, Slawophilen, Monarchisten und Stalinisten ist.

Auch wenn diese Koalition in der Sowjetunion noch eine Minderheit ist, wie sich bislang bei den Wahlen zeigte, könnte sie zur Gefahr werden. Immerhin trifft das gewachsende Nationalbewußtsein, der zunehmende Zusammenbruch der interethnischen Kommunikation und die wachsende Gewaltbereitschaft Juden in besonderer Weise. Es ist angesichts dieser Entwicklungen wenig erstaunlich, daß auch das jüdische Nationalbewußtsein und mit ihm die Ausreisewilligkeit wachsen.

Dabei sind heute die Erinnerungen an die alte aschkenasische Welt weitgehend verblaßt, der Traditionszusammenhang ist zerbrochen. Für 80-90% der sowjetischen Juden heißt jüdisch zu sein, nicht mehr Zugehörigkeit zu einer Religionsgruppe, sondern zu einer Nationalität. Die steht in den Ausweisen und führt zu Diskriminierungen. Das Jiddische, das bis zum Holocaust eine lebendige Kultur- und Umgangssprache war, wird von der Nachkriegsgeneration in der Regel nicht mehr verstanden und erst recht nicht gesprochen. 1887 hatten noch 96% der russischen Juden Jiddisch als Muttersprache angegeben, 1926 waren es noch 70%, 1970 nur noch 14%. Die seit

1961 erscheinende Zeitung »Sowjetisch Hejmland« hat nur noch alte Leser. Konstitutiv für das heutige jüdische Bewußtsein ist vor allem die gemeinsame Erfahrung des Antisemitismus und die wachsende Identifikation mit der modernen jüdischen Welt in Israel und den USA. So orientiert sich die jüdische Nation in der Sowjetunion mehr und mehr auf die Auswanderung.

Der quantitative Umfang folgte bislang weitgehend der internationalen Lage. So erreichte er in der Phase der internationalen Entspannung Ende der siebziger Jahre einen Höhepunkt. Als die sowjetisch-amerikanischen Beziehungen wieder einfroren, gab es kaum noch Ausreisegenehmigungen. Die mit Gorbatschow einsetzende neue Entspannung ließ die Zahl der Auswanderer wieder in die Höhe schnellen:

1979	51 320
1986	914
1987	8 000
1988	18 965
1989	20 171

Bis 1989 zog ein Achtel der jüdischen Auswanderer nach Israel, der Rest überwiegend in die USA. Seit 1989 betrachtet die US-Regierung die sowjetischen Juden nicht mehr als Verfolgte und verweigert ihnen den Flüchtlingsstatus. Sie müssen sich nun nach den Einwanderungsquoten richten. So wendet sich der Hauptstrom nach Israel, was der dortigen Regierung nicht unwillkommen ist.

XIII. Engagiertes Nachwort

Der Autor gesteht, daß er den Zerfall der Sowjetunion mit ambivalenten Gefühlen beobachtet. Das ist zweifellos seiner Perspektive geschuldet, zu der er ausdrücklich steht. Er sieht darin, daß ihm nationale Enthusiasmen problematisch geworden sind, kein kollektives oder persönliches Manko, sondern eine Chance für größere Genauigkeit. Nationale Feierlichkeiten und kollektive Ressentiments sind ihm nicht erst dann unsympathisch, wenn sie zu Pogromen oder staatlichen Morden führen. Er bedauert einen Verlust an Urbanität und Distanz und ein Anwachsen provinzieller Borniertheiten – kurz einen Verlust an Zivilisiertheit.

Auf der anderen Seite kann er auch nicht verhehlen, daß ihm die Entstehungsbedingungen der Nationalismen verständlich scheinen und er unter Bedingungen, wie sie in der Sowjetunion herrschten, möglicherweise selbst nationalistisch denken würde. Die Unterdrückung von vertrauten Sprachen, die nationalistischen Diskriminierungen sind ihm, wie alle anderen Formen der Repression, zuwider. Insofern sind die nationalen Unabhängigkeitsbewegungen mehr als berechtigt. Der Autor verfolgt sie daher auch mit Sympathie. Seine Sorge richtet sich letztlich auf die Zeit danach: Wird nach der staatlichen Unabhängigkeit das Nationalempfinden saturiert sein, und können sich die Geister wieder wichtigeren Dingen zuwenden? Oder begnügen sie sich mit einem Nationalstolz, der dann niemanden mehr interessiert? Werden sie zu jener Toleranz finden, deren Fehlen ihr Aufbegehren verursachte? Viele Nationalbewegungen wurden im Augenblick der Befreiung zu Unterdrückern; alle Sowjetrepubliken sind Vielvölkerstaaten.

Die Unterscheidung von nationalistischer und nationaler Unterdrückung an dieser Stelle mag als Haarspalterei erscheinen, aber sie hat Konsequenzen. Die Beseitigung nationalistischer Unterdrückung ermöglicht den Menschen, ihre bevorzugte Sprache zu sprechen, in der sie sich heimisch fühlen, ihr Leben so zu führen, wie sie es führen wollen – und, wenn sie es wollen, einen eigenen Staat bilden. Das befreite Kollektivsubjekt Nation hingegen nimmt die Zweideutigkeit des Begriffes in die politische Zukunft mit.

Weiterführende Literatur

Agursky, M., The Third Rome. National Bolchevism in the USSR, Boulder, Col. 1987.

Akiner, S., Islamic Peoples of the Soviet Union, London u. a. 1983.

Allen, W.E.D. History of the Georgian People, London 1932.

Allwort, Edward (Hg.), Soviet Nationality Problems, New York 1971.

Allworth, Edward (Hg.), Tartars of Crimea: Their struggle for survival, Durham, NC 1988.

Barghoorn, Frederick, Soviet Russian Nationalism, New York 1956.

Benningsen, Alexandre + S. Enders Wimbush, Muslims of the Soviet Empire: A Guide, London 1985.

Bialer, Seweryn (ed.), Politics, Society and Nationality: Inside Gorbachev's Russia, Boulder, Col. 1989.

Carrère d'Encausse, Hélène, Reforme et révolution chez les musulmans de l'empire russe, Bukhara 1867-1924, Paris 1966.

Carrère d'Encausse, Hélène, Risse im roten Imperium. Das Nationalitätenproblem in der Sowjetunion, Wien u.a. 1979

Conquest, Robert, Stalins Völkermord, Wolgadeutsche − Krimtataren - Kaukasier, Wien 1974.

Dédéyan, Gérard, Histoire des Arméniens, Paris 1982.

Fisher, Alan W., The Crimean Tatars, Stanford Calif. 1978.

Gitelmann, Zvi Y., A Century of Ambivalence. The Jews of Russia and the Soviet Union, 1881 to the Present, New York 1988.

Gitermann, Valentin, Geschichte Rußlands, Frankfurt a.M. 1987.

Goehrke, Carsten, Manfred Hellmann, Richard Lorenz, Peter Scheibert, Rußland. Fischer Weltgeschichte Band 31, Frankfurt a.M. 1972

Goldhagen, Erich (Hg.), Ethnic Minorities in the Soviet Union, New York 1968.

Hajit, B., Turkestan im XX. Jahrhundert, Darmstadt 1956.

Hambly, Gavin (Hg.), Zentralasien. Fischer Weltgeschichte Band 16, Frankfurt a.M. 1966.

Hellmann, Manfred, Grundzüge der Geschichte Litauens, Darmstadt 1986.

Kappeler, Andreas und Boris Meissner, Die Deutschen im russischen Reich und im Sowjetstaat, Köln 1987.

Kaslas, Bronis J., The Baltic Nations − The Quest for Regional Integration and Political Liberty, Pittston, Penn. 1976.

Katz, Zev (Hg.), Handbook of Major Soviet Nationalities, New York u. London 1975.

Kohn, H. (Hg.), Russen − Weißrussen − Ukrainer, Frankfurt a.M. 1962.

Kozlov, Viktor I., Nacional'nosti SSSR. Etnograficeskij obzor, Moskva 1982.

Krawchenko, B., Social Change and National Consciousness in Twentieth Century Ukraine, New York u. London 1985.

Lang, M.D., A Modern History of Georgia, London 1962.

Les Marches de la Russie. Hérodote. Revue de géographie et de géopolitique, 4e trimestre 1989.

Levin, Nora, The Jews in the Soviet Union since 1917: Paradox of survival, 2 vols., New York UP 1988.

Lewytzkyj, Borys, Die Sowjetukraine 1944-1963, Köln und Berlin 1964.

Lewytzkyj, Borys, Politics and Society in Soviet Ukraine, 1953-1980, Edmonton 1984.

Löwe, Heinz-Dietrich, Antisemitismus und reaktionäre Utopie. Russischer Konservatismus im Kampf gegen Wandel von Staat und Gesellschaft, Hamburg 1978.

Mark, Rudolf A., Die Völker der Sowjetunion. Ein Lexikon, Opladen 1989.

Meissner, Boris (Hg.), Die baltischen Nationen Estland, Lettland, Litauen, Köln 1990.

Naselelenie S.S.S.R. − Spravocnik, Moskva 1974.

Pinkus, Benjamin und Ingeborg Fleischhauer (Hg.), Die Deutschen in der Sowjetunion, Baden-Baden 1987.

Pospielovsky, Dmitry, The Russian Church under the Soviet Regime (1917-1982), Crestwood, N.Y. 1984.

Rauch, Georg von, Geschichte der baltischen Staaten, Stuttgart 1970.

Rauch, Georg von, Geschichte der Sowjetunion, Stuttgart 1977.
Révész, László, Volk aus 100 Nationalitäten, Berlin 1980.
Rimscha, Hans von, Geschichte Rußlands, Darmstadt 1979.
Rorlich, A.-A., The Volga Tatars. A Profile in National Resilience, Stanford, Calif. 1986.
Rywkin, Michael (Hg.), Russian Colonial Expansion to 1917, (Institute of Muslim Minority Affairs Monograph Series 1), London 1988.
Sarkisyanz, Emmanuel, Geschichte der orientalischen Völker Rußlands bis 1917. Eine Ergänzung zur ostslawischen Geschichte Rußlands, München 1961.
Sarkisyanz, Manuel, A Modern History of Transcaucasian Armenia, Social, Cultural and Political, Leiden 1977
Sheehy, Ann, The Crimean Tatars and Volga Germans: Soviet Treatment of Two National Minorities, London 1971.
Subtelny, O, Ukraine. A History, Toronto u. London 1988.
Szporluk, Roman, Ukraine. A Brief History, Detroit 1979.
Tokarev, Sergej A., Etnografija narodov SSSR – Istoriceskije osnovy byta i kul'tury, Moskva 1958.
Vakar, Nicholas P., Belorussia, The Making of a Nation. A Case Study, Cambridge, Mass. 1956.
Vardys, V. Stanley u. Romuald J. Misiunas (Hg.), Baltic States in Peace and War, The 1917-1945, University Park u. London 1978.
Wheeler, Geoffrey, The Modern History of Soviet Central Asia, London 1964.

Außerordentlich nützlich für jede weiterführende Beschäftigung mit dem Thema sind die wöchentlichen Berichte von Radio Liberty »Report on the U.S.S.R.«